이화사회복지연구소 학술총서

Introduction to Social Work

사회복지개론

한인영 · 권금주 · 김경미 · 김수정 · 김지혜
김희성 · 석재은 · 어윤경 · 이홍직 · 정익중
조상미 · 최명민 · 현진희 공저

학지사

머리말

사회복지는 인간이 환경의 변화에 적응하면서 행복하게 살아가도록 돕는 학문이다. 21세기 급변하는 사회환경 속에서 사회복지의 역할은 더욱 증대되고 있다. 한국사회도 전 세계의 변화에 대처해 나가면서 제반 사회문제에 도전하고 있다. 분단된 조국의 통일을 위해 준비하는 문제, 높은 자살률과 알코올중독 등 정서적 고갈의 문제, 불황과 금융위기로 발생되는 고실업률과 가족해체문제, 사회통합을 저해하는 소득 양극화 문제가 대두되었다. 또한 저출산과 고령화는 사회적 부담 비용의 증가와 함께 다양한 사회복지서비스의 필요성을 제기하고 있다. 최근에는 외국인 이주 노동자와 결혼이주여성의 증가로 인해 다문화 사회로 진입하는 등 우리 사회는 계속 변화, 발전하고 있다.

이러한 시대의 흐름 속에서 사회복지는 시대적 상황에 발맞추어 지속적 발전과 변화를 거듭하고 있으며, 사회 전 구성원의 삶의 질 향상을 위해 다양한 정책과 서비스가 지속적으로 개발되어야 한다. 앞으로 한국인을 위한 심리사회적 원조기법 개발, 사회적 약자와 소외계층을 위한 복지 프로그램, 생애주기별로 발생 가능한 문제에 대한 예방과 개입 등 사회복지사의 역할이 더욱 증대될 것이다.

이 책에서는 이러한 사회 변화를 반영하려고 노력하였다. 또한 사회복지학을 접하게 되는 학생들에게 가르쳐야 할 기본 내용을 중심으로 변화하는 시대에 사회복지 전문인이 갖추어야 할 시각과 도전에 대한 내용을 포함하였다. 그러기 위하여 국제적 추세를 포함하였으며, 세계화 흐름 속에서 사회복지의 역할과 접근 방향에 대해 논함으로써 예비 사회복지 전문인의 시각을 넓혀 주고자 하였다. 비판적 사고에 대한 장에서는 한국형 사회복지 개입방안을 도모하기 위해서 학생들이 어떻게 기존의 개입에 대해 새로운 시각을 가지게 할 것인지를 모색하였다. 이러한 노력에는 앞으로 한국형 프로그램을 만들어 내는 교육적 효과로 나타나기를 바라는 필자들의 희망이 반영되어 있다.

이 책은 총 4부로 구성되어 있다. 1부는 사회복지 입문단계에서 반드시 알아야 할 기본적인 사회복지의 정의, 가치, 실천 영역과 더불어 예비 사회복지사로서 생각해봐야 할 사회복지사의 역할 및 정체성을 논하는 내용으로 구성하였다. 2부는 사회복지의 실천방법에 대한 소개로 임상사회복지실천, 지역사회복지, 사회복지행정, 사회복지정책으로 구성하였고, 3부는 사회복지실천 현장에 대한 소개로 분야별로, 아동 · 청소년복지, 노인복지, 장애인복지, 가족복지, 의료 및 정신보건 사회복지, 산업복지로 분류하여 각 현장의 특징과 접근 방향에 대해 논의하였다. 4부는 시대 변화에 따라 사회복지가 새롭게 도전해야 할 실천 영역을 생각해 보고자 하는 의도에서 틀을 잡았다. 외국인 노동자, 탈북자, 다문화가정, 국제사회복지, 군사회복지, 동성애를 주제어로 잡아 구성해 보았다.

끝으로 이 책이 출간되기까지 바쁘신 와중에 집필을 마무리해 주신 여러 교수님과 책이 완성되기까지 정성껏 수고해 주신 학지사 편집부 직원분께 감사드린다. 흔쾌히 출판을 맡아 주신 학지사의 김진환 사장님께는 다시 한 번 감사의 뜻을 전한다.

2011년

한인영

차 례

제2부 사회복지방법

06 사회복지정책 173

제3부 사회복지 분야

07 아동 및 청소년 복지 197

1 PART

사회복지에 대한 이해

01 사회복지에 대한 이해

인간은 행복한 삶을 영위하기 위해 사회환경과 끊임없는 상호작용 속에서 욕구를 충족하고 문제를 해결해 간다. 사회복지는 인류가 전 생애에 걸쳐 부딪히게 되는 다양한 욕구와 문제, 위험들을 해결하여 보다 높은 삶의 질을 추구하기 위한 서비스, 제도 및 정책 등으로 나타난다. 따라서 이 장에서는 사회복지의 정의와 기본 개념을 살펴본 후, 이를 기반으로 급변하는 사회환경의 흐름 속에서 사회복지가 어떠한 역할을 해 나가야 하는가를 탐색하기 위해, 현대사회의 다양한 변화들과 함께 그에 대처하기 위한 사회복지사의 비평적 사고에 대해 살펴보고자 한다. 또한 가치지향적 학문인 사회복지의 기본 가치로서 인간의 존엄성, 자유, 평등, 사회적 연대의 가치를 살펴보고, 사회복지의 역사적인 전개과정을 살펴보고자 한다. 마지막으로 다양한 실천 영역을 갖는 사회복지의 특성에 맞게 실천 영역에 대해 정리해 보고자 한다.

1. 사회복지란 무엇인가

1) 사회복지의 정의

사회복지를 영어로 'social welfare' 라고 할 때, 이것은 '사회(social)' 와 '복지(welfare)' 의 합성어다. 사회란 '지역이나 집단 속에서 같이 지내다' 라는 의미로, 두 사람 이상이 모인 집단으로서 공동체의 의미를 함축하고 있다. 둘 이상의 사람들이 집단을 형성하기 위해서는 상호작용과 관계가 전제되어야 한다. 복지는 'well' 과 'fare' 의 복합명사로 '만족스러운' '편안한' 이라는 의미의 'well' 과 '지내다' '살아가다' 라는 의미의 'fare' 가 합쳐져서 '편안히 잘 지내는 상태 또는 만족스럽게 지내는 상태' 를 뜻한다. 그러므로 사회복지의 어의적 의미는 '지역이나 집단 속에서 사람들의 평안하고 만족스러운 상태 또는 행복한 상태' 라고 할 수 있다.

사회복지는 인간과 인간을 둘러싼 제반 환경과 문제 현상을 다루기 때문에 광범위하게 추상적으로 정의할 수도 있으며, 아주 구체적으로 정의할 수도 있다. 또한 사회복지는 시대의 변화에 따라 다양하게 나타나는 사회문제를 해결하고 예방하기 위해 사용되어 왔으며, 이는 국가에 따라서도 다른 양상을 나타낸다. 각 사회의 발전과정, 구성원의 철학과 이념, 경제 · 사회 · 문화의 상황에 따라 각기 다른 면모를 보이기 때문에 사회복지라는 용어를 모든 사회에서 공통적으로 통용되는 단일한 개념으로 정의하기는 어렵다. 그러므로 여기에서는 국내외 학자들과 관련 단체에서 정의하는 개념을 토대로 하여 사회복지에 대한 정의를 내리고자 한다.

먼저 외국 학자들의 정의를 살펴보면, 프리드랜더(Friedlander, 1955)는 "사회복지란 개인과 집단을 도와 건강상 만족스러운 기준에 도달할 때까지 행하는 계획적인 사회적 서비스와 시설의 조직적 제도다."라고 정의했다. 던햄(Dunham, 1967)은 "사회복지는 가족, 아동생활, 건강, 사회 적응, 여가, 생활수준 및 사회적 관계성과 같은 영역에 있어서 인간의 욕구를 해결하는 데 도움을 줌으로써 사회적 행복을 추진하기 위한 조직적 노력"이라고 하였다.

그 후 로마니신(Romanyshin, 1971)은 더 넓은 의미에서 "사회복지는 개인이나 가정에 대한 사회적 서비스의 제공뿐만 아니라, 사회제도를 강화시키거나 개선시키려는 노력을 포함하는 것"이라고 정의하였고, 베이커(Baker, 1987) 역시 "사회복지는 사회를 유지하는 데 기본적인 사회적 · 경제적 · 교육적 건강에 대한 인간의 욕구를 충족시키고, 지역사회와 전체 사회의 집단적인 복지 상태를 유지하기 위한 국가적 프로그램, 급여, 서비스 체계"라고 정의했다.

가장 최근에, 재스트로(Zastrow, 2008)는 사회복지를 부자와 가난한 자 모두를 포함하여 다양한 연령을 대상으로 그들의 사회적 기능을 향상시켜 사회적 · 경제적 욕구와 건강 및 여가적 욕구를 충족시켜 주는 것이라고 하였다.

국내의 학자들도 사회복지의 개념에 대한 다양한 정의를 시도하고 있다. 장인협(1981)은 "사회복지란 인간의 행복을 증진시키기 위해 정부나 민간이 프로그램, 서비스 또는 시설을 통해 사회적 장애(social dysfunction)를 예방하고 경감시키려는 체계적 · 조직적 노력이다."라고 정의하였다. 김영모 등(1982)은 "사회복지는 인간의 요구와 사회문제에 대한 서비스로 평등과 보장을 의미하며, 기존 사회구조에의 적응을 목적으로 한다."라고 정의했고, 표갑수(2002)는 김영모 등(1982)의 정의를 인용하여 "사회복지는 인간의 사회적 욕구와 사회문제를 해결하기 위한 사회적 노력"이라고 했다.

미국사회사업가협회(National Association of Social Workers: NASW, 1973)에서는 사회사업이란 개인, 집단, 지역사회가 그들의 사회적 기능을 향상시키거나 회복하도록 돕고, 그들의 목표를 달성하는 데 필요한 적절한 사회적 조건을 만드는 전문적 활동이라고 정의하였다. 세부적으로 사회사업실천(social work practice)은 사회적 서비스(social service)를 제공하고, 개인이나 가족 혹은 집단을 위한 상담활동이나 심리치료를 제공하며, 사회적 서비스나 의료서비스를 제공하는 지역사회를 원조하기 위해 사회사업 가치, 원칙, 기술 등을 사용하는 것이라고 하였다.

사회복지(social welfare), 사회사업(social work), 사회서비스(social sercive)라는 용어와 관련하여, 미국에서는 '사회사업'을 주로 사용하고 있고, 영국에서는 '사회서비스'를 사용하는 경향이 있으며, 일본에서는 '사회복지'라는 용어를 주로 사용하고 있다. 우리나라는 '사회복지'와 '사회사업'이라는 용어가 혼용되어 사용되고 있으며, 국가고시제도가 생긴 2003년도부터 전문가 집단을 칭하는 단어로서 '사회복지사'를 사용하면서 '사회사업가' '사회사업'이라는 용어의 사용이 줄어드는 경향이 있다. 그러나 여전히 두 개념 간에 명확한 구분은 어려우며, 사회사업을 인간의 복지와 공공의 복지를 포괄하는 개념으로 볼 수도 있다.

이 책에서는 다양한 국내외 정의들을 토대로 하여 사회복지를 '인간의 욕구 충족과 사회문제 해결을 위한 사회적 · 국가적 차원의 조직화된 활동'이라고 정의하고자 한다.

2) 잔여적 개념과 제도적 개념

윌렌스키와 르보(Wilensky & Lebeaux, 1965)는 미국의 사회복지를 분석함에 있어서 잔여적 사회복지와 제도적 사회복지라고 하는 개념 모델을 설정했다.

잔여적 개념에서는 사회복지를 가족 또는 시장과 같은 정상적인 공급구조가 제 기능을 발휘하지 못하는 경우에 활동을 시작하는 것으로 본다.

즉, 개인의 욕구를 충족시켜 주어야 하는 한 집안의 가장이 실직이나 병고로 제 기능을 하지 못하거나 시장체계가 경기침체나 그 밖의 요인으로 제 기능을 할 수 없을 경우, 사회복지는 가정이나 시장체계를 대신하여 개입하게 되는 것이다. 그러므로 이러한 경우의 사회복지는 보충적, 일시적, 혹은 대체적 성격을 지니게 된다.

제도적 개념에서는 사회복지를 현대 산업사회에서 사람들이 만족할 만한 삶의 수준과 건강을 누릴 수 있도록 하는 기능을 수행하는 것으로 본다. 이 개념에서는 복잡한 현대사회에 있어서 각 개인이 자신의 능력과 자아를 최대한 개발하고 발전시키기 위해서 사회복지의 혜택을 받는 것은 정상적이며, 이런 점에서 사회복지는 그 사회의 제일선에서 기능을 수행하는 것이다. 이 개념은 경제적 개인주의, 자유시장이라는 가치와 함께 안정, 평등, 인도주의라는 가치를 포괄하여 대비되는 두 가치 사이의 절충을 반영하고 있다. 즉, 제도적인 관점에서 사회복지는 잔여적 개념의 소극적인 입장에서 벗어나 적극적 입장에서 사회통합 기능을 지니게 된다.

3) 학문으로서의 사회복지와 실천으로서의 사회복지

대부분의 사회복지사들은 대학에서 사회복지학을 배운 후 사회에 진출하여 각 분야에서 사회복지를 실천하고 있다. 그렇다면 사회복지학이라는 학문으로서의 사회복지와 실제 현장에서 부딪히는 실천으로서의 사회복지를 살펴볼 필요가 있다. 사회복지학이란 개인의 사회문제 해결과 사회적 기능을 향상시키는 데 목적이 있기 때문에 사회과학의 이론과 지식을 포괄할 수밖에 없다. 따라서 사회복지학은 사회과학으로 열거되는 다양한 학문과 밀접한 관련이 있다. 그러나 사회복지학은 타 사회과학 분야와 비교하였을 때 몇 가지 차이점을 나타내기도 한다.

첫째, 사회복지학은 다(多)학문적인 성격을 지니고 있다. 사회복지 학문의 대상은 독특한 문제나 다양한 문제를 지닌 대상자와 그들을 위한 지원 서비스다. 서비스가 국가, 기업, 민간단체 등에 의해 실행되는 집합적인 일련의 과제이기 때문에 이런 제반 행동을 이해하기 위해서는 사회과학의 여러 분야에서 제공하는 지식들을 총체적으로 활용할 것이 요구된다.

둘째, 사회복지학은 사회과학의 가치성과 매우 밀접하게 관련되어 있다. 사회복지의 기본 개념은 집합주의적인 전통에 가깝고 가치 지향적인 성격을 가진다. 이것은 대상자의 존엄성, 자율성, 평등성 및 발전 가능성에 대한 강조에서 볼 수 있듯이 타 학문 분야에 비해 특정 가치의 중요성을 인정하고 수용하는 강도가 높다.

셋째, 사회복지학은 절충주의적 태도를 보인다. 사회복지는 상호 협동적 사회구현을 지향하기 위해 평등의 가치에 핵심적인 중요성을 부여하는 동시에 개개인에게 주어진 문제를 대상으로 그 해결책을 찾으려는 학문이라는 점에서 사회에서 일어나는 현상을 대상으로 그 법칙을 규명하려는 사회과학과 차이점이 있다.

사회문제와 그 원인 그리고 해결에 대한 지식기반을 개발하고자 하는 대표적인 학문 분야로는 사회복지학뿐만 아니라 사회학, 심리학, 정치학, 경제학, 정신의학 및 문화인류학이 있다. 이들 각 학문 분야는 독특한 초점을 지니고 있으나 학문 분야의 이론과 연구결과는 그 내용의 성격에 따라 사회복지학의 지식기반의 일부로 간주될 수도 있고 그렇지 않을 수도 있다. 이론과 연구결과가 사회문제와 인간의 사회적 기능 향상이라는 목적에 직접 적용될 수 있다면 사회복지학의 지식기반의 일부로 간주될 수 있을 것이다. 예를 들어, 다른 학문 분야의 지식기반과 사회복지학의 지식기반의 중첩현상으로 사회복지학이 심리학, 심리치료 및 기타 관련 분야들과 어떤 관련이 있는지에 대해 혼동할 수 있다. 심리학의 인성발달과 치료기법과 같은 영역에서의 연구와 이론 개발은 사회복지학의 지식기반의 일부로 간주될 수 있다. 그 이유는 그것들이 직접 사회복지에 적용되기 때문이다.

따라서 과거에는 사회복지학이 순수과학이라기보다는 응용과학의 속성이 강한 것으로 여겨졌다. 즉, 사회복지학은 일차적으로 다른 학문 분야의 이론과 연구결과들로부터 그 지식기반을 형성했고, 그러한 지식을 사회 프로그램을 통하여 적용하는 데 초점을 맞추어 왔다. 그러나 최근 사회복지라는 학문 분야는 연구사업과 이론 개발에 적극적이다. 이처럼 증가된 연구 및 이론 개발 활동은 사회복지학이 고유한 지식기반의 대부분을 자력으로 개발하고 있는 성숙해 가는 학문 분야라는 것을 말해 주고 있다(Zastrow, 2008).

한편 실천으로서의 사회복지는 이러한 학문적 이론과 연구를 바탕으로 실제 대상자를 상대로 사회복지서비스를 제공하는 활동이라고 할 수 있다. 따라서 사회복지실천은 사람들이 필요한 서비스를 받을 수 있도록 돕

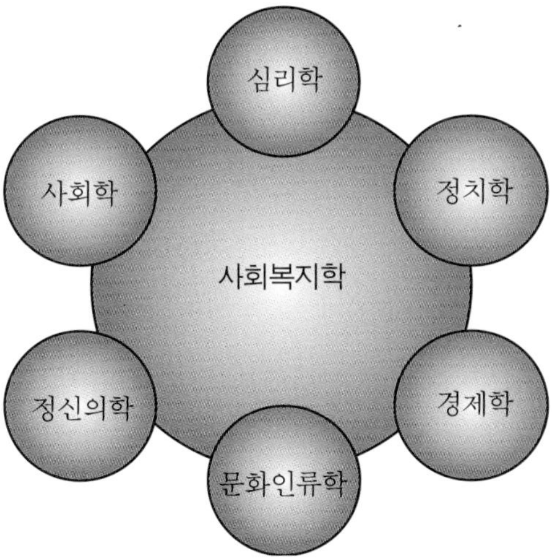

[그림 1-1] 사회복지학과 타 학문 분야의 관계

출처: Zastrow(2008).

고, 개인, 가족, 집단을 위한 상담과 심리치료를 제공하며, 집단이나 지역사회에 사회복지 및 보건의료 서비스가 제공될 수 있도록 지원하고, 사회복지와 관련된 입법활동에 참여하는 것 등을 목적으로 사회복지실천의 가치, 원칙, 기술을 전문적으로 적용하는 것이다. 이를 위해 사회복지실천은 인간발달과 행동, 정치적 · 경제적 · 사회적 · 문화적 제도 및 이러한 제반 요인들 간의 상호작용에 관한 전문적인 학문적 이론과 지식을 필요로 한다.

4) 사회복지 관련 단체

국내외에서 사회복지의 실천, 교육 및 사회복지사의 권익 향상을 위해 다양한 단체들이 설립되어 운영되고 있다. 국내에는 한국사회복지사협회(Korea Association of Social Workers: KASW), 한국사회복지협의회(Korea National Council on Social Welfare: KNCSW), 한국사회복지교육협의회(Korean Council on Social Welfare Education: KCSWE)가 운영되고 있다. 또한, 국제사회가 함께 협력하여 해결해야 하는 사회복지 문제들에 대응하기 위하여 국제사회복지사협회(International Federation of Social Works: IFSW), 국제사회복지협의회(International Council on Social Welfare: ICSW), 국제사회복지교육협의회(International Association of School of Social Work: IASSW)의 세 개의 주된 국제조직이 국제적 차원에서 운영되고 있다.

〈표 1-1〉 한국 사회복지 관련 단체

한국사회복지사협회(Korea Association of Social Workers: KASW) 한국사회복지사협회는 사회복지사업법 제46조에 의거한 법정단체로 사회복지에 관한 전문 지식과 기술을 개발, 보급하고 사회복지사의 자질 향상을 위한 교육 · 훈련 및 사회복지사의 복지 증진을 도모하기 위한 목적으로 설립되었다. 1965년 개별사회사업가협회라는 명칭으로 시작하였으며, 현재 중앙의 한국사회복지사협회와 전국 16개 시 · 도에 지회가 설치되어 있으며, 국제사회복지사협회(IFSW) 회원으로 활동 중이다. 주요 사업으로 사회복지사에 대한 전문 지식과 기술의 개발 및 보급, 사회복지사의 전문성 향상을 위한 교육 · 훈련 및 보수교육, 사회복지사 자격시험 운영 및 자격증 교부 등의 수탁업무, 사회복지사와 관련된 조사연구 및 홍보 출판, 국내외 사회복지 관련 전문가 단체와의 교육 협력을 진행하고 있다(한국사회복지사협회 홈페이지, http://www.welfare.net).
한국사회복지협의회(Korea National Council on Social Welfare: KNCSW) 한국사회복지협의회는 사회복지사업법 제33조, 동법 시행령 제12조에 의거해 설립된 비영리 공익법인으로서, 사회복지에 관한 조사 연구 및 정책 건의, 사회복지 종사자에 대한 교육 · 훈련 및 복지 증진, 사회복지에 관한 자료 수집과 간행물 발간 및 홍보, 식품자원 기부(푸드뱅크) 촉진기반 조성, 자원봉사활동의 진흥, 국제 사회복지단체와의 교류 · 협력과 사회공헌 문화 주도 및 종합정보 제공, 국가복지정보시스템 운영을 통한 사회복지시설 업무 효율성 제고, 보건복지부 장관이 위탁하는 사회복지에 관한 업무 등 다양한 사회복지사업을 진행하고 있다. 또한 한국사회복지협의회는 1954년부터 국제사회복지협의회(ICSW) 회원국으로 활동 중이며 매년 세계 사회복지대회 참가 및 각종 세미나, 국제회의 등을 통해 세계 선진복지국가들과 국제교류를 추진하고 있다. 한국, 일본, 대만의 민간 사회복지기관 대표자 회의를 통해 동북아지역 민간복지 분야 교류에 앞장서고 있다(한국사회복지협의회 홈페이지, http://kncsw.bokji.net).
한국사회복지교육협의회(Korean Council on Social Welfare Education: KCSWE) 한국사회복지교육협의회는 1966년 '한국사회사업협의회'로 처음 시작되어 사회복지(사회사업) 교육과정에 관한 조사 · 연구 및 출판 홍보, 국내외 사회복지 관련 단체와의 교육 협력, 단체회원으로 참여하고 있는 대학 사회복지학 교과과정에 대한 인정 등의 활동을 진행해 오고 있다. 국제사회복지교육협의회(IASSW) 회원국으로서 국제 사회복지교육 관계기관과 협력관계를 유지하며 한국 사회복지 교육의 질을 제고하기 위해 노력하고 있으며, 현재 74개의 대학이 회원으로 참여하고 있다(한국사회복지교육협의회 홈페이지, http://kcswe.or.kr).

〈표 1-2〉 국제 사회복지 관련 단체

국제사회복지사협회(IFSW) 국제사회복지사협회(IFSW)는 사회사업가와 전문적인 사회사업 개발과 최상의 실천 및 국제협력을 통해 사회정의, 인권옹호, 사회개발을 위해 힘쓸 수 있도록 돕는 국제조직으로, 1956년 설립되어 반세기가 넘는 역사를 가지고 있다. 한국사회복지사협회가 회원으로 참여하고 있다.
국제사회복지협의회(ICSW) 국제사회복지협의회(ICSW)는 1928년 파리에서 설립되어 전 세계 70개국이 넘는 중앙, 지방 정부를 대표하는 비정부 조직과 주요 국제조직을 포함하고 있으며 빈곤, 장애, 재난에 처해 있는 사람들을 위해 일하는 수천 개의 지역사회 조직들이 회원조직을 이루고 있다. 한국사회복지협의회는 1954년부터 회원으로 활동 중이다.
국제사회복지교육협의회(IASSW) 국제사회복지교육협의회(IASSW)는 사회복지교육을 위한 국제조직으로 사회복지교육 프로그램을 제공하여 교육을 촉진하고 교육의 질을 향상시키는 기준과 방법을 개발하며 국제교류를 장려한다. 한국사회복지교육협의회가 회원국으로 참여하고 있다. 2004년에 IASSW와 IFSW는 공동으로 사회사업 교육과 실천에 대한 국제 표준화(global standard) 작업을 하기도 했다. 현재 국제 사회복지에 대한 이해와 실천은 아직 초기 단계에 머무르고 있으나 앞으로 다양한 분야에서의 교류를 통해 발전시켜야 할 것이다.

2. 변화하는 사회와 사회복지

인간의 욕구는 전 생애에 걸쳐 다양하게 나타난다. 욕구는 개인이 처한 환경에 따라 충족하기 어려울 수도 있고, 때로 개인이 환경에 욕구 수준을 맞춰 가기도 한다. 이처럼 인간은 다양한 욕구를 충족하며 행복한 삶을 살기 위해 환경과 끊임없는 상호작용을 한다. 하지만 환경과의 상호작용 속에서 인간은 위험을 경험하기도 하며, 문제들을 해결할 수 있는 적절한 방법을 찾지 못해 행복한 삶을 포기하게 될 수도 있다.

이와 같이 인간의 전 생애에 걸쳐 나타나는 다양한 욕구, 문제 등을 해결하여 보다 나은 삶을 추구하기 위한 법이나 제도, 정책과 같은 사회환경의 변화는 사회복지와 연결되어 있다. 즉, 인간의 욕구 충족에 가장 큰 영향을 끼치는 환경이 변화함에 따라 사회복지의 역할과 방향 또한 달라질 수 있다. 이렇게 변화하는 사회 속에서 사회복지는 어떠한 전개 양상을 보이고 있는지에 대해 현재의 사회복지가 직면한 사회환경의 변화 양상과 이러한 변화의 흐름 속에서 사회복지사에게 필요한 비평적 사고를 중심으로 알아보고자 한다.

1) 사회변화에 따른 사회복지의 전개 양상

사회복지의 목적은 사회구성원 각자가 지닌 사회적 · 재정적 욕구, 건강 및 여가 욕구를 충족하는 것이다. 사회복지는 모든 사회구성원의 사회적 기능 향상을 도모하며, 시장경제나 가족 등 우리 사회의 제도들이 개인이나 집단의 기본 욕구를 충족하는 데 실패할 때 사회복지서비스가 요구된다.

산업화가 뒤처진 사회에서 사람들의 기본 욕구는 보다 직접적이고 비공식적인 방식으로 충족되었다. 150여 년 전만 하더라도 대부분의 미국인들은 농장이나 소도시에서 대가족 및 친척들과 이웃하며 살았다. 재정적 또는 기타 욕구가 발생하면 친척이나 교회 또는 이웃들이 가까이에서 도움의 손길을 내밀었다. 사회문제들은 가시적이었고 또한 개인적인 차원의 것이었다. 공동체 내에서는 누구나 서로 알고 지냈다. 욕구가 발생하면 자원을 가진 누군가가 그 곤경을 덜기 위해서 그들이 할 수 있는 무엇인가를 기꺼이 한다는 것이 당연하였다. 예를 들어, 그 욕구가 재정적인 것이었다면 개인적으로 가게 주인이나 은행가를 잘 알기 때문에 필요한 물품이나 돈을 얻을 수 있었다.

오늘날 우리는 분명히 그때와는 다른 시대에 살고 있다. 기술과 경제, 사회 형태 및 생활양식은 엄청나게 변화해 왔다. 현재 우리가 지닌 상업적·산업적·정치적·교육적·종교적 제도는 상당히 대규모이고 덜 인정적이다. 우리는 가족과 친척들로부터 멀리 떨어져 대도시에서 종종 이웃이 누구인지도 모른 채 살아가기도 한다. 살고 있는 지역에 뿌리내리지 못하며 그 지역에 대해 거의 알지 못할 정도로 이동성이 높아졌다. 직업에서도 우리는 전문화되었고 보다 상호 의존적으로 변모하여 결과적으로 우리 삶의 주요한 부분에 대한 통제력이 감소하고 있다. 빠르게 변화하는 사회에서는 이전부터 존재하던 사회문제들이 심화되고 있으며 노숙자의 증가, 범죄율의 상승, 반복되는 에너지 위기, 테러, 환경파괴 등의 새로운 문제들이 나타나고 있다. 확실히 사회복지 욕구 충족을 위한 이전의 농촌-개척 시대의 방식은 더 이상 유효하지 않게 되었다(Zastrow, 2008).

사회복지는 기존 사회제도들이 사회구성원의 기본적인 욕구를 충족시키는 데 실패하고 비공식적인 상호부조(informal social support) 기제도 여의치 않을 때, 공식적인 상호부조(formal social support) 기제를 발전시켜 기능적인 공백을 메우며 성장하였다. 이와 같은 변화는 빈곤이 만연한 신분사회로부터 생산성이 높은 산업사회로 전환되면서 가속화되었다. 산업화가 수반한 도시화와 세속화는 가족과 지역사회, 종교 공동체의 해체를 가속화시켰을 뿐만 아니라 전통적인 비공식적인 지지체계를 급속도로 붕괴시켰다. 동시에 산업경제체제의 고도화는 빈부의 격차를 심화시키고, 새로운 사회 적응의 문제를 확대시켰다. 산업화가 가져온 물질적인 풍요에도 불구하고 충족되지 않은 기본적인 욕구는 확대되었으며, 결국 사회구성원 개개인의 기본적인 욕구 충족을 위하여 공식적인 사회복지활동도 지속적으로 확대되었다. 비공식적인 지지체계를 대신하여 한편으로는 직장 우애조합이라든가 지역공제회, 자선박애단체, 자원봉사기관과 같은 공식적이고 지속적인 민간 상호부조 기제들이 성장하였고, 다른 한편으로는 민간 부문의 자발적인 상호부조 기능이 사회구성원 모두의 기본적인 욕구 충족을 보장하는 데는 한계가 있으므로 국가가 사회구성원의 기본적인 욕구 충족을 위한 상호부조를 법률에 의하여 강제하기에 이른다.

1929년 대공황과 제1차 세계대전은 기존의 사회제도로는 해결할 수 없는 문제가 임시적이고 예외적인 것이 아니라 자유시장체제하에서 이미 지속적이고 구조적인 현상임을 재확인하였다. 임시적이고 주변적이던 상호부조 기능이 공식화되고, 산업사회의 유지 · 발전을 위해 필수 불가결한 기능으로 새로운 자리 매김을 하게 된다. 그리하여 현대 산업사회는 시장제도, 가족제도, 국가제도, 종교제도 외에 사회복지제도라는 제5의 사회제도의 정착을 보게 되는 것이다. 이미 많은 산업사회에서는 사회복지가 대부분의 사회구성원들에게 가족이나 정부, 교회나 직장 못지않게 일상생활의 일부로 정착하고 있는 것이다(장인협 외, 2007).

로마니신(1971)은 사회변화에 따른 이러한 전개과정에서 사회복지의 관점이 역사적으로 어떻게 변화하고 진화되어 왔는지 그 발전과정을 다음과 같이 파악하고 있다.

(1) 잔여적 개념에서 제도적 개념으로

잔여적 개념에서 사회복지는 시장이나 가족과 같은 정상적인 사회구조를 통하여 욕구를 충족할 수 없는 사람들의 최후 대책으로서 일시적인 구호에 그치며 도움을 필요로 하는 사람들의 결함을 강조한다. 반면 제도적 개념에서 사회복지는 변화하는 사회 · 경제 환경에서 사람들이 잘 대처하도록 일선에서 돕는 것으로, 정상적이고 필수적인 사회제도로서 사회에서 정당한 지위를 가지게 되는 것이다.

(2) 자선에서 시민의 권리로

자선으로서의 복지가 19세기 중산층의 자선에 대한 생각을 반영하는 것이라면, 시민의 권리로서의 복지는 노동자들이 시민계급으로 성장하는 과정에서 획득한 권리의 확대라고 하겠다. 노동자들은 신체, 언론, 재산의 자유 등 자유권과 선거를 통한 정치권을 확보하였으며 이를 계기로 사회권으로서 복지에 대한 권리를 확보하게 되었다.

(3) 빈민에 대한 특수성에서 사회구성원 전체에 대한 보편성으로

사회복지를 빈민들에 대한 특별한 서비스로 인식하는 것에서 벗어나, 많은 사람들이 보편적으로 가지고 있는 욕구를 충족시키는 서비스로 보는 것이다. 현대 산업사회에서는 많은 사람들이 실업, 노령, 장애, 질병, 사망 등의 사회적 위험에 노출되어 있기 때문에 보편적인 사회복지서비스가 필요하게 된다.

(4) 최저 수준에서 적정 수준으로

사회가 발전함에 따라 사회복지의 보장 수준이 최저 수준의 보장으로부터 적절한 급여 및 서비스를 제공하는 적정 수준의 보장으로 나아가게 되었다.

(5) 개인의 변화에서 사회의 개혁으로

사회복지에 대한 초기의 관점은 개인의 도덕적인 결함에서 문제 발생의 원인을 찾았다. 그리하여 개인을 변화시키고 치료하는 것에 목적을 두었다. 그러나 최근에는 대부분의 사회복지 문제의 발생 원인을 구조적인 사회제도의 결함으로 보고 사회의 개혁과 변화를 추구하고 있다.

(6) 민간의 후원에서 정부의 개입으로

국가 또는 정부가 복지에 대한 책임을 인식하기 시작한 것은 영국의 구빈법까지 거슬러 올라갈 수 있지만, 19세기 또는 20세기 초까지도 민간의 자발적인 사회복지활동에 크게 의존하였다. 그러나 산업화의 진전에 따라 발생한 대규모의 문제들을 자선활동으로 대처하기에는 한계가 있고, 국가의 복지 기능을 확대하라는 정치적 압력의 증대로 정부의 개입이 증가하였다.

(7) 빈민을 위한 복지에서 복지사회의 구현으로

복지사회 개념에서는 정치, 경제, 사회, 문화, 교육 등의 제반 제도에 대해 개인의 발전에 그 제도가 얼마나 기여하는가의 측면에서 평가한다. 현재 전반적인 복지 현실이 아직은 복지사회와 상당한 거리가 있으나 복지제도의 인간화 또는 삶의 질 향상이라는 슬로건 등에서 복지사회 구현으로 나아가고 있음을 찾을 수 있다.

이와 같은 전개과정을 볼 때 사회복지가 빈민과 빈곤을 대상으로 하는 관점에서 점차 발전하여 일반인의 보편적 복지를 향해 나아가고 있음을 알 수 있다.

2) 현대사회의 변화 양상

(1) 저출산 및 고령화 문제의 대두

전 세계적으로 경제 수준의 상승 및 의학의 발전에 따른 평균 수명의 연장과 사회문화적 변화에 의해 출산율이 감소하고 있다. 평균 수명의 연장으로 65세 이상의 노인 인구가 빠르게 증가하여 경제활동인구가 감소하면서 노인 인구에 대한 부양 부담이 증가하는 것은 당연하다. 즉, 저출산이 노동력 부족, 부양 부담 증가, 의료비용의 지출 증가 등 다양한 사회문제를 야기하고 있다.

현재 우리나라 인구구조는 빠른 속도로 노령화되고 있으며 앞으로도

〈표 1-3〉 주요 저출산 국가의 인구 고령화 속도

국가	해당 노인 인구비 도달 연도			증가 소요 연수	
	7%	14%	20%	7%→14%	14%→20%
한국	2000	2018	2026	18	8
일본	1970	1994	2006	24	12
독일	1932	1972	2012	40	40
영국	1929	1976	2021	47	45
이탈리아	1927	1988	2007	61	19
미국	1942	2013	2028	71	15
프랑스	1864	1979	2020	115	41

출처: UN(2000); 통계청(2006).

그 추세는 계속될 전망이다. 1980년 3.8%에 불과하던 65세 이상 노인 인구의 비율은 2000년에 전체 인구의 7.2%에 도달하여 우리나라도 고령화사회(aging society)에 진입하였다. 그 후로도 유례없이 빠른 속도로 고령화가 진행되어 2018년에는 노인 인구 비율이 14.3%로 고령사회(aged society)에, 2026년에는 20.8%로 초고령사회(super-aged society)에 도달할 것으로 전망된다.

(2) 가족구조의 변화

핵가족화는 산업화가 이뤄지는 1970년대를 시작으로 1980년대부터 급격히 이루어졌다. 부부와 자녀로 구성된 2세대 가족이 주를 이루었으며, 과거에 비해 출산과 양육의 부담에서 해방된 여성들의 경제활동 참여율이 증가했다. 산업화와 도시화의 급속한 진전은 핵가족화는 물론 출산율 및 혼인율 감소, 이혼율 증가로 인한 가족 해체로 가족구조의 변화를 낳았다. 2000년대 이후부터 무자녀가구, 독거노인 및 노인으로만 구성된 노인가구, 결혼을 하지 않는 독신가구 등 가족 규모가 축소되고 있으며 한

부모가족, 위탁가족 및 입양가족 등 다양한 형태의 가족 형태가 나타나고 있다. 이러한 현상들은 과거 전통적인 확대가족에서 자녀 양육 및 보호, 노인 부양 등의 역할을 대체할 사회복지 서비스 및 정책을 마련케 했다.

한편 경제발전으로 인해 국제적 교류가 늘어감에 따라 외국인의 국내 거주가 늘어나고 있다. 외국인 근로자, 결혼이민자, 중국 교포뿐만 아니라 제3세계를 통해 우리나라 거주를 희망하는 탈북자(새터민) 또한 증가 추세에 있다. 기존 전통적 혈연 중심의 가족체계에서 외국인과의 국제결혼을 통한 다문화가족의 증가는 그간 '한국인' 생애주기에 맞춘 사회복지 서비스 및 정책을 넘어서 다양한 인종과 문화를 아우를 수 있는 사회복지 서비스 및 정책, 제도들의 확충을 시사하고 있다.

(3) 소득 양극화 문제의 심화

1997년 외환위기 이전까지는 빈곤문제가 일부 취약계층에 해당되는 문제로 인식되는 경향이 강했다. 그러나 외환위기 이후에는 빈곤문제가 더 이상 소수의 문제가 아니며 다수 사회구성원의 삶에 심각한 문제를 초래할 수 있다는 사실을 보여 줬다. 이는 대량실업으로 인한 장기적인 경제불황으로 이어지면서 단순히 실업자 문제뿐만 아니라 현재 일을 하고 있음에도 불구하고 빈곤을 탈피할 수 없는 근로빈곤층(working poor)의 문제로 나타나고 있다(박찬용 외, 1999).

경제협력개발기구(OECD)는 전체 근로자 중 가장 중간에 있는 사람의 소득인 중위소득을 기준으로 50% 미만은 빈곤층, 50~150%는 중산층, 150% 이상은 상류층으로 각각 분류하고 있다. 2009년 우리나라 빈곤층 가구는 305만 8,000가구로 전년 대비 13만 4,725가구가 늘어났다. 이는 전년도 증가분의 2배에 가까운 수치다. 빈곤층은 2006년 269만 3,000가구, 2007년 285만 가구, 2008년 292만 3,000가구를 기록했다. 이처럼 외환위기 이후 빈곤층이 증가하고 있는 추세다.

빈곤층이 늘면서 소득 양극화 경향 또한 심화되고 있다. 2009년 2인 이상 도시가구의 가처분소득기준 소득 5분위 배율은 4.94배로 전년의 4.87배보다 증가했다. 소득 5분위 배율은 소득 상위 20%(5분위) 계층의 소득을 소득 하위 20%(1분위) 계층의 소득으로 나눈 값이다. 전체 근로자 소득 중 중간에 위치하는 중위소득의 50% 미만인 계층이 전체 인구에서 차지하는 '상대적 빈곤율' 도 지난해 13.1%로 전년의 12.5% 대비 0.6%포인트 늘었다. 이러한 상황에서 국민기초생활보장제도와 같은 사회복지정책의 역할이 중요해지고 있다. 그러나 우리나라 재정지출 가운데 복지 관련 사회적 공공지출은 국내총생산(GDP) 대비 6.9%로, 최근 OECD가 조사한 35개국 가운데 최하위를 기록했다. 따라서 경제적 소외계층에 대한 정책적 배려가 더욱 절실한 상태다.

(4) 국제적 사회문제 증가

1970년대 석유파동은 눈부신 경제성장을 이룩한 자본주의 국가들에게 큰 위기였다. 그동안 경제성장과 완전고용을 바탕으로 이룩한 복지국가의 이상이 흔들리기 시작한 것이다. 이후 선진 자본주의 국가는 사회복지에 대한 재정지출 통제를 강화하고 사회문제에 대한 '적극적 정부' 의 역할 대신 민간 부문의 역할을 늘리기 시작했다. 즉, 신자유주의 경제체제로 재편되면서 자유무역과 자유경쟁에서 도태된 국가들은 국가 간 경제적 불평등과 부익부 빈익빈 현상을 초래하는 상황으로 이어진다. 빈곤문제는 더 이상 한 국가만의 문제가 아닌 전 세계의 사회문제로 심화되었다.

제42대 미국 대통령 빌 클린턴이 취임사에서 "더 이상 국내 또는 국외를 구분지어 일어나는 문제는 없다. 세계 경제 및 환경 문제, AIDS, 군사력 경쟁 등 전 세계 곳곳에서 일어나고 있는 문제는 곧 우리의 문제"라고 표현한 것처럼, 국가 간 공유되는 사회문제와 그에 대한 해결책 마련을 위한 활동들은 점점 더 많아지고 있다. 한 예로 1986년 우크라이나의 체르노빌에서 일어난 원전 사고로 인해 전 유럽은 방사능 유출에 대한 공포로 떨어야 했다. 이는 우크라이나만이 해결할 수 있는 문제가 아니었으며 전 유럽 국가들이 함께 해결해야 하는 사회문제로 대두되었다. 이처럼 국제적으로 공유되는 사회문제는 빈곤, 환경, 보건 등 다양한 분야에 걸쳐 있다. 따라서 이러한 사회문제를 해결하기 위해 사회복지 또한 국제화에 발맞춰 가야 할 필요가 있다.

3) 비평적 사고와 사회복지

급변하는 사회환경에 맞춰 한국적인 문화와 현실에 맞는 사회복지 모델을 개발하고 실천하는 것이 중요하다. 이 책에서는 이러한 급변하는 사회환경 속에서 한국사회에 걸맞는 사회복지 모델 개발을 위한 접근법으로서 '비평적 사고(critical thinking)'에 대해 논하고자 한다.

비평적 사고는 "문제적이고 두드러진 현상을 올바른 관점에서 보는 능력"으로 정의될 수 있다(Wormer, 2006: 32). 사회복지실천가들이 클라이언트의 총체적 문제를 개입 가능한 부분으로 나누는 것처럼 전체 속에서 부분을 볼 수 있어야 하며, 동시에 부분이나 맥락 안에서 전체를 총괄적으로 볼 필요가 있다. 비평적 사고는 표면적이고 피상적인 것을 넘어 무엇이 진정으로 행해지고 있는가를 파악하게 하며 표면적 가치에 대해 읽고 들은 사실을 무조건적으로 받아들이지 않게 한다.

사회복지와 밀접하게 관련된 주제는, 예를 들어 복지개혁이라 불리는 사회정책 내에서 중요하지만 보이지 않게 숨어 있는 목적을 분별하는 능력이다. 비평적 사고는 정부가 추진하는 정책들이 국민에게 보이게 되고 대중매체에서 전달되는 방법에 있어서 선전적인 측면을 직시할 수 있도록 도와준다. 국내 또는 국제 평가의 비교는 종종 같은 정보를 근거로 하지만 차별화된 대안적인 관점을 볼 수 있도록 해 준다.

커스트-애시먼(Kirst-Ashman, 2007)에 의하면 비평적 사고는 ① 무엇이 진실처럼 말해지는가 또는 무엇이 진실처럼 보이는가에 대한 주의 깊은 엄밀한 검증과 이를 바탕으로 한 의견이나 결론의 결과, ② 의견이나 결론의 창의적인 공식화라고 말할 수 있다. 의문, 문제 또는 사회적 이슈가 발생했을 때, 비평적 사고는 개인으로 하여금 사실로 받아들여지는 사안 속에 내재하고 있는 고유한 진실에 관해서 어떻게 생각하는가 또는 개인이 그들 자신의 결론을 공식화하여 어떻게 이슈를 분석하는가를 강조한다.

비평적 사고를 정의하는 데 있어서 중요한 두 가지 측면이 있다. 우선 비평적 사고는 신념, 서술, 가설, 이유, 행동 및 경험에 대한 의문점에 초점을 맞춘다. 책에서 '사실'을 읽거나 친구나 교수로부터 그것에 대해 들었다고 가정해 보자. 비평적 사고는 이러한 사실을 표면적 가치로 받아들이지 않는 것에 초점을 맞추는 것이다. 비평적 사고는 유효성을 평가하고 입증하기 위해 '3A 접근'으로 요약될 수 있다.

- 질문을 한다(Ask).
- 확립된 사실과 내포되어 있는 이슈를 사정한다(Assess).
- 결론적인 의견을 주장한다(Assert).

예를 들어, 친구나 동료 학생이 "우리 학교에서 재정적인 도움을 얻는 것은 불가능하다."라고 말했다고 해 보자. 어떤 면에서 이런 말이 정말로 사실일까? 이것을 증명하기 위해서는 우선 어떤 말이 진실로 언급되고 있는지에 대해 질문을 해야 한다. '불가능'이란 어떤 의미인가? 어떤 사람들은 재정적 지원을 받을 수도 있다. 따라서 지원을 받기 위한 평가기준은 무엇인가? 어떤 경험이 친구로 하여금 그러한 결론에 도달하게 했는가?

둘째, 연관된 정보를 찾아서 확립된 사실과 내포된 이슈를 사정해야 한다. 재정적 지원정책은 무엇인가? 자격은 어느 정도로 학생과 부모의 소득에 의존하는가? 성적이나 전업학생 신분은 어느 정도 연관이 있는가? 얼마나 많은 학생이 어느 때에 실제적으로 도움을 받고 있는가? 도움을 받는 학생 수는 학생 인구의 몇 퍼센트를 반영하고 있는가?

셋째, 결론적인 의견을 주장해야 한다. 어느 정도로 친구의 말에 동의하는가? 만일 캠퍼스 내에서 오직 두 사람만이 재정적 지원을 받는 것을 발견했다면 아마도 재정적 도움을 얻는 것이 거의 불가능하다는 점에 동의할 것이다. 그러나 만일 학생 인구의 1/3이 지원을 받는다는 것을 알았다면 친구의 의견이 잘못됐다는 결론에 전적으로 도달할 것이다. 이와 같이 비평적 사고는 사실이라고 주장되는 피상적인 신념, 서술, 가설, 이유, 행동 또는 경험에 적용될 수 있을 것이다.

비평적 사고를 정의하는 데 있어서 중요한 또 다른 측면은 의문, 문제, 사회적 이슈가 발생했을 때 의견이나 결론의 창의적인 공식화다. 유효성을 위해 검증되고 제안된 사실을 언급하는 대신, 그러한 이슈, 가설 또는 행동에 대한 자신의 의견에 대해 자신에게 질문을 던져야 한다. 깁스와 갬브릴(Gibbs & Gambrill, 1999)은 비평적 사고가 자기 인식(self-awareness)과 왜곡된 사고의 다양한 양식을 찾아내는 능력임을 강조했다.

결과적으로 비평적 사고는 현재의 사회복지실천과 사회복지정책의 문제적 상황을 올바르게 보는 능력을 길러 총체적 측면에서 사회복지를 바라볼 수 있게 하고 그에 따른 창의적이며 차별적인 대안을 주장할 수 있는 생각의 토대를 마련해 줄 것이다.

3. 사회복지의 가치

사회복지에서 가치란 인간과 관련하여 인간의 복지를 다루는 적절한 방법에 대해 전문직이 갖는 신념을 의미한다. 바틀릿(Bartlett, 1970)은 "가치는 선(good)이며 바람직한(desirable) 것이다. 가치는 질적인 판단이며 경험적으로 증명되는 것은 아니다. 또한 가치는 정서를 가지며 사회복지의 전문가들이 지향해야 할 목적이나 목표를 제시해 준다. 가치의 진수는 무엇이 보다 나은 것인가와 관련이 있다."라고 설명했다. 사회복지를 언급하는 데 있어서 가치의 개념은 매우 중요한 의미를 갖고 있다. 왜냐하면 일반적으로 가치는 무엇이 옳고 바람직한가 하는 믿음 또는 신념을 의미하는데, 인간의 복지란 선과 바람직한 것을 판단하는 하나의 기준이 될 수 있기 때문이다.

리머(Reamer, 1999)는 사회복지실천에서 가치의 중요성을 네 가지 측면에서 파악하고 있다.

- 가치는 사회복지실천의 본질적 목적과 사명에 영향을 미친다. 사회복지 가치는 삶의 어려움을 겪고 있는 사람들을 돕는다는 가치에 관심을 가지고 있었던 사회복지 전문직의 창시자들과 현대의 사회복지사들에게 뿌리 깊은 신념을 제공하고 있다.
- 사회복지사가 중시하는 가치는 대상자, 동료 및 사회구성원들과 맺는 관계에 영향을 미친다.
- 사회복지사의 가치는 그들이 사용할 개입방법과 개입 수준의 결정에 영향을 미친다.
- 가치는 전문직의 의무들이 서로 갈등을 일으킬 때 윤리적 딜레마를 해결하기 위한 노력의 열쇠가 된다. 윤리적 딜레마에 직면할 때, 사회복지사들은 궁극적으로 사회복지실천 가치의 본질에 대한 믿음에 근거하여 상충된 가치들 중 어느 것을 우선할 것인지를 결정하게 된다.

이처럼 가치는 어떤 사물, 현상, 행위 등이 인간에게 의미 있고 바람직한 것임을 나타내는 개념으로 사회복지의 실천에 있어서 기반을 이룬다.

또한 가치는 현실세계에 대한 인간의 실천과 경험을 통해 형성되는 의식적인 관계가 축적된 결과이기 때문에 역사적 산물이라 할 수 있다. 이러한 역사적 산물과 관련하여 사회복지 가치의 근원적 출발은 서구사회의 인간과 사회에 대한 시각에서 찾아볼 수 있다. 기독교의 교리, 민주주의, 자유사상, 청교도적 논리, 사회진화론 등 서구사상의 흐름 속에 나타난 역사적 산물과 그에 따른 인간의 태도나 행동 등이 사회복지 가치를 형성한 것으로 볼 수 있다.

프리드랜더(1977)는 사회복지의 기본적 가치성을 다음과 같이 네 가지로 제시하고 있다.

- 개인 존중의 원리로서 모든 사람은 인간으로서의 가치, 품위, 존엄 등을 가진다.
- 자발성 존중의 원리로서 개인이 무엇을 요구하고 그것을 어떻게 충족할 것인가의 결정권을 가진다.
- 기회균등의 원리로서 모든 인간에 대해 균등한 기회를 제공할 의무를 가진다.
- 사회연대의 원리로서 사람들은 자기 자신이나 가족 및 사회 등에 대해 책임을 가진다.

여기서는 사회복지의 가치로서 인간의 존엄성, 자유와 자기결정권, 평등과 기회균등 및 사회적 연대에 대해서 좀 더 자세히 살펴본다.

1) 인간의 존엄성

인간의 존엄성이란 개인이 인종, 종교, 연령, 성별, 신분 등과 관계없이 한 인간으로서 존엄한 가치를 지닌 존재로 존중받아야 된다는 것을 의미한다. 인간의 존엄성은 사회복지가 추구하는 중요한 기본 가치 중 하나이며 근원적 성격을 지니고 있다. 사회복지란 근본적으로 어떤 사람이든 누구에게나 인간의 존엄성을 지켜 나가면서 인간으로서 대우받을 수 있는 생활보장을 그 목적으로 한다. 따라서 누구든지 어떠한 문제로 인하여 인간의 존엄성을 훼손당하거나 위협받는 경우가 존재해서는 안 된다. 이처럼 사회복지는 인간의 존엄성을 구현하는 데 궁극적인 목적이 있다. 인간의 존엄성은 상대적인 가치가 아니다. 인간의 존엄성은 인간사회에서 절대적인 가치이자 최고의 목적이며 이념이다. 현대사회에서는 사회적 약자들이 인간으로서의 존엄과 가치를 훼손당할 위험에 빠지지 않고 인간답게 살아나갈 수 있도록 해야 한다는 사회복지 사상이 사회책임의 원리로 표현되기도 하며 국가의 지상목적 또는 존재 이유로 나타나기도 한다.

따라서 개인은 어떤 조건에 의해서도 인간이 지닌 존엄성이 무시되거나 차별받아서는 안 된다. 인간으로서의 존엄성은 사생활에서의 자유와 행복 추구의 권리와 연관되어 있다. 우리나라 헌법 제10조에서는 "모든 국민은 인간으로서의 존엄과 가치를 가지며, 행복을 추구할 권리를 가진다."라고 규정하여 인간의 존엄성과 그에 따른 행복추구권 개념을 포괄적으로 선언하고 있다.

2) 자유와 자기결정권

인간의 자기결정권은 각자의 능력과 판단에 따라 자신의 태도와 행동을 결정할 권리를 말한다. 어떤 경우에도 위협이나 일방적 관계 또는 불평등한 관계에서 결정을 강요받지 않고 스스로의 판단과 의지에 따라 결정할 수 있도록 기회를 주어야 한다. 자기결정권이 보장되기 위해서는 자유와 책임이 전제되어야 한다. 자유란 다른 사람의 간섭이나 강요를 받지 아니하고 스스로 결정하고 선택할 수 있는 권리다. 이러한 자유를 누리기 위해서는 자신의 생활을 선택할 수 있는 능력과 선택의 기회가 보장되어야 한다. 또한 스스로의 선택과 결정에 대한 책임이 자신에게 있다는 의미도 포함된다.

그러나 사회복지의 주요 대상이 되는 노인, 아동, 장애인들과 같은 사회적 약자들은 자유를 누릴 수 있는 선택의 능력이나 기회를 박탈당하기 쉽고, 그들의 지기결정권은 침해되기 쉬운 위치에 놓일 수 있다. 따라서 사회복지사는 대상자가 사회적 도움을 받을 수 있는 권리를 인식시켜 주고, 자신의 생활을 스스로 결정할 수 있도록 도와주어야 한다. 즉, 그들 스스로의 삶을 결정할 수 있도록 선택 능력과 기회를 넓혀 주어야 할 것이다. 이처럼 대상자가 자기결정권을 갖고 자유의지에 따라 선택하는 것은 중요한 개인적인 권리다. 하지만 대상자가 서비스에 대한 적절한 선택과 자기결정을 스스로 할 수 없는 상황인 경우도 발생할 수 있다. 이런 경우 사회복지사는 대상자의 자기결정권과 그것을 받아들일 수 없는 사회, 윤리적 상황에서 가치갈등을 경험할 수 있다.

3) 평등과 기회균등

평등의 개념에는 수량적 평등, 비례적 평등, 기회의 평등이 있다. 수량적 평등은 사람들의 욕구나 능력의 차이에 관계없이 사회적 자원을 똑같이 분배하는 것으로 결과의 평등이라고도 한다. 많은 사회복지정책이 부분적으로 수량적 평등의 가치를 반영하려고 노력하고 있다. 비례적 평등은 개인의 욕구, 노력, 기여, 능력에 따라 사회적 자원을 상이하게 배분하는 것을 말한다. 수량적 평등과 비교해 보면 상대적으로 불평등이 존재하지만, 비례적 평등은 수량적 평등의 비현실성을 고려할 때 자본주의 사회에서 실질적으로 널리 사용되는 개념이다. 기회의 평등은 결과의 평등 측면을 무시한 채 결과를 얻을 수 있는 과정상의 기회만을 동일하게 주는 평등을 말한다.

한편 평등에는 인간이 태어날 때부터 평등하다는 관념적 측면과 실제적으로 평등한 대우를 받아야 한다는 규범적 측면이 포함되어 있다. 인간의 능력은 각각 다르지만 인간으로서의 가치나 존엄성은 모든 사람에게 절대적으로 평등하다. 따라서 어떠한 사람도 인간으로서 대우를 받을 수 있는 권리가 있다. 인간으로서 대우받는다는 것은 인간이 수단이 아닌 목적 자체로 대우받아야 한다는 것을 말하며, 이는 관념적 측면이라 볼 수 있다. 그러나 인간으로서의 절대적 가치가 유지되기 위해서는 사회가 상대적 빈곤감이나 박탈감의 차원을 넘어선 불평등의 실재를 시정함으로써 실질적인 평등, 즉 규범적 측면의 평등을 보장하여야 한다.

현대 복지국가의 기본 가치는 사회적 평등에 기초하고 있다. 자본주의 사회의 가장 심각한 사회문제 중 하나가 바로 인간평등 관념에 입각한 문제일 것이다. 이와 같이 평등이 오늘날 자본주의에서 사회적으로 문제가 된 것은 개인주의적 자유주의 사상의 구현과 그 결과로 야기된 부의 불평등 배분 때문이다. 평등은 한정된 사회적 자원의 재분배를 통하여 사회구성원의 삶의 질을 향상시키고자 하는 것이다. 따라서 사회복지의 전문적 실천과정에서 평등의 원리는 꼭 수반되어야 할 가치다.

4) 사회적 연대

사람은 개인, 가족 및 사회에 대하여 공동체의 중요성을 인식하고 상부상조의 원리를 수용해야 한다. 빈곤, 질병, 노령, 산업재해 등 사회문제에 대하여 사회적 위험을 인식하고 공동의 협력과 책임을 전제로 한 사회적 연대를 통해 이를 해결하려는 연대의식을 지녀야 한다. 따라서 사회적 연대는 사회적 존재로서의 인간의 속성과 관련된 가치다.

과거에는 개개인이 떠안고 있는 사회문제의 원인을 개인의 나태나 의지의 부족으로 보고, 그 책임이 개인에게 있으며 비난의 대상은 개인 자신이라고 생각했다. 그러나 현대사회의 정치구조나 경제체제의 모순은 개인의 노력이나 힘만으로 극복해 나가는 데 한계가 있으며 이를 사회적 · 구조적 결함으로 보고 모든 사람들이 사회 연대감을 갖고 공동으로 문제를 해결해 나가야 한다는 것을 보여 주고 있다. 그러므로 사회문제에 대한 문제 제기나 해결을 위해서는 개인적인 활동보다는 문제에 관련이 있는 이해 당사자뿐만 아니라 사회 전체가 참여하여 문제를 해결하려는 전반적인 노력과 의지가 필요하다. 이것이 사회적 연대라고 할 수 있다.

사회적 연대의 가치는 사회적으로 소외된 취약계층의 사회적 통합을 지원하여 상호의존성을 기반으로 한 사회 안정과 공동체 기능의 강화와 발전의 원동력이 될 수 있기 때문에 중요하다. 오늘날 지나친 분업화와 개별화로 인간 소외가 심화되고 있는 사회현상에서 사회 연대적 노력과 공동체의 회복은 더 강조되고 있다.

4. 사회복지의 발전과정

1) 서구 사회복지의 발전과정

영국의 사회복지는 다른 국가에 비해 일찍 시작되어 사회변화와 더불어 오랜 세월 지속적으로 변천되어 오면서 다른 국가에 큰 영향을 미쳐왔다. 때문에 서구 사회복지의 발전과정을 영국 사회복지의 발전과정을 중심으로 살펴보고자 한다.

(1) 초기 자선사업

기독교를 중심으로 한 초기의 자선사업은 사회복지 역사에 중요한 의의를 가지는데, 이 시기의 자선은 자선의 주요 동기가 기부자(doner)의 영혼 구제에 있었다. 즉, 부자는 빈민에게 자선을 행함으로써 구원의 수단을 살 수 있었기 때문에 이 시기의 자선은 주로 교회를 통해 이루어졌고, 중세의 오랜 기간 동안 빈민들은 이러한 자선행위를 통해 비교적 안정적인 생활을 했다.

하지만 중세 말에 새로운 빈민이 도시와 농촌에 나타나고 대홍수와 냉해, 흑사병 등의 자연 재앙과 함께 기근과 전쟁, 민중 반란, 농노제도의 붕괴 등 사회혼란이 발생하면서, 이러한 중세 말의 혼란과 빈민에 대한 인식변화는 빈민구제에 대한 국가개입을 초래하게 된다.

(2) 엘리자베스 구빈법과 변천과정

소위 구빈법의 시대로 상징되는 이 시대는 1601년부터 산업혁명을 포함해 250년간 지속되었다. 16세기 후반 엘리자베스 여왕의 절대권력, 인구 증가와 농업생산의 불균형, 농업 생산장의 협소와 가격 급등, 농민계급 분화뿐 아니라 토지 봉쇄에 따른 농민의 추방, 부랑화, 수도원 해체에 따른 피보호 계층의 방황, 중세에 융성했던 상공업자의 동업조합(길드)의 붕괴 등은 빈민의 증가를 가져왔다. 이러한 상황에서 영국의 공적 구호는 시급한 문제가 되었고, 이렇게 출현하게 된 영국의 구빈법은 1601년 엘리자베스 구빈법 이후 정주법(1662), 작업장 테스트법(1722), 길버트법(1782), 스핀햄랜드법(1795)을 거쳐 1834년의 개정구빈법에 이르기까지 여러 번의 변천과정을 겪게 된다.

(3) 1834년 신구빈법

세계에서 가장 빨리 산업혁명을 완료한 영국에서는 자본주의가 급속히 발전하면서 산업혁명으로 인한 다양한 사회문제가 발생하게 되었고, 이를 개선하기 위해 채드윅(Chadwick)을 중심으로 하는 왕립위원회가 구성되었다. 위원회의 권고에 따라 1834년 '자조와 절약'의 철학을 기초로 거택구호 금지와 열등처우 원리를 관철시켰으며, 전국적으로 통일된 구빈행정을 시행하게 된다.

(4) 민간 사회복지의 출현

18세기 후반부터 19세기까지 기존의 민간 자선단체들은 많은 변화를 겪게 된다. 보다 체계적으로 효율적인 도움을 주기 위해 단체들 간의 연대(자선조직협회)가 이루어졌을 뿐 아니라, 기존의 단순한 자선의 의미가 아닌 빈민에 대한 관점이 점차 바뀌면서 그들의 생활을 개선시키고 그 원인을 제거하기 위한 지식인들의 참여(인보관운동)가 활발하게 이루어지기 시작했다.

(5) 1909년 구빈법 보고서

20세기에 접어들면서 영국에서는 빈곤에 대한 태도가 점차 변화되었고, 빈민정책이 다시 논의되기 시작하면서 1905년 구빈법에 대한 왕립조사위원회가 구성되었고, 1909년 서로의 의견 차이를 조율하지 못한 채 다수파 보고서와 소수파 보고서가 제출되었다. 페이비언 협회를 이끌었던 웹 부부를 중심으로 한 소수파의 보고서는 구빈법의 완전 폐지와 노동이 가능한 사람 및 실업자를 위한 노동시장의 공적 조직화, 구빈 행정기구의 재정비 및 전문화의 강조라는 내용을 담고 있다. 이는 제2차 세계대전 이후 영국에서 실시된 사회보장제도의 탄생에 기여하였다.

(6) 베버리지 보고서

1941년 영국 정부는 사회적 서비스의 구조나 그 효율성을 조사하고 필요한 개혁을 실시하기 위해 베버리지를 중심으로 사회보험 및 그 관련 사업에 관한 각 부처 연락위원회를 조직하였다. 1942년에는 그 결과인 〈베버리지 보고서〉가 국회에 제출된다.

〈베버리지 보고서〉의 핵심은 영국 국민은 누구라도 노령, 질병, 상해, 실업, 가족의 사망과 출생 등으로 경제적 어려움을 당하게 되면 계약상의 권리에 의해 최저생계비를 보장받도록 하는 사회보험제도를 운영한다는 것으로, 여섯 가지의 기본 원칙으로 통합적인 행정, 포괄적인 적용 범위, 기여와 납부의 균일, 수급자의 욕구를 충족할 수 있는 납부의 적절화, 피보험자의 계층 분류 등을 이야기하고 있다.

(7) 복지국가

제2차 세계대전 이후 영국을 중심으로 한 서유럽 국가들은 경제적 호황에 따른 순조로운 자본 축적을 통해 복지국가의 길로 접어들었다. 특히 영국의 경우 "요람에서 무덤까지"라는 슬로건을 바탕으로 국가복지를 보장하기에 이르렀다. 하지만 1970년대의 석유파동으로 인한 재정적자 상황에서 복지지출 삭감과 대처 정권의 신보수주의 정치는 국가의 복지개입을 최소화하는 대처리즘을 출현하게 한다.

노동당의 집권과 함께 영국은 복지개혁을 진행하고 있으며, 생산적인 복지를 주창하는 '제3의 길'을 통해 시장의 효율성과 사회적 연대를 조화시켜 나가고 있다.

2) 한국 사회복지의 발전과정

(1) 근대 이전의 사회복지

① 삼국시대

삼국시대에는 각종 재해로 인한 구휼(救恤)사업 중심이었고, 사궁(四窮)[1]에 대한 보호, 병들고 자립이 불가능한 사람에 대한 구제였으며, 재원은 국고에서 조달되었다. 구제사업의 내용을 구체적으로 살펴보면, 관곡의 지급, 사궁구휼(四窮救恤), 조세감면(租稅減免), 대곡자모구면(貸穀子母俱免), 경형방수(輕刑放囚), 종자 및 식량의 급여, 왕의 책기감선(責己減膳), 역농방재(力農防災), 유민안집(流民安集)이 있다. 삼국시대에는 창제(倉制)와 진대법(賑貸法)도 있었다.

② 고려시대

농업에 영향을 미치는 풍수해, 장기간의 가뭄 등 천재지변으로 인한 재난구제는 국가의 가장 중요한 임무의 하나로, 고려시대에 들어 이러한 국가의 재난구제 사업이 본격화되었다.

고려시대의 구체적인 구빈행정으로 의창, 상평창과 같은 창제를 시작하여 춘궁기에 빈민에게 곡식을 대여해 주었다가 추수기에 갚게 하는 제도를 시행하였다. 또한 불교 시대에는 불교의 영향으로 자비의 정신에 의한 구빈사업이 이루어졌다. 궁민, 재민을 구제하는 기관으로 제위보, 구제도감, 동서대비원, 혜민국 등이 있다. 아동복지사업으로서의 고아 수양과 유아, 기아, 빈곤아의 보호사업, 노인복지사업이 이루어졌다.

③ 조선시대

조선시대에 들어와 불교를 탄압하고 유교를 장려하게 됨에 따라 구빈사업도 유교의 왕도주의에 입각하여 왕이 재해 및 빈민 구제를 대단히 중요시하게 되었다. 조선시대의 민생구휼기관으로는 구황청, 혜민국, 제생원, 활인서, 기로소 등이 있었으며, 구제제도로는 창제와 환곡이 있었다. 또한 비황을 위한 제도로 의창과 상평창이 있었다.

---

1) 사궁(四窮)은 '환과고독(鰥寡孤獨)'을 말한다. 이는 네 가지의 궁한 처지라는 뜻으로, 늙은 홀아비와 늙은 홀어미, 부모 없는 아이, 자식 없는 노인을 통틀어 지칭한다.

국가기관의 구휼사업 외에 조선시대에는 민간조직의 활동을 찾아볼 수 있다. 경제적 이익을 도모하기 위한 계, 농민공동체 조직인 두레, 주민 교화의 목적을 위해 자치적으로 정한 규약과 향약이 있다. 또한 민간 차원의 구제제도인 사창제도를 시행하였다.

(2) 근대 이후의 사회복지

① 일제 및 미군정 시대

우리나라의 근대적 사회복지사업은 1888년 프랑스 주교가 설립한 천주교회에 의한 고아원의 개설로부터 시작되었으며, 개화기와 일제시대에 본격화되었다고 볼 수 있다.

일제시대의 빈곤정책은 식민통치의 합리화와 황민사상의 주입을 위한 이데올로기적 기능을 띠었기 때문에 식민지 통치정책의 전개에 따라서 변화하였고, 빈민의 기본적 욕구 해결보다는 식민지 지배질서의 안정에 주안을 둔 것으로 다분히 정치적 성향이 강하였다.

재해의 피해자나 무노동력자의 구호사업과 농촌 빈민의 갱생사업, 화전민 대책사업, 토착민 대책사업, 직업소개사업 등이 주된 내용이며, 일본이 행한 대표적인 구호사업은 1944년에 행한 조선구호령으로 일종의 근대적 공적부조제도다.

해방 후 미군정 기간 동안 구호행정의 법적 · 제도적 근거에 있어서는 형식적으로 일제시대의 것을 계승하였으나 기본적으로는 군정하의 법령과 필요한 규정에 의해서 구성되었다. 일반적인 구호사업으로 시설구호, 공공구호, 응급구호, 이재민 구호 등이 있었고, 귀환한 전재민과 월남 피난민의 수용구호사업과 주택구호사업, 실업구호사업 등이 있었다. 1960년대부터 국가의 책임에 의한 자주적 사회복지사업이 나타나면서 그때까지 주된 역할을 해 오던 외원 단체들은 점차 감소, 철수하였다.

② 군사정부 시대

박정희 정부에서는 선경제성장, 후분배경제 정책을 강조하였으며, 이때 사회복지 관계법이 무더기로 입법화되었으나 사회경제적 상황이나 정부의 재정 능력 부족으로 실제로 수행된 것은 소수에 불과했다. 이 시기의 사회복지는 민심의 안정을 얻어 정치적 정당성과 합법성을 얻고자 하는 방편으로 행하여졌다.

이어서 전두환 정부는 복지국가 건설을 지표로 하였다. 이에 따라 영세민 대책을 중시하였으며, 이때 한국형 복지 모형론이 등장하였다. 한국형 복지 모형은 국가개입을 가능한 한 최소화하고, 가족 기능을 강화하여 자조와 재활을 강조하고, 자원봉사의 참여를 강조하는 것이다. 이 시기에 시설수용보호의 복지시설에서 벗어나 지역복지와 재가복지를 강조하여 많은 사회복지관들이 증설, 확대되었다. 하지만 이 시기도 역시 정권정당화의 목적이 더 강하였다.

노태우 정부는 경제와 사회의 균형적인 발전을 통해 빈부격차와 지역감정의 해소를 목표로 내세웠다. 이 시기에 재가복지 봉사제도가 급격히 증가하였으며, 88장애인올림픽을 계기로 장애인에 대한 정부의 관심이 확대되었고 탁아사업도 크게 부각되었다. 또한 이 시기에 사회복지 전담공무원이 배치되었다.

③ 문민정부 시대

김영삼 정부에서는 제7차 경제사회발전 5개년 계획에 따른 정책기조를 1993년 신경제 5개년 계획으로 대체하면서, 새로운 제도의 도입에 치중하기보다 기존 제도의 내실화에 중점을 두고 복지시책 및 관리운영의 효율화를 통해 복지 증진과 경제사회 발전이 조화될 수 있는 체제를 확립한다는 것이 기본 방향이었다. 이 시기에는 국가 부문의 사회복지가 후퇴하였고, 또 복지다원론이 등장하여 사회복지 재정이 감소되었다.

김대중 정부는 생산적 복지가 국민정부의 국정이념이었다. 정책목표는 구호 위주에서 생산적인 보건복지 행정으로 전환하여 성장과 복지의 균형을 꾀하여 복지국가를 달성하는 것이다.

IMF로 실업 관련 저소득대책이 마련되었고, 제1차 사회보장 발전계획이 수립되었다. 그리고 1999년에는 국민기초생활보장법이 시행되어 저소득층 자립을 지원해 주었다. 특히 여성부를 만들어 여성복지에 중점을 두었다.

5. 사회복지실천의 영역

사회복지실천은 다양한 클라이언트의 다양한 욕구를 동시에 고려한다는 점에서 그 영역을 명확하게 구분 짓기가 어렵다. 하지만 일반적으로

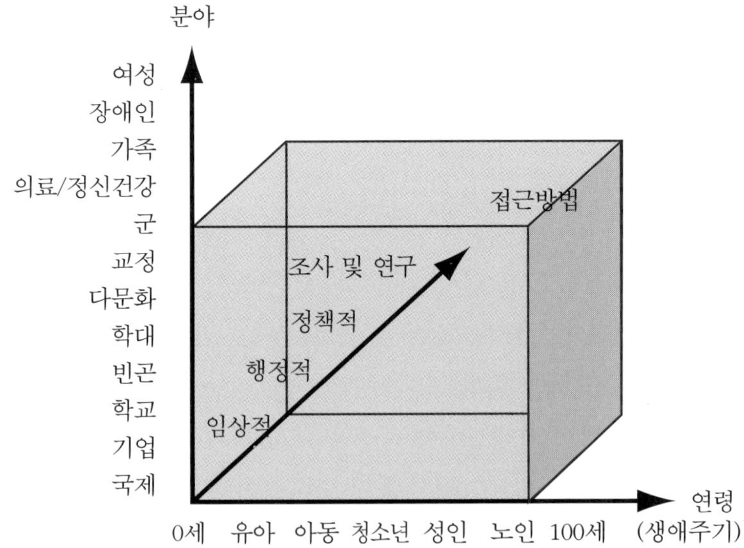

[그림 1-2] 사회복지실천의 통합적 영역

생애주기적 관점을 바탕으로 클라이언트의 연령에 따라, 각 클라이언트가 가진 문제나 욕구가 놓인 분야, 그리고 실천에 있어서의 접근방법에 따라 사회복지의 영역을 가늠해 볼 수 있다. [그림 1-2]와 같이 사회복지실천의 영역은 연령과 분야, 접근방법의 세 축의 스펙트럼상의 한 점에 위치한다고 할 수 있다.

1) 생애주기별 사회복지실천

인간은 발달적 존재로서 일생을 살아가면서 삶의 각 단계에 따라 새로운 문제들에 직면하게 된다. 사회복지는 삶의 각 단계에서 개인의 기능을 바람직한 방향으로 향상시키고, 개인이 처한 환경과 주변 사람들과의 상호작용을 원활하게 하는 노력의 일환이다. 인간은 태어나서 죽기 전까지 연령 선상의 어느 한 점에 위치하게 된다. 연령은 그 자체로 특정한 클라이언트의 욕구를 발생시키기도 하며, 반대로 욕구에 대응하기 위하여 연령을 고려하여 개입해야 하기도 한다. 그 예로 유아의 경우 양육과 보호의 욕구, 청소년은 교육의 욕구, 그리고 노인은 병수발과 일상생활 보조서비스의 욕구가 발생할 수 있는 것을 들 수 있다. 따라서 인간의 연령에 따른 삶의 각 단계들을 이해하는 것은 사회복지실천에서 매우 중요한 것이며, 그 이해를 바탕으로 아동, 청소년, 성인, 노인 등 연령에 따른 인구집단을 대상으로 프로그램을 실시하거나 서비스를 제공하는 것과 같이 효과적이고 효율적인 사회복지적 개입이 필요하다.

이와 더불어 개인의 연령에 따른 생활주기뿐만 아니라 가족을 하나의 단위로 두고, 결혼전기, 결혼 적응기, 자녀 아동기, 자녀 청소년기, 자녀 독립기, 노년기와 같이 가족의 생활주기에 따라 특정한 욕구가 발생하기에 그에 맞는 사회복지적 개입을 할 수도 있다.

2) 분야별 사회복지실천

실천 대상이나 욕구 또는 실천현장에 따라 구별되는 사회복지실천 분야는 여성, 장애인, 가족, 의료 및 정신보건, 군, 교정, 다문화, 새터민, 이주민, 학대, 빈곤, 학교, 산업, 자원봉사 등 매우 다양하다. 클라이언트의 욕구는 이 다양한 분야 중 어느 한 가지 또는 그 이상에 속하게 된다. 기존에 아동복지, 청소년복지, 노인복지, 장애인복지, 여성복지, 가족복지, 의료 및 정신보건 등을 기본으로 실천 분야를 구분하여 다양한 사회복지적 노력을 기울였다면, 현재에는 최근 한국사회의 변화와 그 특수성을 고려하여 실천 분야가 좀 더 세분화되고 있다고 할 수 있다. 특히 한국의 남북관계라는 특수한 상황에서 발생한 군대제도로 인하여 많은 성인 초기의 병사들이 정신건강과 적응의 문제를 가지고 있어서 사회복지적 개입이 요구되며, 북한에서 이탈한 새터민이나 해외에서 이주하여 들어온 이주민에 대한 인권 및 고용의 문제, 사회 통합 및 적응과 관련된 욕구들이 새롭게 등장하고 있다.

또한 단지 사회복지 1차 세팅뿐만이 아니라 2차 세팅인 교육현장이나 산업현장에서의 학교사회복지와 산업복지에 대한 욕구도 날로 커지고 있다. 그리고 기존의 처벌적 의미만을 가지고 있던 교정현장에서 범죄자들에 대한 사회복지적 개입이 재범 방지와 사회통합을 위하여 효과적인 대안이 될 것이라는 주장들과 함께 교정에서의 사회복지실천 역시 앞으로 관심을 가져야 할 분야다. 뿐만 아니라 소득의 양극화로 인한 빈곤문제, 예전부터 심각한 문제로 지적되었으나 여전히 적절한 개입이 부족한 학대 등의 문제는 앞으로도 사회복지 전문가들이 좀 더 개척하고 발전시켜야 할 분야라고 할 수 있다. 아울러 세계화의 시대적 흐름에 발맞추어 국제 사회복지에 노력을 기울이는 것도 새롭게 요구되고 있다.

〈표 1-4〉 다양한 사회복지실천 현장

아동 · 청소년복지

아동 · 청소년복지는 부모가 아동에 대한 양육 책임을 다할 수 없거나 지역사회가 아동 · 청소년이 요구하는 자원과 보호를 제공할 수 없을 때 그 기능을 강화, 보완, 대리하는 것임과 동시에 넓게는 일반 아동 · 청소년을 포함한 모든 아동 · 청소년의 행복을 위하여 그들의 신체적 · 사회적 · 심리적 발달을 보호하고 촉진하는 제반 활동이라고 할 수 있다. 아동 · 청소년복지에 대한 서비스로는 상담, 보육, 가정보호, 시설보호 사업 등이 있다.

〈아동 · 청소년복지 관련 협회 및 학회〉

- 한국아동복지학회 http://www.childwelfare.or.kr
- 한국아동권리학회 http://www.kccr.or.kr
- 한국아동복지협회 http://www.adongbokji.or.kr
- 한국청소년복지학회 http://www.youthwelfare.org
- 한국청소년학회 http://www.kyra.or.kr

〈아동학대 관련 전문기관〉

- 중앙아동보호전문기관 http://korea1391.org
- 해바라기 아동센터 http://www.child1375.or.kr

노인복지

노인복지란 노인이 인간다운 생활을 영위하면서 소속된 가족 및 지역사회에 적응하고 통합되도록 필요한 자원을 제공하는 데 관련된 공적 및 사적 차원에서의 제반 활동을 의미한다. 노인복지는 노인문제를 해결하고 노인의 복지를 이룩하려는 사회적 노력으로서 노령에 의하여 일어나는 사회생활상의 곤란에 대한 사회복지적 원조다. 노인복지와 관련된 정책으로는 소득보장, 의료급여, 노인장기요양보험제도 등이 있고, 서비스로는 노인주거복지시설, 노인의료복지시설, 노인여가복지시설, 재가노인복지시설, 노인보호전문기관을 통한 서비스가 있다.

〈노인복지 관련 협회 및 학회〉

- 대한노인복지학회 http://www.koreawa.or.kr
- 한국노년학회 http://www.tkgs.or.kr
- 한국노인종합복지관협회 http://www.kaswcs.or.kr
- 한국재가노인복지협회 http://www.kacold.or.kr
- 사단법인 한국노인복지중앙회 http://www.elder.or.kr

장애인복지

세계보건기구(WHO, 1976)는 장애인복지의 개념을 의료적 · 사회적 · 교육적 · 직업적 서비스를 통합적으로 사용하여 개인을 훈련시키고 재훈련시켜 개인의 기능적 능력을 가능한 한 최고의 수준으로 높이는 것으로 정의하였다. 최근 사회경제적 여건의 변화, 산업재해의 증가, 고령화 추세로 장애인 인구가 급등하고 있어 장애인복지에 대한 국가의 책임이 증가하였다. 이에 장애인복지는 심신의 결함으로 인한 가정생활과 사회생활의 곤란에 대하여 의료적 · 교육적 · 직업적 · 사회적 · 심리적 재활서비스를 제공하고 동시에 사회적 인식의 개선 및 완전한 사회참여를 통하여 사회적 통합을 달성하는 국가와 민간의 총체적인 조직적 노력 및 활동이라고 할 수 있겠다.

〈장애인복지 관련 협회 및 학회〉

- 한국지체장애인협회 http://www.kappd.or.kr
- 한국장애인복지관협회 http://www.hinet.or.kr
- 한국장애인시설복지협회 http://www.hinet.or.kr
- 한국지적장애인복지협회 http://www.kaidd.or.kr
- 한국장애인재활협회 http://www.freeget.net
- 한국장애인개발원 http://www.koddi.or.kr
- 한국장애인복지학회 http://www.kadw.or.kr

가족복지

가족복지란 가족 기능을 향상시키고 가족관계의 조화를 성취하는 것을 목적으로 가족생활을 보호하고 강화하며, 가족 내 상호관계 및 적응상의 문제를 가진 개인과 가족을 원조하고, 가족의 사회적 기능이 향상될 수 있도록 돕는 정부와 민간이 제공하는 사회적 서비스다. 가족복지의 대상이 되는 가족문제로는 개인 및 가족의 기능과 가족관계, 빈곤이나 사회자원의 결핍, 일시적 긴장 등이 있고, 가족치료나 각종 빈곤정책, 한부모가족에 대한 지원, 학대가족을 위한 지원 등의 형태로 가족복지를 돕고 있다.

〈가족복지 관련 협회 및 학회〉

- 한국가족복지학회 http://www.familywelfare.net
- 한국가족학회 http://www.family21.org
- 대한가정학회 http://www.khea.or.kr
- 한국부모교육학회 http://www.parentedu.net
- 한국가족사회복지학회 http://www.kafsw.or.kr
- 한국가족치료학회 http://www.familytherapy.or.kr

여성복지

한국여성개발원(1990)은 여성복지란 여성이 국가와 사회로부터 인간의 존엄성과 인간다운 생활을 할 권리를 동등하게 보장받음으로써 여성의 건강, 재산, 행복의 조건들이 만족스러워지는 상태를 의미하며, 동시에 가부장적 가치관과 이에 기초를 둔 법, 기타 사회제도를 개선하는 것 등으로 여성의 인간다운 삶을 실현하기 위한 모든 실천적 노력을 포함하는 개념으로 정의하고 있다. 여성복지는 취약계층 여성들에 대한 전문적 사회복지서비스를 포함하여 사회 내의 양성평등의 실현을 통한 여성 불평등 문제의 해소, 여성들의 권익 향상을 아우르는 포괄적 분야다.

〈여성복지 관련 기관〉

- 한국여성상담센터 http://www.iffeminist.or.kr
- 한국성폭력상담소 http://www.sisters.or.kr
- 한국여성민우회 http://www.womenlink.or.kr
- 한국여성의전화 http://www.hotline.or.kr
- 한국여성유권자연맹 http://www.womenvoters.or.kr
- 한국여성노동자회 http://kwwnet.cafe24.com
- 전문직여성 한국연맹 http://www.bpw.or.kr

지역사회복지

지역사회복지는 지역사회를 그 접근 단위로 하여 지역 내 사회구성원의 복지실현을 위해 하는 일련의 사회적 노력을 의미한다. 지역사회복지의 주요 실천 기술로는 옹호와 지역사회 조직화, 자원 동원 및 개발 그리고 임파워먼트가 있다. 이를 통해 지역사회 및 지역사회의 모든 구성원을 대상으로 그들의 욕구와 문제의 해결을 위한 전문적인 사회복지실천이 이루어진다고 할 수 있다.

〈지역사회복지 관련 협회 및 학회〉

- 한국지역사회복지학회 http://www.kcommunity.or.kr
- 한국사회복지관협회 http://www.kaswc.or.kr

의료사회사업

의료사회사업이란 병원, 재활원, 보건소, 복지관 등에서 각종 질병에 대한 치료와 처치뿐만 아니라 질병에 대한 인식과 관리에 대한 새로운 관점을 제시하여 질병의 예방과 관리, 환자와 그 가족의 심리적 · 사회적 · 경제적 문제를 원조하여 환자가 건강을 회복하고 재활할 수 있도록 돕는 활동이다. 의료사회사업은 의료시설 내 다학문 · 다학제적 팀워크를 요하며, 통합적 관점에서 환자를 전인적 존재로 보고 환자가 신체적, 심리적, 사회적으로 지역사회 내에서 건강하게 포함될 수 있도록 하는 것을 최종 목적으로 하고 있다.

〈**의료사회사업 관련 협회 및 학회**〉
- 대한의료사회복지사협회 http://www.kamsw.or.kr
- 한국의료복지시설학회 http://www.ikiha.org

정신의료사회사업

정신의료사회사업은 정신적 · 정서적 · 사회적 생활상의 어려움이 있어 전문적 원조가 필요한 경우 정신의료기관에 오는 정신병자 혹은 정신장애인, 기타 일탈적이거나 비적응적인 사람들을 대상으로 정신병원, 지역사회정신보건센터 등에서 이루어진다. 정신의료사회사업의 목적은 단순히 환자의 증상 완화에 있는 것이 아니라 최종적으로 원만한 사회에의 적응에 있고 이를 위해 환자의 질병 상태에 영향을 주는 개인적, 정서적, 사회적 환경을 사정한다. 치료 시 인간적 접근을 통하여 발병 전부터 발병, 입원, 퇴원, 재활의 전 과정에서 관심 있게 도우며, 특히 환자가 퇴원했을 때 지역사회에의 복귀를 준비할 수 있도록 돕는 전문적 활동이다.

〈**정신의료사회사업 관련 협회 및 학회**〉
- 한국정신보건사회복지사협회 http://www.kamhsw.or.kr
- 한국정신보건사회복지사학회 http://www.kamhsw.org
- 중앙정신보건사업지원단 http://www.cmhsc.or.kr
- 대한정신보건가족협회 http://www.kfamh.or.kr

학교사회복지

학교사회복지는 학생이 지적 · 사회적 · 정서적 문제가 있을 때 학교, 학부모, 지역사회의 자원체계를 연계하여 학교에서 학생이 정상적인 생활을 할 수 있도록 도움을 주는 전문적 사회복지 분야다. 학교사회복지는 학생이 학교에 적응하여 학교에서 공평한 교육기회와 성취감을 획득할 수 있도록 지원하는, 학교 현장에서 행해지는 전문적인 사회복지 분야라고 할 수 있다. 학교에서 학교사회복지사는 심리치료 전문가이자 사회복지서비스 제공자 역할을 하고, 교육과 예방을 제공하고 연계자로서 활동하며, 교육환경을 조성하고 지역사회 조직화의 역할을 한다.

〈**학교사회복지 관련 협회 및 학회**〉
- 한국학교사회복지사협회 http://www.kassw.or.kr
- 한국학교사회복지학회 http://www.schoolsocialwork.org

교정복지

교정복지는 범죄인의 교화를 위한 전문분야로서 범죄인의 교정과 교화를 돕는 활동뿐만 아니라 범죄예방의 차원에서 다양한 전문인력이 협력하여 돕는 포괄적인 활동이라 할 수 있다. 교정복지는 범죄자와 비행청소년의 재활과 사회복귀를 돕고 범죄자 당사자, 범죄의 피해자, 그들의 가족, 그리고 지역사회에서의 문제 해결과 예방적 관점에서 행해지는 활동을 의미한다. 따라서 교정복지는 교정 세팅에서의 문제를 사회복지적 차원으로 대처하여 범죄자 및 비행청소년 개인과 사회환경에 개입하고 문제 해결 및 재범예방을 위해 범죄나 비행으로 인한 문제를 제거하고 사회구성원들의 복지증진에 힘쓰는 복지 분야 중 하나다. 교정복지는 보호관찰소, 소년분류심사원, 소년원, 소년교도소, 한국갱생보호공단, 소년보호시설 등에서 이루어지고 있다.

〈교정복지 관련 협회 및 학회〉
- 한국교정사회복지학회 http://www.kacsw.org
- 한국교정복지학회 http://www.cwsk.net

산업복지

산업복지는 사회복지의 방법과 원리, 기술을 산업현장에 적용하는 것으로서 근로자와 그 가족의 건강, 생활 수준의 안정 및 향상 등 생활복지 증진을 위해 실시되는 전문적이고 조직적인 사회복지 분야의 하나다. 산업복지는 좁게는 노동자의 생활문제와 노동자와 가족들에 대한 심리적 · 물질적 원조뿐만 아니라 넓게는 고용안정이나 임금 및 기타 노동 조건의 문제, 노동조합의 문제 등을 중심으로 하는 사회정책과 각종 제도와 정책에 의해 시행되는 것을 포함한다. 산업복지의 주체에 따라 공공산업복지, 기업복지 및 자주복지 등으로 분류할 수 있다.

〈산업복지 관련 협회 및 학회〉
- 한국노총좋은친구 산업복지재단 http://www.nochongwelfare.org

3) 접근방법별 사회복지실천

사회복지실천은 그 대상인 개인과 가족, 집단, 지역사회에 직접적 또는 간접적으로 이루어진다. 때로는 사회복지실천의 대상에게 직접적으로 임상적 서비스나 자원 등을 제공할 수도 있고, 사회적인 제도와 규칙 등을 통하여 대상에게 사회복지의 혜택이 주어질 수 있도록 그 기반을 마련하는 방식으로 이루어지기도 한다. 사회복지실천의 접근방법에 따른 임상적 접근방법, 정책적 접근방법, 행정적 접근방법, 그리고 기타 조사 및 연구를 통한 접근방법이 모두 사회복지실천의 영역을 결정하는 한 축이 된다고 할 수 있다.

(1) 임상적 접근방법

사회복지실천의 임상적 접근방법은 전문적 지식을 갖춘 사회복지사가 개인상담, 집단상담, 교육 및 훈련, 정보 제공, 보호, 클라이언트 옹호 등의 활동을 하는 것으로, 클라이언트의 변화를 이끌어 내거나 또는 클라이언트가 자신의 사회적 기능을 강화하고 기존의 손상된 기능을 회복할 수 있도록 물리적 · 인적 환경 등을 조성하는 데에 도움을 제공하는 것이다. 임상적 접근방법의 예는 사회적 기능의 손상이 있기 전 예방활동을 하거나, 능력이나 자원이 손실된 개인에게 적절한 서비스를 제공하거나, 손상된 기능의 복구를 위하여 사회적 · 경제적 · 신체적 · 정신적 재활을 위한 도움을 제공하는 것이다. 또한 개인에게 개입하는 것과 더불어 개인의 목적이 달성될 수 있도록 사회적 · 물리적 환경에 개입하여 개인을 지지할 수 있도록 돕기도 한다. 임상적 접근방법은 다른 접근방법에 비하여 좀 더 구체적이고, 클라이언트와의 거리가 가깝고, 상대적으로 직접적이라고 할 수 있다.

(2) 정책적 접근방법

사회복지실천에서 정책적 접근방법은 사회복지의 목적을 달성하기 위해 요구되는 행동에 관한 원칙, 계획 또는 조직화된 노력을 사회적 합의를 통하여 결정하는 과정에서 이루어지는 것이다. 사회복지정책은 좀 더 포괄적이라 볼 수 있는 사회정책(social policy) 개념을 통해 이해될 수 있는데, 사회정책은 개인, 집단, 지역사회 그리고 사회제도 간의 관계를 중재하고 규제하는 방식을 이끄는 사회의 활동과 원리다. 이러한 원리와 활동은 사회의 가치와 관습의 산물이며, 널리 자원 배분과 사회구성원의 복지 수준을 결정한다. 따라서 사회정책은 교육, 보건의료, 범죄와 교정, 경제보장, 그리고 정부 및 민간 조직에 의해 만들어진 사회복지 등에 대한 계획과 프로그램을 포함한다. 사회정책은 또한 사회적 보상과 제약을 규정하는 사회적 전망을 포함한다(Baker, 1995; 김성천 외, 2009 재인용). 사회복지정책의 영역은 역시 매우 다양한데 소득, 의료, 주거, 교육, 고용과 관련된 정책들이 그 대표적인 예다.

(3) 행정적 접근방법

사회복지행정은 정책을 통하여 결정된 사항들을 실제로 서비스로 전환시키는 과정을 말한다. 사회복지행정의 기능은 사회복지정책을 사회복지 관련 조직, 즉 공공 전달체계와 민간 전달체계를 통해 사회복지서비스로 전환하여 제공하기 위해서 기관 대내외적 인적 · 물적 자원을 관리하고 경영하는 데 있다. 구체적으로 보면, ① 지역사회에 대해 연구하고 클라이언트를 선정하는 근거로서 기관목적을 결정하고, ② 기관의 목적에 맞는 정책, 프로그램 그리고 이행과정을 개발하며, ③ 재정자원, 예산, 회계를 제공하고, ④ 기관의 리더십, 즉 전문가 및 비전문가, 위원회, 자원봉사자 등을 선정하고 함께 일하며, ⑤ 물리적 시설 및 장비, 지원을 제공 및 유지하고, ⑥ 기획 및 효과적인 지역사회 관계를 만들고 유지하며, ⑦ 완전하고 정확한 기관운영 기록과 정기적인 기록 등을 수행하고, ⑧ 프로그램과 개인서비스 계획에 대해 지속적으로 평가하고 적절한 조사를 수행하는 것이다(Trecker, 1977; 김성천 외, 2009 재인용).

(4) 사회복지 조사 및 연구

사회복지 조사 및 연구는 사회복지실천의 한 방법으로 정보와 지식을 수집하고 분석하여 사회복지정책 또는 사회복지서비스를 결정하는 데 있어서 주요한 뒷받침이 되는 활동이다. 사회복지실천 현장 또는 아직 개척되지 않은 현장에서 클라이언트 및 지역사회가 가질 수 있는 욕구들을 체계적으로 정리하여 사회복지 정책 및 행정의 과정을 통하여 실현할 수 있도록 그 근거를 마련한다. 또한 사회복지 현장에서 의사결정을 내리는 데에 그 길잡이가 되기도 한다. 뿐만 아니라 사회복지 조사 및 연구의 성과물을 통하여 사회복지실천 현장의 사회복지사들이 클라이언트의 욕구를 더 잘 이해하고 더 나은 서비스를 제공할 방향을 모색하도록 돕는다.

모형적으로 보았을 때 클라이언트가 처한 실천 영역은 앞의 [그림 1-2]에 제시된 사회복지실천의 통합적 영역에서 한 점으로 나타낼 수 있지만, 현실에서의 클라이언트는 동시에 다양한 욕구를 가질 수 있다. 사회복지 실천 현장은 앞의 〈표 1-4〉와 같이 나눌 수 있으며, 각 영역의 세부적인 내용들은 뒤에서 개별적으로 자세히 살펴볼 것이다.

연습문제

1. 사회복지의 개념을 정의해 보자.

2. 타 사회과학 학문과 비교하였을 때 사회복지학의 차이점은 무엇이며 사회복지학과 타 학문 분야와의 관계를 논의해 보자.

3. 비평적 사고(critical thinking)란 무엇이며 사회복지실천 현장에서 비평적 사고를 어떻게 적용해 볼 수 있을지 생각해 보자.

4. 생애주기 관점, 클라이언트의 문제 및 욕구, 접근방법을 고려하여 사회복지 실천 영역을 서술해 보자.

참고문헌

강용규, 김병, 김용준, 김종상, 김준환, 박보식, 염인열, 최정규(2007). 사회복지개론. 고양: 공동체.

김상균, 최일섭, 최성재, 조흥식, 김혜란, 이봉주, 구인회, 강상경, 안상훈(2007). 사회복지개론(개정2판). 파주: 나남출판.

김성천, 강욱모, 김혜성, 박경숙, 박승훈, 박수경, 송미영, 안치민, 엄명용, 윤혜미, 이성기, 최경구, 최현숙, 한동우(2009). 사회복지학개론-원리와 실제. 서울: 학지사.

김영모, 남세진, 신섭중(1982). 現代社會福祉論. 서울: 한국복지정책연구소출판부.

문수열, 김병, 이창희, 원기연, 정영일, 박주현(2010). 사회복지의 이해. 서울: 창지사.

박찬용, 김진욱, 김태완(1999). 경제위기에 따른 빈곤수준 및 소득불평등 변화와 정책과제. 한국보건사회연구원.

이소희, 허영숙, 최용민, 조선화, 황성하, 송주미, 이무영, 김영희, 정혜선(2004). 사회복지개론. 서울: 교문사.

장인협(1981). 社會福祉槪論. 서울: 서울대학교출판부.

장인협, 이혜경, 오정수(2007). 사회복지학. 서울: 서울대학교출판부.

통계청 편집부(2006). 장래인구추계. 통계청.

표갑수(2002). 사회복지개론. 서울: 나남출판.

Baker, R. L. (1987). *The Social Work Dictionary*. Washington D.C.: NASW.

Bartlett, H. (1970). *The Common Base of Social Work Practice*. Washington D.C.: NASW.

Daly, M., & Lewis, J. (2000). The concept of social care and the analysis of contemporary welfare states, *The british Journal of sociology, 51*(2), 281-297.

Dunham, A. (1967). *Community Welfare Organization*. New York: Principle and Practice.

Etzioni, A. (1969). *The semi-professions and their organization: Teachers, nurses, social workers*. New York: Free Press.

Friedlander, W. A. (1955). *Introduction to Social Welfare*. Prentice-Hall Inc.

Friedlander, W. A. (1977). *Concepts and Methods of Social Work*. New Jersey: Prentice-Hall Inc.

Friedlander, W. A., & Apte, R. (1980). *Introduction Social Welfare*. New Jersey: Englewood Ciffs, Prentice-Hall Inc.

Gibbs, L., & Gambrill, E. (1999). *Critical Thinking for Social Workers*. CA: Pine Forge, Thousand Oaks.

Healy, Lynne M. (2001). *International social work: professional action in an interdependent world*. New York: Oxford University Press.

Kirst-Ashman, K. K. (2007). *Introduction to Social Work & Social Welfare*. Thomson Brooks.

Mifflin, H. (1982). *The American Heritage Dictionary*. College of Boston.

National Association of Social Workers (1973). *Standards for Social Service Manpower*. Washington. D.C.: NASW.

Reamer, F. G. (1999). *Social Work Values and Ethics*. New York: Columbia University Press.

Reid, P. M. (1995). Social Welfare History. In R. L. Edwards (Ed.), *Encyclopedia of Social Work*(vol. 3, pp. 2206-2225). Washington, D.C.: NASW.

Robert, L. B. (2003). *The Social Work Dictionary*. Washington, DC: NASW.

Romanyshyn, J. M. (1971). *Social Welfare: Charity to Justice*. New York: Random House.

UN(2000). *The Sex and Age Distribution of World Population*.

Wilensky, H., & Lebeaux, C. (1965). *Industrial Society and Social Welfare*.

New York: Collier Macmillan Publishers.

Wormer, K. (2006). *Introduction to Social Welfare and Social Work*. CA: Thomson Brooks.

Zastrow, C. (2008). *Introduction to Social Work and Social Welfare*. CA: Thomson Brooks.

Zastrow, C. (2010). *Introduction to Social Work and social Welfare: Empowering people*. 10th ed. Belmont, CA: Thomson Brooks.

Zastrow, C., & Kirst-Ashman, K. K. (2007). *Understanding human behavior and the social environment* (7th ed.). Belmont, CA: Thomson Brooks.

02 사회복지사의 역할 및 정체성

한국사회는 지난 20~30년간 많은 변화를 겪었고 지금도 계속 급변하고 있다. 이로 인해 사회복지의 대상 및 영역이 확대되어 가고 있으며, 사회복지직의 전문성이 더욱 필요하게 되었다. 이 장에서는 사회복지사의 실천 접근방법에 따른 역할과 최근 이슈가 되고 있는 사회복지직의 전문성과 관련된 정체성에 대해 살펴보고자 한다.

1. 일반사회복지사와 전문사회복지사

사회복지사는 실천의 접근방법에 있어서의 특정성에 따라 일반사회복지사(generalist social worker)와 전문사회복지사(specialist social worker)로 나눌 수 있다.

일반사회복지사는 사회체계적 관점을 기본으로 하여 개인, 가족, 집단, 조직, 지역사회 등에 이르는 광범위한 클라이언트 체계가 그 강점을 통해 역량을 강화하고 그들이 놓인 환경을 변화시킬 수 있도록 클라이언트의 상황에 맞는 다양한 개입방법을 동원하여 원조하는 제반 활동을 담당한다. 일반사회복지사는 보통 사회복지체계에 진입하는 클라이언트와 가장 먼저 접촉하므로 클라이언트를 단 하나의 체계가 아닌 환경 속 개인(person in environment)의 관점에서 클라이언트의 상황을 전반적으로 사정한다. 그리하여 클라이언트와 관계된 다양한 체계를 동시에 고려하며, 복합적인 클라이언트의 상황과 욕구에 대응하여 다양한 접근방법과 다양한 자원을 동원하여 개입한다. 일반사회복지사에게는 다양하고 폭넓은 지식과 기술이 요구되는데, 미국의 사회복지교육협의회가 제시한 인증정책 내용에 의하면 사회복지실천에 필요한 내용은 다음과 같다.

- 클라이언트와 관계 형성
- 클라이언트의 이슈 · 문제 · 욕구 · 자원 규명
- 정보의 수집과 사정
- 서비스 전달의 계획
- 의사소통 기술, 슈퍼비전 활용
- 목표 달성을 위하여 개입 계획 설정, 실행
- 실천 관련 지식과 개입기법 적용
- 프로그램의 성과 평가, 실천의 효과성 평가
- 사회경제적 정의 실현

일반사회복지사와 달리 전문사회복지사는 실천 현장(가족서비스, 아동 · 청소년 · 노인 복지서비스, 정신건강, 지역복지, 교정, 병원, 기업 등)이나 특정 인구집단(아동, 청소년, 성인, 중년, 노인, 남성, 여성, 소수민족 집단, 저소득층, 이주민 등) 또는 특정 사회문제(범죄 및 비행, 약물 남용, 발달장애, 가정폭력, 질병, 빈곤, 인종차별, 성차별 등)를 중심으로 규정되는 좀 더 좁은 영역에서 특별히 요구되는 전문적 지식이나 기술을 사용하여 클라이언트를 돕는다.

다시 말해, 전문사회복지사에게는 보다 좁고 전문화된 영역에서 깊이 있는 사회복지사의 지식과 기술이 요구된다. 따라서 전문사회복지사는 각 특정 분야에 맞는 지식과 기술을 습득하기 위하여 일반사회복지사를 양성하는 학사과정을 넘어서 대학원의 석사과정 이상에서 교육을 받거나 실천 현장에서 수련과정을 통하여 훈련을 받는다.

사회복지실천 현장에서는 일반사회복지사와 전문사회복지사의 역할이 모두 요구되는데, 일반사회복지사가 보다 넓은 범위와 일반성에 초점을 맞춘다면, 전문사회복지사는 고유한 영역에서 깊이 있는 사회복지실천에 초점을 맞춘다.

현재 우리나라의 사회복지사 자격제도와 연관지어 이야기하자면 사회복지사 1·2·3급은 일반사회복지사에 해당한다고 할 수 있다. 사회복지사의 급수에 따라 그에 맞는 학력 수준이 다르고 어느 정도 전문성에 대한 급간의 차이가 있다고 하지만 사회복지사 1급이라고 하여 각 특정 실천 분야에서의 전문성을 의미하는 것은 아니다. 따라서 기존의 임상사회복지사 자격제도가 있었던 것을 시작으로, 현재 우리나라에는 각 협회들이 인정하는 정신보건사회복지사, 의료사회복지사, 학교사회복지사의 전문자격제도가 마련되어 있고, 앞으로 더욱 다양한 분야에 전문자격제도가 도입될 전망이다.

2. 사회복지사의 정체성 및 전문직으로서의 위상

전문직으로의 사회복지직은 역사적으로 볼 때 산업화로 인해 크게 부각되었다. 산업혁명으로 인한 자본주의의 확대는 가족, 교회, 지역사회 등 기존의 전통적인 사회제도가 담당해 왔던 다양한 사회문제의 해결 기능을 대폭 약화시켰다. 이로 인해 개인생활의 문제와 빈곤의 문제 등이 사회적 이슈가 되었고, 국가적인 대처가 필요하게 됨에 따라 사회복지직의 전문직화가 시작되었다. 19세기경의 영국과 미국의 인보관운동(Settlement House Movement)과 자선조직협회(Charity Organization Society)는 사회복지직의 전문직화의 토대가 되었다(윤철수 외, 2008; Popple & Leighninger, 2008). 다음에서는 사회복지직의 전문직으로서의 논란, 전문직의 개념 그리고 전문직의 정체성에 대해서 살펴보기로 한다.

1) 사회복지직의 전문직 논란

사회복지직을 전문직으로 볼 수 있는가에 대한 논쟁은 시대와 국가 혹은 사회에 따라 다를 수 있다. 예컨대 학문적으로 또 실천적으로 사회복지의 영역이 많이 발달된 미국의 경우 지금 이 시점에는 사회복지직을 전문직 혹은 새로이 떠오르는 전문직(emerging profession)으로 여긴다(Farley et al., 2009). 하지만 20세기 초의 미국사회에서는 사회복지직은 전문직이 아니라는 주장이 있었다. 1915년 전미 자선 및 교정 컴퍼런스(National Conference of Charities and Corrections: NCCC)에서 플렉스너(Flexner)가 한 '사회사업은 전문직인가?(Is Social Work a Profession?)' 라는 연설은 그 당시 사회복지직의 전문성 논쟁의 중심에 있었다. 의학교육개혁에 있어서 중요한 역할을 했던 플렉스너는 이 연설에서 전문직이 갖추어야 할 객관적인 기준을 열거했다. 그 기준에 비추어 볼 때, 사회복지직은 비록 과학적 지식이 바탕이 되고 개인적인 이윤 추구보다는 공공의 혜택을 위해 일하는 직업이지만, 독립적이라기보다는 의사나 변호사 등 다른 분야와 클라이언트를 연계해 주는 매개체의 역할(mediating role)을 한다는 점, 세부적인 활동 영역이 없이 너무 광범위한 영역을 다룬다는 점, 그리고 그로 인해 (그 당시) 전문교육을 시키는 데 어려움이 따른다는 점 등을 내세워 사회복지직은 전문직이 아니라고 주장했다.

사회복지직의 부족한 체계적 지식과 약화된 전문적 규범을 놓고 봤을 때 전문직으로 보기보다는 '준전문직(semi-profession)'이라고 평가하기도 한다(Toren, 1972). 또한 사회복지직이 전문직으로 인정받기에는 사회복지사가 되기까지의 훈련기간이 너무 짧고, 사회복지사 특유의 의사전달 방식(privileged communication)이 다른 전문직(변호사나 의사)에 비해 부족하다는 지적 등(Etzioni, 1969)으로 요약되는 사회복지직의 전문성 논란도 있다. 요컨데 사회복지직이 다양한 분야에서 다양한 일을 하고, 그로 인해 사회복지직에 고유한 이론체계가 없다는 점에서 사회복지직의 전문직에 대한 논란이 일고 있는 것이다.

2) 전문직의 개념

앞의 사회복지직 전문직 논란에서 살펴본 바와 같이 어떤 직업을 전문직으로 보는가 아닌가라는 문제는 전문직 여부를 나누는 기준의 문제다. 사전적 의미에서 전문직(profession)은 "전문조직을 활용하고 대중에 대한 신념, 자기 규제, 소명의식, 전문적 자율성을 지녀야 하고 특수한 능력과 기술, 실천력, 서비스 개발에 대한 관심, 개인적인 책임을 지녀야 한다."라고 정의된다(전진호, 2000: 37 재인용). 좀 더 구체적인 전문직의 개념에 대한 논의를 살펴보면 크게 속성론, 과정론, 권력론 등으로 나눌 수 있다(김상균 외, 2001; 김태성 외, 1998).

(1) 속성론

속성론(trait model)에 의하면 전문직은 일반적인 직업과 구분되는 일정한 속성을 가지고 있다. 그린우드(Greenwood, 1957)에 의하면 전문직은 다음과 같은 다섯 가지의 속성을 가지고 있다.

첫째, 전문직은 체계적 이론(systematic body of theory)을 가지고 있는 데 이것이 전문직을 수행하는 기술의 바탕이 된다. 특정 기술만 갖춘 것이 아니라 이를 뒷받침해 주는 체계적 이론이 병행되어야 한다는 것이다. 이런 이론을 확립하기 위해서 체계적인 연구활동을 하는 연구자가 있고, 공식적인 교육 · 훈련을 통해서 이론을 갖추게 된다.

둘째, 전문적 권위(professional authority)가 있어야 한다. 이는 서비스의 내용과 양을 결정하는 문제에 있어 서비스 대상인 클라이언트(client)가 결정짓는 것이 아니라 서비스 제공자인 전문직이 결정짓는다는 것이다. 그러나 비전문직의 경우에는 서비스 대상인 소비자(customer)가 그들 스스로 서비스의 내용과 양에 대한 결정을 내린다. 이러한 점에서 비전문직에는 존재하지 않는 권위가 전문직에는 존재한다.

셋째, 사회로부터 일정한 권한과 특권(sanction of community)을 부여받아야 한다. 전문직의 훈련 내용 및 과정에 대한 통제와 권한, 자격시험을 주관하고 관리하는 등의 권한을 전문직 공동체가 부여받는 것이다. 또한 전문가와 클라이언트 사이의 비밀보장(confidentiality)을 원칙으로 하여 법적인 문제에서 자유로워질 수 있도록 하는 것도 포함된다.

넷째, 전문직은 자체의 윤리강령(code of ethics)을 가진다. 위에서 언급한 전문직에게 부여되는 권한과 특권 등의 남용을 막기 위해 필요한 규범체제로 전문직의 윤리강령은 비전문직의 윤리강령에 비해 더 구속력이 존재한다.

다섯째, 전문직만의 문화(professional culture)가 있다. 다른 전문직과 구별되는 고유한 가치와 규범, 상징들을 전문직 공동체 구성원이 공유하게 된다. 이는 비전문직과 구별되는 점이다.

(2) 과정론

과정론(process model)에 의하면 전문직은 전문화의 정도에 따라 전문화의 과정적 연속선상에 놓인다. 어떤 직업의 전문직 여부는 위에서 언급한 속성론의 이분법적 분리기준에 의하는 것이 아니고, 모든 전문직이 거치게 되는 일련의 전문화 과정 속에서 얼마나 전문화가 진행되었는가가 기준이 되는 것이다. 윌렌스키(Wilensky, 1964)가 제시한 전문직의 전문화 과정은 다음의 8단계로 요약된다. 첫째 단계에서는 유급 전일제 활동(full-time paid activity)이 필요하며, 둘째 단계에서는 직업 수행을 위한(대학)교육이 필요하고, 셋째 단계에서는 직업의 전문적 조직체(professional association)가 형성되어야 한다. 넷째 단계에서는 그 직업만의 고유하고 핵심적인 업무가 드러나야 하며, 다섯째 단계에서는 예전에 훈련받은 그 직업 종사자와 새로이 훈련받아 업무에 임하는 사람들과의 갈등이 나타나고, 여섯째 단계에서는 유사직종과의 갈등이 생기며, 일곱째 단계에서는 면허나 자격증과 같은 그 직업에 대한 법적 보호장치가 만들어진다. 마지막 여덟째 단계에서는 그 직업의 윤리강령이 만들어지게 된다.

(3) 권력론

권력론에 의하면 전문직에 대한 객관적인 정의는 존재하지 않고, 대신 정해진 영역에서 특정한 일을 하는 독점적인 지위를 갖게 되면 전문직이라고 본다(Cullen, 1978). 어떤 영역에서 한 직업이 전문직이 된다는 것은 해당 영역의 독점권을 갖기 위해 벌이는 치열한 권력투쟁에서 다른 직업들을 이긴다는 것이다. 따라서 어떤 직업이 특정 영역을 차지하게 되는 것은 그 직업의 우수성보다도 전문직이 필요해지는 사회적 상황에서 다른 직업들과의 권력투쟁에서 이겨 독점권을 배당받았기 때문이라는 것이다(김상균 외 2001; 허대영, 2004).

3) 사회복지 전문직의 정체성

사회복지 전문직은 사회복지서비스를 제공하기 위해 노력하는 사회복지 관련 전문인을 뜻한다. 좁은 의미로의 사회복지 전문직은 사회복지에 대한 전문적인 지식과 기술을 갖추고 사회복지사 자격증을 소지한 사람들을 일컫는다고 할 수 있다. 그들은 체계적인 복지서비스를 전달하는 역할을 수행한다. 넓은 의미로의 사회복지 전문직은 이들 이외에도 사회복지 관련 기관 및 단체와 사회복지시설 등에서 사회복지를 위해서 일하는 모든 사람들을 포함한다. 따라서 사회복지사뿐만 아니라 사회복지 관련 연구원, 보육사, 사회복지 관련 공무원 등도 포함된다(임상록 외, 2007).

사회복지 전문직의 정체성에 대한 연구를 수행한 박종우(1994)는 홀(Hall, 1968)이 제시한 다섯 가지 전문직의 태도적 속성을 바탕으로 하는 사회복지 전문직 정체성 척도를 개발하였다. 홀이 제시한 바에 의하면, 첫째, 전문직은 전문조직(professional organizations)을 활용하여 업무 수행에 필요한 아이디어 및 판단력을 얻는다. 둘째, 공공서비스에 대한 신념을 갖고 자신이 제공하는 서비스가 소속 조직 이외에 일반인에게도 이득이 된다고 생각한다. 셋째, 자기 규제의 신념을 갖고 전문직업의 일에 대한 판단은 동료 전문가가 제일 잘한다는 믿음을 갖는다. 넷째, 소명의식을 가지고 자신의 직업에 임하며 대가에 상관없이 자신의 직업에 헌신한다. 다섯째, 자율성을 가지고 외부의 압력에 상관없이 전문적 판단을 내릴 수 있다고 믿는다. 박종우의 사회복지전문직 정체성 척도는 자기보고식 형태의 총 25문항으로 구성되어 있으며, '전혀 그렇지 않다' (1점)에서 '매우 그렇다' (5점)까지의 5점 척도로서 다음의 다섯 가지 하위 영역으로 나뉜다. (1) 행동준거로서 전문조직의 사용, (2) 공공서비스에 대한 신념, (3) 자기규제에 대한 신념, (4) 자기분야에 대한 소신, (5) 자율성에 대한 신념. 각각의 하위 영역은 다섯 가지의 문항으로 이루어지며, 각 하위 영역의 척도 점수가 높은 것은 전문직 정체성이 높은 것을 의미한다.

지금까지 제시된 전문직에 대한 논의를 바탕으로 사회복지직의 전문성에 대해 깊이 생각해 보는 것은 의미 있는 일임에 틀림없다. 매우 다양한 분야에서 다양한 클라이언트에게 많은 종류의 서비스를 제공하고 있는 사회복지사들이 전문가로서 더욱 발전해 나가기 위해서는 끊임없는 자기 성찰의 노력과 함께 사회의 다른 직업군들과의 마찰 혹은 협력 관계에서 더욱 전문성을 발휘할 수 있도록 정진해야 할 것이다.

연습문제

1. 사회복지실천 현장에서 요구되는 일반사회복지사와 전문사회복지사의 역할은 무엇인지 논의해 보자.

2. 사회복지전문직의 특성을 정의해 보자.

3. 사회복지직 전문성의 논란에 대해 요약해 보고, 본문에서 언급된 속성론, 과정론, 권력론에 비추어 사회복지직의 전문성에 대해 논의해 보자.

4. 사회복지직과 다른 직업군과의 협력관계를 생각해 보고, 이것이 사회복지직의 정체성에 미치는 영향에 대해 생각해 보자.

참고문헌

김상균, 최일섭, 최성재, 조흥식, 김혜란, 이봉주, 구인회, 강상경, 안상훈(2001). 사회복지개론. 서울: 나남출판.

김태성, 최일섭, 조흥식, 윤현숙, 김혜란(1998). 사회복지전문직과 교육제도. 서울: 도서출판 소화.

박종우(1994). 사회사업가의 전문직업적 정체성에 관한 연구. 서울대학교 대학원 박사학위논문.

윤철수, 노혁, 도종수, 김정진, 김미숙, 석말숙, 김혜경, 박창남, 장은숙(2008). 사회복지개론. 서울: 학지사.

임상록, 최영숙, 장우심, 윤영미, 정옥희, 김광병, 변민수(2007). 사회복지개론. 서울: 파란마음.

전진호(2000). 사회복지전공학생들의 전문직정체성에 관한 연구. 가톨릭대학교 대학원 석사학위논문.

허대영(2004). 전문직사회화요인이 사회복지사의 전문직태도에 미치는 영향. 장로회신학대학교 목회전문대학원 석사학위논문.

Cullen, J. B. (1978). *The structure of professionalism*. Princeton. New Jersey: Petrocelli.

Etzioni, A. (1969). *The semi-professions and their organization: Teachers, nurses, social workers*. New York: Free Press.

Farley, O. W., Smith, L. L., & Boyle, S. W. (2009). *Introduction to social work* (11th ed.). Boston: Pearson.

Flexner, A. (1915). Is social work a profession? *Proceedings of the National Conference on Charities and Corrections*, 576-590.

Greenwood, E. (1957). Attributes of a profession. *Social Work, 2*(3), 45-55.

Hall, R. H. (1968). Professionalization and Bureaucratization. *American Sociological Review, 33* (1), 92-104.

Popple, P. R., & Leighninger, L. (2008). *Social work, social welfare, and American society* (7th ed.). Boston: Pearson.

Toren, N. (1972). *Social work: The case of a semi-profession*. Beverly Hill: Sage Publication.

Wilensky, H. L. (1964). The professionalization of everyone? *American Journal of Sociology, 70*(2), 137-158.

Zastrow, C. (2010). *Introduction to social work and social welfare: Empowering people* (10th ed.). Belmont, CA: Thomson/Brooks/Cole.

Zastrow, C., & Kirst-Ashman, K. K. (2007). *Understanding human behavior and the social environment* (7th ed.). Belmont, CA: Thomson/Brooks/Cole.

2 PART

사회복지방법

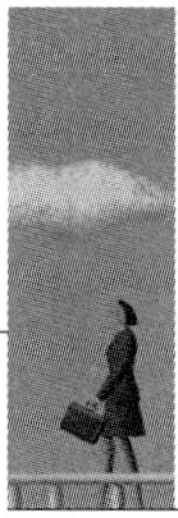

03 임상사회복지실천

임상사회복지실천은 개인, 가족, 소집단의 심리사회적 기능을 향상시키고 유지시키는 모든 사회사업실천의 목적을 공유하는 방법론이다. 특히 심리사회적인 맥락 안에서 인간과 상황에 대한 관점을 핵심으로 통합적인 관점을 갖는 전문적인 사회사업방법론이다. 이 장에서는 아동, 청소년, 노인, 장애인 등 각기 다양한 사회복지 분야의 전문가가 되는 데 있어서 가장 기초가 되는 실천방법론을 익히게 될 것이다.

1. 임상사회복지실천의 의미와 관점

1) 임상사회복지실천의 의미

미국사회사업가협회(NASW)에서는 사회복지실천을 "개인, 집단, 지역사회가 사회적 기능을 수행할 수 있도록 능력 증진이나 회복을 돕고 이러한 목표를 달성할 수 있는 사회적 여건을 조성하는 전문적 활동"으로 정의하고 있다. 이러한 정의에 따르면 사회복지실천의 목적은 클라이언트 대상체계가 수행하는 사회적 기능을 향상시키도록 돕는 것, 그리고 클라이언트 체계가 활동하는 데 장애가 되거나 어려움을 주게 되는 사회적 환경 조건들을 변화시키는 것으로 이해해 볼 수 있다. 이와 같은 사회복지실천의 정의는 개별사회사업, 집단사회사업, 지역사회 조직으로 나누는 전통적인 방법론을 하나로 통합한 것이다. 이에 비해 임상적 실천은 미시체계에 대한 개입에 초점을 둔 직접적 실천을 의미한다고 볼 수 있다. 우선 임상(clinical)이 갖고 있는 원래의 의미는 질병의 치료 또는 병상에서의 의료적 처리를 뜻한다. 이러한 어원적 의미에 충실하게 임상사회사업은 직접적 실천 또는 서비스의 제공과 밀접한 관련을 맺고 있다. NASW에 따르면, "임상사회사업은 개인, 가족 및 소집단의 심리사회적 기능을 유지하고 강화하려는 목적을 모든 사회복지실천과 공유한다. 임상사회사업실천은 정서 및 정신 장애를 포함하여 심리사회적 역기능, 장애, 손상의 치료와 예방을 위해 사회사업 이론 및 방법을 전문적으로 적용하는 것이다. 이는 심리학적 맥락 속에서 인간발달과 관련된 다양한 이론적 지식에 기반을 두고 있다. 그리고 그 중요한 관점은 상황 속의 개인이라는 전통적인 사회사업 관점을 중심으로 하며, 대인 간의 상호작용, 심리내적 역동성, 생활 지원 및 관리의 문제에 대한 개입을 중시한다. 이에 임상사회사업서비스는 사정, 진단, 심리치료 및 상담을 포함한 치료, 클라이언트 중심의 대변, 자문 및 평가로 구성된다"(이상균, 1999 재인용). 우리나라의 경우 임상사회사업은 미국과 달리 정책의 반대되는 개념으로서 실천방법론 모두를 포함하는 광의의 개념으로 여겨지기도 하였고, 고도의 전문적 실천을 의미하는 협의의 개념으로 사용되기도 했다. 임상사회사업연구회(1999)는 이러한 논의를 요약하여 "임상사회사업은 개인, 가족, 소집단을 대상으로 그들의 심리사회적 기능을 향상시키고 유지하려는 사회복지의 기본 목적을 공유하는 사회복지실천의 한 영역이며, 주로 직접적 치료서비스를 중요한 개입방법으로 활용하는 전문적인 사회복지실천 활동이다."라고 정의하고 있다. 이상의 정의를 종합해 보면, 임상사회복지실천은 개인, 가족 그리고 소집단들의 심리사회적 기능을 향상시키고 유지시키는 모든 사회사업실천의 목적을 공유하고 있다. 임상사회복지실천은 정서적 · 정신적 부조화를 포함하는 장애, 손상, 심리사회적 역기능에 대한 치료와 예방을 위한 사회사업 이론과 방법을 전문적으로 적용하는 것이다. 그리고 임상사회복지실천은 심리사회적인 맥락 안에서 인간발달이론에 대한 하나 혹은 그 이상의 이론적인 지식을 기초로 하는 것으로 인간과 상황에 대한 관점은 임상사회사업 실천의 핵심적인 개념이다(김융일 외, 1998: 35).

2) 사회복지실천에 대한 관점: 생태체계 패러다임

사회복지실천은 개인과 환경이라는 이중적 과업과 다양한 실천 환경에 적용하기 위해 개인과 환경을 하나의 총체로 간주하며, 개인과 환경의 상호작용을 분석 단위로 사용하는 생태체계 패러다임을 적용하고 있다. 생태체계 패러다임은 사회복지실천의 핵심인 '상황 속의 인간'이라는 관점을 보다 정확히 설명해 주며, 모든 실천 모델들을 수용할 수 있기에 상황을 억지로 특정한 실천 모델에 끼워 맞추지 않아도 상황에 적합한 관점, 모델, 방법, 기법을 사용할 수 있어 실천 현장에서 유용하게 적용될 수 있다(김동배, 이희연, 2003).

생태체계 관점은 인간과 물리적 환경과 사회적 환경 사이의 상호교환을 개념적 기반으로 하는 많은 이론들의 공통된 관점으로(Germain & Gitterman, 1980; Siporin, 1980), 인간 행동에 대한 다양한 이론을 통합하고 있으며, 특히 생태학과 일반체계 이론의 개념들을 통합하고 있다. 이 관점에서 인간과 환경은 서로 분리되어 있는 것이 아니라 지속적으로 상호교류(transaction)를 하는 하나의 체계로 이해해야 한다. 시포린(Siporin, 1980)은 이 관계를 인간과 물리적 · 사회적 · 문화적 환경의 상호작용(mutual reciprocity) 과정, 자원의 상호 보충적인 교환과정으로 이해해야 한다고 주장한다. 이러한 생태체계적 관점의 기본 개념은 인간의 행동은 그들이 살고 있는 사회체계에 대한 설명 없이는 이해할 수 없다는 것이다. 즉, 인간의 행동을 적절하게 설명하기 위해서는 전체 체계와 그것의 영향을 함께 이해해야 한다는 것이다. 이 관점에서는 인간을 환경의 끊임없는 상호작용 속에서 진화하는, 적응적인 존재로 보는 것이다(김동배, 이희연, 2003). 이러한 생태체계학적인 접근은 확대가족, 지역사회, 제도를 포함해서 문제의 전체적인 영역에 있어서 방향을 제시했다고 평가된다. 결국 생태체계이론 내에서 인간은 그 자신의 다양한 환경 속에서 고려되어야 하며, 이러한 전체론적인 관점은 사회복지실천에서 문제 해결을 위한 유용한 수단으로 사용될 수 있다(박명숙, 1999). 다음은 생태체계이론에 대한 좀 더 자세한 설명이다.

(1) 인간관

생태체계 관점은 인간을 매우 복잡한 존재로 본다. 이 관점은 인간에 대해 낙관론적 시각을 가지고, 인간과 환경이 지속적인 상호작용과 상호교환을 통하여 서로에게 영향을 미치고 서로를 형성하며 상호작용하는 호혜적 관계를 유지한다고 본다(김동배, 이희연, 2003). 따라서 생태학적 관점은 '환경 속의 인간(person-in-environment)' 이라는 전체적 인간관을 가진다.

(2) 행동 및 부적응에 대한 관점

생태체계 관점에서 현재의 행동은 인간과 환경 모두의 상호 이익(mutual benefits)을 추구하는 과정에서 나타나는 것으로 본다. 즉, 모든 개인과 사회체계는 자원과 욕구 사이의 상호 이익을 달성할 수 있는 균형점에서 동기가 유발되어 행동이라는 실체로 구체화된다는 것이다. 저메인(Germain, 1979)은 인간이 환경과의 적응적인 조화를 이루고자 하는 이러한 활동적인 노력을 '적합성(goodness-of-fit)'이라고 부른다. 따라서 생태체계 관점에서 부적응이란 존재하지 않는다. 모든 인간 행동을 내적 욕구와 환경적 욕구 사이의 조화를 찾기 위한 적응과정으로 보고 있기 때문에 어떤 행동도 부적응 행동으로 규정할 수 없다. 따라서 부적응적인 결과 혹은 수용되기 어려운 행동이 나타난다고 하더라도 적어도 그 환경 안에서는 적응적인 것이며, 모든 행동은 그 상황 안에서는 의미가 있는 것이다.

생태학적 관점에서는 '문제'를 환경적 자원의 유무와 관련된 것으로 보기 때문에 부적응적인 행동은 환경 안에서의 체계와 자원 조정을 통하여 변화될 수 있다고 본다. 따라서 이 관점에서 클라이언트의 부적응에 대한 낙인 혹은 비난은 없으며, 문제행동은 물리적 · 사회적 환경과 클라이언트 간의 상호작용의 산물이기 때문에 변화 가능한 것으로 간주한다(Miley et al., 1995).

(3) 변화에 대한 관점

생태체계 관점은 변화에 대해 매우 개방적이다. 클라이언트의 문제행동이 환경과의 상호작용, 특히 클라이언트의 내적 욕구와 환경적 자원 간의 불일치에서 비롯된다고 보고 있으므로 변화를 위한 다양한 가능성이 있다고 본다. 따라서 클라이언트가 가진 어떠한 문제도 클라이언트 개인의 책임으로 보지 않고 클라이언트를 둘러싸고 있는 환경과의 상호작용의 산물로 본다. 예를 들어, 중증의 치매 노인에 대한 보호 부담으로 인하여 소진(burn-out)과 우울증을 호소하는 클라이언트(치매 노인의 가족)가 있다고 하자. 이 경우 생태체계 관점은 클라이언트 개인의 정신건강을 위한 상담서비스 이외에도 클라이언트를 둘러싼 환경 안에서 노인에 대한 보호 부담을 감소시킬 수 있는 다양한 자원체계, 즉 간병서비스, 가정도

우미 등과의 연결을 시도할 수 있다. 그러나 사회복지사는 모든 체계에 동시에 개입할 필요는 없다. 인간체계 혹은 환경의 어느 일부분에 대한 개입 혹은 변화의 시작이 다른 부분의 상호교류에 영향을 미침으로써 전체 체계의 변화를 초래할 수 있다. 이는 사회복지사가 클라이언트의 문제를 해결함에 있어 클라이언트 개인의 체계에 국한하여 문제를 보지 않고, 더 큰 체계와의 역동적인 상호작용에 대한 충분한 이해를 통하여 더 큰 맥락 안에서 문제를 사정하고 개입 틀을 제시해야 함을 의미한다. 그러므로 생태체계 관점을 가진 사회복지사는 클라이언트의 병리보다는 강점에 초점을 두고, 클라이언트와 파트너십을 형성하여 개인과 환경 간의 상호작용에 개입함으로써 변화를 위한 가능성을 확대하고자 한다.

(4) 사회체계에 대한 이해

생태체계 관점에서는 다양한 체계 수준에서 이루어지는 개인들과의 관련성을 강조한다. 이러한 다양한 체계의 수준을 브론펜브레너(Bronfen brenner, 1979)는 생태학적 환경이라고 규정하고, 이러한 체계들 사이에는 위계질서가 존재한다고 보았다. 이들 체계는 다음과 같은 형태의 체계로 각 체계는 경계가 있으며, 자율성을 가지고 다른 체계와 긴밀한 상호작용을 한다.

미시체계(microsystem)는 가족과 같은 직접적인 환경 내에서의 활동, 역할, 대인관계 유형을 말한다. 중간체계(mesosystem)는 학교 및 가족, 이웃, 종교단체와 같은 개인과 긴밀하게 직접 상호작용하는 두 가지 이상의 환경과의 사이에서 일어나는 과정과 관련성을 말한다. 외적 체계(exosystem)는 외부 환경이 영향을 미치는 과정 및 관련성으로서, 부모의 직장이나 사회정책과 같이 개인과 직접 상호작용을 하지는 않지만 개인의 생활에 간접적 영향을 미치는 체계다. 거시체계(macrosystem)는 사회제도, 문화, 환경과 같은 보다 광범위한 사회적 맥락을 의미한다. 생태체계 관점에서는 클라이언트 개인을 돕는 경우라도 이 네 체계 내부 및 체계들 간의 관계의 질을 고려하지 않고는 클라이언트를 완전히 이해할 수 없다고 본다. 따라서 이 관점에서는 사회적 관계망을 개인의 생활공간에서 중요한 변인으로 보고, 클라이언트의 문제행동은 개인, 가족, 집단, 조직, 지역사회, 문화체계 등의 다차원에서 이해되어야 한다고 본다(김동배 외, 1998 재인용). 생태체계 관점은 사회복지실천 과정에서 개입의 중요한 준거 틀이 될 뿐 아니라 클라이언트의 현재의 상황을 체계적, 전체적 시각에서 사정하는 효율적인 사정도구의 역할을 하기도 한다. 이러한 체계의 사정은 주로 사회적 관계망 분석, 가계도, 생태체계도 등을 활용하여 이루어진다.

3) 통합적 실천방법

사회복지실천의 발달과정에서 전통적인 사회복지실천은 주로 제한된 특정 문제에 대한 개입이 중심이 되고 있어 복잡한 문제 상황에 대해 적절히 개입하기 어렵게 하거나, 지나친 분화 · 전문화로 서비스의 파편화 현상을 초래함으로써 다양한 문제와 욕구를 가지고 있는 클라이언트가 여러 기관을 찾아다니게 되는 한계를 갖게 된다(김융일 외, 1995: 121-122). 이러한 전통적 한계를 극복하고자 하는 노력으로 1970년대 초부터 체계이론적 관점과 생태학적 관점에 관한 연구들이 활발히 이루어지면서 통합방법론의 이론적 근거가 마련되었다. 통합적 접근은 인간과 환경의 상호작용에 초점을 두면서 클라이언트의 잠재성을 인정하고 개발하며, 미래 지향적이고, 광범위한 지식을 활용할 수 있게 되었다(조홍식 외, 2008). 즉, 생태체계적 관점에 근거해서 클라이언트와 환경의 상호작용에 관련된 다양한 체계에 대한 사정과 개입을 통해 궁극적으로 클라이언트의 삶의 질 향상을 돕고자 하는 사회복지실천의 기본 틀이라고 할 수 있겠다(양옥경 외, 2006: 123). 핀커스와 미나한(Pincus & Minahan, 1973)은 사회복지실천의 체계를 변화매개체계, 클라이언트 체계, 표적체계, 행동체계의 네 가지 체계로 분류했으며, 이후 콤턴과 갤러웨이(Compton & Gallaway, 1994)가 전문체계와 의뢰-응답체계의 두 가지 유형을 추가하여 총 여섯 가지 체계로 구성하였다.

첫째, 변화매개체계란 사회복지사와 사회복지사를 고용하고 있는 기관 및 조직을 의미한다. 그러므로 변화매개인이란 변화를 목적으로 특수하게 고용된 돕는 사람, 즉 사회복지사를 뜻한다.

둘째, 클라이언트 체계란 서비스나 도움을 필요로 하는 사람들로서, 변화매개인과 계약이 이루어졌을 때 비로소 클라이언트가 된다.

셋째, 표적체계란 변화매개인이 목표를 달성하기 위해 직접적으로 영향을 주거나 변화시키는 것이 필요한 사람들로서 클라이언트 체계와 중복되기도 한다.

넷째, 행동체계란 변화매개인들이 변화 노력을 달성하기 위해 상호작용하는 사람들을 말하는데, 이웃, 가족, 전문가들이 해당된다. 변화 노력의 과정에서 변화매개인은 단계에 따라 여러 다른 유형의 행동체계와 작업할 수 있다.

다섯째, 전문체계는 전문가단체, 전문가를 육성하는 교육체계, 전문적 실천의 가치와 재가 등으로 구성된다. 전문체계의 가치와 문화는 변화매개 체계인 사회복지사의 행동에 영향을 미치며 사회복지사는 기관변화, 사회변화의 대변가로서 활동할 때 전문체계를 이용하기도 한다.

여섯째, 의뢰-응답체계는 클라이언트가 다른 사람의 요청이나 법원, 경찰 등에 의해 강제로 오게 된 경우 클라이언트 체계와 구별하기 위해 사용된다. 즉, 서비스를 요청한 사람을 의뢰체계라고 하고, 강요에 의해서 오게 된 사람은 응답자라고 한다.

2. 임상사회복지실천 모델

1) 심리사회 모델

심리사회 모델은 정신분석이론의 발달과 자아심리학, 사회과학적 지식의 도입에 따라 발전된 모델로 생리적 요인과 환경적 요인의 역동성 및 사회적 요인 모두를 중요시한다. 기본적으로는 프로이트의 정신분석이론에 따라 인간의 무의식에 관심을 두고 현재의 문제는 정신 내부의 갈등을 해소하려는 적응의 산물이라고 본다. 하지만 여기서 발전하여 인간의 생물학적 · 심리사회적 · 환경적 영향과 체계의 상호작용에 관심을 갖는다. 리치먼드(Richmond)는 개인이 가족과 집단 등 개인을 둘러싼 환경 안에서 이해되어야 한다는 개념을 주장하여 오늘날 심리사회이론의 상황 속의 인간을 지향하는 시각의 기초를 마련하였다. 심리사회 모델에서는 인간 행동에 대해 다음과 같은 기본 가정을 제시한다(엄명용 외, 2005: 189).

- 모든 인간의 근본은 선하다.
- 인간의 행동은 단순히 이해될 수 있는 것이 아니며, 예측 가능한 방법으로 영향을 받고 변화할 수 있다
- 인간의 현재 행동을 이해하기 위해서는 과거를 중요시한다. 따라서 클라이언트의 문제나 상황을 이해하기 위해서는 오랜 시간에 걸쳐 클라이언트의 과거를 파악할 필요가 있다.
- 인간의 무의식은 인간의 경험에 중요한 영향을 미치지만 행동을 결정짓는 요인은 아니다.

이 모델의 목적은 클라이언트와 사회환경 혹은 클라이언트와 타인의

상호작용에서 나타나는 사회적 역기능을 해결하는 것으로 클라이언트의 과거와 현재의 경험과 관련된 내적 갈등을 이해하고 통찰함으로써 클라이언트가 성장하도록 돕는 데 있다. 따라서 이 모델에 입각한 사회복지사는 문제 상황을 개인의 내적 문제, 사회환경 문제 또는 개인과 사회 간의 상호작용 문제로 보고 문제 해결을 위해 개인에 대한 개입, 사회환경에 대한 개입, 개인과 사회환경 간의 상호작용에 대한 개입을 모두 실시한다. 즉, 클라이언의 변화는 개별적으로 발생한다기보다 어느 한 요소의 변화를 통해 다른 요소들의 변화를 유발하는 방법을 통해 발생한다고 보는 것이다. 그러므로 이때 사회복지사는 실제적인 개입활동을 함에 있어서 기본적으로 상황 속의 인간에 대해 사정하고, 개인-상황의 상호작용과 체계들 간의 관련성에 대해 파악해야 한다. 예를 들면, 문제가 어떻게, 왜 발생하였는가, 인간-환경의 상호작용 속에서 누가, 무엇이 변화를 위해 접근 가능한가, 또는 변화를 위해 관여되어야 할 사람과 자원은 무엇인가를 파악하여야 한다. 심리사회이론은 정신분석이론이 개인의 외부 환경을 무시한 내면적 갈등에 초점을 두었다는 한계를 벗어나 개인과 환경의 상호작용에 초점을 두었다는 긍정적 의미가 있다. 하지만 실제적으로 사회복지사의 개입에 있어서는 환경에 대한 개입기술이나 전략이 미흡하다는 한계를 가지고 있다(엄명용 외, 2005: 197).

2) 인지행동 모델

인지행동 모델은 생각하고 정보를 처리하는 과정인 인지과정의 연구로부터 도출된 개념으로 행동주의와 사회학습이론으로부터 나온 개념들을 통합 적용한 행동주의와 인지주의 접근의 절충 모델이다. 인지행동 모델에 따른 치료는 문제를 일으키는 잘못된 가정과 사고의 유형을 확인하고 모니터하고 재평가하여 수정하도록 하는 것이다. 여기에는 인지활동은 행동에 영향을 받고, 모니터되고 변경될 수 있으며, 바람직한 행동변화는 인지변화를 통해 영향을 받는다는 가정이 전제되어 있다. 인지행동치료는 변화과정의 전체 측면에서 볼 때 치료의 표적으로 인지, 행동에 비해서 정서는 덜 다룬다. 그랜볼드(Granvold, 1997)는 인지와 행동적 요소가 통합되는 방법과 과정은 접근에 따라 차이가 있는데, ① 주변적 인지를 재구성하면서 자신의 스키마와 구조에 대한 핵심 의미를 밝혀 나가고 재구성하는 인지 재구조화, ② 인지발달에 초점을 두고 새로운 인지기술을 교육하는 인지기술훈련으로 나누어진다고 밝히고 있다(김만지, 1999 재인용). 이러한 인지행동치료는 정신치료의 다학제 간 영역에서 많은 호응을 받았으며, 개입과정에서 가장 많이 쓰이는 접근으로 아동에서 노인까지, 그리고 개인, 집단, 부부, 가족 등에게 다양하게 적용되고 있다. 인지행동치료의 특성을 살펴보면 다음과 같다(양옥경 외, 2006: 409-412).

- 독특한 주관적 경험: 치료자는 삶의 사건과 정서 반응의 독특한 의미, 인지적인 패턴, 정보전달 패턴, 신념구조를 이해하고, 다른 사람들의 관찰을 통해 자극과 반응 사이의 인과관계 연결을 추구한다.
- 협력적인 노력: 클라이언트의 문제에 대한 해결은 클라이언트와 치료자의 협력적인 노력이다. 클라이언트는 자신과 타인, 세계에 대한 견해와 관련된 특정한 내용을 가져온다. 치료자는 클라이언트의 문제와 치료, 개입전략에 관련된 구조, 특정한 정보들을 제공한다.
- 자신과 타인에 대한 무조건적인 관심: 치료자는 모든 인간은 가치가 있다고 인정하고, 인간이 강점과 제한점, 기술과 재능, 지식과 무지, 예외적인 특성과 흐름을 가지고 있다는 자기 수용을 기반으로 한다.
- 구조화되고 직접적인 접근: 전통적인 인지치료는 인지적, 정서적, 행동적, 신체생리적, 사회환경적, 혹은 이런 영역의 결합에 의한 특정 문제에 초점을 두게 된다. 치료는 정교하고 잘 계획된 이론적 근거에서

시작하며, 치료자는 표적이 되는 문제에 중점을 둔다.

- **적극적인 개입**: 클라이언트는 치료 세팅 내외에서 모두 적극적인 역할을 수행하도록 해야 한다. 클라이언트는 치료되려고 오는 것이 아니라 문제를 해결하기 위해 적극적으로 참여하는 것이다. 만약 클라이언트가 사고 습관과 행동 부분에서 스스로 변화를 느낀다면 이 기술을 계속 사용할 수 있고 개입을 종료할 수 있다.
- **교육적 모델**: 인지치료는 문헌치료, 쓰기 과제, 오디오와 비디오의 사용, 강의와 세미나 참여 등 직접적인 교육을 포함한다. 치료 초기에는 인지행동치료에 대한 교육이 필요하다. 인지, 정서, 행동, 신체생리, 사회환경적 요소들의 상호작용이 스트레스에 기여하게 되는 점에 대해 설명하고 논의한다.

인지치료 모델을 사용하는 사회복지사는 클라이언트가 상황을 왜곡하여 인지하는 방식과 잘못된 감정을 변화시킬 수 있도록 하면서 새로운 행동기술을 습득하게 하고, 강화를 통해 인지와 행동의 변화를 유발하도록 돕는 것이다. 사회복지사는 클라이언트의 역기능적 행동과 감정을 초래하는 왜곡된 인지구조를 클라이언트 스스로 변화시킬 수 있도록 해야 한다. 이때 인지구조를 수정하는 과정에서 문제를 가진 클라이언트뿐만 아니라 클라이언트를 둘러싼 주변과 그 상호작용에 대한 개입도 이루어져야 한다(박옥희, 2009).

3) 과제중심 모델

과제중심 모델은 단기치료의 한 형태로 라이드(Reid), 엡스타인(Epstein)에 의해 1970년대에 고안된 사회사업실천 모델이다. 장기간의 치료에 대한 회의와 비판이 확대되면서 그동안의 장기치료가 반드시 단기치료보다 우세하지는 않으며, 사람들이 과거의 상처를 되풀이하지 않아도 갈등 해소와 현재의 문제 해결에 집중할 수 있는 능력이 있다는 전제가 대두되면서 현재의 문제 상황에 개입의 초점을 두는 새로운 모델이 필요하게 되었다. 이때 사회복지사는 개인과 환경의 상호작용에서 발생하는 문제를 개입의 주요 표적문제(target problem)로 규정하고, 표적문제를 해결하기 위한 행동, 즉 과제(task)의 수행을 중심으로 진행한다. 과제중심 모델의 특성은 2~3개월 이내의 제한된 시간 동안 클라이언트의 현재 상황에 초점을 맞추어 개입하는 점과 표적문제와 목표, 과제를 설정하는 과정에서 클라이언트의 동기를 최대한 고려하고, 클라이언트의 사회환경에 적극 개입하며, 개입의 책임성을 강조하는 점 등을 포함한다(김혜란, 1996). 특히 이 과정에서 내담자의 문제를 정의하는 것부터 과제 수행까지 내담자의 참여를 적극 유도함으로써 내담자의 자존감을 높일 뿐 아니라 문제 해결 기술과 능력을 강화시키고자 하는 목적도 내포하고 있는 모델이다(허남순, 1998). 엡스타인(1992)은 단기치료의 속성을 다음과 같이 제시하고 있다(양옥경 외, 2006: 440).

- 신속하게 개입한다.
- 과정은 시간 제한이 있다.
- 문제는 초기에 규명한다.
- 선택된 초점을 전 과정에 걸쳐 유지한다.
- 문제 해결이 체계적으로 진행된다.
- 목표가 비교적 구체적이다.
- 면접은 초점화되며 현재 중심적이다.
- 면접방식은 직접적이고 활동적이다.
- 초기에 빠른 사정이 이루어진다.
- 실천에 융통성이 있다.

- 감정의 표출이 허용된다.
- 긍정적인 치료관계는 치료효과에 영향을 준다.

경험조사를 통해 얻은 연구결과에 따르면 단기, 시간 제한 치료를 받은 사람은 적어도 장기, 무제한 치료를 받은 사람만큼의 지속적인 향상을 보이며, 장기치료와 관련된 대부분의 향상은 비교적 치료가 시작된 직후에 일어난 것으로 나타난다. 그리하여 굳이 장기치료를 할 필요성이 없어지게 되었다. 또한 의도했던 치료기간과 상관없이 대부분의 치료과정은 비교적 짧게 종결된 것으로 판명나 단기치료에 대한 효과성을 확인할 수 있었다.

과제중심 모델의 특징은 시간 제한적인 단기치료로 주 1~2회의 면접을 6~12회 정도 실시하여 보통 4개월 이내에 사례를 종료하게 된다. 개입에서는 클라이언트와 사회복지사가 계약한 구체적인 문제에 대한 해결에 초점을 둔다. 기본적으로 표적문제를 구체화하고, 문제 완화를 위해 계획을 수립한다. 개입활동은 문제를 감소시킬 수 있는 구체적이고 다양한 과제를 수행할 수 있도록 하는 것이다. 과제는 단계별로 과업을 구체화하고, 과제를 선정할 수 있도록 하며, 과제 실행계획을 세우고, 실행동기를 부여하고, 과제 수행에 장애가 되는 요인을 제거할 수 있도록 돕는 것이 사회복지사의 역할이다.

4) 역량강화 모델

역량강화(empowerment)라는 용어는 사회적, 조직적 환경에 대한 클라이언트의 통제력을 증가시키고자 하는 임상실천의 과정, 개입, 기술을 의미한다(Browne, 1995). 1970년대에 일반체계이론과 생태학이론이 사회복지의 주요 이론 틀로 활용되면서 생태체계 관점에 근거한 강점(strength)

지향 혹은 해결중심(solution-focused) 접근의 중요성이 대두되었고, 이는 체스팅(Chestang), 솔로몬(Solomon), 핀더휴즈(Pinderhughes) 등의 학자들에 의해 1970년대 중반에 역량강화 모델로서 새롭게 나타나게 되었다(김동배 외, 1998). 이 모델은 새로운 모델이 등장한 것이 아니라 기존에 사회복지사들이 중요하게 생각해 왔던 강점중심 개입이 이론화되어 나타난 것이라고 볼 수 있다. 즉, 클라이언트를 문제중심이 아닌 강점중심으로 봄으로써 클라이언트의 잠재 역량(potential competence) 및 자원을 인정하고 클라이언트 내외에 탄력성(resiliency)이 있음을 전제하여, 클라이언트가 자신의 삶을 통제할 수 있도록 권한 혹은 힘을 부여하고자 하는 것이다(Sheafor, Horejsi, & Horejsi, 1988; Solomon, 1976). 그러므로 이 모델에서 클라이언트와 사회복지사는 협력적인 파트너십(collaborative partnership)을 이루어 내는 것을 기본으로 시작해서 문제 해결 과정에 함께 참여하는 대등한 관계를 맺게 된다. 문제 해결 과정처럼 역량강화 접근도 현재 상황에 대한 포괄적인 이해, 개입활동을 안내하는 실제적인 행동계획, 변화전략에 대한 지속적인 평가의 중요성을 인정한다. 그러나 역량강화 접근은 사회복지 과정의 초점을 문제로부터 이동시켜 클라이언트의 강점, 환경의 자원, 기대되는 해결방안으로 바꾸어 나가면서 클라이언트의 강점을 강조하는 방향에서 변화과정의 협력적인 파트너로서 클라이언트와 함께 일하게 된다.

역량강화 접근은 문제 해결 과정과 같이 클라이언트의 역량을 강화하는 실천활동으로, 사회복지사는 관계 확립, 목적 정의, 상황 사정, 계획 및 변화를 위한 개입을 하게 된다. 그러나 역량강화 접근은 전통적인 문제 해결 과정과는 다르게 문제에 초점이 있는 것이 아니라 클라이언트의 강점과 환경적 자원에 초점을 두고 클라이언트의 역량을 향상시키기 위한 해결 중심의 접근을 하는 것이다. 따라서 이러한 접근에서는 약점보다는 강점을 강조하게 되며, 전문가적 전문성보다는 협력적인 파트너십과 해결 지향적 접근을 하게 된다. 보다 효과적인 역량강화실천을 위한 주요 원칙 및 전략을 정리하면 다음과 같다(최명민 역, 2007).

- 실천가는 여러 가지 형태의 억압에 도전하는 사람들과 역량강화 접근으로 함께 일하는 방법을 개발하는 데 지속적인 노력을 기울여야 한다.
- 실천가와 서비스 이용자는 역량강화 과정을 공유해야 하며, 적어도 실천과정에는 계획하기, 협력하여 일하기, 자율적으로 일하기, 수행평가하기 등이 포함되어야 한다.
- 서비스 이용자는 가능한 한 스스로를 옹호하고 스스로에게 힘을 부여하여야 한다.
- 실천가는 서비스 이용자들이 가능한 한 자신의 경험, 인식, 소망을 표현하도록 촉진하야 하며, 자신의 선택을 실현할 수 있도록 격려해야 한다.
- 실천가와 서비스 이용자는 역량강화를 달성하기 위하여 함께 노력해야 한다.
- 실천가와 서비스 이용자는 다양한 역량강화의 영역, 즉 개인, 집단, 조직 영역들 간의 연결을 최대화할 수 있도록 해야 한다.
- 실천가는 서비스 이용자들이 상황에 적응하기보다는 도전할 수 있도록 지속적으로 힘을 부여하여야 한다.

5) 위기개입 모델

위기개입 모델은 자연재해나 갑작스러운 사건으로 인해 극심한 고통을 경험하고, 스트레스로 인해 일상생활이 어려울 정도의 상황에 처한 클라이언트에 대한 접근방법이다. 위기는 정신사회적 성숙의 연속인 각각의 발달단계에서 유발되며 우발적으로 발생되기도 하는데, 위기 상태는 그 자체가 일종의 병이 아니고 안정 상태의 혼란 혹은 전환점인 체계의 불균형 상태를 의미한다고 정의한다(김기태, 1998). 클라이언트는 위기 상황이나 위협적인 사건에 부딪히면 심각한 심리적 붕괴현상이 생기게 되는데, 이때는 기존에 클라이언트가 대처하던 전략으로는 해결되지 않는 불균형 상태가 된다. 이러한 상황에서 위기개입 모델은 개인이나 가족이 현재의 균형 상태를 유지할 수 없는 위기 상황을 극복해 낼 수 있도록 돕는 과정을 체계화하고자 한다. 이 모델은 인간의 행동과 성격을 이해하기 위한 기존 이론들의 원칙이나 기술을 결합시키며, 위기 개념과 단기치료의 개념으로 이루어져 새로운 이론이라기보다는 기존 모델들과 절충하는 통합적인 형태를 갖고 있다. 위기개입 모델이 전제로 하고 있는 기본 가정과 주요 개념을 살펴보면 다음과 같다(양옥경 외, 2006: 364).

- 인간이 처한 다양한 상황으로부터 초래되는 직접적인 스트레스와 위험한 사건에 직면해서 인간이 격심한 정서적 불균형과 사회적 해체 현상을 겪는 것은 정상적이다.
- 위기 상황으로 인해 겪는 격심한 고통은 정상적인 삶의 경험이며, 정상적인 상태에서 겪을 수 있는 일시적인 혼란이다. 위기사건은 위기 당사자 모두에게 파괴적인 영향을 가져올 수 있는 사건이 있는 반면, 당사자 자신이 전체 삶의 맥락에서 해석하는 의미에 따라 위기로 지각되기도 하고 발전의 기회로 지각되기도 하는 사건도 있다.
- 정서적인 불균형을 경험하고 있는 사람들은 본능적으로 정서적 균형을 찾으려는 경향이 있다.
- 사람들은 정서적인 균형을 회복하려 노력하는 과정에서 일시적이고 격심한 심리적 유약성을 경험할 수 있다.
- 이와 같이 심리적으로 현저히 약해져 있을 때, 사람들은 심리적인 치

료서비스를 수용하는 태도를 갖게 된다.
- 위기는 부정적인 결과를 가져올 수도 있지만 한편으로는 성장과 발전의 기회가 되기도 한다.

위기개입에는 많은 이론적 준거 틀이 있으나, 양옥경 등(2006: 366-368)에 따르면 다음과 같다.

- 위기개입의 제1목표는 클라이언트가 최소한 위기 이전의 기능 수준으로 회복하도록 돕는것이다.
- 위기개입은 상대적으로 단기적 접근이다.
- 구체적이고 관찰 가능한 문제들이 위기개입의 표적이다.
- 위기개입을 할 때에는 가장 적절한 치료전략을 수립해야 하며, 단순히 차선책으로 접근해서는 안 된다.
- 위기개입 사회복지사는 다른 어떤 실천접근에서보다 그 개입에 있어 보다 적극적이고 직접적인 역할을 수행해야 한다.

마리노(Marino, 1995)에 따르면 이와 같은 위기는 일반적으로 네 단계, ① 개인의 일상적인 대처기제로 해결될 수 있는지를 결정해야 하는 중요한 상황이 발상하는 단계, ② 개인의 대처 능력을 넘어서는 사건으로 긴장과 혼란이 증폭되는 단계, ③ 그 사건을 해결하기 위해 상담과 같은 자원이 필요한 단계, ④ 주요한 퍼스낼리티의 혼란을 해결하기 위해 의뢰가 필요한 단계로 이루어진다(권은주, 2006 재인용).

이상으로 사회복지실천 모델을 살펴보았는데, 사회복지실천 과정에서 이론을 선택하고 실천에 적용함에 있어서는 하나의 이론만을 선택하여 사용하는 선택주의적인 방법과 여러 이론을 혼합하여 사용하는 절충주의 방법이 있다. 선택주의적인 방법은 기관이나 실천가의 의지에 따라 특정 이론을 고수하여 선택된 이론에 대해서는 반복적인 사용으로 익숙하게 되는 장점이 있으나, 전체적인 맥락과 다양한 이론적 이해 속에서 클라이언트의 문제 해결에 가장 적절한 접근과 기술을 선택하는 데는 제한적일 수 있다. 절충주의는 여러 이론들을 부분적으로 혼합하여 사용함으로써 지식을 통한 진리의 발견보다는 실용적인 결과에 더 의미를 두며, 주어진 실천 상황에서 가장 효과적인 이론과 방법을 찾아 적용하는 데 의미를 둔다. 따라서 사회복지실천의 내용을 풍부하게 하며 변화되는 이론과 지식을 수용하는 것이 사회복지 전문직의 특성에 맞을 수 있다는 장점이 있다. 하지만 이론들이 기초하는 시각이나 맥락의 차이를 인식하지 못하고 이론들을 단순히 조합하는 절충적 방식은 학문의 본질로부터 멀어지거나 실천의 일관성을 떨어뜨릴 가능성이 크다는 한계가 존재한다. 그러므로 사회복지사는 다양한 실천과정에서 일관된 해석을 통해 개입의 근거를 마련하려는 노력을 계속하는 것이 중요하다(홍선미, 2004).

3. 임상사회복지실천의 실제

1) 관계 형성

사회복지사가 클라이언트와 좋은 관계를 발전시키는 것은 사회복지실천 활동의 가장 기본적인 요소다. 사회복지사가 효과적인 사회복지실천 활동을 하기 위해서는 반드시 클라이언트와 친밀하며 신뢰감 있는 관계가 형성되어야만 가능하기 때문이다. 사회복지실천은 매우 적극적이고, 상호작용하는 관계에서 이루어진다. 그런데 이러한 실천적 관계 형성은 기본적으로 상대방을 존중하려는 방법에서 출발하여 상대방과 관계를 맺고 신뢰를 발전시키며 정직한 의사소통을 촉진한다는 것을 의미한다. 다음은 사회복지실천의 관계 형성에 대한 지침이다. 관계 형성의 주요 특징은 초점과 목표를 가진다는 것이다.

- 사회복지실천의 관계 형성은 공적인 일로 형성된 관계이지 사회적 · 개인적 이유가 아니다.
- 사회복지실천의 관계 형성은 기관 지침과 법률적 한계에 있다.
- 사회복지실천의 관계 형성은 윤리적이고, 사회복지사는 자신의 권위를 확대할 수 없고, 우월함을 가질 수 없으며, 서비스를 원하는 클라이언트를 통제하거나 감정적으로 대해서는 안 된다.
- 사회복지사는 수용적인 의사소통을 해야 하며, 보살핌, 온정, 진실성, 감정이입이 있어야 한다.
- 사회복지실천의 관계 형성은 클라이언트의 욕구에 의해서 형성되는 것이지 사회복지사의 욕구는 아니다.

비스텍(Biestek, 1957)은 사회복지실천에서 사회복지사와 클라이언트 간의 문제 해결을 위해 전문적인 인간관계를 형성하는 데 있어 일곱 가지 원칙을 제시하였다.

(1) 개별화

모든 인간은 저마다 독특한 자질과 특성을 가지고 있으며 개별적 욕구를 가진 존재다. 그러므로 각 클라이언트의 문제 해결을 위해 개개인의 개별적 차이를 이해하고 존중하여 각 클라이언트의 특수성을 인정하고 이해해야 하며, 이에 따른 다양한 원리나 방법을 활용해야 한다. 사회복지실천에서 클라이언트의 개별성을 존중하는 것은 클라이언트와 사회복지사 간에 긍정적인 관계를 수립하고 유지하는 데 도움이 되며, 클라이언트를 지원하고 강화하게 된다. 사회복지사는 개별화를 통해 클라이언트에 대해 배경이 되는 계층이나 유형보다는 인간으로서의 존엄성과 가치를 지니는 독특한 개체로 인식해야 한다.

(2) 의도적인 감정표현

인간은 기본적으로 자신의 감정을 자유로이 표현하고자 하는 욕구를 지니고 있다. 의도적 감정표현이란 클라이언트가 가지고 있는 감정을 자유롭게 표현하도록 하는 것이며, 특히 부정적인 감정을 자유롭게 표현하도록 하는 것이다. 사회복지사는 클라이언트가 자신의 감정을 표현하고자 할 때 이를 막거나 비난하지 말고, 자유롭게 감정을 표현할 수 있도록 도와야 한다. 특히 클라이언트가 감정을 자유롭게 표현함으로써 치료적 성과를 거둘 수 있다면 사회복지사는 클라이언트의 감정을 적극적으로 자극하거나 촉진시켜 감정표현을 극대화하고, 경청하는 자세로 정서적인 안정감을 주고, 감정표현을 통해 긍정적이고 건설적인 행동변화를 이끌어 내도록 해야 한다.

(3) 통제된 정서적 관여

통제된 정서적 관여란 클라이언트의 감정에 대한 사회복지사의 민감성과 감정의 의미에 대한 이해 그리고 클라이언트의 감정에 대한 의도적이며 적절한 반응을 말한다(김기태 외, 2007). 한 사람이 다른 사람에게 자신의 감정을 표현할 때, 감정을 표현한 사람은 상대방으로부터 자신이 표현한 감정에 대한 반응을 기대한다. 사회복지사는 클라이언트의 감정에 호응하기 위해 정서적으로 관여하되, 이러한 관여는 통제되어야 한다는 것이다.

(4) 수용

수용이란 클라이언트의 장점뿐 아니라 단점도 있는 그대로 편견 없이 받아들여야 한다는 것이다. 그러나 이것은 클라이언트의 비정상적인 태도나 행동을 인정하거나 시인하는 것을 의미하지는 않는다. 사회복지사가 현재 존재하는 그대로의 클라이언트를 이해하면 클라이언트의 문제해결에 도움이 되고, 결국 개입을 담당하는 사회복지사에게도 긍정적으로 영향을 미친다. 수용을 함으로써 클라이언트는 존재하는 모습 그대로 자기 자신을 표현하며 안정감을 느낄 수 있게 된다. 이를 통해 클라이언트로 하여금 자신의 문제와 자기 자신에 대해 더욱 현실적인 방법으로 대처해 갈 수 있도록 돕고, 바람직하지 못한 방어로부터 자신을 자유롭게 만들 수 있도록 원조하는 것이다(엄명용 외, 2004).

(5) 비심판적 태도

일반적으로 클라이언트는 자신의 문제에 대해 상대방이 비판적으로 판단할 것을 두려워한다. 인생의 실패자로 낙인찍힐 것을 두려워하며 열등감을 갖고 있기 때문에 비판에 대해 민감하다. 비심판적 태도란 문제의 원인이 클라이언트의 개인적 요인에 의한 것이든 환경에 의한 것이든 문제의 책임이 클라이언트에게 있다는 것을 표현하거나 비난하지 않는 것을 의미한다. 사회복지사가 클라이언트에 대해 비심판적 태도를 가질 때 클라이언트의 의견과 태도를 경청할 수 있게 되고, 클라이언트의 어려운 점과 문제점을 파악하여 문제의 원인을 정확히 이해하고 필요한 지원을 할 수 있게 된다.

(6) 자기결정

인간은 자기 의지가 있으며, 스스로 결정하고자 하는 욕구와 자기결정 능력을 가지고 있다. 자기결정이란 클라이언트가 모든 의사결정 과정에 참여하여 스스로 선택하고 결정하는 자유를 누리는 것을 의미한다. 따라서 사회복지사는 클라이언트가 스스로 결정할 수 있도록 격려하고 원조해야 한다. 이 원칙에 따라 사회복지사는 클라이언트가 지역사회와 자신의 성격에서 이용 가능한 적절한 자원을 발견하고 활용하도록 클라이언트를 돕는다. 그럼으로써 자기 스스로 나아갈 방향을 결정하는 클라이언트의 권리를 존중하며, 그 욕구를 인정하고 잠재력을 발휘하도록 자극하고 도울 수 있다(김기태 외, 2007). 그러나 자기결정의 권한은 클라이언트의 신체적 · 정신적 능력의 한계나 도덕적 · 법적 사항에 따라 제한받기도 한다.

(7) 비밀보장

비밀보장이란 사회복지사가 클라이언트에 관한 정보를 외부에 누출하지 말아야 하는 것을 말한다. 사회복지를 실천하는 과정에서 클라이언트는 도움을 구하거나 원조가 필요하므로 자신의 개인적인 정보를 알려 주게 되는데, 이때 클라이언트는 이러한 정보가 누출되지 않을 것이라는 신뢰를 가지게 된다. 그러므로 비밀보장은 사회복지실천 관계의 기본이 되는 요소로, 클라이언트와의 의사소통을 촉진할 수도 있다. 그러나 타인이나 사회의 권리 등과 충돌하는 경우, 사회 전체의 권리에 위배되는 경우 등에는 비밀보장이 지켜지지 않을 수도 있다.

2) 실천 과정

사회복지실천 과정은 사회복지사가 클라이언트와 클라이언트를 둘러싼 다양한 환경 내의 체계들을 변화시키기 위해 전문적 가치와 지식에 기초하여 개입하는 과정이다. 클라이언트의 문제 해결을 위한 사회복지실천 과정은 접수(Iintake) 단계, 자료 수집 및 사정(assessment) 단계, 목표 설정 및 계약 단계, 개입단계, 평가와 종결 단계로 이루어진다.

(1) 접수

접수란 문제를 가진 사람이 사회복지기관을 찾아왔을 때 사회복지사가 그의 문제와 욕구를 확인하여 그것이 기관의 정책과 서비스에 부합되는지 여부를 판단하는 과정이다. 이때 사회복지사는 클라이언트가 가지는 두려움, 긴장감 혹은 양가감정을 완화시키고 비자발적인 클라이언트가 동기를 가질 수 있도록 도와야 하며, 클라이언트의 문제가 기관에서 다룰 수 있는 문제인지를 판단하여 서비스 제공 여부를 결정해야 한다(양옥경 외, 2006: 171-173). 이때 해야 할 일은 클라이언트와 가족에게 기관의 정책과 가능한 서비스, 클라이언트에게 요구되는 과업, 기관의 한계점을 설명해 주고, 신청자의 욕구 내용을 사정하여 기관이 적합한 서비스를 제공할 수 있을지를 판단하는 것이다. 만약 클라이언트의 욕구가 기관의 서비스 방향이나 내용과 부합되지 않을 경우에는 다른 기관에 의뢰해야 한다. 의뢰(referral)는 클라이언트의 문제와 욕구를 기관에서 해결할 수 없을 경우 혹은 문제 해결에 더 적합한 기관이 있을 경우 다른 기관으로 클라이언트를 보내는 것이다. 이때 사회복지사는 클라이언트에게 의뢰하는 기관의 서비스에 대한 정보를 제공하고 그 기관과 접촉할 수 있도록 도와주어야 한다. 또한 접수단계에서는 클라이언트의 문제가 무엇인지를 확인해야 한다. 이와 같은 문제 확인에서는 무엇보다 클라이언트가 지적하는 문제에 대해 사회복지사가 문제 상황과 도움을 요청하는 내용이나 충족되기를 바라는 욕구에 대해 심층적으로 알아보는 것이 필요하다.

(2) 자료 수집 및 사정

자료 수집은 클라이언트의 문제를 이해, 분석, 해결하는 데 필요한 자료를 모으는 것을 말한다. 사회복지사는 자료를 수집하면서 문제를 분석하고 또한 분석과정에서 필요한 정보를 수집한다. 자료 수집에 포함될 요소는 접수 시 클라이언트에 대한 기본 정보, 문제에 대한 깊이 있는 정보, 개인력, 가족력, 클라이언트의 기능, 클라이언트의 자원, 클라이언트의 한계, 장점, 동기다(양옥경 외, 2006: 178). 사정에서는 문제를 발견하고, 문제를 좀 더 잘 이해하기 위한 정보를 발견하며, 정보분석을 통해 문제를 형성해야 한다. 정보 발견을 위해서 브라운과 레빗(Brown & Levitt, 1979; 양옥경 외, 2006: 182-188 재인용)은 정보를 수집하는 데 유용한 다음과 같은 지침을 제시했다.

- 문제체계에 누가 관여되어 있는가
- 참여자들은 어떻게 관여하고 있는가
- 클라이언트가 문제에 어떤 의미를 부여하는가
- 문제행동은 어디서 일어나는가
- 언제 문제행동이 일어나는가
- 문제행동이 일어나는 빈도는 어느 정도인가
- 문제행동은 언제부터 있어 왔는가
- 문제와 관련하여 채워지지 않은 욕구는 무엇인가
- 문제에 대한 클라이언트의 정서적 반응은 어떠한가
- 클라이언트는 그동안 문제에 어떻게 대처해 왔으며, 그것을 해결하는 데 어떤 기술이 필요한가
- 클라이언트는 어떤 장점과 기술을 가지고 있는가
- 필요로 하는 외적 자원은 무엇인가

(3) 목표 설정 및 계약

콤턴과 갤러웨이는 목표가 서비스 결과의 효과를 점검하고 측정하며 책임성을 확립하는 수단으로 제공된다고 했다. 사회복지실천 과정에 있

어서 목표는 사정과정에서 문제와 욕구를 정의하고 문제에 영향을 미치는 요인을 분석한 것을 근거로 설정하게 되는데, 이때 사회복지사는 목표가 중요한 권리나 가치에 맞지 않는다면 동의하지 않아야 하며, 목표는 반드시 기관의 기능과 일치해야 한다(이윤로, 2005). 목표를 설정하기 위해서는 우선 해결해야 할 표적문제를 찾는 과정이 필요하다. 클라이언트가 당면한 문제는 복합적인 경우가 많으므로 가장 중요하고 시급히 해결해야 할 문제의 순으로 우선순위를 정하여 표적문제를 선정해야 한다. 그리고 이 과정에서 사회복지사는 클라이언트에게 새로운 상황이 생겼거나 장애요인이 생겼을 때 초기에 정한 목표가 협상과 조정에 의해 수정될 수도 있음을 알려 주어야 한다. 일반적으로 목표를 설정할 때는 클라이언트가 추구하는 욕구 및 결과와 관련이 있어야 하고, 명확하고 적절한 용어로 규정하여야 하며, 실행 가능한 것, 사회복지사의 지식과 기술에 맞는 것이어야 한다(Hepworth et al., 2006).

계약은 목표 설정과 그것을 달성하기 위한 전략, 역할, 개입, 평가방법 등을 구체적인 활동용어로 기술한 개입계획에 대해 사회복지사와 클라이언트가 서로 동의하는 것을 의미한다. 그러므로 계약에는 상호 동의, 개입과정에서의 상이한 참여, 상호 책임성과 의무, 명확성을 바탕으로 클라이언트가 문제 해결 과정에서 사회복지사와 동등한 관계에서 능동적으로 참여할 수 있도록 하는 기능을 하기도 한다.

(4) 개입

개입(intervention)은 문제 해결을 위해 목표를 달성하려는 일련의 전문직 활동으로, 사회복지사와 클라이언트가 계약한 구체적인 문제를 해결하기 위해 세부적 행동을 실천하는 것이다. 이 단계에서는 보통 클라이언트, 변화매개, 행동, 표적체계의 기본적 네 체계에 의해 이루어지며, 클라이언트의 문제 해결 능력, 적응 능력 향상, 사회적 기능 향상, 자원연결

기술과 권익보호 기술 향상이 포함된다. 개입과정은 면접을 통해 클라이언트가 자신을 인식하고 조정하여 환경에 잘 적응하도록 하는 직접적 개입방법과 문제 해결을 위해 사회적 지지체계의 개발, 서비스의 조정 및 프로그램 개발, 클라이언트 집단을 위한 옹호활동을 하는 등의 간접적 개입방법이 있다. 이러한 개입을 성공적으로 하기 위해서는 적절한 개입의 선택이 우선되어야 한다. 그러므로 사회복지사는 개입의 계획에 있어 인간 발달단계들 및 가족의 발달단계들을 신중하게 고려해야 할 것이다. 이들 정상적 범주에서의 발달단계 이외에도, 클라이언트에게 과도한 스트레스를 유발시키는 생활사건들도 개입의 선택에서 고려되어야 할 사항이다(김기태 외, 2007).

(5) 평가 및 종결

평가란 사회복지 개입의 결과를 조사기법을 사용하여 사정하는 것을 의미하는 것이다. 설정했던 목표들이 얼마나 달성되었는가를 평가하는 결과평가와 개입과정을 클라이언트가 어떻게 지각하는가를 평가하는 과정평가가 있다. 평가를 통해 사회복지사와 클라이언트는 의도한 바대로 서비스 계획을 이행했는가의 여부와 목적들이 성취되었는가를 결정짓는다. 이를 토대로 문제나 목표 서비스 계획 등이 수정될 수 있으며, 동일한 서비스 계획을 다른 방식으로 수행할 수도 있다(김기태 외, 2007). 종결 전에 사회복지사는 회의를 통해 앞으로의 방향에 대해 논의하여 클라이언트와 종결을 준비해야 한다. 이때 클라이언트에게 별다른 변화가 없거나 부정적인 결과가 보이면 이전의 사정, 개입 단계에 대해 다시 한 번 점검하여 수정을 거쳐 재개입하여야 한다. 종결에 대한 클라이언트의 감정을 공유하는 것과 개입과정에 대한 요약, 사후활동의 계획을 다루며 종결기록을 작성하는 과정이 필요하다.

3) 집단사회복지실천

집단사회복지는 사회사업방법 가운데 하나로서 전문가에 의한 의도적인 집단 과정과 경험을 통해 개인의 사회적 기능 수행을 향상케 하며, 또한 개인, 집단, 지역사회의 당면 문제들에 보다 효과적으로 대처해 나갈 수 있도록 도움을 주는 것이다(남세진, 조흥식, 1997; 김혜란, 2001 재인용). 이를 통해 집단사회복지실천은 자신의 문제를 해결하거나 성장을 원하는 개인들에게 의도적으로 집단 경험의 기회를 제공함으로써 집단성원의 요구와 문제를 해결하고 개인의 성장 · 발달 및 사회화에 기여하는 사회복지실천의 한 방법이라고 정의할 수 있다. 집단은 집단 자체와 집단의 역동성을 변화의 매개체로 하여 집단성원의 문제 해결이나 갈등을 해결하고 자기 성장과 변화를 도모한다. 이러한 맥락에서 말레코프(Malekoff, 1997)는 집단을 활용하는 집단상담의 장점을 다음과 같이 설명하고 있는데, 이는 집단이 역동적이고 치료적인 요인과 깊은 관련이 있다(엄명용 외, 2005).

- 상호 지지: 집단성원 간에 서로 지지해 줌으로써 성원들 간에 도움을 주고받는 것이 가능하다.
- 일반화: 집단성원들이 문제로 인해 소외되고 자신을 이해해 주지 못하는 사람들이 많다고 생각하기 때문에 어려움을 겪게 되지만, 집단 내에서 서로 공통된 관심사(문제)로 인해 이를 일반화시킬 수 있고 하나의 공동체 느낌을 가질 수 있다.
- 희망 증진: 집단성원들이 여러 가지 문제에 봉착되어 있는 한계를 느낄 때 집단을 통해 문제의 해결점을 찾아갈 수 있고, 자신들이 문제를 해결할 수 있는 능력이 있음을 깨닫게 된다.
- 이타성 향상: 자기중심적인 상황에서 벗어나 타인을 위해 도움을 준다

는 점에서 이타성을 기를 수 있고 타인에게 의존해 있던 자신을 보다 독립적인 자신으로 성장시킬 수 있다.

- 새로운 지식과 기술 습득: 집단 내에서 서로 간에 금기시되어 왔던 주제나 문제 혹은 잘못된 정보를 다룰 수 있게 되므로 그에 대한 올바른 정보를 공유하거나 금기시된 주제를 보다 안전하다 생각되는 집단 내에서 편안하게 공유할 수 있는 장점도 내포하고 있다. 따라서 서로 간에 새 정보의 교환이 가능하고 새 기술을 실험해 볼 수 있는 기회도 제공해 준다.
- 집단의 통제감 및 소속감: 집단성원 모두에게 동등한 기회를 제공하고, 비슷한 문제를 공유하며, 다른 사람들이 집단의 성장을 위해 공헌을 하게 되어 집단이 훌륭한 집단으로 성장할 수 있는 기회를 제공한다.
- 정화의 기능: 집단성원들이 자신의 문제에 대한 불안, 감정, 생각, 희망, 꿈 등을 공유하며 공통의 목적을 성취해 가기 때문에 자신의 문제를 보다 객관적으로 해결할 수 있는 기회도 제공한다.
- 재경험의 기회 제공: 이전의 역기능적인 경험을 집단 내에서 재현할 뿐 아니라 집단성원 간의 역동성 속에서 역기능을 경험하기도 하기 때문에 이를 통해 성장할 수 있는 기회를 갖게 된다.
- 현실감각의 테스트 효과: 집단성원들이 서로 간의 잘못된 생각이나 가치를 다른 집단성원들에게 던져 봄으로써 생각을 고쳐 나갈 수 있는 기회를 갖기도 한다.

파펠과 로스먼(Papell & Rothman, 1966)은 집단상담의 모델을 사회목표 모델, 상호작용 모델, 치료 모델의 세 가지 유형으로 구분하였다(엄명용 외, 2000; 양옥경 외, 2006 재인용).

(1) 사회목표 모델(social goal model)

사회목표 모델의 주요 개념은 '사회적 의식'과 '사회적 책임'이다. 사회적 쟁점에 대한 토론과 대안을 모색함으로써 집단성원을 바람직한 시민으로 성장시키며, 민주적 과정 습득을 지향한다. 이 집단상담 모델의 표적은 근린지역이나 지역사회로 정의되는 사회의 질서를 구축하는 것으로 미래에 초점을 두는 예방책을 지향한다. 이 모델은 인보관(settlement house)의 집단상담에 근거를 두고 발전하였다. 최근에는 보이스카웃과 걸스카웃, 사회복지관의 자활집단, 자원봉사집단 등이 사회목표형 집단의 예라고 볼 수 있다.

(2) 상호작용 모델(social interaction model)

상호작용 모델의 특징은 집단성원과 사회 간에 공생적이며 상호적인 관계를 통해 집단성원들의 요구와 문제를 해결하는 것이다. 사회복지사는 집단성원들을 위해 일한다기보다는 클라이언트와 함께 일하고 서로 돕는 동반적인 관계를 맺고 있다고 볼 수 있다. 상호작용 모델에 해당하는 대표적인 집단으로는 가정폭력 피해자집단, 당뇨 환자집단, 한부모 가족모임 등을 들 수 있다. 이 집단에서 집단성원들은 서로 지지해 주며 자신의 인생을 스스로 통제하도록 도움을 받는다.

(3) 치료 모델(remedial model)

치료 모델에서 집단은 개인의 치료를 위한 도구나 상황으로 간주된다. 치료 모델의 궁극적인 목표는 집단을 활용하여 개인을 치료하는 것이다. 치료 모델은 집단과정을 통해 성원들이 서로 도울 수 있게 하지만 이러한 상호작용은 사회복지사의 진단계획을 통해 제한된다. 치료집단에서 사회복지사는 집단 구성과 운영에 큰 영향력을 행사하는 강력한 지도력을 행사한다. 이 모델은 병원, 교정시설 등에서 많이 활용된다. 집단의 예로는 알코올중독에서 회복되고 있는 사람들의 재발 방지를 위한 기술훈련집단, 정신치료집단 등을 들 수 있다. 집단성원의 목적성취를 위한 개입은 개별 성원, 전체 집단 그리고 집단환경의 세 차원에 걸쳐 이루어져야 한다. 〈표 3-1〉은 각 차원에 대한 개입방법들에 대한 내용을 설명하고 있다.

〈표 3-1〉 개별 성원, 전체 집단 및 집단환경에 대한 개입방법

개별 성원	전체 집단	집단환경
• 개인의 비합리적 사고나 신념 그리고 관련된 감정 상태를 변화시키도록 원조함 • 개인의 대인관계 행동이나 기술을 변화하도록 원조함 • 성원이 사회심리적 및 물리적 환경을 수정할 있도록 원조함	• 집단에서 이루어지는 의사소통과 상호작용에 대한 개입 • 집단의 매력을 증진시키는 개입 • 집단 내의 규범, 역할, 지위, 위계구조에 대한 사회적 통제, 그리고 목적성취에 도움이 되는 집단문화를 창출하도록 개입함	• 집단을 후원하고 있는 기관이 지원을 더 확대하도록 함 • 기관 간 관계망을 형성함 • 지역사회에서 사회문제와 집단서비스에 대한 인식을 증진시키도록 함

집단상담 또는 집단 프로그램을 운영하는 데 있어서 집단지도자에게 필요한 역할, 과업, 대인관계 기술에 대해 살펴보고자 한다(Lee, 1996). 집단지도자의 역할은 다음의 여섯 가지로 요약하여 설명될 수 있다.

- 발의자(initiator): 토론에서 다룰 주제를 논의하는 방법을 제시한다.
- 명확하게 하는 자(clarifier): 요점, 이슈 등을 확실히 해서 모든 집단구성원들에게 명확하게 알린다.
- 정교하게 만드는 자(elaborator): 요점, 아이디어, 이슈를 확장시킨다.
- 조정자(coordinator): 지속적으로 집단을 이끌고, 관계를 명확히 하고 함께 참여하도록 이끈다(사람들이 이야기하도록 돕는다.).

- 시험자(tester): 확실한 집단을 만드는 것은 비슷한 사고방식을 공유하는 것이다.
- 요약자(summarizer): 집단의 방향을 평가하고 논의한 소재들에 대해 검토한다.

4) 사례관리

최근 사회복지에서 효과적이고 효율적인 서비스 제공을 위한 실천방법으로 사례관리가 중시되고 있다. 1960년대 초 미국에서는 탈시설화 정책에 따라 서비스 체계가 복잡해지고 분산되면서 서비스 간의 연계성이 부족한 상황에서 클라이언트와 가족들이 지역사회 내의 적절한 환경자원의 미비로 대부분의 책임을 떠안게 되었다. 또한 클라이언트의 문제와 욕구가 다양해지면서 서비스의 비용효과를 높이고 서비스 간의 중복을 피하는 전문기술이 요구되었다. 사례관리는 이러한 역사적 상황에서 등장하게 되었다. 김통원과 김용득(1998)은 사례관리에 대한 다양한 설명을 다음과 같이 요약하였다.

- 사례관리는 복합적인 문제를 가진 사람들의 자원망을 개발하거나 늘려주며, 자원을 획득하고 이용할 수 있는 그들 각 개인의 능력을 강화시켜 주는 원조과정이다.
- 사례관리는 클라이언트의 보호를 책임져야 하는 개인들의 공통된 상황을 포함하고 있는 다양한 모델들을 통합한다.
- 사례관리는 두 개의 근본 기능, 즉 가능케 하는(enabling) 기능과 촉진시키는(facilitaing) 기능으로 구성되어 있다. 가능케 하는 사람으로서의 사례관리자는 개인이 스스로 기능할 수 있도록 그들의 잠재력을 극대화시켜 주며, 촉진시키는 사람으로서의 사례관리자는 클라이

언트와 그들에 의해 요구되는 다양한 서비스를 연결시켜 준다.

- 사례관리는 전문적인 사례관리자가 클라이언트와 함께 클라이언트의 재활 프로그램을 계획, 조정, 점검하는 과정이다. 사례관리자는 의뢰에서 종결까지 프로그램의 모든 책임을 맡으며, 성공적인 결과를 위해 지역사회 자원의 활용에 관심을 가져야 한다.

그러므로 사례관리는 생태체계적 관점을 기반으로 만성적이고 복합적인 문제를 가진 개인 및 가족과 일하면서 그들과 자원제공자들의 기능을 향상시켜 환경 속에서 자신들에게 필요한 서비스와 자원을 스스로 획득하고 사회적 기능을 원활히 수행할 수 있도록 돕는 통합적인 접근방법으로 요약될 수 있다. 이를 위해 사례관리자는 크게 두 가지 측면, 즉 임상 및 치료적 측면과 행정, 특히 조정 및 옹호에 관심을 갖는다. 따라서 사례관리자는 클라이언트나 가족을 대신하여 필요한 임상서비스를 제공함은 물론 그들의 사회적 기능 수행을 향상시키기 위해 필요한 자원을 획득하기 위해 그들과 함께 탐색적 활동에 종사하게 된다(권진숙, 박지영, 2008). 사례관리자의 역할은 여러 가지 서비스 공급주체에 의한 사회자원을 클라이언트가 활용하여 욕구를 충족해 갈 수 있도록 촉진하고 조정하고 연결시켜 나감으로써 클라이언트 자신의 능력을 향상시키고 서비스 공급주체들의 능력을 발전시키는 것이다. NASW에서 제시하는 사례관리 표준지침을 살펴보면 다음과 같다.

- 사례관리자는 자신의 전문적인 기술과 능력으로 클라이언트를 도와야 한다. 이때 무엇보다 클라이언트의 이익을 우선적으로 고려해야 한다.
- 사례관리자는 사례관리실천의 모든 과정에 클라이언트가 참여하도록 한다.

- 사례관리자는 클라이언트의 사적 권리를 보장하고 또한 다른 사람으로부터 클라이언트 정보를 요청받았을 때 적절한 비밀보장을 지켜야 한다.
- 사례관리자는 클라이언트나 그 가족에게 직접 서비스를 제공하거나 조정할 수 있는 클라이언트 수준에서 개입해야 한다.
- 사례관리자는 현재 제공할 수 있는 사례관리서비스 수준에서, 그리고 필요한 서비스 접근성을 높이는 서비스 체계 수준에서 개입해야 한다.
- 사례관리자는 자원활용 가능성이나 서비스 비용 그리고 재정 한도를 잘 알고 있어야 하며, 모든 사례관리 기능과 활동에 책임성을 가져야 한다.
- 사례관리자는 서비스 전달체계의 적절성과 효과성을 모니터링하는 평가 및 질관리 활동에 참여해야 하며, 자신의 사례관리 서비스뿐 아니라 사례관리 운영 전반의 전달체계에 관여해야 한다.
- 사례관리자는 주어진 사례관리 과업들을 효과적으로 계획하고 수행하며 평가할 수 있도록 합리적인 사례 수를 담당해야 한다.
- 사례관리자는 동료 및 다른 기관들과 같은 전문가로서 상호 협력을 강화하도록 정중하게 대하며 존중해야 한다.

연습문제

1. 사회복지사로서의 자신의 강점은 무엇이며, 그것이 사회복지실천에 어떻게 유용한지 생각해 보자.

2. 자신이 앞으로 발전시키고 싶은 사회복지사의 기술이나 자질은 무엇인가?

3. 돕는 전문가인 사회복지사에게 가장 중요한 요소는 무엇인지 생각해 보자.

4. 사회복지실천 모델 중 한 가지를 택해 사례를 적용하여 분석 및 개입계획을 세워 보자.

참고문헌

권은주(2006). 1366 상담원의 폭력피해여성에 대한 위기개입기술과 연계필요성에 대한 인식. 대구가톨릭대학교 대학원 석사학위청구논문.

권진숙, 박지영(2008). 사례관리의 이론과 실제. 서울: 학지사.

김기태(1998). 위기개입론. 서울: 대왕사

김기태, 김수환, 김영호, 박지영(2007). 사회복지실천론. 고양: 공동체.

김동배, 이희연(2003). 사회복지실천의 생태체계 패러다임과 연구방법론에 대한 고찰(I). 연세사회복지연구, 9, 27-58.

김만지(1999). 미혼모의 스트레스 관리 프로그램 개발과 효과에 관한 연구. 이화여자대학교 대학원 박사학위청구논문.

김융일, 조홍식, 김연옥(1998). 사회사업실천론. 서울: 나남출판.

김통원, 김용득(1998). 사회복지실천 사례관리. 서울: 지샘.

김혜란(1996). 과제 중심 모델의 적용에 관한 연구: 위탁보호 사례를 중심으로. 한국사회복지학, 30, 25-47.

김혜란 감수(1998). 사회복지실천 기법과 지침. 서울: 나남출판.

박명숙(1999). 생태체계이론에 대한 이해와 사회사업에의 적용에 관한 연구. 사회복지리뷰, 4, 127-137.

박옥희(2009). 사회복지의 이해. 서울: 학지사.

양옥경, 김정진, 서미경, 김미옥, 김소희(2006). 사회복지실천론. 파주: 나남출판.

엄명용, 김성천, 오혜경, 윤혜미(2004). 사회복지실천의 이해. 서울: 학지사.

엄명용, 노충래, 김용석(2005). 사회복지실천기술의 이해. 서울: 학지사.

이상균(1999). 한국적 임상사회사업의 모색. 사회복지리뷰, 4(1), 65-87. 가톨릭대학교 사회복지연구소.

이윤로(2005). 사회복지실천기술론. 서울: 학지사

임상사회사업연구회 편(1999). 사회복지실천과 임상사회사업. 서울: 학문사.

최명민 역(1997). 임파워먼트와 사회복지실천(Robert Adams 저). 서울: 나남출판.

홍선미(2004). 사회복지실천의 지식기반과 학문적 특성에 관한 연구. 한국사회복지학. 56(4), 195-214.

허남순(1998). 과제중심모델의 적용에 관한 연구: 재가노인을 위한 사례관리. 한국사회복지학, 35, 399-426.

Browne, C. V. (1995). Empowerment in social work practice with older women. *Social Work, 6*, 358-364.

Compton, B., & Galaway, B. (1989). *Social Work Processes* (4th ed.). Belmont, CA: Wadsworth Publishing Co.

Germain, E, B., & Gitterman, A. (1980). *The Life Model of Social Work Practice*. New York: Columbia University Press.

Hepworth, D. H., Rooney, R. H., Strom-Gottfried & Larsen, J. (2006). *Direct Social Work Practice* (7th ed.). Thomson Brooks/Cole Publishing Co.

Lee, M. Y. (1996). A contructiust approach to the help-seeking process of clients: A response to cultural diversity. *Clinical Social Work Journal, 24*(2), 187-202.

Miley, K. K., O' Melia, M., & DuBois, B. L. (1995). *Generalist Social Work Practice: An Empowering Approach*. Allyn & Bacon.

Sheafor, B. W., Horejsi, C. R., & Horejsi, G. A. (1988). *Techniques and guidelines for social work practice*. Needham Heights, MA: Allyn & Bacon.

Solomon, B. (1976). *Black empowerment: social work in oppressed communities*. New York: Columbia University Press.

Siporin, M. (1980). Ecological Systems Theory in Social Work. *Journal of Sociology & Social Welfare, 7*, 507-532.

04 지역사회복지

우리 모두는 지역사회에서 생활하고 있다. 지역사회의 한 주민(구성원)으로서 우리는 삶의 질 향상을 위하여 교통, 환경, 교육, 문화 등의 분야에서 여러 가지 기회들을 지역사회에 요구한다. 동시에 우리는 지역사회의 경제적 · 정치적 · 교육적 · 사회적 · 문화적 자원들을 형성하는 데 기여하기도 한다. 지역사회의 문제를 해결하고 긍정적인 변화를 가져오기 위해 지역사회에 개입하는 사회복지사는 지역사회와 구성원 간의 호혜적인 관계를 통해 지역사회를 발전시키기 위해 노력해야 한다.

1. 지역사회복지의 개념

지역사회에 대한 개념에 따라 지역사회복지실천의 개념이 달라지기 때문에 먼저 지역사회에 대한 개념을 살펴보는 것이 필요하다.

지역사회(community)는 크게 두 가지 의미로 이해된다(Martinez-Brawley, 1995). 첫째는 구조적 관점(structural perspective)으로 지역사회

의 공간적 · 지리적 · 정치적 성격을 고려한다. 이것은 지역사회를 도시, 마을, 이웃과 같은 구조로 보며 지리적 경계를 고려하는 것이다. 둘째는 사회심리학적 관점(sociopsycological perspective)으로 구성원의 귀속력 정도를 강조하면서 지역사회를 사회적 유대의 연계망으로 간주하는 것이다. 이 관점은 장소나 기능보다는 사람들이 서로 관계 맺는 방식과 '우리'라는 개념으로 지역사회를 정의한다.

최근에 교통과 정보수단의 급속한 발달로 사이버 공동체, 네트워크 공동체 등 새로운 지역사회의 형태가 나타나고 지구촌(global community)의 형성으로 초광의의 지역사회가 나타나는 등 지리적인 경계가 모호해지고 있다(오정수, 류진석, 2009: 17-19). 그러나 이 두 가지 관점을 다 고려하여 한국에서 지역사회 개념은 지리적인 개념을 바탕으로 해야 할 것이다. 김종일(2006)은 지역사회는 지역성(locality)을 토대로 한 개념으로, 공통의 이해관계나 특성을 바탕으로 한 비(非)지리적 공동체는 기능적 공동체나 이익공동체와 같은 방식으로 바꾸어야 한다고 주장한다. 최옥채 등(2007)도 전통적인 지역사회의 정의에 근거하여 지역사회는 일정한 지리적 공간을 가지고 있는 순수한 지역 공동체에 중심을 두어야 한다고 하였다. 이에 따르면 시민공동체나 사이버 공동체는 지역사회가 아닌 조직에 해당된다. 따라서 일정한 지리적 경계를 가진 지역에 거주하는 사람들이 상호작용하는 공동체를 지역사회로 보아야 할 것이다.

지역사회복지는 지역사회와 사회복지가 합쳐진 개념이다. 감정기 등(2009)은 지역사회복지를 지역사회를 접근 단위로 하여 그 구성원들의 복지를 실현하려는 사회적 노력으로 정의한다. 김종일(2006)은 각종 사회적 위험이 사라진 안전하고 행복한 지역사회의 상태를 지칭하는 동시에, 이러한 상태를 실현하기 위한 지역사회 수준에서의 모든 노력이라고 정의한다.

이상에서 살펴본 바에 따르면 지역사회복지는 지역사회 단위에서 수행되는 사회복지실천이며, 궁극적으로는 지역사회의 변화를 통해 지역사회 내의 사람들이 갖는 문제를 해결하고 그들의 삶의 질을 향상시키는 데 목적이 있다고 할 수 있다. 사회복지사는 지역사회복지실천에 참여할 때 다음과 같은 세 가지의 관점으로 지역사회를 살펴보는 것이 필요하다(Kirst-Ashman & Grafton, 2006: 287-288).

첫째, 사회복지실천 환경으로서의 지역사회다. 즉, 지역사회는 발생하는 문제들에 큰 영향을 주며, 사회복지사가 제공하는 직접적 서비스와 적합한 변화 노력방법을 결정하는 데에도 중요하다. 따라서 사회복지사는 현재 지역사회에서 제공되는 서비스와 자원들의 종류 및 활용 가능한 자원들도 살펴보아야 한다.

둘째, 변화와 노력의 대상으로서의 지역사회다. 지역사회가 구성원들의 중요한 욕구에 민감하지 못하고 그들의 기회를 제한함으로써 구성원들을 방해하고 있다면 지역사회 자체가 변화 대상이 된다. 그러므로 사회복지사는 지역사회의 권력구조, 의사결정구조 등을 바꾸고 새로운 서비스 전달체계를 형성하도록 노력해야 한다.

마지막은 변화를 위한 기제(mechanism)로서의 지역사회다. 이것은 사회복지를 실현하는 수단이나 방법이 지역사회임을 가리키는 것으로, 자신의 능력과 지역사회 구성원들의 상호 이익관계를 활용하여 지역사회가 문제를 스스로 해결할 수 있다고 보는 것이다. 따라서 지역주민들과의 교감, 공동체 의식 등이 중요하며, 이를 위해 사회복지사는 시민단체, 주민조직, 자치기구 등과 협력한다.

2. 지역사회복지실천 모델

지역사회실천 모델은 사회복지사를 비롯한 지역사회복지 실천가들을 위한 지침과 방향을 제공한다(Netting et al., 2004). 즉, 실천가들의 행동과 개입을 위한 안내선(guideline)을 알려 주기 때문에 모델은 중요하다.

지역사회복지실천의 전통적인 모델은 지역사회개발(community development), 사회계획(social panning), 사회행동(social action)의 세 가지 모델이다(Rothman & Tropman, 1987). 이 세 가지 모델에 기초하여 테일러와 로버츠(Tayler & Roberts, 1985)는 후원자의 의사결정과 영향 정도를 구체적으로 구분하여 다섯 가지 모델 유형으로 세분화하였으며, 웨일과 갬블(Weil & Gamble, 1995)은 조직가의 역할이나 개입에 따른 과업에 초점을 두고 여덟 가지 유형으로 모델을 확장하였다(Long et al., 2006). 최근에는 지역자산(asset-based community; Kretzmann & McKnight, 1993), 풀뿌리 실천(grassroot practice; Couto, 1998; Mondros & Wilson, 1994)에 접근기반을 둔 모델들이 등장했다. 이와 같이 지역(local)의 참여와 비공식적 지원 네트워크는 현 시대에 지역사회를 지향하는 사회복지실천의 특징이라고 할 수 있다(Miley et al., 2007).

이 장에서는 이러한 여러 모델 중 가장 정통적인 모델인 로스먼의 세 가지 유형의 모델을 살펴보도록 하겠다(오정수, 류진석, 2009; Ambrosino et al., 2006; Netting et al., 2003).

1) 지역사회개발 모델

지역사회개발 모델은 자조기반에 근거하고 있으며, 지역사회문제의 해결을 위한 지역사회 능력과 사회통합이라는 과정목표를 통해 지역사회를 새롭게 만드는 데 초점을 둔다. 지역사회의 문제나 욕구를 다룰 때 주민의 자조(self-help)정신을 강조하기 때문에, 주민 스스로 문제를 해결할 수 있는 능력을 강화시켜 주는 데 역점을 두고, 문제의 파악 및 문제 해결 과정에 있어 주민의 광범위한 참여를 장려한다. 지역사회개발 모델은 인구의 다양성을 고려하고 존중하며, 이러한 다양성을 이용하여 지역사회의 모든 사람들을 위한 지역사회의 발전을 성취하기 위해 노력한다.

이때 사용되는 유용한 전략은 협력(collaboration)이다. 협력은 최소한의 대립과 갈등에 기초한 기술로서 행위자 간의 서로 다른 힘(power)을 최소화하고 합의를 도출하고자 한다. 상대편이 비교적 차이점을 거의 보이지 않을 때, 변화에 열려 있을 때, 그리고 양립할 수 있는 목적을 지지할 때, 협력은 적절하고 효과적이다. 협력은 종종 정치적 영향력을 얻는 과정에서 사람들을 지원하고 임파워시킨다(Long et al., 2006).

예를 들어 보면, 어느 지역사회에서 버스와 관련된 새로운 교통수단을 발표했는데 그 교통수단에는 장애인에 대한 편의시설이 제공되지 않아서 장애인들이 이용할 수 없게 되었다고 하자. 이때 지역사회개발 모델로 접근하면, 장애인들을 포함한 시민들의 다양한 집단들이 장애인이 이용 가능한 교통수단에 대한 계획을 개발하기 위하여 지역사회의 기관들 및 공무원들과 함께 일할 것이다.

2) 사회계획 모델

사회계획 모델은 여러 가지 지역사회문제를 해결하기 위하여 합리적인 면을 강조한다. 다시 말하면, 범죄, 주택, 정신건강 문제와 같은 구체적인 사회문제를 해결하는 기술적 과정을 중시한다. 이 모델은 지식, 가치, 이론들을 적용함으로써 제도적인 실천들의 수정을 강조하며, 건전한 논쟁을 통해 문제 해결이 가능하다고 가정한다. 따라서 공식적인 계획과 준거틀에 대한 설계가 핵심적이며, 계획이나 정책 집행의 효과성과 효율성을 강조하기 때문에 과정목적에 초점을 둔다.

변화를 위한 전략으로는 캠페인(campaign)이 사용된다. 캠페인은 특정 계획, 방향 등이 옳다는 개인이나 집단의 확신과 관련되기 때문에 협력보다는 좀 더 대립적인 전략이다. 캠페인은 계획이나 정책에 영향을 주는 기관이나 정부 관료를 설득하는 데 목적을 둔 교육적인 노력들(예, 지역사회 포럼 개최, 대중매체 홍보, 지역주민 설명회 개최 등)을 포함하게 된다. 그러므로 캠페인은 협상회의에 상대 진영이 나올 수밖에 없도록 대중에게 지속적 호소를 하는 경우에 사용된다(감정기 외, 2009). 그러나 불행하게도 캠페인은 전문적인 기술과 자문을 선호하기 때문에 적절한 행동과정을 결정하는 데 있어 클라이언트 또는 일반 주민들의 능력과 지식을 최소화하는 방식으로 구성된다.

앞서 살펴본 교통수단의 예에서 보면, 사회계획가는 장애인에게 접근 가능한 서비스를 만들 수 있는 방법들에 대해 설명한 자료를 만들고, 그 자료를 정책결정자나 상급 관리자 및 시의회에 제출하는 체계적인 계획을 발전시켜 나간다.

3) 사회행동 모델

사회행동 모델은 지역사회의 억압받고 소외된 주민이 사회정의와 정치적 공평성의 입장에서 사회, 정치, 경제적으로 더 나은 처우를 받을 수 있도록 해 주는 활동을 말한다. 이 모델은 알린스키(Alinsky, 1969)에 의해 대중화되었고, 1960년대 빈곤과의 전쟁 프로그램 속에서 억압된 집단들에 의해 넓게 사용되었다. 기본적으로 과업 달성을 중시하며, 이 과정에서 적절한 의사결정구조의 활용 또는 관계 형성과 같은 과정목표는 무시되기도 한다.

특히 이 모델은 사회정의를 촉진하고 파워구조를 전환시키는 변화들을 옹호하기 위해 대항(contest)전략을 많이 사용한다. 대항은 변화를 촉진시키는 수단으로서 갈등과 대립의 사용에 좀 더 개방적이며, 전술로는 법적 이의 제기, 저항, 협상, 시민 불복종, 데모 등을 활용한다. 전 세계적으로 시민들의 연합에서 이러한 적대관계 스타일이 사용된다(Hardcastele et al., 2004). 예를 들면, 미국의 농부들이 교통 혼란을 야기하기 위해 트랙터를 워싱턴으로 가져가는 것, 인도의 수천 명의 인력거꾼들이 정부 관청 앞을 가로막기 위해 인력거를 사용하는 것 등이다.

앞의 교통수단과 관련하여 예를 들어 보면, 장애인에게 편의수단을 제공하지 않는 지역사회의 교통 시스템에 저항하는 활동가들은 자신들의 요구에 주의를 집중시키기 위해 버스에 체인을 감아두어 버스가 운행되지 못하게 하는 활동을 전개한다.

3. 지역사회복지실천 과정

지역사회복지실천을 수행하는 사회복지사는 정책실천(policy practice)에 종종 참여하게 된다. 왜냐하면 정책의 변화는 필수불가결하게 지역사회 내의 조직들과 구성원들에게 여러 가지 영향을 주기 때문이다. 마찬가지로 지역사회복지실천 사회복지사는 개인, 가족, 집단 수준에서 클라이언트에게 제공되는 임상적 개입과 관련된 것들을 이해해야만 한다. 이러한 이해가 없다면 지역사회복지실천은 클라이언트의 문제나 욕구들에 대한 적절한 근거 없이 수행되는 문제가 발생한다. 따라서 사회복지사들이 지역사회의 변화, 정책의 변화를 이해하는 것처럼 개별적 개입들의 성격을 이해하는 것이 중요하다(Netting et al., 2004). 따라서 여기에서는 먼저 지역사회복지실천을 위해 가져야 하는 개념적 틀에 대해 살펴본 후 지역사회복지실천 과정에 대해 알아보겠다.

1) 지역사회복지실천을 위한 개념적 틀

사회복지사는 지역사회복지실천 시 문제, 인구 대상, 문제가 일어난 영

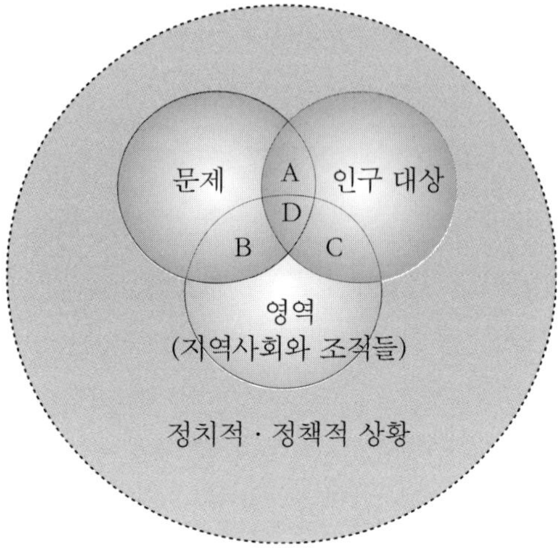

[그림 4-1] 지역사회복지실천을 위한 개념적 틀

출처: Netting et al. (2004).

역이라는 세 개의 중요한 부분에 초점을 두어야 하며, 동시에 이들을 둘러싸고 있는 정치적 · 정책적 상황을 이해해야만 한다. [그림 4-1]은 이러한 필요성을 보여 주고 있다.

예를 들면, 사회복지사는 제기된 문제가 노인의 방임이라면 문제(방임), 인구 대상(노인), 영역(문제가 일어난 지역사회)에 필연적으로 초점을 맞추게 된다. 먼저 방임과 노인에 대한 기존 자료들을 검토하는 것이 필요하며, 이때 두 개의 원이 겹치는 부분인 A부분(방임과 방임이 노인에게 미치는 특별한 영향력)이 특별히 중요하게 된다. 동시에 다른 겹치는 영역들, 즉 방임의 현상이 지역사회에 주는 영향력(B부분)과 지역사회 내에서 노인의 욕구가 어느 정도 이해되고 충족되고 있는지를 이해하는 것(C부분)이 필요하다. 궁극적인 목표는 세 개의 원이 겹치는 부분(D부분), 즉 방임이 지역사회 노인들에게 미치는 영향력에 대해 이해하는 것이다. 또한 이러한 지역사회의 문제와 욕구들은 지역사회를 둘러싸고 있는 환경인 정치적이고 정책적인 상황에 대한 이해를 바탕으로 하고 있다는 것을 잊어서는 안 된다.

2) 지역사회복지실천의 과정

지역사회복지실천 과정은 임상사회복지실천 과정과 유사하며 마찬가지로 개인, 가족, 집단을 대상으로 하는 기술들이 유용하게 사용된다. 다만 지역사회와 함께 하는 실천이기 때문에 단계별로 몇 가지 더 고려해야 할 사항들이 존재한다. 지역사회복지실천 과정은 학자들에 따라 다소 차이가 있으며, 여기에서는 통합주의적(generalist) 접근을 사용한 커스트-애시먼과 그래프턴(Kirst-Ashman & Grafton, 2006: 294-309)이 제시한 계약(engagement), 사정(assessment), 계획(planning), 수행(implementation),

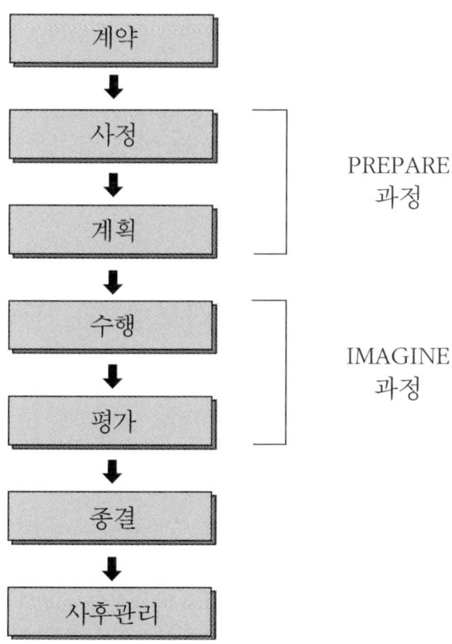

[그림 4-2] 사회복지실천 과정

평가(evaluation), 종결(termination), 사후관리(follow-up)의 일곱 단계의 과정을 중심으로 살펴보겠다. 이 과정은 [그림 4-2]와 같으며 특히 지역사회복지실천 시 고려할 점을 중심으로 사정과 계획을 PREPARE 과정으로, 이행과 평가를 IMAGINE 과정으로 설명하였다.

(1) 계약

계약(engagement)은 실천가와 클라이언트 체계가 초기 접촉을 하며, 서로에 대해 알기 시작하고, 문제가 제기되며, 문제 해결을 위해 도움을 줄 수 있는지의 여부를 결정하는 첫 번째 과정이다. 지역사회의 문제는 단일 클라이언트가 개별적으로 제기할 수도 있고 지역의 집단이나 실천가가 스스로 발견할 수도 있다. 계약은 단지 첫 번째 단계에서만 일어나는 것이 아니라 문제해결 과정이 진행되는 동안 반복적으로 일어난다. 왜냐하면 변화와 관련된 새로운 사람, 자원, 의사결정자, 집단 등이 새로 등장할 때마다 계약이 필요하기 때문이다.

(2) 사정과 계획: PREPARE 과정

지역사회복지실천의 사정과 계획 과정은 매우 복잡해서 기존의 사정과 계획 단계만으로는 종종 놓쳐 버리는 부분이 있다. 왜냐하면 미시적인 문제를 사정하고 해결하는 계획을 세울 때보다 거시적 단계에서 대안들은 사회복지사의 통제를 훨씬 넘어서는 것까지 확대되기 때문이다. 따라서 사정은 항상 진행 중이며 이러한 유동성은 피할 수 없다. 이러한 사정의 광범위함 때문에 계획은 필수적으로 사정의 확장으로 연결된다. PREPARE 과정은 문제, 강점, 약점, 주요한 목적들, 잠재적 성공, 전문적인 위기, 개인적 위기를 포함하여 지역사회복지실천이 현실적으로 가능한지의 여부를 결정하기 위하여 무수한 변수들에 초점을 맞추는 것과 관련이 있다.

- P: 문제(Problem)를 확인하기
- R: 거시적 현실(Reality)과 개인적 현실(Reality)을 검토하기
- E: 중요한 목적을 설정하기(Establish)
- P: 영향력 있는 사람들(People)을 확인하기
- A: 클라이언트와 기관의 잠재적인 경제적 비용과 이익을 사정하기 (Assess)
- R: 전문가적 위험(Risk)과 개인적 위험(Risk)을 검토하기
- E: 거시적 변화과정의 잠재적인 성공을 평가하기(Evaluate)

[그림 4-3] PREPARE 과정

PREPARE의 각 과정을 간단히 살펴보면 다음과 같다.

① 1단계: 문제를 확인하기

문제를 확인하는 방법들은 일반적으로 뉴스매체, 사회복지서비스 공급자, 사회복지 대상자 등을 통해서다. 또한 사회복지사가 주의 깊게 관심을 기울여서 문제를 찾아낼 수도 있다. 이때 연구조사(research)는 유용하게 사용된다.

② 2단계: 거시적 현실과 개인적 현실을 검토하기

거시적 현실의 검토란 사회복지사가 소속된 조직 및 다른 조직들이 지역사회 변화과정에 대해 우호적인지 적대적인지를 살펴보는 것이다. 뿐만 아니라 자금, 법, 규정 등이 변화과정에 있어 장벽이 되는지의 여부도 판단해야 한다. 개인적 현실의 검토는 사회복지사의 장점과 약점, 그리고 이러한 장단점이 변화 노력에 주게 되는 잠재적 영향력을 살펴보는 것이다.

③ 3단계: 중요한 목적을 설정하기

중요한 목적은 사회복지사가 명백하게 정의한 문제로부터 나온다. 이때 목적은 주어진 문제에 대해 이익을 생산해 내야만 한다. 그렇게 되어야만 위원회 위원들이나 다른 영향력 있는 시민들에게 문제 해결을 위한 동기를 유발시킬 수 있기 때문이다. 이것은 다음 단계에서 영향력 있는 사람들을 확인하는 데 있어 중요하다.

④ 4단계: 영향력 있는 사람들을 확인하기

영향력 있는 사람들은 사회복지사가 속한 기관이나 지역사회에 있는 개인이나 집단으로서 도움을 주거나 또는 해를 입힐 수 있는 잠재력을 가지고 있다. 이러한 사람들은 다음과 같은 특징이 있다(Homan, 2004). 첫째, 과거에 비슷한 일을 이행한 경험이 있는 사람들로 이전의 지도자들이나 자금을 모금했던 사람들이다. 둘째, 충고와 도움을 줄 수 있는 사람들로서 종종 지역사회의 존경받는 명망가들이다. 셋째, 사회복지사가 속한 조직에서 리더가 될 수 있는 사람들로서 다른 이들에게 인정받고 있는 열정과 추진력이 있는 사람들이다. 넷째, 동료들에게 동기 유발을 할 수 있는 사람들이다. 다섯째, 다른 중요한 사람들이나 자원들을 연결할 수 있는 사람들이다. 마지막으로 연설 능력, 작문 능력, 협상 능력 등 특별한 능력을 가지고 있는 사람들이다.

⑤ 5단계: 잠재적인 경제적 비용과 이익을 사정하기

사회복지사는 클라이언트와 지역사회에 대한 잠재적인 비용과 이익을 사정해야만 한다. 클라이언트에 대한 이익은 목적을 설정할 때 항상 명백해야만 하며, 기회비용도 각 상황마다 고려해야만 한다. 또한 목적성취를 위해 사용되는 특정 전술들에 소요되는 비용들도 계산해야 한다.

⑥ 6단계: 전문가적 위험과 개인적 위험을 검토하기

변화대리인으로서 사회복지사는 실직, 좋은 직장으로의 이직 가능성의 축소, 직장 인간관계의 왜곡 등의 위험을 경험할 수 있는데, 지역사회복지실천 시 다음과 같은 이유로 이러한 위험은 증가할 수 있다.

먼저 지역사회의 변화요소를 찾는 노력은 변화에 저항하는 큰 규모의 문제들을 건드려야 하기 때문이다. 현 상태의 문제를 유지하는 것이 이익인 사람들도 존재하기 때문에 그들이 사회복지사들에게 영향력을 행사할 수 있다. 또한 사회복지사를 트러블 메이커로 만들어서 쓸데없는 일을 하고 다니는 사람으로 다른 이들에게 인식시킬 수 있다. 투쟁적인 전략의 채택은 사회복지사를 '비전문가'로 인식시킬 위험이 있으며, 소속 기관에서 그의 업무로 인정하지 않을 경우 사회복지사는 기관에서 지지받을 수 없으며 동료들도 업무로 인정하지 않을 수 있다.

⑦ 7단계: 거시적 변화과정의 잠재적 성공을 평가하기

지역사회 변화 노력의 찬반을 고려한 후, 사회복지사는 결국 그것을 지속할 것인지 멈출 것인지를 결정해야 한다. 이때 변화 노력의 잠재적인 이익과 성공도 평가해야 하지만 이와 더불어 목적성취를 위해 가장 효과적인 전술들의 사용에 대한 사정도 평가해야 한다. 왜냐하면 피케팅, 시민불복종, 데모 등과 같은 투쟁적인 전술들은 급진적이거나 비전문적이라고 생각하는 사람들이 있어서 다른 전술보다는 위험이 더 크기 때문이다.

(3) 수행과 평가: IMAGINE 과정

지역복지의 변화과정이 복잡한 것처럼 수행과 평가 과정도 마찬가지로 복잡하다. 수행은 계획을 실제로 이행하는 것이고, 평가는 수행한 변화 노력의 가치 여부를 결정하는 것이다. 수행과 평가 역시 IMAGINE이라는 과정을 통해 이루어지는데, IMAGINE은 PREPARE 과정으로 증명된 사정

1. I: 혁신적인 아이디어(Idea)로 시작하기
2. M: 지지를 모으고(Muster) 행동체계를 형성하기
3. A: 자산(Assets)을 확인하기
4. G: 목적(Goals), 목표, 행동 단계를 구체화하기
5. I: 계획을 수행하기(Implement)
6. N: 반대를 무력화하기(Neutralize)
7. E: 과정을 평가하기(Evaluate)

[그림 4-4] IMAGINE 과정

과 계획 단계의 뒤에 수행된다.

IMAGINE 과정을 간단히 설명하면 다음과 같다.

① 1단계: 혁신적인 아이디어로 시작하기

혁신적인 아이디어는 변화에 영향을 주기 위해서 사회복지사가 확인한 계획이다. 사회복지사는 선택사항들을 주의 깊게 고려하고 성공을 위해 가장 좋은 접근들에 대한 결정들을 하게 된다. 직면하고 있는 문제 상황을 다루는 방법에 대한 혁신적인 사회복지사의 아이디어가 필요하다.

② 2단계: 지지를 모으고 행동체계를 형성하기

다른 사람들의 도움 없이 주요한 프로젝트를 성공하는 경우는 거의 없기 때문에 지지를 모으고 행동체계를 형성하는 것이 필수적이다. 행동체계는 사회복지사가 조직화하고 고용하기 시작한 사람과 자원들을 포함하고 있다는 것을 상기해야 한다. 호먼(Homan, 2004)은 행동체계를 형성하는 효율적인 방법으로서 행동체계 내의 각 사람에게 프로젝트와 관련해서 도움을 요청할 수 있는 2~3명의 지역사회 리더의 이름을 적게 하는 것을 제시한다. 사회복지사는 소수의 이름들이 겹치면 잠재적으로 강력

한 집단을 가지고 있는 것이지만, 중복되는 이름이 거의 없다면 큰 문제를 갖게 될 수도 있다.

③ 3단계: 자산을 확인하기

변화과정을 수행할 때, 자산은 사회복지사를 돕는 자원이라는 것을 기억해야 한다. 이때 자산은 돈, 사람, 시간, 에너지, 사무실 공간 등을 포함한다.

④ 4단계: 목적, 목표, 행동 단계를 구체화하기

가장 중요한 목적은 이전의 PREPARE 단계에서 확인되었고, 이 단계에서는 실제로 성취하기를 원하는 것과 방법을 더 구체화해야 한다. 이것들이 바로 목표들이다. 그리고 목표들을 성취하기 위해 필요한 실제 행동들이 행동 단계(action step)다.

⑤ 5단계: 계획을 수행하기

이 단계에서 중요한 것은 수행과정에 참여하는 모든 사람들의 강점을 인정하는 것이다. 어떤 사람은 연설을 잘하고 또 다른 사람은 지역의 조직화를 잘한다. 사회복지사는 자기 자신의 강점을 알아야 하며 동시에 계획의 수행과정에서 함께 일하는 사람들의 강점을 알아야만 한다. 또한 같이 일하는 사람들이 과업 지향적인지, 과정 지향적인지도 파악해야 한다. 사람들은 과업 지향인지, 과정 지향인지에 따라 다른 속도로 일하기 때문이다. 또한 다양한 과업들에 필요한 기술들은 각각 다양하다는 것을 인식해서 구성원들이 갖는 욕구와 기술들을 적절하게 결합하는 것도 필요하다. 그렇기 때문에 회합은 수행과정 중에 가장 많이 활용되는 방법 중 하나다.

한편 참여하고 있는 사람들로 하여금 가능한 한 빨리 일을 할 수 있게 하는 것 또한 중요하다. 이것은 사람들에게 자신이 집단의 일부분이라는 감정을 유지하게 해 주고 성취감을 준다. 그러므로 수행과정에서는 과업을 주고, 그 과업을 점검하며, 전화를 하고 회합을 하는 것이 필요하다.

⑥ 6단계: 반대를 무력화하기

반대를 무력화하는 것은 사회복지사의 변화 노력이 얼마나 논쟁거리가 되느냐에 따라 큰 과업이 될 수도 있고 작은 과업이 될 수도 있다. 예를 들면, 저소득 지역을 가로지르는 고속도로 건설계획의 백지화는 아주 큰 논쟁거리가 된다. 왜냐하면 고속도로 건설로 이득을 보는 사업가, 고속도로 설계자 및 다른 집단들이 백지화를 반대할 것이고 그들의 찬성을 얻어내는 일은 매우 어렵기 때문이다. 이와는 달리 지역사회의 청소년폭력을 예방하기 위한 노력에 대해서 명백하게 반대를 하는 사람들은 없을 것이다.

반대를 무력화시키는 방법으로는 사회행동이 주로 사용된다. 사회행동 활동들은 현재 상태에서 중요한 변화를 일으킬 수 있다. 사회행동은 가능하면 홍보와 같은 비투쟁적인 접근들로 시작하는 것이 좋다. 탄원서를 쓰거나 공청회를 개최하거나 대중매체를 활용하는 방법들이 이에 속하며, 때때로 더 투쟁적인 방법들인 파업, 시위, 불매운동 등의 직접적 행동들도 필요하다(김성이, 김수정, 2006). 이러한 사회행동은 그 자체로 반대를 무력화시키기도 하지만 무력화를 위한 변화 상태로 이끌 수 있다는 장점이 있다.

⑦ 7단계: 과정을 평가하기

평가의 첫 번째 목적은 구체화된 목표들의 성취 여부를 판단하는 것이다. 두 번째의 목적은 변화를 지속적으로 유지하기 위해 필요한 추가적인 노력들을 결정하는 것이다. 만일 목표와 행동 단계가 측정할 수 있게 되어 있다면 과정의 평가는 매우 쉬운 작업이다. 여기에서는 프로그램 개발과 평가 등에서 활용되는 평가방법 등이 사용된다. 이때 변화를 수행하는 과정에서 발생한 부정적인 결과들에 대해서도 반드시 살펴보아야만 한다.

(4) 종결

목표와 목적들은 성공적으로 성취되었을 경우에 종결이 이루어지지만, 변화 노력이 일어날 수 없는 경우나 변화 노력을 지속하기에는 비용이 너무 많이 소요되는 경우에도 종결이 결정된다. 이러한 경우에 사정과 함께 다른 목적을 설정해서 문제 해결을 위해 다시 시작할 수도 있다.

(5) 사후관리

공식적 종결 후의 사후관리(follow-up)는 문제 해결 과정이 성공적이었는지 또는 다른 형태로 그 문제가 재발되었는지를 살펴보는 것이다. 많은 경우 사후관리 단계가 가장 어렵다. 사회복지사의 담당 건수(caseload)는 너무 많고 다른 이슈들과 요구들 때문에 정신이 없기 때문이다. 또한 사후관리 정보는 얻기가 힘들 수 있다. 어쨌든 지역사회복지실천 노력을 확대시키기 위해 필수적인 노력이 있어야 한다. 사후관리는 전체 과정이 지속적이고 효과적인 변화를 가져왔는지 또는 문제들이 다시 떠오르고 있어 변화과정의 적절성 여부을 다시 수정해야 하는지를 알려 주기 때문에 중요하다.

4. 한국 지역사회복지실천 현장

한국의 지역사회복지실천이 이루어지고 있는 현장을 살펴보기 위해서는 이에 앞서 실천이 이루어지는 환경의 정치적 · 정책적 상황을 살펴보는 것이 필요하다. 즉, 사회복지사들은 지역복지 수준 및 실천활동에 직간접적으로 영향을 미치는 제도적 변화의 내용과 그것이 지역사회복지에 미치는 영향을 이해할 필요가 있다(오정수, 류진석, 2009). 따라서 다음에서는 한국 지역사회복지의 제도적 환경의 변화를 먼저 살펴보고 난 뒤에 주요한 실천기관을 중심으로 지역사회복지실천 현장에 대해 설명하겠다.

1) 제도적 환경의 변화

(1) 분권화와 지방화

2000년대 이후 지역복지실천 현장에는 분권화와 지방화로 요약될 수 있는 커다란 제도적 변화가 일어났다. 이는 크게 두 가지로 요약된다(감정기 외, 2009).

첫째, 2003년 사회복지사업법의 개정으로 지역사회복지계획 수립이 지방자치단체의 의무가 되었고, 민관 협력의 기제로서 지역사회복지협의체가 만들어지는 등 사회복지서비스 공급의 중심축이 지방으로 이동하는 계기가 되었다. 지역사회복지협의체는 시 · 군 · 구에 두며 지역복지 민관협력체계의 제도화, 수요자 중심의 복지서비스 제공기반 조성, 지역복지자원의 개발 및 서비스 연계체계의 구축 등이 목적이다(보건복지부, 2007). 이것은 사회복지서비스 수요자 및 민간 부문의 서비스 공급자들이 지역사회복지에 관련된 중요한 정책결정에 참여하고 협력하고 비판하며 견제하는 역할을 제도적으로 보장하고 강화한 것이다(백종만, 2004; 감정기 외 2009 재인용).

지역사회복지협의체는 [그림 4-5]와 같이 대표협의체, 실무협의체, 실무분과로 구성된다. 대표협의체는 공공기관, 민간 서비스기관의 대표 및 이용자의 대표로 균등하게 구성된다. 지역사회복지협의체 업무의 효율적 수행을 위해 구성된 실무협의체는 공공기관의 담당공무원과 사회복지서비스 제공기관인 민간기관의 실무대표, 즉 실무분과장으로 균등하게 구성된다. 실무분과의 위원은 공공과 민간의 실무자로 구성된다.

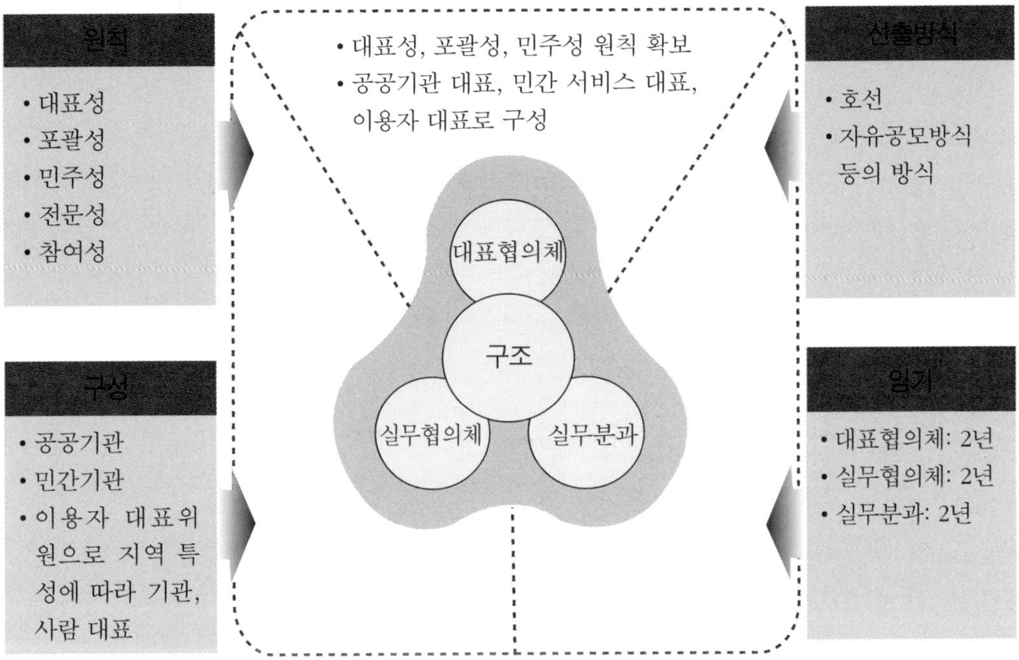

[그림 4-5] 지역사회복지협의체 구조체계

출처: 보건복지부(2007).

지역사회복지협의체에서 수립하고 2007년부터 시행된 지역사회복지계획은 4년마다 수립된다. 지역사회복지계획은 복지수요의 측정 및 전망에 관한 사항, 사회복지시설 및 재가복지에 대한 장단기 공급대책에 관한 사항, 인력 조직 및 재정 등 복지자원의 조달 및 관리에 관한 사항, 사회복지 전달체계에 관한 사항, 사회복지서비스 및 보건의료서비스의 연계제공에 관한 사항, 지역사회복지에 관련된 통계의 수집 및 정리에 관한 사항, 사회복지시설 종사자 처우개선에 관한 사항 등이 주요 내용이다.

둘째, 2004년 7월에 확정된 사회복지서비스 관련 국고보조사업의 지방이양에 따라 도입된 분권교부세제도는 지방자치단체 수준에서 사회복지서비스 재정체계와 사회복지서비스 공급에 커다란 영향을 미치고 있다.

왜냐하면 과거 국고보조금으로 추진되던 사업들이 분권교부세에 기초한 지방정부의 일반재정에 의해 추진되고 있는 것인데, 이것이 주로 사회복지재정에 초점이 맞추어져 있기 때문이다. 이로 인해 ① 지방정부 사회복지예산의 축소현상이 나타나고 있으며, ② 지역 간 사회복지재정의 불균형이 심화되고, ③ 민간 사회복지시설, 기관의 운영이 악화되고 있다(오정수, 류진석, 2009).

이러한 복지 분야의 재정분권정책이 갖는 문제점을 해결하기 위해서는 다음과 같은 원칙이 지켜져야 한다(이태수, 2008). 첫째, 재정집중으로 사회복지서비스에 대한 중앙정부의 재정책임을 명확히 할 것, 둘째, 공급분권으로 재정집중의 원칙을 구현하되 사회복지서비스의 지역별 특성을 지자체 내에서 자율적으로 조정하고 기획하도록 할 것, 마지막으로 지방정부의 자율성과 책임성을 강화하되 중앙정부의 관리체계를 효율화하여 중장기적으로 지방분권의 취지가 더욱 발현되도록 해야 할 것이다.

(2) 공공복지 전달체계 개편

그동안 사회복지 전달체계는 정책결정이 이루어지는 부서(보건복지부)와 일선 집행기능을 하는 부서(행정안전부 산하 시 · 도 및 시 · 군 · 구, 읍 · 면 · 동)가 다르고 수요자 중심의 복지서비스 제공이 미흡하다는 문제가 제기되어 왔다. 이에 공공복지의 독자적인 전달체계 확립을 위하여 보건복지부는 2004~2007년에 사회복지사무소의 시범사업을 실시하는 등 노력을 해 왔으나 결실을 이루지 못했다. 한편으로 행정안전부에는 주민생활서비스 전달체계로 대대적인 개편을 함에 따라 2006년 하반기부터 53개 시 · 군 · 구에서 시범사업으로 실시되었고, 이를 바탕으로 2007년에는 전국 모든 시 · 군 · 구 전달체계를 주민생활서비스 전달체계로 개편하였다.

주민생활지원서비스 전달체계의 핵심은 복지, 고용, 보육, 주거, 평생

교육, 보건, 문화, 관광 8대 주민생활지원서비스를 영유아, 아동, 청소년, 중장년, 여성, 장애인의 6대 대상별로 연계해 수요자 중심의 통합서비스를 제공하는 데 있다. 이를 위해 시·군·구에 주민생활지원 전담부서를 설치하고, '총괄기획담당' '서비스연계담당' '통합조사담당'을 신설하여 업무의 전문화를 통한 서비스 제공 능력을 강화하였다. 한편 읍·면·동의 주민생활지원담당 공무원은 주민에 대한 통합서비스 제공의 최일선 창구로서 지역주민에 대한 상담, 신청접수, 서비스계획 수립, 연계, 사후관리 등의 역할을 담당하게 되었다(행정안전부, 2008). 다시 말하면, 시·군·구는 복지기획, 통합조사, 서비스 연계, 급여지급, 긴급지원 등의 업무에 집중시키고, 읍·면·동은 주민생활지원서비스 관련 기능을 강화하는 방향으로 개편된 것이다(오정수, 류진석, 2009). 이와 같은 주민생활지원서비스의 제공체계는 [그림 4-6]과 같다.

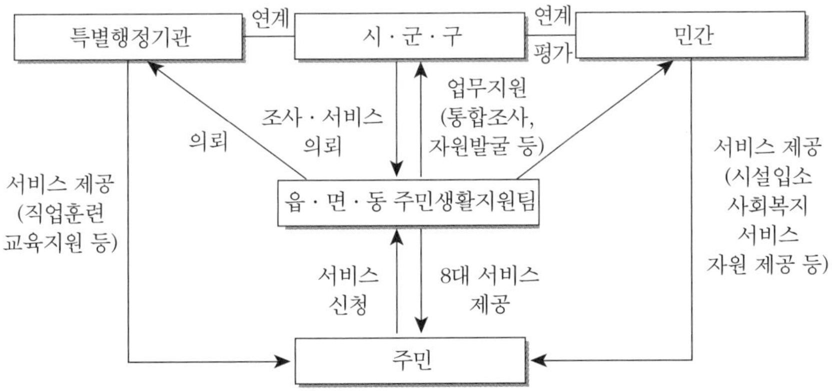

[그림 4-6] 주민생활지원서비스의 제공체계도

출처: 행정안전부(2008).

2) 사회복지실천 현장

(1) 사회복지협의회

사회복지협의회는 사회복지 증진에 관심을 갖는 개인 또는 기관의 대표들이 참여하여 사회복지사업을 계획하고 기관 역할을 조정하며, 주민들의 삶의 질 향상을 위한 사회행동을 하는 조직이다. 다시 말해, 협의회는 지역주민과 지역 내 사회복지기관 및 여러 조직들에 의해 구성되며 민간 사회복지의 대표성을 지닌 기관으로, 자율성과 독립성을 갖춘 지역사회복지의 중간 집단으로서 정체성을 확보하고 지역 내의 문제 및 욕구를 충족시키기 위해 지역 내 인적 · 물적 자원을 동원하고 서비스를 조정하는 기관이다(강철희, 정무성, 2006).

한국사회복지협의회는 1929년 창립된 한국사회사업연합회을 전신으로 하며 1961년 16개의 사회복지단체를 병합하여 사단법인 한국사회복지협의회로 명칭을 변경하였다. 1970년에 사회복지법인으로 변경하였고, 1983년에는 사회복지사업법 개정과 더불어 법정단체로 규정되었다. 1998년에는 지부 형태였던 광역자치단체 협의회가 독립해 별도의 법인으로 구성되었으며, 2003년 사회복지사업법 개정으로 시 · 군 · 구 협의회가 법정단체가 되었다.

사회복지사업법 제33조 제1항은 "사회복지에 관한 조사 · 연구와 각종 복지사업을 조성하기 위하여 전국 단위의 사회복지협의회(중앙협의회)와 시 · 도 단위의 시 · 도 사회복지협의회를 두며, 필요한 경우에 시 · 군 · 구 단위로 시 · 군 · 구 사회복지협의회를 둘 수 있다."라고 규정하여 한국사회복지협의회의 설립 근거를 밝히고 있다. 협의회의 사업내용은 사회복지에 관한 조사 · 연구 및 정책건의, 사회복지 종사자 교육 · 훈련 복지증진, 자료 수집 및 간행물 발간, 자원봉사활동의 진흥, 사회복지 자원개발 및 정보화 사업의 진흥, 사회공헌 · 문화주도 및 종합정보 제공, 국제 사회복지단체와의 교류협력, 보건복지부장관이 위탁하는 사회복지에 관한 업무 등이다.

현재 한국사회복지협의회의 기능은 크게 네 가지로 나누어 볼 수 있다. 첫 번째는 정부와의 관계 영역으로, 정부가 사회보장제도를 확립하고 추진할 수 있도록 전문적 도움을 제공하고 정부가 사회복지시책을 펴나가는 데 개선을 요하는 것에 대해서 건의하는 기능이다. 두 번째는 국제기구와의 관계 영역으로, 국제사회복지협의회 등 회원기관으로서 국제기구와의 민간외교를 통해 국가 간의 기술 · 지식의 교류를 한다. 세 번째는 회원 및 관련 단체와의 영역으로, 사회복지기관들이 효과적 서비스를 제공할 수 있도록 그들 업무 간에 연락 · 협의 · 조정의 역할과 필요한 사회복지서비스를 개발 · 육성하고 그에 따른 지도를 행하는 역할을 수행한다. 네 번째는 지역사회와의 관계 영역으로, 지역사회복지 증진을 위한 시민참여를 촉진하고, 지역사회주민의 협동정신을 배양하며, 지역사회 지도자를 양성해 훈련시키고, 지역사회 개발계획을 수립해 이를 실현하는 데 필요한 지식과 기술을 제공하고 지도하는 기능을 한다(강철희, 정무성, 2006).

(2) 사회복지공동모금회

공동모금제도는 정부 복지정책을 대표하는 대표적 민간체계이며, 과학적이고 전략적인 모금활동을 전개하여 개개인의 삶의 질 향상과 지역사회 변화와 문제를 직접적으로 해결하는 모금 및 배분을 시행하는 것을 말한다. 공동모금제도의 효과는 개인, 기업, 지역사회 측면의 세 부분으로 나누어 볼 수 있다(사회복지공동모금회, www.chest.or.kr). 먼저 개인 측면에서는 다양한 복지 욕구 만족 및 참여를 유도할 수 있고, 기업 측면에서는 다양한 사회문제 해결을 위한 사회공헌활동의 효율적 전개를 할 수 있고, 지역사회 측면에서는 지역사회 복지재원의 불균형을 해소할 수 있다는 데 있다.

한국의 공동모금제도는 1998년 11월 사회복지법인 전국공동모금회를 설립하면서 시작되었다. 1999년에 사회복지공동모금회로 이름을 바꾸고 현재의 중앙 및 16개 지회체제를 확립하였다. 기존에 정부에서 시행하던 '연말연시 이웃돕기 성금 모금'을 사회복지공동모금회에서 실시하게 되었는데, 이것은 민간에서 조달된 자원을 정부가 자의적으로 집행하던 관행을 깨고 민간에서 모금된 재원을 민간기구에서 자율적으로 관리·활용하게 되었다는 측면에서 의의가 크다(강철희, 정무성, 2006).

사회복지공동모금회의 주요 사업은 사회복지공동모금사업, 공동모금재원의 배분, 공동모금재원의 운용 및 관리, 사회복지공동모금에 관한 조사·연구·홍보 및 교육·훈련, 지회의 운영, 사회복지공동모금과 관련된 국제교류 및 협력 증진사업, 다른 기부금품 모금자와의 협력사업, 기타 모금회의 목적 달성에 필요한 사업 등이다.

(3) 지역사회복지관

가장 대표적인 지역사회복지실천 기관인 지역사회복지관은 지역주민에게 직접적인 서비스를 제공하여 지역사회문제 해결과 예방, 지역사회 조직화와 변화를 도모한다. 사회복지사업법에서는 사회복지관을 지역사회를 기반으로 일정한 시설과 전문인력을 갖추고 지역주민의 참여와 협력을 통하여 지역사회복지 문제를 예방하고 해결하기 위하여 종합적인 복지서비스를 제공하는 시설로 정의하고 있다.

한국의 지역사회복지관은 1906년 원산 인보관에서 태동하여 1921년 서울 '태화여자관(현 태화기독교사회복지관의 전신)'이 설립되었고, 1956년 이화여자대학교에서 '이화사회복지관'을 설립하는 등 민간에서 먼저 시작되었다. 그러다가 1983년 사회복지사업법 개정으로 사회복지관 운영이 사회복지사업의 한 영역으로 포함되면서 국고가 지원되기 시작했다. 그 이후에 설립된 사회복지관들은 민간법인 등에 위탁하여 사업을 실시하고 정부로부터 보조금을 지원받고 있다.

2012년 1월 사회복지사업법 개정으로 사회복지관과 관련된 내용이 법에 새롭게 규정되었고 그 내용은 다음과 같다. 사회복지관은 지역사회의 특성과 지역주민의 복지욕구를 고려하여 서비스 제공 등 지역복지 증진을 위한 사업을 실시할 수 있다. 사업대상은 사회복지서비스 욕구를 가진 모든 지역주민이지만, 국민기초생활보장법에 따른 수급자 및 차상위계층, 장애인, 노인, 한부모가족 및 다문화가족, 직업 및 취업 알선이 필요한 사람, 보호와 교육이 필요한 유아 · 아동 및 청소년 등이 우선적인 사업대상이 된다.

사회복지관은 지역사회의 특성과 지역주민의 복지 욕구에 대한 조사결과를 바탕으로 사업내용을 자율적으로 결정하되, 〈표 4-1〉의 분야별 단위사업 중에서 해당 사회복지관의 실정에 적합한 프로그램을 선정하여 수행한다. 이때 우선사업 대상자들을 위해 8개 이상의 프로그램을 선정하여 수행하되, 우선사업으로 지정된 프로그램 중에서 분야별로 각 1개 이상을 포함하여야 한다.

1992년부터는 재가복지봉사센터가 사회복지관의 부설로 설치되었다가 2010년 1월부터 종합사회복지관의 '재가복지봉사서비스'로 흡수 · 통합되었다. 재가복지봉사서비스는 가정에서 보호를 요하는 장애인, 노인, 소년 · 소녀가정, 한부모가정 등 가족 기능이 취약한 저소득 소외계층과 국가유공자, 지역사회 내에서 재가복지봉사서비스를 원하는 사람에게 가사, 간병, 정서, 의료, 결연 등의 서비스를 제공하는 것을 말한다(보건복지부, 2010a).

〈표 4-1〉 지역복지관의 사업내용

분야	단위사업	우선사업 대상 프로그램
가족복지사업	• 가족관계 증진 • 가족기능 보완 • 가정문제 해결 · 치료 • 부양가족 지원	• 개인 및 가정문제 등 상담 • 방과후 아동보호 프로그램
지역사회보호사업	• 급식서비스 • 보건의료서비스 • 경제적 지원 • 일상생활 지원 • 정서서비스 • 일시보호서비스 • 재가복지봉사서비스	• 급식 서비스(식사배달, 밑반찬 배달, 무료급식 등) • 주간보호소 · 단기보호소 운영 • 재가복지봉사서비스
지역사회조직사업	• 주민 조직화 및 교육 • 복지 네트워크 구축 • 주민복지 증진 • 자원봉사자 양성 및 후원자 개발 · 조직	• 주민조직체 형성 및 운영 • 복지 네트워크 구축
교육 · 문화사업	• 아동 · 청소년 기능교육 • 성인 기능교실 • 노인 여가문화 • 문화복지	• 노인 여가 · 문화 프로그램 • 아동 · 청소년 사회교육 프로그램
자활사업	• 직업기능 훈련 • 취업알선 • 직업 능력 개발 • 자활공동체 육성	• 취업 · 부업 안내 및 알선 • 취업 · 부업 기능훈련 및 공동작업장 운영

출처: 보건복지부(2012a).

(4) 자활사업 실천기관

지역사회 자활이란 근로 능력을 가진 빈곤층에 대해 지역사회에서 노동의 기회 및 다양한 서비스를 제공함으로써 빈곤에서 벗어나게 하려는 일련의 과정이며, 조직적이고 체계적인 원조활동이라고 할 수 있다. 지역사회 자활을 목적으로 실시하고 있는 자활사업은 2000년 10월에 국민기초생활보장법이 시행됨에 따라 더욱 활성화되었다. 현재의 자활사업은 근로 능력이 있고 실직 상태에 있는 수급자 및 저소득 계층에게 고용·복지서비스를 제공하는 사업으로 지역사회의 중요한 복지활동으로 자리 잡고 있다(오정수, 류진석, 2009).

2012년 현재 자활사업의 대상자를 참여 우선순위대로 나열하면 조건부수급자와 자활급여특례자, 일반수급자, 특례수급가구 가구원, 차상위자이다(보건복지부, 2012b). 자활사업의 추진체계는 보건복지부, 시·도 및 시·군·구, 읍·면·동, 중앙·광역·지역자활센터, 고용노동부, 고용센터로 각각의 기능과 역할은 〈표 4-2〉와 같다.

〈표 4-2〉 자활사업 추진체계의 기능과 역할

구분	기능·역할	비고
보건복지부	• 국민기초생활보장제도 총괄 • 종합자활지원계획 수립(매년 12월) • 자활프로그램 개발·추진 • 지역자활센터 지정·관리	자활정책·사업 총괄관리
시·도 시·군·구	• 지역자활지원계획 수립(매년 1, 2월) • 자활기금의 설치·운영 • 급여 실시여부 및 내용 결정, 지급 • 자활기관협의체 운영 • 조건부수급자 책정 및 생계급여중지여부 결정 • 가구별자활지원계획 수립·관리	자활사업 총괄시행
읍·면·동	• 조건부수급자 확인조사	조건부수급자 관리
중앙·광역·지역자활센터	• 중앙자활센터 - 자활지원을 위한 조사·연구·교육 및 홍보사업 - 자활지원을 위한 사업의 개발 및 평가 등 • 광역자활센터 - 광역단위의 저소득층에 대한 취·창업지원	자활사업 수행

중앙 · 광역 지역자활 센터	- 지역특화형 자활프로그램 개발 · 보급 등 • 지역자활센터 - 자활의욕 고취를 위한 교육, 참여자 사례관리 - 자활을 위한 정보제공 · 상담 · 직업교육 및 취업 알선 - 기타 자활을 위한 각종 사업 등	
고용노동부	• 종합취업지원계획 수립(매년 12월) • 취업지원프로그램 개발 · 추진	취업대상자 총괄관리
고용센터	• 개인별 취업지원계획 수립 · 관리 • 취업알선 등 취업프로그램 시행 • 취업대상자의 조건이행여부 확인	취업지원 시행

출처: 보건복지부(2012b).

자활사업 프로그램은 [그림 4-7]과 같이 보건복지부 지원사업과 고용노동부 지원사업으로 나눠진다. 보건복지부 지원사업은 지역자활센터, 지자체, 복지관, 민간단체 등에서 실시되며 주요 프로그램은 자활공동체 형성, 자활근로사업, 디딤돌사업(사회적응 프로그램) 등이다. 한편 고용노동

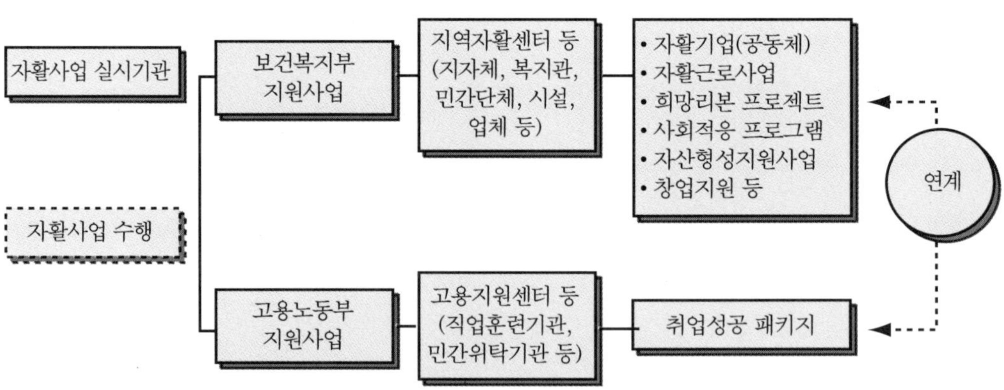

[그림 4-7] 자활사업실시기관과 프로그램

출처: 보건복지부 (2010).

부 지원사업은 고용지원센터, 직업훈련기관, 민간 위탁기관 등에서 시행되며 주요 프로그램은 직업훈련, 직업적응훈련, 자활취업촉진사업, 취업알선 등이다.

대표적인 자활사업 실시기관인 지역자활센터는 빈곤지역 주민운동 차원에서 전개된 생산자공동체운동의 연장에서 저소득층의 자립생활을 지원하기 위해 1996년 시범적으로 실지 · 운영되면서 시작되었다(오정수, 류진석, 2009). 이후 2000년 국민기초생활보장법의 시행으로 명칭이 '자활후견기관' 으로 변경되었고, 이와 더불어 46개 자활후견기관이 추가로 지정되면서 총 64개로 확대되었다가 다시 2007년 7월부터는 '지역자활센터' 로 명칭이 변경되었다.

지역자활센터는 수급자 및 차상위자의 자활 촉진에 필요한 사업을 수행하기 위해 사회복지법인 등 비영리법인과 단체의 신청을 받아 지정되는데, 이때 지역사회복지사업 및 자활지원사업의 수행 능력 경험 등이 고려된다. 자활지원센터는 자활 의욕 고취를 위한 교육, 자활을 위한 정보제공 · 상담 · 직업교육 및 취업알선, 생업을 위한 자금융자 알선, 자영창업 지원 및 기술 경영지도, 자활 기업[1]의 설립 · 운영 지원, 기타 자활을 위한 각종 사업을 실시한다. 자활지원센터는 단순히 저소득층의 일자리를 창출하고 주민의 경제적 자립지원에 그치는 것이 아니라 지역사회 연대를 실현하고 지역 공동체를 형성하는 중요한 역할을 수행한다.

(5) 지역아동센터

1975년 전후로 학령기 이전의 아동을 위한 무허가 탁아소 형태의 교육활동 및 지역사회 운동이 전개되었다. 아동의 성장에 따라 학령기 및 중 · 고등학생들을 위한 공부방 등이 1980년대 이후로 철거투쟁과 조직화

1) 2012년 국민기초생활보장법 개정으로 자활공동체가 자활기업으로 명칭이 변경되었다.

된 주민운동의 일부로 전개되면서 지역의 아동문제 해결에 앞장서게 되었다. 지역운동에 뿌리를 두고 있는 지역아동센터는 지역사회 아동의 보호·교육, 건전한 놀이와 오락의 제공, 보호자와 지역사회의 연계 등 아동의 건전육성을 위하여 종합적인 복지서비스를 제공하는 아동복지시설로, 기존의 아동 그룹홈, 방과후 아동보육기관, 민간 비영리 공부방 등이 2003년 아동복지법의 개정으로 법제화되었다. 이 시설은 빈곤 위기 아동에 대한 국가와 지역사회 차원의 적극적인 해결책을 강구하기 위하여 지역아동센터를 중심으로 지역사회의 인적·물적 자원의 연계를 활용하여 통합적인 아동지원체계를 구축하는 데 목적이 있다.

소규모의 지역 밀착형 시설인 지역아동센터의 기능은 다음과 같다(지역아동센터 중앙지원단, 2012). 첫째, 취약계층 아동의 지역 내 보호개념의 실현이다. 이는 지역사회 안에서 아동의 권리보장과 안전한 보호 및 급식지원으로 결식을 예방하는 방식으로 이루어진다. 둘째, 교육적 기능으로 이것은 아동의 학습능력 제고, 학교 부적응 해소, 일상생활 지도, 학교 생활의 유지 및 적응력 강화를 지원한다. 셋째는 정서적 지원으로 아동의 심리, 정서적 안정 및 건강한 신체발달 기능 강화를 돕는다. 넷째는 문화적 지원으로 문화적으로 소외되어 있는 아동에게 다양한 문화체험의 장을 제공한다. 마지막으로 지역사회 연계로 지역사회자원 확보, 발굴 및 지원 강화, 지역사회 내 아동문제에 대한 사전 예방적 기능 및 사후 연계를 담당한다.

(6) 건강가정지원센터

국가 및 지방자치단체가 가정문제의 예방 상담 및 치료, 건강가정의 유지를 위한 프로그램 개발, 가족문화운동의 전개, 가정 관련 정보 및 자료 제공을 위해 중앙, 시·도 및 시·군·구에 두게 된 건강가정지원센터는 2004년 건강가정기본법의 제정과 더불어 시작되었다.

지역주민에게 직접적 서비스를 제공하는 곳은 시 · 군 · 구의 건강가정지원센터로 공통필수사업과 선택사업을 진행한다. 공통필수사업으로는 가족교육, 가족상담, 가족봉사단 운영과 같은 가족친화문화 조성, 공동품앗이 · 육아망 구축사업등과 같은 가족돌봄지원사업, 결혼이민자 및 장애인 가족지원 등 다양한 가족통합서비스, 지역사회자원 개발 및 가족지원네트워크 구축 등과 같은 지역사회 연계사업이 있다. 선택사업은 그 밖에 지역사회 특성 및 수요에 맞는 사업을 택하여 실시하게 된다.

최근 다문화가족지원센터가 다문화가족의 안정적인 정착과 가족생활을 지원하기 위해 한국어 문화교육, 가족교육 상담, 자녀지원, 직업교육 및 다문화 인식 개선 등 다양한 프로그램을 통합적으로 제공 및 연계하는 원스톱서비스 기관으로 운영되고 있다. 다문화가족지원센터는 시 · 군 · 구에 두도록 되어 있으며, 다문화가족지원센터 운영법인이 건강가정지원센터 사업을 수탁받아 함께 수행하는 경우 다기능화센터로 운영되며, 조직 내 건강가정사업을 담당하는 팀을 두게 된다.

(7) 지역사회복지운동

지역분권정책에 따른 문제점이 계속 제기되면서 지역사회복지실천으로서 지역사회복지운동의 중요성이 증가되고 있다. 지역사회복지운동이란 지역 차원에서 '복지'를 매개로 이루어지는 사회운동(이인재, 2004)으로 지역주민의 참여와 지역사회의 역량강화를 통해 지역사회의 변화를 가져오는 활동이다. 지역사회복지실천으로서 지역사회복지운동의 의의는 다음과 같다(오정수, 류진석, 2009: 305-306). 첫째, 지역사회주민의 주체성과 역량을 강화하고 지역사회의 변화를 주도하는 조직운동이다. 둘째, 주민참여의 활성화에 의해 복지권리 의식과 시민의식을 배양하는 사회권 확립운동이다. 셋째, 주된 관심사가 지역사회주민의 삶의 질과 관련된 생활영역에 있기 때문에 지역사회복지의 확산과 발전을 위한 생활운동으로서 의미를 가지고 있다. 넷째, 지역사회의 다양한 자원활용 및 관련 조직 간의 유기적인 협력이 이루어지는 동원운동이다.

한국의 지역사회복지운동은 1970년대 이후 대도시의 대규모 재개발사업을 위한 강제철거에 맞선 철거민들의 주거복지운동에 뿌리를 두고 있다(이인재, 2004). 이러한 빈민운동사업은 1997년 IMF 이후 본격적으로 자활운동과 실업극복운동을 전개하기 시작한 지역사회주민운동의 활성화로 연결되었으며, 1990년대 중반 이후로 우리복지시민연합, 관악사회복지, 경기복지시민연대, 서울복지시민연대 등과 같이 '복지'를 공식적으로 표방하는 지역사회복지운동단체가 활동하고 있다(김성기, 2002).

지역사회의 변화는 개인 차원에서 이루어지기보다 궁극적으로는 의식적인 조직활동을 통해 이루어진다(이인재, 2004). 따라서 복지를 운동의 목표로 조직활동을 전개하는 지역복지운동단체의 활성화 여부가 지역사회복지운동의 수준을 결정짓는다고 할 수 있겠다. 그러므로 지역복지운동단체의 활동 내역을 살펴볼 필요가 있다. 충북지역의 '행동하는 복지연합'의 활동을 바탕으로 지역사회복지운동단체의 활동 영역을 살펴보면 다음의 네 가지로 구분된다(은재식, 2003).

첫째, 지방정부에 대한 감시·견제 기능이다. 이것은 사회복지 전달체계 모니터링 활동, 사회복지 정책 및 예산 분석과 대안 제시 활동, 지방의회 소관 상임위원회 모니터 활동 등으로 이루어진다. 둘째, 사회복지 현장에 대한 대변·옹호·지지 및 감시자의 기능이다. 사회복지 현장의 비민주적 인권침해 행위에 대한 감시자 역할, 사회복지환경 개선활동 등이 해당된다. 셋째, 사회복지실천 주체 역량강화 기능이다. 이것은 다시 지역주의 보편적 복지에 대한 의식고취 교육 및 주민자치력 향상 훈련, 사회복지 현장 실무자를 대상으로 하는 역동성 추동을 위한 교육, 사회복지 현장과 학교현장의 거리감을 좁히고 역동성 있는 예비사회복지사의 기반을 마련하기 위한 예비사회복지사 교육으로 나누어진다. 마지막은 지역사회 아젠다를 형성하는 기능으로 사회복지조례 제정운동, 복지사각지대 해소를 위한 기초조사, 지방선거를 통한 복지계 정치세력화 방안 활동, 지역사회자원 네트워킹을 위한 기반 마련 활동 등이 해당된다.

연습문제

1. 자신이 생각하는 지역사회에 대한 정의를 스스로 내려 보고, 이 정의를 중심으로 자신이 살고 있는 지역사회의 특징과 현재의 문제점은 무엇인지 생각해 보자.

2. 지역사회의 변화가 자신이나 주민들의 삶에 영향을 준 경험이 있는지 생각해 보고, 구체적으로 어떻게 영향을 주었는지 말해 보자.

3. 한 지역사회를 정해 지역사회의 문제를 하나 정의하고 그것을 해결하기 위한 계획을 실천과정에 맞춰 세워 보자. 이 과정에서 협력할 수 있는 구체적인 사회복지실천 현장들을 제시해 보자.

4. 자신이 살고 있는 시·군·구의 사회복지 관련 조례를 찾아보자. 조례 중 하나를 선택하여 그것이 지역사회에 주는 영향력에 대해 분석해 보자.

참고문헌

감정기, 백종만, 김찬우(2009). 지역사회복지론(개정판). 파주: 나남출판.

강철희, 정무성(2006). 지역사회복지실천론. 파주: 나남출판.

김성기(2002). 1990년대 이후 지역복지운동단체의 성격 연구. 성공회대학교 대학원 석사학위논문.

김성이, 김수정(2006). 사회행동 입문: 사회정의 실현을 위한 사회복지사의 책임. 서울: 한국사회복지사협회. 파주: 양서원

김종일(2006). 지역사회복지론. 서울: 청목출판사.

보건복지부(2007). 지역사회복지협의체 운영 매뉴얼: 요약본. 보건복지부.

보건복지부(2010). 2010 자활사업안내 지침. 보건복지부.

보건복지부(2012a). 2012 사회복지관 운영관련 업무처리 안내. 보건복지부.

보건복지부(2012b). 2012 자활사업 안내. 보건복지부.

보건복지부(2012c). 2012 지역아동센터 운영 매뉴얼. 지역아동센터 중앙지원단.

오정수, 류진석(2009). 지역사회복지론(3판). 서울: 학지사.

은재식(2003). 우리복지시민연합 사례 한국지역사회복지학회 2003년 춘계학술대회 자료집. 한국지역복지운동의 경험과 비전.

이영환, 류만희, 강남식, 유동철, 이인재, 심재호, 조병희, 김연명, 허선, 이태수, 이찬진, 문혜진(2005). 한국의 사회복지운동. 서울: 인간과복지.

이인재(2004). 지역복지운동의 성과와 과제. 월간 복지동향, 73, 5-7.

이태수(2008). 서울복지시민연대 18대 총선 사회복지공약 개발을 위한 연속 토론회 자료집: 복지재정.

최옥채, 박미은, 서미경, 전석균(2007). 인간행동과 사회환경(3판). 파주: 양서원.

Alinsky, S. D. (1969). *Reveille for radicals*. New York: Vintage Books.

Ambrosino, R., Emeritus, J. H., Emeritus, G. S., & Ambrosino, R. (2006). *Social work and social welfare: An introduction* (5th ed.). Belmont, CA: Thomson Brooks/Cole.

Fellin, P. (2001). *The community and the social worker* (3rd ed.). Itasca, Illinois: F. E. Peacock Publishers, Inc.

Hardcastle, D. A., Powers, P. R., & Wenocur, S. (2004). *Community practice: Theories and skills for social workers* (2nd ed.). Oxford: Oxford University Press.

Homan, M. S. (2004). *Prompting community change: Marking it happen in the real world* (3rd ed.). Pacific Grove, cole.

Martinez-Brawley, E. E. (1995). Community. In R. L. Edwards (Ed.), *Encyclopedia of social work: Vol. 1* (19th ed., pp. 539-548). Washington, D.C.: NASW Press.

Kirst-Ashman, K. K., & Grafton, H. H. Jr. (2006). *Generalist practice with organizations and communities* (3rd ed.). Belmont, CA: Thomson Brooks/Cole.

Kretzmann, J. P., & McKnight, J. L. (1993). *Building communities from the sinside out: A path toward finding and mobilizing a community's assets.* Chicago: ACTA Publications.

Long, D. D., Tice, C. J., & Morriosn, J. K. (2006). *Macro social work practice: A strengths perspective.* Belmont, CA: Thomson Brooks/Cole.

Miley, K. K., O'Melia, M., & DuBois, B. (2007). *Generalist social work practice: An empowering approach* (5th ed.). Boston: Pearson Allyn and Bacon.

Netting, F. E., Kettner, P. M., & McMurtry. S. L. (2004). *Social work macro practice* (3rd ed.). New York: Longman.

Rothnam, J., & Tropman, J. E. (1987). Models of community organization and macro practice perspective. In F. N. Cox, J. L. Erlich, J. Rothman, & J. E. Tropman (Eds.), *Strategies of community organization: Macro practice* (pp. 3-26). Itasca, IL: F. E. Peacock.

Taylor, S. H., & Roberts, R. W. (1985). *Theory and Practice of Community Social Work.* New York: Columbia University Press.

사회복지공동모금회 http://www.chest.or.kr

보건복지부 http://www.mw.go.kr

한국사회복지협의회 http://www.kncsw.bokji.net

05 사회복지행정

이 장은 사회복지행정의 정의, 사회복지행정의 관점, 사회복지행정의 필요성, 사회복지행정의 영역, 사회복지행정가로 구성되어 있다. 사회복지행정의 정의에서는 협의의 정의, 광의의 정의를 구분하고 통합적 정의를 새롭게 규명한다. 사회복지행정의 관점에서는 방법론으로서의 행정과 분야로서의 행정을 설명하고, 사회복지실천에서 행정의 위치, 중점 영역별 주요 활동 및 대상을 제시한다. 사회복지행정이 왜 필요한지 그 사례를 들어 피력하며, 사회복지행정의 통합적 영역을 그림으로 보여 준다. 마지막으로 사회복지행정가가 지녀야 할 지식, 태도 및 기술에 대해 서술하며, 자신의 행정가로서의 강점과 약점을 살펴볼 수 있는 측정도구를 부록으로 첨부한다.

1. 사회복지행정의 정의

사회복지행정(social welfare administration)이란 무엇인가? 사회복지행

Q 사회복지행정은 도대체 뭔지 명확히 모르겠어요. 행정의 영역과 범위를 어디까지로 봐야 하나요?

교육의 현장에서 학생들과 함께하다 보니 많은 학생들이 행정의 개념과 범위에 대해서 혼돈을 느끼고 있음을 발견할 수 있었다. 학자들의 연구 영역에 따라서 사회복지행정의 개념과 범위, 중점 영역이 조금씩 달라 다양한 정의들이 혼재하다 보니 이는 당연한 귀결이라고 할 수 있다. 이 절에서는 국내외 사회복지행정 학자들의 다양한 정의들을 분석적으로 제시하고, 협의의 정의와 광의의 정의로 구분한 후 이를 포괄한 통합적인 정의를 새롭게 규명해 보고자 한다. 이는 그동안 혼재되어 왔던 사회복지행정의 정의들을 총체적으로 재조명하고 명확화하는 작업으로 후속 절의 기초가 될 것이다.

정은 사회복지학의 한 분야로서 정책과 임상을 연결하는 가교(bridge)로 독특한 학문적 · 실천척 체계를 지니고 있다. 정책과 임상이 비교적 뚜렷하게 구분되는 것과는 달리, 사회복지행정은 정확한 영역 구분이 쉽지 않다. 따라서 학자들에 따라 사회복지행정은 다양하게 정의되고 있는데, 그 중심에 서비스가 실제 행해지는 '조직' 이 있다는 점은 공통점이라고 할 수 있다. 〈표 5-1〉은 학자들의 다양한 정의를 조직을 중심으로 중점 영역과 중점 활동별로 분석적으로 정리하고, 협의의 정의와 광의의 정의로 구분하여 제시한 것이다.

〈표 5-1〉에서 알 수 있듯이, 사회복지행정은 조직 내 자원 및 관리활동, 조직의 변화 및 개발 활동, 조직과 지역사회 간의 상호작용, 전달체계, 조직과 외부 과업환경(정책, 제도, 법) 간의 상호작용을 모두 포괄하는 개념이라고 할 수 있다. 이는 다시 조직을 중심으로 협의의 정의와 광의의 정의로 나누어질 수 있다.

〈표 5-1〉 중점 영역 및 활동에 따른 사회복지행정의 정의

구분	중점 영역	학자	정의	중점 활동
협의의 정의	조직 내 활동	Dunham (1962)	사회복지기관의 직접적 서비스 제공을 위해 필요하거나 부수적인 활동을 지지하거나 촉진시키는 과정	간접적 혹은 지지적 과정
		Warham (1967)	조직의 목적과 목표를 위해서 이루어지는 조직의 모든 활동과정	목적 지향적 과정
		Stein (1970)	체계화된 조정과 협력 노력을 통해 조직의 목표를 규정하고 이를 달성하는 과정	조정과 협력, 목표 달성과정
		Sarri (1987)	조직 내에서 이루어지는 총체적인 과정들의 합	조직의 총체적 활동
		Patti (1983)	조직의 목적과 목표 달성을 위해 관리담당자들이 활용하는 일련의 상호 의존적인 과업과 기능 및 관련 활동들로 구성된 하나의 체계적인 개입활동	사회복지실천의 한 방법, 관리
		Skidmore (1983)	사회복지기관의 사회적 정책을 사회적 서비스로 전달되도록 전환시키기 위해 사회적 과정을 활용하는 기관 직원들의 활동	기관 직원들의 활동
		성규탁 (1993)	사회복지조직과 전문가들이 효과적으로 서비스를 기획, 실천, 평가하도록 지원해 주는 사회복지방법 중 하나	사회복지의 방법
	조직 자체	Ambrosino et al. (2001)	문제해결 과정에서 기관(조직)자원의 효과적인 활용을 극대화시키려는 사회사업의 한 방법	자원 활용, 사회사업방법
		황성철 외 (2007)	사회복지정책을 서비스로 전환시키는 사회복지조직의 목표 달성을 위한 조직 구성원의 협력적인 활동의 체계와 과정. 조직을 효율적이고 효과적으로 변화시키고 발전시키는 사회복지실천의 개입 방법	조직의 목표 달성, 구성원의 활동, 조직의 변화, 사회복지실천 방법

〈계속〉

광의의 정의	조직과 지역사회 간의 상호작용	Spencer (1961)	목표 달성을 향해 내적 관계와 사업 활동을 의식적으로 지향하고 또한 기관과 기관이 속한 지역사회 간의 상호작용 과정에 의식적으로 개입하는 것	목표 달성, 상호작용
		Trecker (1971)	지역사회가 필요로 하는 서비스와 사업을 제공하려는 의도로 이용 가능한 모든 자원을 주민들이 사용할 수 있도록 그들의 에너지를 방출하고 관련시키면서 주민들과 같이 일하는 과정	지역사회와의 공동 협력과정
	조직과 전달체계	Titmuss (1974)	단순히 사회복지기관이나 시설의 행정과는 달리 사회적 서비스의 관리·운영이며, 사회복지서비스가 대상자에게 전달되도록 인적 조직과 기구 및 서비스의 선택 문제를 검토하는 것	서비스의 관리·운영, 서비스의 전달
	조직과 외부 과업 환경 간 (정책)의 상호작용	Kidneigh (1950)	"사회사업행정은 사회정책을 사회적 서비스로 전환시키는 과정이며, ① 정책을 구체적인 사회적 서비스로 전환시키고, ② 그 경험을 정책의 수정을 건의하는 데 활용하는 쌍방의 과정(two-way process)"	정책의 전환, 쌍방의 과정
		김영종 (2006)	사회 정책과 계획들을 지역사회의 가치와 지지라는 틀 내에서 효과적이고도 효율적으로 수행하는 과정	정책의 수행, 지역사회

출처: 김영종(2007). p. 38.
성규탁(1993). p. 1.
신복기 외(2006). pp. 17-18.
장인협, 이정호(1993). pp. 16-17.
황성철 외(2007). p. 22.
Sarri(1987). pp. 29-30.

1) 협의의 정의

조직을 중심으로 직접적 서비스 지원활동과 조직 내 자원관리 활동, 서비스와 프로그램 관리, 그리고 조직 자체의 개발 및 변화를 추구하는 활동은 협의의 정의로 분류할 수 있다. 조직을 폐쇄체계로 간주하는 조직행위론의 영역에서 보면, 이는 실용적 측면에서의 거시적 관점과 미시적 관점을 포함한다([그림 5-1] 참조). 그러나 조직을 개방체계로 보고, 조직과 환경의 관계를 중요시 하는 사회복지행정에서는 조직을 경계로 조직 내 관리활동과 조직의 개발활동은 협의의 정의로 분류하는 것이 적절하다. 이러한 협의의 정의하에 조직 내의 기관관리 및 프로그램 관리 측면에 더 초점을 두는 행위는 미시적 관점, 조직 자체에 초점을 두는 행위는 거시적 관점으로 세분화할 수 있다.

이러한 협의의 정의는 1960~1970년대 초에 국외 사회복지행정 학자들에 의해 제시되다가, 패티(Patti, 1983) 이후 국내외 학자들에 의해 정착되었다. 패티(1983)는 사회복지행정이 사회복지실천의 한 방법임을 명확히 했다. 현재 우리의 사회복지학계에서도 행정이 사회복지의 중도적 실천방법임에 대체로 동의하고 있다. 이러한 패티(1983)의 정의는 협의의

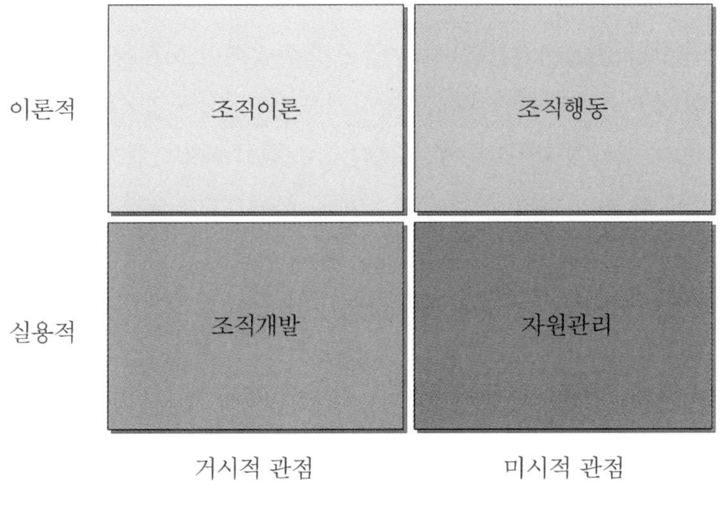

[그림 5-1] 조직행위론의 영역

출처: 김성국(2007).

정의 중에서도 미시적 관점인 조직 내 관리활동에 중점을 두고 있다. 따라서 협의의 정의는 사회복지실천에서 조직과 관리의 중요성을 제시하고, 구체적인 행정의 활동을 명확히 하며, 방법론으로서의 행정의 위치를 견고히 한 강점을 지니고 있다. 반면 조직과 환경의 상호관계 및 총체적인 과정, 사회복지 분야로서 행정의 영역을 간과하고 있다고 볼 수 있다.

2) 광의의 정의

조직 외 측면에서 전달체계와 네트워킹, 지역사회와의 상호작용, 정책과의 상호작용 및 전환과정에 더 초점을 두는 활동은 광의의 정의로 분류할 수 있다. 이러한 광의의 정의는 주로 초기 사회복지행정 학자들에 의해 제시되고 있는데, 그중 최초로 사회복지행정의 개념을 학문적으로 정립한 키드나이(Kidneigh, 1950)의 정의는 현재까지도 가장 포괄적이고 대표적인 사회복지행정의 정의라고 평가되고 있다. 이러한 광의의 정의는 정책의 전환 및 정책의 수행과정에 초점을 두고 있으며, 개방체계로서의 조직과 조직환경을 중시하는 점에서 환경에 의존적인 사회복지조직의 현실을 잘 대변한다고 할 수 있다. 또한 사회복지행정이 단순히 사회복지실천의 한 방법으로서가 아닌 독특한 분야로서 자리 매김하는 데 기여하고 있다. 그러나 광의의 정의는 협의의 정의에 비해 더 추상적이고, 행정의 활동 및 영역을 명확히 규정하는 데는 한계가 있다.

3) 통합적 정의

다양한 학자들의 정의를 분석하고 협의의 정의와 광의의 정의를 포괄하여 이 책에서 새롭게 규명하는 사회복지행정의 통합적 정의는 다음과 같다.

효과적인 서비스 제공을 위해 사회복지정책을 서비스로 전환시키는 포괄적인 쌍방의 과정. 즉, 서비스가 조직적, 체계적으로 전달되도록 하는 모든 과정을 포괄한다. 사회복지의 실천방법인 동시에 사회복지의 한 분야로도 볼 수 있다. 조직 내, 조직 자체, 조직 간, 조직과 지역사회 및 조직과 외부 과업환경(정치, 경제, 법, 제도) 간의 활동 및 영역의 총합이다.

이러한 통합적 정의에서는 사회복지행정의 목적(효과적인 서비스 제공)과 수단(사회복지정책을 서비스로 전환)을 기술했으며, 사회복지행정이 실천방법론인 동시에 분야임을 명확히 했다. 또한 조직을 중심으로 사회복지행정의 다양한 영역과 활동들을 포괄적으로 제시하였다.

2. 사회복지행정의 관점: 방법론인가 분야인가

1) 방법론의로서의 행정: 사회복지실천에서 행정의 위치

사회복지를 실천방법론으로 보면 크게 직접적 서비스 활동과 간접적 서비스 활동으로 구분할 수 있는데, 행정은 간접적 서비스 활동에 포함된다. 행정은 작게는 직접적 서비스 제공 시의 관리 및 지원 활동에서부터 크게는 지역사회 조직화 및 개발활동까지 그 영역이 광범위하다. 방법론으로서의 사회복지실천은 임상사회복지실천도 방법에 따라 구분하고 대상을 중심으로 하여 구분하지는 않는다. 사회복지를 방법론으로 보는 관점에서 어떠한 활동들이 있고, 그 안에서 행정이 어디에 위치하는지를 [그림 5-2]를 통해 도식화해 보았다. 물론 실천 현장에서 이러한 활동들이 항상 뚜렷하게 구분되기는 어려우나, 대체적으로 이러한 분류를 통해 사회복지실천을 이해하면, 방법론으로서의 행정의 활동들이 좀 더 명확해질

Q 사회복지행정을 분야로 봐야 하는지, 방법으로 봐야 하는지가 모호해요. 사회복지행정이 여성복지, 노인복지, 아동복지 등과 같이 분야로 나눠질 수 있는 건지요? 분류 형태를 정확히 알 수 있는 내용이 제시되었으면 해요.

이 실제 질문에서 볼 수 있듯이, 전통적으로 클라이언트 대상별로 분야를 구분해 온 우리의 사회복지 학문체계 틀에 이미 익숙해진 학생들에게는 사회복지행정을 분야로 볼 수 있는지, 그렇다면 그 대상은 무엇인지가 궁금할 수밖에 없다. 이 책에서는 사회복지방법론으로 행정을 분류하고 있으나, 저자는 위의 통합적 정의에서 사회복지행정은 실천방법론인 동시에 분야임을 명확히 했다. 이는 사회복지를 어떠한 관점에서 바라볼 것인가의 차이일 뿐 실제 행정의 영역에는 큰 차이가 없다. 이 절에서는 행정을 사회복지실천의 방법으로 보았을 때 사회복지행정이 어디에 위치하고 어떠한 활동들을 포함하고 있는지 살펴보고, 분야로 보았을 때 그 대상을 무엇으로 규정할 것인지 살펴보고자 한다.

것이다.

[그림 5-2]에서 보듯이 사회복지실천은 하나의 연속선상에서 모두 연결되어 있고, 특히 ① 기관관리, 조직 개발 및 변화, 기관 간 연계, 지역사회 조직화 및 개발, ② 옹호 및 사회 행동, ③ 전달체계 등을 행정의 영역으로 규정할 수 있다.

사회복지 분야를 크게 임상, 정책 그리고 행정으로 나눈다면, 임상은 미시적 실천방법(micro practice), 정책은 거시적 실천방법(macro practice)에 해당하고, 행정은 그 중간에 위치하는 중도적 실천방법(meso practice)으로 간략히 이해할 수 있다. 그러나 행정은 그 영역 안에서 어느 분야를 연구하고 실천하느냐에 따라 미시적 실천방법에 근접할 수도 있고 거시적 실천방법에 근접할 수도 있다. 또한 정책을 서비스로 전환시키는 과정

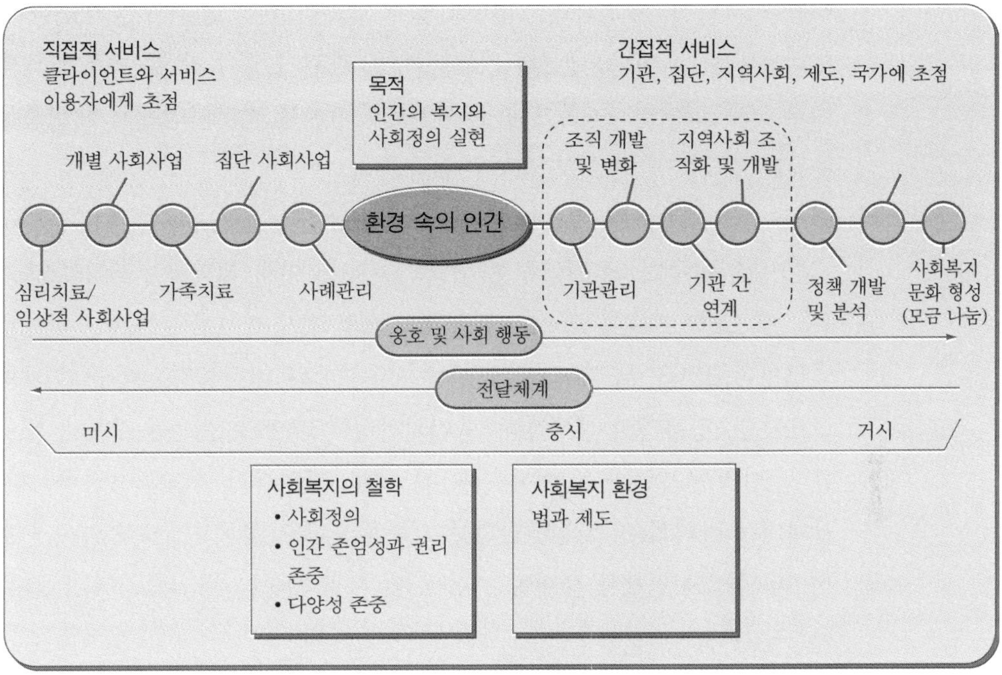

[그림 5-2] 사회복지실천에서 행정의 위치

의 전달체계, 실천 현장에서의 정책변화를 이끌어 내는 과정의 옹호 및 사회 행동도 행정의 영역으로 포함할 수 있다. 이를 이 책에서 분석적으로 제시한 협의와 광의의 정의에 기초하여 구분해 보면 다음과 같다.

(1) 협의의 정의에 해당하는 활동: 기관관리, 조직 개발 및 변화, 조직 내 옹호

협의의 정의는 직접적 서비스 지원활동과 조직 내 자원관리활동, 서비스와 프로그램 관리, 그리고 조직 자체의 개발 및 변화를 추구하는 활동을 포함한다. 따라서 [그림 5-2]의 행정활동 중 기관관리, 조직 개발 및 변화, 조직 내 옹호활동은 협의의 정의에 해당하는 활동이다. 특히 기관관리는 인사관리, 재정관리, 서비스 및 프로그램 관리 등을 포함하는 활동으로, 직접적 서비스 제공과 가장 밀접한 관련이 있다. 옹호는 조직 내외에서 모두 일어날 수 있으나, 특히 조직 내에서 클라이언트를 대변하는 활동은 협의의 정의로 분류할 수 있다.

(2) 광의의 정의에 해당하는 활동: 기관 간 연계, 지역사회 조직화 및 개발, 조직 외 옹호 및 사회 행동, 전달체계

광의의 정의는 조직 외 측면에서 전달체계와 네트워킹, 지역사회와의 상호작용, 정책과의 상호작용 및 전환과정에 더 초점을 두는 활동을 포함한다. 따라서 [그림 5-2]에서 기관 간 연계, 지역사회 조직화 및 개발, 전달체계는 광의의 정의에 해당하는 활동이다. 옹호활동 중 조직 외에서 조직이나 클라이언트를 대변하는 옹호 및 사회 행동은 광의의 정의로 분류할 수 있다.

2) 분야로서의 행정: 사회복지행정의 대상

사회복지행정은 중도적 실천방법인 동시에 사회복지의 한 분야로 볼 수 있다. 직접적 서비스와 클라이언트 대상에 초점을 맞춘 전통적 분류방법은 사회복지행정을 분야로 보기보다는 서비스의 간접적 지원방법으로 보는 경향이 강하다. 이러한 관점은 조직 내 관리활동을 설명하는 데에는 적절하나 조직 자체의 개발 및 변화, 전달체계 및 조직 간 네트워크를 설명하는 데에는 한계가 있다. 또한 행정을 서비스의 지원방법으로만 보는 관점은 조직관리 중에서도 서비스와 직접 연결되는 매우 지엽적인 부분만을 행정의 영역으로 국소화하는 오류를 범할 수 있다. 따라서 사회복지행정은 사회복지의 한 분야로서도 이해되어야 하며, 행정의 대상 또한 중점 영역에 따라 다양해질 수 있다. 협의와 광의의 정의에 기초하여 중점

〈표 5-2〉 분야로서의 사회복지행정: 중점 영역별 주요 활동 및 대상

구분	중점 영역	주요 활동	대상
협의의 정의	조직 내 활동	프로그램관리, 사례관리	프로그램, 서비스
		자원관리활동	인적자원, 재정
	조직 자체	전략기획, 조직개발 및 변화	조직구조, 조직문화
광의의 정의	정책 및 환경과의 관계	서비스 전달	전달체계
		조직 간 연계	조직군
		지역사회와의 상호작용	지역사회

영역별 주요 활동 및 대상을 구분해 보면 〈표 5-2〉와 같다.

3. 사회복지행정의 필요성

Q 사회복지조직은 정부에 재정을 의지하는 경우가 많고 정부출연금으로 설립, 운영되는 기관도 많습니다. 기관의 설립목적과 정체성, 인력, 구조 등 조직의 핵심적인 요소가 외부 환경으로부터 큰 변화의 압력을 받을 때는 어떤 입장과 조치를 취할 수 있을까요?

〈사례〉

산업재해보상보험법 개정안이 국회에서 통과됨에 따라 올해 7월부터 개정 법률안이 시행될 예정이다. 이번 개정안은 산재보험서비스의 질적 내실화를 꾀하기 위하여 노사정 합의사안(민주노총 불참)으로 국회에 상정, 통과되었다. 이번 개정안에 따라 조직의 업무가 대폭 개선, 수정될 예정이다.

그러나 이러한 조직 내부의 업무과정이나 업무처리 기준 등을 바꾸는 커다란 변화가 외부 환경에 의해 좌우되다 보니 실제 조직이 이러한 변화를 시기적절하게 준비하고 있는지의 문제가 남는다. 처리 기준과 과정을 바꾸는 것은 모든 이해관계자가 납득할 만한 기준을 객관적으로 산출하고 업무 담당자가 그 업무를 하기에 적합하도록 준비하고 전산 시스템이 변하는 업무과정을 그대로 반영해야 한다는 것을 의미한다. 그러나 조직이 자신의 일정대로 차근히 준비하지 못하고 외부 결정에 의하여 시간적으로 너무 쫓기어 내실 있게 준비하기에는 어렵지 않을까 하는 우려가 있다.

올해 7월 개정안이 시행되면 일선에서 일하는 담당자들은 개정안의 시행으로 발생되는 모든 혼란을 일선에서 정리하면서 업무를 해야 하는 일들이 발생한다. 보통 다수 업무들이 준비기간이 길지 않기 때문에 일선 담당자들은 제도가 바뀌는 시점이면 많은 피보험자들의 항의와 불만을 감수해야 하는 일들이 반복되고는 한다.

여러분이 이 질문에 나오는 기관의 행정가라면 어떠한 답을 할 수 있을까? 변화하는 외부 환경에 대응하여 조직의 구조와 인력을 어떻게 조정해야 조직이 유지, 발전될 수 있을까? 또한 조직 시스템과 업무과정, 업무처리 기준 등을 어떻게 수정해야 조직이 효율적으로 운영되고 서비스가 효과적으로 제공될 수 있을까?

이 질문과 사례는 외부 환경의 변화로 인한 조직의 변화 압력, 불가피한 조직 내 업무 및 서비스 변화를 보여 줌으로써 정책을 서비스로 전환시키는 과정에 있는 행정의 중요성을 시사하고 있다. 또한 정책과 법의 변화가 일선 사회복지 담당자들에게 미치는 부정적인 영향을 생생하게 묘사함으로써 이를 완화하기 위한 조직의 대응 및 유능한 행정가의 필요성을 피력하고 있다. 결국 행정은 다양한 사회복지서비스가 꼭 필요한 사람들에게 조직적이고 체계적으로 전달되기 위해 필요하다고 할 수 있으며, 구체적으로 다음과 같은 이유로 행정의 필요성을 설명할 수 있다.

- 조직 자체의 유지와 발전
- 효과적인 서비스 제공
- 효율적인 조직운영
- 다양한 사회복지활동들의 조정
- 일선 사회복지 담당자들의 역량강화 및 질 높은 서비스 제공에의 기여
- 클라이언트의 만족과 삶의 질 변화

웨인배크(Weinbach, 2003)는 성공적인 조직에서는 모든 구성원들이 관리자의 역할을 어느 정도는 수행해야 하고, 관리와 서비스는 밀접한 관계가 있음을 주장하고 있다. 또한 조직 내 관리활동이 없다면, 다음과 같은 현상이 일어날 수도 있음을 구체적으로 서술하면서, 행정의 미시적 영역인 조직 내 관리활동의 중요성을 강조하고 있다.

조직 측면
- 다른 조직과 구별되는 조직의 사명과 역할에 대한 규명이 없을 것이다.
- 조직의 정체성과 목표에 대한 합의가 없을 것이다.
- 조직구성원들에게 조직적 차원에서의 어떠한 지원도 없을 것이다.

직원 측면
- 직원들은 그들의 능력과 잠재적 기여도에 상관없이 고용될 것이다.
- 직원들은 기분 내키는 대로 나타나기도 하고 사라지기도 할 것이다.
- 직원들은 계획 없이 그들이 원하는 업무를 수행할 것이며, 구체적인 업무 지침은 전혀 없을 것이다.
- 직원들의 업무는 다른 직원들과의 활동과 어떤 유기적 관련 없이 이

루어질 것이다.

- 직원들의 지식과 기술을 향상시킬 수 있는 프로그램이 없을 것이다.
- 직원들의 업무 또는 어떤 프로그램 및 서비스를 평가하는 기준이 없을 것이다.
- 직원고용, 승진, 보상 등의 결정이 일정한 기준 없이 이루어질 것이다.

클라이언트 측면

- 클라이언트는 서비스를 받을 수도 있고 못 받을 수도 있다.
- 클라이언트에게 제공되는 지원에 대한 명확한 책임 여부가 없을 것이다.
- 직원들의 무관심, 무능력, 게으름, 그리고 잘못된 서비스 제공에 대한 어떠한 보호도 받을 수 없을 것이다.

4. 사회복지행정의 영역

이 장에서 규명한 통합적 정의에 기초하여 사회복지행정의 통합적 영역을 하나의 조직 중심으로 묘사하면 [그림 5-3]과 같다. 행정은 정책을 서비스로 전환시키는 포괄적인 쌍방의 과정으로서 조직을 중심으로 조직 내 관리활동, 조직 간 연계, 전달체계 등을 모두 포함하고 있다.

또한 수직적인 영역과 수평적인 영역을 다 포괄하고 있다. 수직적으로는 중앙정부, 지방정부를 거쳐 조직을 통해 서비스가 클라이언트에게 전달되고, 수평적으로는 연구기관, 휴먼서비스 조직, 지원기관 및 다른 사회복지조직과의 연계를 통하여 서비스가 전달되는 모습을 보여 주고 있다.

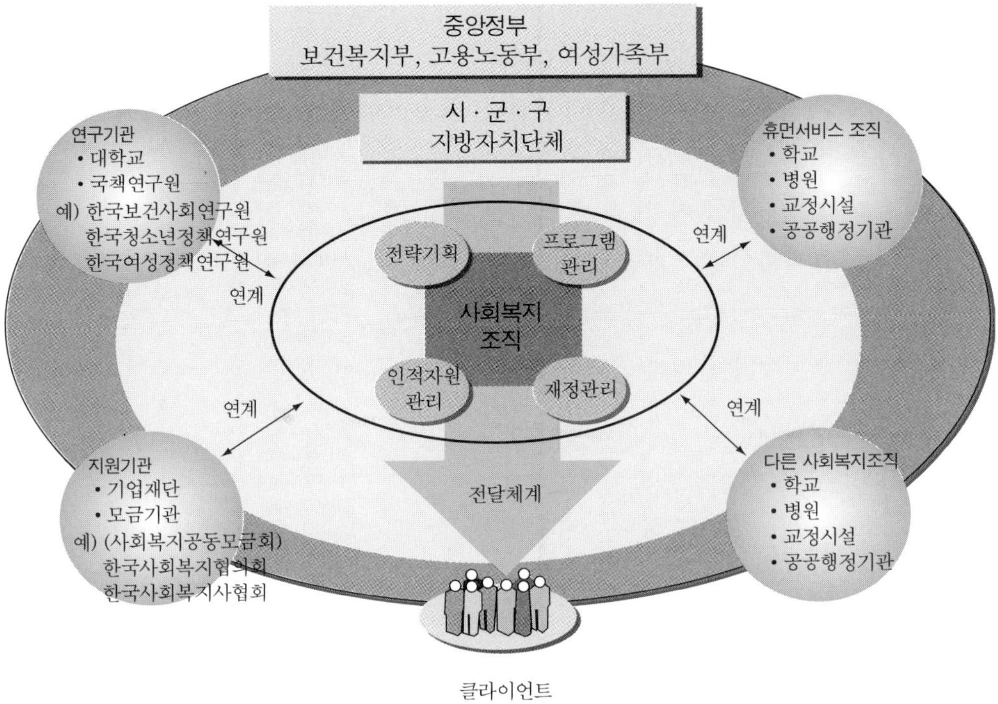

[그림 5-3] 사회복지행정의 통합적 영역

5. 사회복지행정가: 지식, 태도, 기술

1) 사회복지행정가에게 필요한 지식

사회복지행정가는 행정에 관한 적절한 지식을 가져야 한다. 스키드모어(Skidmore, 1983: 31-33)는 사회복지행정가가 가져야 할 지식을 다음과 같이 제시하고 있다.

- 기관의 목표, 정책, 서비스, 자원에 대한 지식
- 인간 행동의 역동성에 관한 기본적 지식
- 지역사회자원, 특히 기관과 관련되어 있는 자원에 대한 포괄적인 지식
- 기관에서 사용하는 사회복지방법론에 대한 지식
- 관리의 원칙, 과정, 기술에 관한 지식
- 사회복지 관련 전문 단체 및 협회들에 관한 지식
- 조직이론에 대한 지식
- 평가 과정과 기법에 관한 지식

2) 사회복지행정가의 태도

사회복지행정가는 전문적 지식과 더불어 전문가적인 태도를 견지하여야 한다. 전문적 지식은 변화해도 태도는 변화하기 어렵고, 이는 가치관과 연결되어 행동의 기반이 되므로 매우 중요하다고 할 수 있다. 스키드모어(1983)가 제시한 사회복지행정가에게 요구되는 태도는 다음과 같다(신복기 외, 2006: 95-97).

- 개별 직원을 진실로 존중하는 태도
- 인간의 불완전성을 용인하려는 태도
- 최적의 업무 환경과 분위기를 제공하려는 태도
- 개인의 가치와 기관의 가치를 조화시키려는 태도
- 변화에 대한 긍정적인 태도
- 기관의 성장과 발전을 최우선시하는 태도

저자가 제시하는 사회복지행정가로서의 도전 및 자세는 다음과 같다.

- 균형: 사회복지행정가는 무엇보다 균형 잡힌 사고와 행동이 요구된다. 다양한 이해관계자들의 요구를 적정한 선에서 수용할 줄 알아야 하고, 클라이언트와 직원의 복지 사이에서, 그리고 조직의 효율적 운영과 효과적인 서비스 제공 사이에서 적절한 선을 잘 유지하여야 한다. 조직 외적으로는 환경관리, 조직 내적으로는 자원 및 프로그램 관리 등의 활동 속에서 균형 잡힌 의사결정과 역할을 통해 조직이 유지 · 발전하는 데 기여하여야 한다.
- 과학이자 예술이다: 사회복지행정가는 행정 및 관리가 과학이자 동시에 예술임을 인지하여야 한다. 행정 및 관리는 이와 관련된 실증적인 지식이 존재한다는 점에서 과학임에 틀림없다. 그러나 이러한 지식을 어떠한 상황에 적용하는 것이 가장 적절한지에 대한 결정에는 예술적 요소인 직관과 경험, 성격 또한 작용할 수밖에 없다. 이러한 과학적 요소와 예술적 요소의 균형감 또한 사회복지행정가의 가장 큰 도전인 동시에 지녀야 할 자세다.
- 통합적 영역에 따른 사회복지행정의 다양한 활동 및 대상을 이해한다: 사회복지행정가는 사회복지행정의 통합적 영역, 분야로서의 중점 활동 및 대상을 이해하여야 한다.
- 조직 자체를 클라이언트로 보는 관점
  - 조직문화, 조직의 발달단계를 정확히 파악해야 한다.
  - 바람직한 조직문화 정립에 힘써야 한다.
  - 학습조직의 의의를 살려 지속적인 조직 개발과 변화를 지향해야 한다.
- 조직 내 관리활동이 대상

  관리에 대한 전문적이고 구체적인 지식 및 기술을 익혀야 한다.
- 행정가는 교량자의 역할을 충실히 하여 중재와 의사소통에 힘쓴다
- 직위에 따라 상황에 따라 다른 모자를 쓴다

- 일선관리자인가, 중간관리자인가, 최고관리자인가에 따라 역할 정립을 다르게 해야 한다.
- 조직의 발달단계, 현재 조직의 상황 및 부하직원의 상황에 따라 자신의 역할을 달리해야 한다.

• 끊임없이 배우는 자세를 견지해 꾸준히 자기계발을 하며 직원계발에도 힘쓴다

3) 사회복지행정가의 기술

(1) 관리자 수준에 따른 관리기술

사회복지행정가에게 필요한 기술을 관리자의 위계 수준에 따라 구분하면 〈표 5-3〉과 같다. 일선관리자는 클라이언트에게 서비스를 전달하는 데 가장 필요한 기술인 사례관리, 프로그램 관리, 재정 및 정보 관리 등의 기능적 기술을 가장 필요로 한다. 반면 의사결정을 하고 조직의 비전과 사명을 제시하는 등의 개념적 기술은 최소한으로 요구된다. 반대로 최고관리자는 개념적 기술을 가장 필요로 하고 기능적 기술이 최소한으로 요구된다. 인간기술 및 상호작용 기술은 모든 수준의 관리자에게 항상 일정하게 요구되는 기술이다. 이러한 인간관계 기술은 위계 수준이나 조직 및

〈표 5-3〉 관리자의 수준과 관리기술의 종류

관리자 수준	필요한 기술
최고관리자	개념적 기술 (conceptual skills)
중간관리자	인간기술 (human skills)
일선관리자	기능적 기술 (technical skills)

출처: 황성철 외(2007); Katz(1974).

부하직원의 상황에 별 관계없이 공통적으로 필요한 기술이다. 따라서 사회복지행정가는 위계 수준에 따라 기능적 기술과 개념적 기술은 다르게 사용하여야 하나, 대인관계를 원활히 하고 인간을 존중하고 배려하는 태도 및 기술은 항상 겸비하여야 한다.

(2) 경쟁가치 모형(competing values framework)

경쟁가치 모형은 퀸(Quinn, 1984; 1988)이 제시한 포괄적이고 다차원적인 모델로, 행정가의 기술을 크게 네 가지로 나누고 행정가의 역할은 여덟 가지로 분류하고 있다. 이 모형은 가로축을 ① 외부 지향적 대 내부 지향적 차원으로, 세로축은 ② 융통성과 통제 차원으로 나눠 네 개의 영역으로 행정가의 기술이 구분된다. 외부 지향적/융통성 영역은 ① 경계확장 기술, 외부 지향적/통제 영역은 ② 지도기술, 내부 지향적/융통성 영역은 ③ 인간관계 기술, 그리고 내부 지향적/통제 영역은 ④ 조정기술이 요구된다. 효과적인 행정가는 이러한 다차원적인 영역에 따라 때로는 서로 갈등적인 기술들을 조화롭게 활용할 줄 알아야 한다. 각각의 기술마다 행정가의 두 가지 주된 역할이 제시되고 있다. 즉, ① 경계확장 기술은 혁신자와 중개자, ② 지도기술은 생산자와 지휘자, ③ 인간관계 기술은 조력자와 촉진자, ④ 조정기술은 점검자와 조정자의 역할과 관련된 기술이다.

[그림 5-4]는 경쟁가치 모형에 기반한 사회복지행정가의 기술과 역할을 나타내고 있으며, 〈표 5-4〉는 각 역할의 특성을 설명하고 있다.

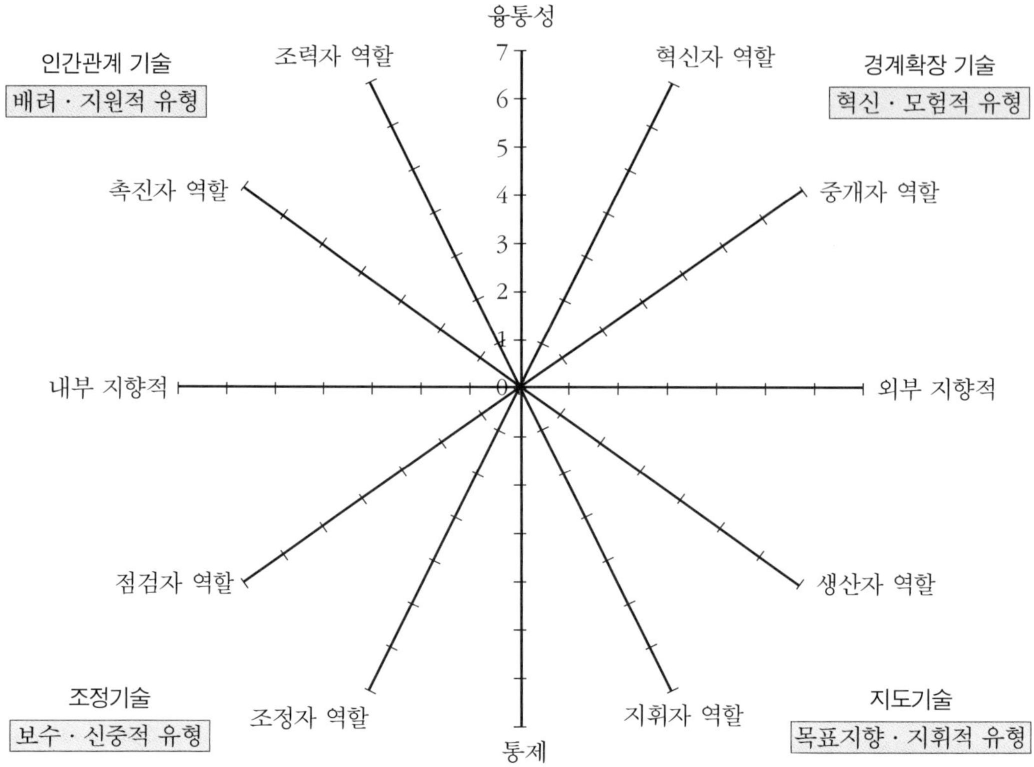

[그림 5-4] 경쟁가치 모형에 기반한 사회복지행정가의 기술과 역할

〈표 5-4〉 사회복지행정가의 역할 특성

촉진자(facilitator)	조력자(mentor)
• 과정 지향적이며 교섭에 능함 • 특출한 대인관계 기술을 가지고 있기 때문에 개인 간 혹은 집단 간 관계를 능숙하게 촉진시킴 • 협동적이고 팀 지향적인 스타일을 보여 줌	• 조직구성원을 가치 있는 자원으로 보고 구성원 개개인의 문제와 욕구에 민감하게 대응 • 경청자의 자세, 개인의 발전과 개발을 촉진시키는 능력, 구성원 개개인에 대한 관심과 지지를 보여 주는 자세를 갖춤
생산자(producer)	**지휘자(director)**
• 과업 지향적이고 업무 지향적인 자질을 가짐 • 엄청난 에너지를 투입하고 그 결과로 업무성과에 대한 상당한 만족을 얻음 • 조직 내 구성원의 적절한 업무 수행을 자극하는 행동을 수행	• 적절한 업무 수행과 업무 방향을 안내할 수 있고 상당한 결단력을 가짐 • 목적이나 목표의 설정, 역할의 명료화, 업무 진행에 대한 모니터링 및 피드백의 제공, 확실한 역할기대를 설정 • 감독자에게는 특히 권위의 활용에 무리가 없어야 하고 위임, 기획 및 목표 설정 기술에 능숙
혁신자(innovator)	**중개자(broker)**
• 창조적이고 명석한 자질이 요구됨 • 변화를 예상하고 촉진시킴 • 새로운 기회를 모색하고 새로운 아이디어를 조장 및 격려 • 모호성에 따른 위험을 충분히 견디어 낼 수 있음	• 능력이 뛰어나고 정치적으로 민첩한 자질을 갖춤 • 외부의 상황(특히 조직의 합법성, 영향, 자원 획득 등)에 대한 지각과 민감성이 요구됨
조정자(coordinator)	**점검자(monitor)**
• 독립적이고 신뢰적인 자질을 갖춤 • 업무 단위의 영속성과 조직의 안정감을 유지시킴으로써 일관되고 예측 가능한 사람이라는 특성을 가짐 • 조직의 문제 해결이나 조정, 시간관리 및 규칙과 같은 기준에 대한 이해를 잘 시켜 줌	• 기술적인 능력을 충분히 갖추고 훈련을 받음 • 조직구성원의 업무에 대한 정확한 지식과 고도의 전문적인 기술 수준을 발휘 • 조직의 원활한 기능 수행과 질서정연한 업무의 흐름에 필요한 정보의 수집과 배분에 능숙

부록

행정가로서의 기술 및 역할 측정

(전혀 그렇지 않다) 1 2 3 4 5 6 7 (항상 그렇다)

번호	점수	문항
1		독창적인 아이디어를 가지려고 한다
2		조직 내에서 위로 영향력을 발휘하려고 한다.
3		부서의 목표 달성의 필요성을 무시하려고 한다
4		부서의 목적을 지속적으로 명료화시키려고 한다.
5		혁신과 잠재적인 향상을 모색하려고 한다.
6		부서의 역할을 매우 확실하게 하려고 한다.
7		엄격하고 논리적인 통제를 유지하려고 한다.
8		부서의 내부 사정이 진행되어 가는 바를 주시하려고 한다.
9		공식적으로 표현된 차이에 대해 합의점을 찾으려고 한다.
10		부하직원의 개인적 문제를 들으려고 한다.
11		상당히 잘 조정되고 조직된 부서를 유지하려고 한다.
12		집단 내의 갈등적인 견해를 공개적으로 토론시키려고 한다.
13		부서가 목표를 따르도록 재촉하려고 한다.
14		직원들 간의 중요한 차이점을 밖으로 표출시키고 해결하도록 하려고 한다.
15		규칙을 따르고 있는지 모니터하려고 한다.
16		개개인에게 민감하게 반응하고 보호하려고 한다.
17		새로운 개념과 절차를 도입 · 시도하려고 한다.
18		부하직원과의 관계에서 공감과 관심을 보이려고 한다.
19		업무집단의 역량을 개선시키려고 노력한다.
20		조직구성원들이 보다 높은 수준에 다가가도록 유도하려고 한다.
21		집단의 의사결정 과정에 참여하도록 조성하려고 한다.
22		보고서나 기록을 비교하여 모순점을 찾으려고 한다.
23		부서의 업무시간 조정문제를 해결하려고 한다.
24		부서가 주어진 목표를 달성하도록 유도하려고 한다.
25		창조적이고 확실한 방법으로 문제를 해결하려고 한다.
26		업무의 흐름에 따른 문제를 예상하고 위험을 피하려고 한다.
27		시행착오를 확인하려고 한다.
28		상관을 설득시켜 새로운 아이디어를 채택하도록 한다.

29		부서가 설정된 목표를 이행하는지를 주목하려고 한다.
30		업무부서 내에 합의점을 마련하도록 촉진하려고 한다.
31		부서의 우선 순위와 방향을 명료화하려고 한다.
32		부하직원의 욕구에 관심을 보이려고 한다.
33		부서의 '결과'가 유지되도록 한다.
34		상관의 의사결정에 영향을 미치려고 한다.
35		부서의 목표를 정기적으로 명료화시키려고 한다.
36		부서의 질서감과 조정을 도모하려고 한다.

자기평가표

촉진자	조력자	혁신자	중개자
9 ( )	10 ( )	1 ( )	2 ( )
12 ( )	16 ( )	5 ( )	20 ( )
14 ( )	18 ( )	17 ( )	28 ( )
21 ( )	32 ( )	25 ( )	34 ( )
30 ( )			
합계 ÷ 5=	합계 ÷ 4=	합계 ÷ 4=	합계 ÷ 4=
생산자	**지휘자**	**조정자**	**점검자**
3(R) ( )	4 ( )	7 ( )	8 ( )
13 ( )	6 ( )	11 ( )	15 ( )
19 ( )	24 ( )	23 ( )	22 ( )
29 ( )	31 ( )	26 ( )	27 ( )
33 ( )	35 ( )	36 ( )	
합계 ÷ 5=	합계 ÷ 5=	합계 ÷ 5=	합계 ÷ 4=

주: 1. 1~36번에 걸쳐 각 문항에 해당하는 점수(1~7점)를 부여한다.

2. 한 예로 촉진자에 해당하는 문항은 9, 12, 14, 21, 30번 문항이며, 부여한 점수의 합계에서 5를 나눈 값이 이 역할에 해당하는 점수다.

3. 이렇게 하여 여덟 가지의 역할에 대한 점수를 산출한다. 단, 3번 문항의 경우에는 응답된 점수를 역으로 계산한다(예, 3점인 경우 4점으로 표시)

4. 산출된 점수를 아래의 그림에 제시된 곳에 표시하고 서로 연결한다.

연습문제

1. 사회복지행정의 정의에 관해 생각해 보자.
   1) 협의의 정의
   2) 광의의 정의
   3) 각 정의의 강점 및 보완점
   4) 통합적 정의

2. 사회복지행정이 왜 필요한지 설명해 보자.

3. 사회복지실천에서 행정의 위치를 설명해 보자.

4. 사회복지행정의 영역과 주요 활동 및 대상을 제시해 보자.

참고문헌

김성국(2007). 조직과 인간행동. 서울: 명경사.
김영종(2007). 사회복지행정. 서울: 학지사.
김영종(2010). 사회복지행정. 서울: 학지사.
남기민(1999). 한국사회복지행정학의 발달과정과 향후과제. 한국사회복지행정학 창간호, 1-12.
박성복(2007). 사회복지행정의 특성. 서울행정학회 2007 동계학술대회 발표논문집.
박성복(2005). 미국사회복지행정의 동향. 한국행정학회 2005년도 하계공동학술대회 발표논문집, 123-149.

성규탁(1993). 사회복지행정론. 서울: 법문사.

신복기, 박경일, 장중택, 이명현(2006). 사회복지행정론. 파주: 양서원

장인협, 이정호(1993). 사회복지행정. 서울: 서울대학교출판부.

황성철, 정무성, 강철희, 최재성(2007). 사회복지행정론. 서울: 학현사

Austin, D.M. (2000). Social Work and Social Welfare Administration: A Historical Perspective. In R. Patti (Eds.), *The Handbook of Social Welfare Management* (pp. 27-54). Thousand Oaks: Sage Publications.

Bryson, J. M (2004). *Strategic Planning for public and nonprofit organizations* (3rd ed.). California: Jossey-Bass

Brody, R. (2005). *Effectively managing human service organization* (3rd ed.). CA: Sage Publication.

Edwards, R. L., & Yankey, J. A. (2006). *Effectively Managing Nonprofit Organizations.* Washington, D.C.: NASW Press.

Hassenfeld, Y.(1992) *Human services as complex organizations* (pp. 3-23). Thousand Oaks: Sage Publications.

Katz, R. (1974). Skills of an Effective Administrator. *Harvard Business Review, 52*(5), 90-102.

Netting, F., Kettner, P., & McMurtry, S. (2004). *Social work macro practice.* (3rd ed.). Boston, MA: Pearson Education, Inc.

Patti, R. J. (1983) *Social Welfare Administration: Managing Social Programs in a Developmental Contex* (pp. 24-26). Englewood Cliffs, New Jersey: Prentice-Hall.

Patti, R. J. (2009). *The Handbook of Social Welfare Management* (2nd ed.). Thousand Oaks, CA: Sage Publications.

Quinn, R. E. (1984). Applying the competing values approach to leadership: Toward an integrative framework. In J. G. Hunt, D. Hosking, C. Schreisheim & R. Stewart (Eds.), *Leaders and managers: International perspectives on managerial behavior and leadership* (pp. 10-27). Elmsford, New York: Pergamon Press.

Quinn, R. E. (1988). *Beyond rational management: Mastering the paradoxes and competing demands of high performance*. San Francisco: Jossey-Bass.

Sarri, R. (1987). Administration in Social Welfare. In NASW (Ed.), *Encyclopedia of Social Work* (18th, ed. vol. 1)(pp. 27-40). Silver Spring, MD: NASW.

Skidmore, R. A. (1983). *Social Work Administration: Dynamic Management and Human Relationships*. Needham Heights, MA: Allyn & Bacon.

Weinbach, R. (2003). *The Social Worker as Manager: A Practical Guide to Success*. Boston, MA: Allyn and Bacon.

Wimpfheimer, S. (2004). Leadership and Management Competencies Defined by Practicing Social Work Managers. *Administration in Social Work 28* (1), 45-56.

06 사회복지정책

이 장에서는 제도와 정책을 통해 우리의 복지를 향상시키는 사회복지정책에 대해 공부한다. 이를 위해 사회복지정책의 개념, 정책의 목표, 정책의 주체, 정책의 분석, 정책의 형성과정, 정책연구의 분야 등을 다룬다.

1. 사회복지정책의 개념

사회복지정책은 무엇인가? 우리가 접하는 구체적 현실에서부터 그 개념을 유추할 수 있다. 빈곤한 사람들에게 인간다운 생활을 보장하기 위한 빈곤대책, 아픈 사람들이 적절한 치료를 받을 수 있도록 보장하는 의료보장제도, 노령계층의 소득보장을 위한 연금제도, 장애인 · 노인 · 아동 · 가족을 위한 다양한 복지제도 등을 총칭하여 우리는 사회복지정책이라 부른다. 인간의 복지 향상에 영향을 미치고자 하는 것은 사회복지실천과 동일하지만, 사회복지정책은 개인 및 집단 단위에 개입하여 변화를 모색하는 미시적 접근이 아니라 제도나 환경 개선을 통하여 변화를 모색하는 거시적 접근이다.

사회복지정책의 주요 영역은 인간다운 삶을 영위하는 데 영향을 직접적으로 미치는 소득, 의료, 교육, 주택, 사회복지서비스의 다섯 가지로 구성되며, 보다 광의의 관점에서 조세정책, 노동시장정책을 사회복지정책의 영역에 포함시키기도 한다. 소득보장정책에는 연금보험, 공공부조, 각종 사회수당제도가 포함되며, 의료보장정책에는 국민건강보험, 의료급여, 보건서비스 등이 포함된다. 사회서비스정책에는 아동 · 청소년복지, 노인복지, 장애인복지, 한부모복지, 가족복지, 다문화가족복지 등이 포함된다. 조세정책은 각종의 소득공제제도와 근로장려세제 등을 통한 소득 재분배를 포함하고 있으며, 노동시장정책은 직업훈련을 통한 괜찮은 일자리를 얻을 기회 제고, 적극적 일자리 보장을 통한 소득보장과 대체 · 보완 관계에 있다.

사회복지정책의 개념은 그 단어를 구성하는 '사회복지'와 '정책'의 두 가지 용어로 구분하여 접근할 수도 있다. 사회복지(social welfare)는 상호부조 기능의 수행을 통해 욕구를 충족시키려는 제도 내지 활동으로서, 인간의 복지를 위협하는 사회적 위험 혹은 욕구에 대응하기 위한 사회의 집합적 노력을 의미한다. 정책(policy)은 특정한 목적을 이루기 위해 필요한 행동들에 관한 원칙, 지침 혹은 조직화된 노력을 의미한다. 따라서 '사회복지정책'은 상호부조 기능을 수행하는 사회복지의 목표를 이루기 위하여 필요한 행동들에 관한 원칙, 조직화된 노력이라고 정의할 수 있다.

티트무스(Titmuss)는 정책이 특정 목표를 향한 행동을 결정하는 원칙을 의미하며, 칸(Kahn)은 지속적인 계획(standing plan), 의사결정의 지침(guideline), 결정을 뒷받침하는 원리의 핵심이라 하였다. 길버트와 스펙트(Gilbert & Specht, 1974)는 공 · 사의 기관에 있어 행동의 방향이나 계획의 기초를 이루는 결정과 선택(decision making and choice)으로 정의하고 있다. 마샬(Marshall), 길버트와 스펙트(1974)는 "사회복지정책이란 서비스 혹은 소득을 제공함으로써 시민의 복지에 직접 영향을 미치는 행동에 관한 정부의 정책"이라고 정의하고 있다. 젠슨(Jansson)은 "사회복지정책은 사회문제에 대처하기 위한 집합적 전략"이라고 정의 내리고 있다(박병현, 2007: 25-29).

정리하면, 사회복지정책은 사람들이 인간다운 삶을 영위하는 데 문제가 되는 사회적 상황을 개선하기 위하여 서비스나 소득을 제공함으로써 인간의 복지에 영향을 미치는 행동의 원칙, 계획 혹은 과정이며 실천적 조치(principle, plan or course and action)다.

따라서 사회복지정책은 ① 원칙이라는 의미에서 어떠한 입장(position), 즉 가치(value)나 신념(brief)을 내포하고 있고, ② 행동의 계획과 과정이라는 의미에서 구체적인 단계(steps), 절차 혹은 방법(methods)을 내포하고 있다. 그러므로 사회복지정책에서는 사회복지 목표를 수립하기 위한 가치와 이념을 이해하여야 하며, 정책이 만들어지는 단계와 절차에 대한 정책 형성과정에 대해서도 이해해야 한다(박경일, 2008: 23).

이러한 사회복지정책의 정의에 입각하여 정책은 3대 요소로 구성된다. 첫 번째 구성요소는 정책목표다. 정책목표는 정책을 통해 달성하려는 미래의 바람직한 상태를 의미한다. 두 번째 구성요소는 정책주체다. 정책주체는 정책을 책임지고 실행하는 주체를 의미한다. 복지공급을 책임지는 사회복지 공급주체는 중앙정부 및 지방정부 등 공적 주체가 보편적이었으나, 최근에는 복지혼합(welfare mix)과 복지다원주의(welfare pluralism) 경향으로 공공뿐만 아니라 비영리 민간, 영리 민간, 시민사회, 가족 등으로 복지공급 주체가 다원화되고 있다. 정책의 세 번째 구성요소는 정책수단(방법)이다. 정책수단(방법)은 정책을 구성하는 구체적인 내용과 방법에 관한 것이다. 어떤 문제를 정책 대상으로 삼을 것이며, 누구를 대상으로 하는 정책을 할 것이며, 정책에 필요한 자원은 어떻게 조달할 것이며, 누가 정책을 책임지고 전달할 것인가 등을 결정하는 내용을 담고 있다.

2. 정책목표: 가치와 관점

정책목표는 정책을 통해 달성하려는 미래의 바람직한 상태를 의미하며, 여기에는 가치와 관점의 선택이 포함된다. 따라서 사회복지정책을 형성하는 주요 가치들의 의미와 가치들 간의 관계에 대해 생각해 보고, 현실 사회복지정책에 내재된 가치와 가치갈등을 살펴볼 필요가 있다.

1) 평등, 권리 및 사회적 정의

평등(equality)은 분배적 정의의 초석이 되는 가치 중 하나다. 평등이 어떤 단계에서 무엇을 동일하게 처우하는 것이냐에 따라 평등의 유형도 세 가지로 구분할 수 있다. 첫 번째 유형은 결과적 평등(equality of outcome)이다. 결과적 평등은 가장 적극적인 평등의 개념으로 모든 사람을 똑같이 취급하여 사람들의 욕구나 능력, 기여의 차이에 관계없이 사회적 자원을 똑같이 분배하는 방법이다. 즉, 출발점이나 자연적 능력과 기여 정도를 고려하지 않고 마지막 단계에서 법적, 정치적 결정에 의해 동일한 결과를 보장한다. 그러나 수량적 평등의 개념을 의미하는 결과의 완전한 평등은 현실적으로 존재하기 어렵다.

두 번째 유형은 조건의 평등(equality of condition)이다. 조건의 평등은 사회적 기회를 획득하려는 자유경쟁의 출발 조건을 평등하게 정비하는 것을 의미한다. 순수하게 개인의 능력에 모든 것을 맡기는 것이 아니라 개인의 능력 부족을 사회적으로 보완하는 작업을 포함함으로써 실질적인 기회의 평등을 보장하는 것이다. 적극적 조치(affirmative action) 등이 대표적 예다.

세 번째 유형은 기회의 평등(equality of opportunity)이다. 기회의 평등은 결과를 얻을 수 있는 과정상의 기회만을 똑같이 해 주는 방법이다. 기회의 균등은 가장 소극적인 평등 개념으로 결과의 평등과 관계없이 과정상의 기회만을 평등하게 해 주는 것이다. 교육 및 훈련의 기회를 제공하는 것이 대표적이다.

권리(rights)는 인간다운 생활을 할 권리, 인권으로부터 비롯된다. 사회복지정책은 인간다운 생활을 할 권리를 보장하기 위한 노력이다. 이는 사회정의(social justice)와 연결된다. 존 롤즈(John Rawls)는 공정성으로서의 사회정의를 강조하며, 정의로운 사회체제의 구조에 대한 논의는 자유롭고 평등하며 합리적인 개인들이 모두 동의할 수 있는 원리들의 탐구로부터 출발한다. 롤즈는 무지의 베일에 싸여 있는 개인의 존재로부터 사회적으로 일정 수준의 평등을 보장하는 사회적 합의를 도출할 수 있다고 믿는다. 여기에서 사회정의를 위한 전제 조건으로 일정 정도의 평등의 보장이 필요하다는 점이 합의될 수 있다.

2) 효율, 형평과 선택

효율(efficiency)은 제한된 자원하에서 사람들의 욕구를 어떻게 충족시킬 수 있을 것인가라는 현실적 제약 조건으로부터 비롯되는 것으로, 자원배분에서 필수적으로 고려해야 하는 가치다. 효율은 최소한의 자원을 투입하여 최대한의 산출을 얻는 것을 의미한다. 효율은 사회복지정책이 추구하는 주된 목표는 될 수 없으며 다른 목표를 추구함에 있어서 수단적인 가치다.

효율에는 수단으로서의 효율과 파레토 효율(배분적 효율)이 있다. 수단적 효율은 특정한 목표를 달성하는 데 가능한 한 적은 자원을 투입하여 최대한의 산출을 얻는 것을 의미하며, 파레토 효율은 더 이상 어떠한 개선이 불가능한 최적의 자원배분 상태를 의미한다. 파레토 효율은 완전경

쟁시장에서 개인의 효용을 극대화하려는 이기적인 사람들이 충분한 정보를 바탕으로 합리적이고 자발적인 선택에 의한 교환을 이룰 때 자동적으로 사회적 자원의 바람직한 배분이 달성된다고 본다. 즉, 시장기제가 완벽하게 작동할 경우 파레토 효율이 달성된다는 것이다.

그러나 현실에서는 시장기제가 완벽하게 작동하지 않으며, 시장의 실패(market failure)가 발생한다. 시장의 실패는 시장기제가 제대로 작동되지 않아 자원의 최적배분이 실패한 상태를 일컫는다. 공공재의 존재, 외부효과의 발생, 정보의 불충분성 등으로 인해 시장의 실패가 야기된다. 한편 정부의 실패(government failure)도 발생한다. 정부의 실패는 비경쟁적이고 관료적인 행정체계를 통해 사회복지정책이 수행되면서 야기되는 각종의 낭비와 비효율을 일컫는다.

형평(equity)은 비례적 평등(proportional equality)이라고도 하며, 개인의 노력, 능력, 기여에 따라 사회적 자원을 상이하게 배분하는 방법이다. 자본주의사회에서 실질적으로 가장 널리 사용되는 평등의 개념이 바로 이러한 형평(공평)의 개념이다. 사회보험에서 보험료를 많이 낸 사람에게 급여혜택을 더 많이 주는 것도 형평의 가치가 반영된 것이다. 공적부조의 경우 형평의 가치는 열등처우의 원칙(principle of less eligibility)을 통해 표현된다. 열등처우의 원칙은 구제받는 사람의 상황은 최하층의 독립노동자들의 상황보다 실적적으로나 겉으로 보기에나 더 바람직한 것으로 되어서는 안 된다는 것이다.

선택(choice)은 사람마다 효용이 다르므로 효용의 극대화를 위해서는 개인에게 선택의 자유를 제공하는 것이 필요하다는 것에서 비롯된다. 최근의 정책 경향으로 나타나는 권한부여(empowerment)와 소비자주의(consumerism)는 개인의 선택권을 강조한다.

3) 적절성, 이타주의, 호혜성 및 의무

적절성(adequacy)은 자원분배가 평등하게 이루어지느냐 혹은 형평하게 이루어지느냐라는 관점과는 별도로, 인간다운 삶을 영위하기 위해 일정한 수준의 물질적, 정신적 복지를 제공하는 것이 바람직하다는 것과 관련된다. 이는 인간이 가진 본질적 존엄성, 기본권에 대한 존중을 의미한다. 적절성에 대한 기준은 시간과 환경에 따라 다양하다. 적절성은 최저생계비, 빈곤선, 최저임금 등으로 구체화된다. 인간다운 삶을 누리기에 필요한 최저 수준에 대해서는 무조건적인 결과적 평등에 입각한 보장을 하고, 그 이상의 부분에 대해서는 능력과 기여에 입각하여 보장하는 형평의 분배원칙을 적용하는 방식으로 적절성을 보장하는 것이 복지국가의 이상을 가장 잘 설명하는 것으로 이해된다.

인간이 사회적 존재라는 것과 인간의 상호 의존적 본질을 이해하게 되면 이타주의와 호혜성이 인간다운 삶을 보장하기 위한 당연한 공동체적 가치가 되어야 함을 이해하게 된다. 또한 공동선을 위한 공동체 구성원으로서 의무에 대해서도 자연스럽게 받아들이고 합의점을 도출할 수 있다.

3. 사회복지정책의 주체

지난 50~60년에 걸친 선진 복지국가의 확대 및 재편의 역사적 경험은 공적 보장 시스템만으로는 복지 욕구를 충족할 수 없음을 시사하고 있다. 복지국가 확대기에는 경제호황을 배경으로 국가복지가 복지 욕구의 대부분을 충족할 수 있고 또 충족시켜야 한다고 믿으며, 국가복지급여를 재정부담 능력과의 연계 없이 정치적으로 확대해 왔다. 그 결과 누적된 국가재정 적자와 경제침체는 국가복지가 복지 욕구를 모두 충족시킬 수도 없으며, 국가복지만으로 복지 욕구를 충족하는 것이 바람직하지도 않다는 것을 보여 주었다. 또한 국가복지의 관료적 경직성은 국가복지의 한계로 지적되어 왔다.

1970년대 석유위기 이후 세계적으로 이루어지고 있는 국가복지의 재편은 제한된 사회적 자원하에서 국가가 수행해야 하는 필수적이고 직접적인 역할과 부차적이고 간접적인 역할로 구분하여, 복지 영역에서 국가의 역할을 다시 규정하는 작업으로 전개되어 왔다. 그러나 티트무스는 이미 1950년대에 복지의 사회적 분화(social division of welfare)를 뛰어난 통찰력으로 파악하여, 명시적으로 복지제도를 통한 국가복지는 복지 욕구를 충족시키는 일부분일 뿐이며 복지 욕구에 대응하는 주체는 기업, 가족, 시장 등 다양하다는 점을 밝혔다. 국가복지가 왕성하게 이루어질 때조차 복지 욕구의 상당 부분은 민간 영역에서 충족되고 있었다는 점을 지적하고 있다.

또한 복지체제(welfare regime) 유형에 따라 복지 욕구에 대응하는 국가의 역할과 방식, 그 영향은 상이하지만, 그 사회 사람들이 체감하는 '복지수준'은 국가복지 영역뿐만 아니라 동일한 복지 욕구 충족기능을 제공하는 '기능적 등가물'의 관점에서 파악할 필요가 있음도 지적되어 왔다.

따라서 그 사회의 복지를 이해하기 위해서는 복지의 생산을 담당하는 국가, 시장(영리 민간), 비영리 민간, 비공식 영역(가족)의 역할에 대해 이해하고, 복지생산 주체 간 관계와 역할 분담의 변천에 대해 이해할 필요가 있다. 복지생산의 공·사 역할 분담은 시대와 공간에 따라 역동적으로 변화하여 왔다. 복지는 국가, 시장, 가족이라는 복지생산 주체 간 상호관계에 의하여 복지기능이 상호 대체 또는 보완되면서 발전되어 왔다.

어느 복지공급 주체를 상대적으로 강조하느냐는 국가에 따라 다르다. 즉, 어떤 나라들은 사회복지가 국가에 의하여 주도적으로 이루어지는 반면, 어떤 나라들에서는 민간 부문(시장 혹은 가족)의 사회복지 역할을 상대적으로 중요시한다(김태성, 2007). 예컨대 스웨덴은 국민들의 복지를 국가가 주도하여 해결하는 반면, 미국은 사회복지에 있어 민간의 역할을 다른 유럽 복지국가들에 비하여 강조한다. 또한 일본은 사회복지에서 가족의 역할이 다른 국가들에 비하여 중요하게 간주된다.

복지혼합(welfare mix)의 특징적인 현상으로 서구사회에서 사회복지서비스 급여의 제공과 관련하여 서비스의 직접적 제공자로서의 국가 역할은 축소되고 민간 부문에 대한 재정조달자 혹은 규제자와 조성자로서의 역할은 강화되는 방향으로 변화하고 있음을 들 수 있다(Baldock, 1993; Le-Grand, 1994). 즉, 국가가 복지서비스에 대한 비용 부담과 급여 제공을 모두 담당하던 것에 대신하여 국가의 역할은 내부 시장 및 준시장에서 운영하는 독립적 혹은 준독립적 제공자에 의하여 제공되는 복지서비스에 대하여 비용을 지불하는 역할로 변화해 가고 있다.

에이브러햄슨(Abrahamson, 1991)은 로즈(Rose, 1989)가 제안한 가족, 시장, 국가 등 복지공급 주체 간 구분을 가족, 시장, 국가를 각 꼭지점으로 하는 '복지삼각형'으로 가시화시킴으로써 복지공급 주체의 관계와 특성, 복지혼합의 균형변화를 설명하였다. 에이브러햄슨은 각각 국가중심 복지공급체계, 시장중심 복지공급체계, 가족중심 복지공급체계의 순수한 이념적 복지공급체계에서 복지공급의 다원화, 즉 복지혼합에 따라 삼각형의 중앙으로 복지공급체계 간 역할 분담의 균형점이 이동하고 있다고 설명하였다([그림 6-1] 참조). 이때 세로축은 공식화의 정도, 가로축은 공공화(사회화)의 정도를 기준으로 각각 구분된다. 따라서 국가는 공공의 전형, 시장은 민간의 전형, 그리고 가족은 비공식 부문의 전형임을 나타내고 있다.

국가가 서비스 재원조달자이면서 서비스 공급자인 상황에서는 공공서비스가 곧 서비스 공공성이었다. 그러나 복지혼합에 따른 민영화(privatization)로 재원조달에서도 본인 부담 등 이용자 부담이 결합되고, 서비스 제공에서도 기존의 국가공급자들이 비영리 민간 및 영리 민간 공

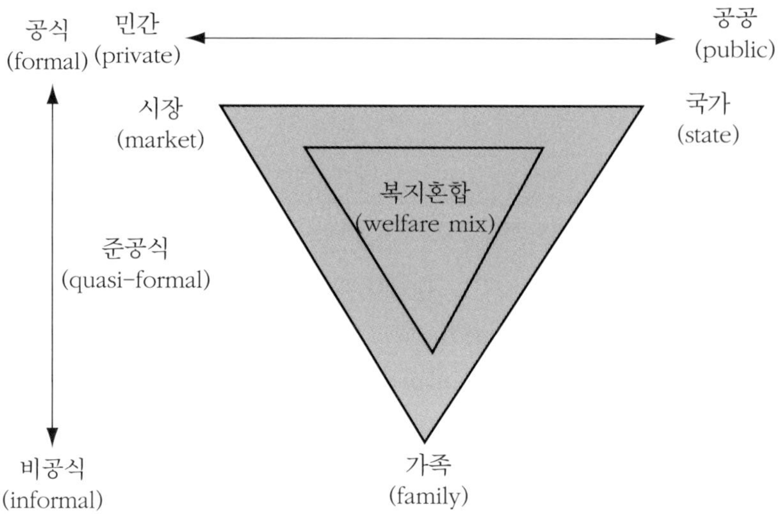

[그림 6-1] 삼각 복지공급 주체(the welfare triangle)

급자들로 상당 부분 대체되면서 공공성의 개념은 보다 다의적이고 복잡한 개념으로 변화되었다.

4. 사회복지정책의 분석

사회복지에 관련된 행위 방침으로서의 사회복지정책의 내용은 ① 사회복지 혜택을 누구에게 줄 것인가, ② 어떤 혜택을 줄 것인가, ③ 그 혜택을 어떻게 줄 것인가, ④ 그러한 혜택을 주는 데 드는 비용은 어떻게 충당할 것인가라는 질문에 대한 답으로 이루어진다(Gilbert & Terrell, 2009). 이 네 가지 질문을 용어로 표현하면 다음과 같다.

- 사회적 할당의 기반: 누구에게 줄 것인가(who)

• 사회적 급여의 형태: 어떤 혜택을 줄 것인가(what)
• 전달체계: 어떻게 줄 것인가(how)
• 재정양식: 어떤 돈으로 그 혜택을 마련할 것인가(financing)

1) 급여의 대상

복지정책의 수급자는 누구로 할 것인가? 모든 국민에게 줄 것인가, 아니면 특정 기준에 의한 일부 집단에 한정지을 것인가? 이를 위해서는 자원할당(allocation)의 선택 기준인 보편주의와 선별주의 논의의 핵심과 내재된 가치의 상이성을 이해해야 한다. 또한 최근 재표적화(re-targeting)의 강조 경향의 의미와 쟁점을 이해할 필요가 있다.

보편주의는 사회통합을 강조하는 한편, 선별주의는 자원효율성을 강조한다. 사회복지정책의 자원할당 기준은 선별주의에서 보편주의로 발전되어 왔으나, 복지국가 위기에 따른 사회복지의 재편과 함께 자원할당의 재표적화가 강조되고 있다. 이에 따라 국가복지의 기초보장 역할에 대한 강조가 이루어지고 있다.

급여 대상을 선정하는 구체적 기준으로서 거주 요건, 인구학적 조건, 기여 여부, 근로 능력, 소득/자산 조사 등이 사용된다. 이들 기준을 어떻게 배합하느냐에 따라 사회복지정책은 근로동기, 소득 재분배, 사회통합, 인간의 존엄성 유지, 가족구조 등에 영향을 미치게 된다.

2) 급 여

어떤 형태로 급여(benefit)를 줄 것인가? 현물로 줄 것인가, 아니면 현금으로 줄 것인가? 급여 형태의 종류에 대해 이해하고, 급여 형태의 선택에 따른 논의의 핵심과 내재된 가치를 이해할 필요가 있다. 또한 가족정책에서의 현금, 서비스, 시간(휴가제도) 등 급여의 다양한 형태를 이해하고, 돌봄서비스에 대해서도 현금급여 선택권이 부여되는 최근 경향의 의미에 대해 이해할 필요가 있다.

사회복지정책이 제공하는 급여에는 현금, 현물, 바우처, 기회 등이 있다. 현물(kind)은 정책목표대로 급여가 사용될 가능성이 높아 목표효과성은 높지만, 개인의 선택의 자유를 제한하고 개인의 상이한 선호에 대해 인정하지 않는 사회통제적 측면이 강해 비판을 받는다. 현금(cash)은 수급자의 효용을 극대화할 수 있는 장점이 있으나, 급여가 정책목표대로 사용되지 않을 가능성이 있어 목표효율성이 현물보다 떨어질 수 있다. 바우처(voucher)는 현금 수급자의 선택권 보장의 장점과 현물의 급여오용 가능성 통제의 장점을 모두 가지고 있는 제3의 급여 형태로 제안되었으나, 어떤 정책 영역에 적용되느냐와 운영방법에 따라 그 효과는 달리 나타난다. 최근 한국에서는 다양한 사회서비스들이 바우처 형태로 도입되고 있다.

3) 전달체계

복지는 어떻게 관리되고 전달되는가? 복지의 관리운영체계, 전달체계를 둘러싼 논의의 핵심과 내재된 가치를 이해해야 한다.

서비스 전달체계(delivery system)는 지역사회에서 서비스 공급자들 간에, 그리고 서비스 공급자와 소비자들 사이에 존재하는 조직배열을 가리킨다. 서비스 전달체계를 설계함에 있어 고려해야 할 선택사항은 많다. 예컨대 행정적으로 중앙화할 것인가, 아니면 분권화할 것인가? 여러 서비스를 결합시켜 제공할 것인가, 아니면 하나의 서비스만 제공할 것인가? 서비스 제공시설을 한 건물 내에 모아 둘 것인가, 아니면 분산시켜 독립적으로 둘 것인가? 서비스 제공 노력을 조정할 것인가, 아니면 조정 노력을 포기할 것인가? 서비스 전달을 전문가에게 맡길 것인가, 아니면 소비자 또는 준전문가에게 맡길 것인가? 서비스 전달에 관련된 여러 가지 권한을 전문가에게 줄 것인가, 아니면 서비스 소비자들에게 줄 것인가?(Gilbert & Terrell, 2009).

사회서비스 전달체계의 근본적 문제는 욕구와 자원의 효과적이고 효율적인 매칭이라 할 수 있다. 즉, 욕구 측면에서는 욕구의 정확한 파악, 욕구에 대한 민감한 반응성, 욕구의 충족, 욕구의 사각지대 해소 등이 추구되어야 할 목표이며, 자원 측면에서는 비용 절감, 서비스 중복 제기, 효율성 등이 추구되어야 할 목표다. 길버트와 터렐(Gilbert & Terrell, 2009)은 서비스 전달체계의 전형적인 문제로 서비스 조직 간 비연계성 및 조정의 부재로 인한 단편성(fragmentation), 서비스 조직 간 의사소통의 부재로 인한 비연속성(discontinuity), 소비자의 서비스 접근장애를 형성하는 지리적 · 제도적 · 심리적 비접근성(inaccessibility), 소비자의 욕구에 민감하게 반응하지 못함으로 인한 비책임성(inaccountability)의 네 가지 문제를 지적한 바 있다.

이상적인 전달체계는 서비스가 통합되어 있고 연속적이며 접근성이 높고 책임성이 높은 것이지만, 각각의 문제에 대한 해결전략은 다른 문제를 악화시키는 부정적 측면을 동반하기도 한다. 따라서 어떠한 문제를 중점 해결하는 데 목적을 둘 것인지의 정책 판단이 중요하다(Gilbert & Terrell, 2009).

4) 재원조달

복지에 대한 비용을 누가 지불하며, 복지는 어떻게 분배되는가를 이해한다. 재원조달(financing)방식의 형태와 그 특징을 이해하고, 비용 부담의 귀착과 복지수혜의 귀착을 이해하는 것이 필요하다.

사회복지정책에 소요되는 재원은 공공 부문과 민간 부문으로 구분된다.

정부의 일반예산은 공공 부문 재원의 주종을 이루며 다른 재원에 비하여 평등이나 사회적 적절성을 확보하는 데 유리하다. 사회보험료는 납세자의 조세저항을 회피할 수 있어 제도 시행이 용이한 장점이 있는 반면 정부의 일반예산에 비해 소득 재분배 효과가 제한적이다. 민간 부문 재원은 사용자 부담금, 자발적 기여금, 기업복지에 의한 재원, 비공식적 재원들로 구성되며 형태별로 장단점을 가진다.

5. 사회복지정책의 형성과정

1) 사회복지정책의 정치학: 이론적 모델

정책은 어원으로 보면 본질적으로 정치(politics)적인 것이다. 정책이 형성되는 정치적 과정은 네 가지 모델, 즉 다원주의, 엘리트주의, 경제적 결정주의, 제도주의로 제시할 수 있다(Alcock, 2008).

첫째, 다원주의(pluralism)는 국가 내 의사결정을 이해집단 간 경쟁의 산물로 본다. 다원주의의 정책 형성과정은 정치정당들과 개인 정치가들을 통하여 협상되거나 또는 압력집단과의 다양한 협상으로 이루어진다고 본다. 한편 공공선택이론에서는 다원주의가 왜곡된 정치적 시장을 제공한다고 본다.

둘째, 엘리트주의(elitism)는 다원주의에 대한 근본적 비판적 관점에서 발전된 대안적인 정치적 과정에 관한 이론이다. 이 관점은 정치적 결정과정은 본래적으로 편향된 과정이며, 권력이 특정 소수 엘리트에게 집중된다는 것에 대해 관심을 갖는다. 이 관점은 왜 권력이 불평등하게 분배되는지에 대한 다양한 이론들과 결합된다.

셋째, 경제적 결정주의(economic determination)는 경제생산체계의 논리에 의해 국가의 역할, 사회정책의 기능이 결정됨을 의미한다. 경제적 결정주의의 가장 대표적 예는 마르크스주의다. 사회정책은 자본주의 요구에 종속되어 자본주의 질서를 지지하거나 합법화를 돕는 역할로 제한된다고 본다. 역설적이게도 정치적 우파들도 자본주의 경제에서 사회정책 성장의 제한을 강조한다는 측면에서 마르크스 결정주의자들과 유사하다.

넷째, 제도주의(institutionalism)는 국가제도 자체의 중요성에 주목한다. 다원주의자들은 국가를 중립적인 조직으로 다루는 경향이 있고, 엘리트주의자들은 국가의 권력 외부와 내부의 연결방법에 관심이 있으며, 경제적 결정주의자들은 국가에서 불가피하게 자율성이 제한된다고 본다. 그러나 제도주의는 사회정책에 대한 국가기구 자체의 역할을 중시하여 국가기관 자체, 국가구조, 정당구조, 의회, 거부권(veto) 포인트 등에 주목한다.

2) 정책 형성과정

사회복지 문제나 요구가 정치체제의 의제로 채택되어 정책으로 결정되어 가는 과정은 [그림 6-2]와 같이 정리할 수 있다(송근원, 김태성, 2008).

• 사회문제(social problem): 사회문제는 사람들의 욕구가 충족되지 않은 상태를 의미하며 그 문제로 인하여 고통을 받고 있는 사람들이 '스스

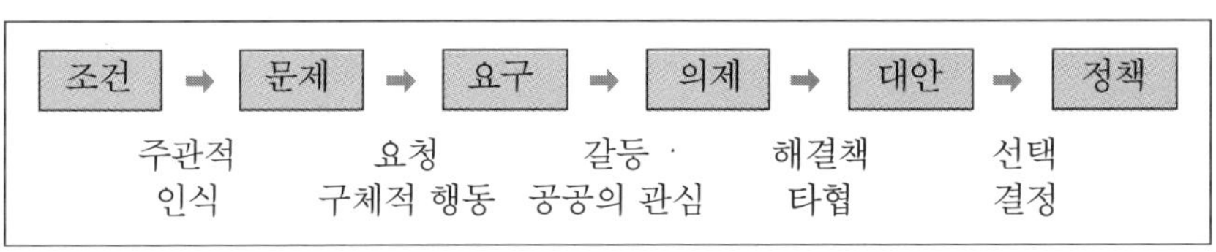

[그림 6-2] 문제의 정책으로의 발전과정

출처: 송근원, 김태성(2008).

로' 해결하지 못하기 때문에 문제로 성립된다. 즉, 사회문제란 사회를 구성하는 많은 사람들이 '해결되어야 한다'고 인식하는 어떤 상황이나 조건을 의미한다.

- 요구(demand): 사회복지 문제의 해결을 정부에 요청하는 구체적인 행동을 정치학적인 의미에서 요구라고 한다.
- 의제(agenda): 사회문제의 해결을 위한 요구가 정치체제에 투입되면 정책관련자들의 관심을 받으면서 그에 대한 해결방안들이 논의된다. 이때 논의가 이루어지는 문제나 요구를 의제라 하며 의제들의 모음을 아젠다라고 한다.
- 정책(policy): 해결방안 가운데 하나를 선택하게 되는데, 이때 해결방안들을 정책대안이라고 하며, 선택된 대안을 정책이라고 한다. 그리고 정책대안의 선택과정은 정책결정과정이라 부른다.

정책대안의 형성과정은 문제의 해결방안에 관한 모색과정이자 정책결정자를 위하여 정보를 제공하는 과정이다. 또한 문제를 해결하는 가장 효과적인 정책대안들을 개발하여 비교, 검토하는 과정이므로 합리적·기술적 성격을 띤다.

첫째, 문제와 상황의 파악이다. 문제를 파악하기 위해서는 먼저 문제를 일으키는 조건이 무엇이며 그것을 문제라고 인식하는 사람들이 생각하는 욕구가 무엇인가를 파악하여야 한다. 또한 그 문제의 해결에 필요한 비용이나 자원이 무엇이며 어느 정도 필요한지를 파악하여야 하고, 그러한 비용이나 자원을 부담하는 사람들의 문제를 보는 시각에 대한 정확한 이해가 필요하다. 문제를 둘러싼 상황을 정확히 이해하기 위해서는 그 문제를 다루는 전문가나 학자 또는 관료와의 면담이 필요한 경우도 있고, 선례에 관한 문헌연구를 할 수도 있다. 현지조사를 행해야 할 경우도 있다.

둘째, 미래의 예측 및 목표의 설정이다. 문제와 상황이 파악되고 나면

미래에 대한 예측을 통한 정책목표의 설정이 필요하다. 목표설정 과정에는 세워진 정책목표를 구체화하는 과정도 포함된다. 목표의 구체화 과정에서 상위목표는 하위목표와 연결되는데, 이때 상위목표와 하위목표는 목표-수단 관계로서의 계층 형태로 나타난다.

셋째, 대안의 탐색 및 개발이다. 목표가 설정되면 그 정책수단으로서의 해결방법들, 즉 정책대안을 만들어 내야 한다. 정책대안을 만들기 위해서는 문제, 상황, 미래에 대한 정보를 수집하여 종합적으로 검토 · 분석하여야 한다. 정책대안 개발의 방법으로는 그 문제와 관련된 과거의 정책이나 다른 나라의 정책을 검토하는 방법이 있다. 사회과학적 지식이나 이론 모형으로부터 대안을 추론하거나 주관적인 판단하에 직관을 통해 정책대안을 개발하는 방법도 있다.

넷째, 대안의 비교분석이다. 정책대안들이 형성되면 여러 가지 기준에 의하여 대안들을 분석하고 그것의 시행 시 나타날 결과를 예측하며 다른 대안들과 비교, 평가를 한다. 이들 대안의 비교분석 시에 사용되는 대표적인 기준은 다음과 같다.

- 기술적 실현가능성(technical feasibility): 해당 정책을 다룰 집행기관의 전문화 수준, 재정 능력, 행정 능력에 비추어 볼 때 그 정책대안이 만족스럽게 시행될 수 있을 것인가에 관한 기준이다.
- 정치적 실현가능성(political feasibility): 정책대안이 정치적으로 받아들여질 수 있는가에 관한 것이다. 국회에서 통과되지 않거나 대통령이 거부권을 행사한다면 또는 집행 시 주민들의 반대가 커서 집행 자체가 유야무야한다면 그 정책대안은 유효한 대안이 될 수 없다.
- 효율성(efficiency): 효율성의 기준은 투입과 산출의 비율을 의미하며 자원 절약의 측면이 강조된다. 즉, 가능한 한 적은 비용으로 보다 많은 산출을 얻게 되면 능률적이라고 평가된다.

- **효과성**(effectiveness): 정책의 목표 달성도가 효과성의 기준이 된다. 투입되는 자원의 양에는 관계치 않고 결과로 나타난 산출의 양만을 측정한다.
- **사회적 형평**(social equity): 정책의 시행결과로 사회계층 사이의 불평등이 어느 정도 시정될 수 있는지에 관한 것이다. 사회적 형평은 수평적 형평과 수직적 형평의 두 측면이 있다. 수평적 형평은 같은 조건의 클라이언트에게는 동일한 서비스가 주어짐을 뜻한다. 수직적 형평은 성별, 나이, 소득 따위에서 차이가 있는 시민들 사이의 복지서비스 배분에는 서로 다른 기준이 적용되어야 한다는 이념이다. 달리 말하면, 사회적 약자에게 보다 많은 서비스가 제공되어야 사회적 형평이 이루어질 수 있다.

6. 사회복지정책 연구의 분야

사회복지정책에 대한 분석적 접근은 크게 과정(process)분석, 산물(product)분석, 성과(performance)분석의 세 가지로 구분할 수 있다(Gilbert & Terrell, 2009). 3P로 불리는 세 가지 분석접근은 서로 중첩되고 관련된다. 그러나 세 가지 분석적 접근은 각각 본질적으로 다른 질문에 대한 답을 구하기 위한 것이며, 각각에서 도출된 지식과 통찰은 사회복지정책에 관한 실천적 역할도 다르게 적용된다.

첫째, 사회복지정책의 과정분석은 사회복지정책 형성과정의 역동성을 사회정치적 변수와 기술적-방법적 변수를 중심으로 분석하는 접근이다. 과정분석은 정책결정이 이루어지는 사회적 맥락, 정책결정과정에 참여하는 여러 행위자들이 보이는 행동과 그들이 가진 동기 및 목적, 정책이 전개되는 과정의 여러 단계들이 정책적 산출에 어떻게 영향을 미치는가 등의 문제들을 다룬다.

둘째, 산물분석은 정책 선택과 관련된 여러 쟁점들을 분석하는 접근이다. 특정 정책의 설계는 다양한 정책 선택이 이루어진 결과다. 따라서 정책 선택의 다양한 차원들 가운데 각 선택 차원마다 선택 가능한 정책대안들 중 선택된 정책의 형태와 내용은 무엇인가, 선택에서 배제된 대안들은 어떤 것들인가, 선택을 하는 데 근거가 된 가치와 이론, 가정들은 어떤 것들인가 등의 문제를 다룬다.

셋째, 성과분석은 특정한 정책 선택에 의해 실행된 프로그램의 결과와 영향을 평가하는 데 관심을 둔다. 성과는 질적·양적 자료 수집과 다양한 방법론적 도구를 통해 측정될 수 있다.

연습문제

1. 사회복지정책의 개념 정의를 고려할 때, 정책의 3대 요소는 무엇인지 제시해 보자.

2. 사회복지정책을 형성하는 주요 가치들의 의미와 관계에 대해 생각해 보고, 실제 사회복지정책에 내재된 가치를 분석해 보자.

3. 현행 사회복지정책을 분석하기 위한 질문들을 정리해 보자.

4. 사회복지정책이 형성되는 정치적 과정에 대한 이론적 모델을 정리해 보자.

참고문헌

김태성(2007). 사회복지정책 입문. 서울: 청목출판사.

남찬섭, 유태균 역(2007). 사회복지정책론: 분석틀과 선택의 차원(개정2판)(Neil Gilbert & Paul Terrell 저). 서울: 나눔의 집.

박경일(2008). 사회복지정책론. 고양: 공동체.

박병현(2007). 사회복지정책론: 이론과 분석(개정2판). 서울: 현학사.

송근원(2004). 사회복지정책학. 서울: 학지사.

송근원, 김태성(2008). 사회복지정책론. 파주: 나남출판.

원석조(2010). 사회복지정책론. 고양: 공동체.

이정우(2002). 사회복지정책. 서울: 학지사.

현외성(2008). 사회복지정책강론. 파주: 양서원.

Abrahamson, P. E. (1991). Welfare and poverty in the Europe of the 1990s: Social progress or social dumping? *International Journal of Health Service, 21*(2), 237-264.

Alcock, P., May. M., & Rowlingson, K. (2008). *The student's companion to social policy* (3rd ed.). Oxford: Blackwell.

Baldock, J. (1993). *Patterns of change in the delivery of welfare in Europe.* In P. Taylor-Gooby & R. Lawson (Eds.), *Markets and Managers: New Issues in the Delivery of Welfare* (pp. 24-37). Open University Press.

Baldock, J., Manning, N., & Vickerstaff, S. (Eds.). (2007). *Social Policy* (3rd ed.). Oxford; New York: Oxford University Press.

Barusch, A. S. (2008). *Foundations of social policy: Social justice in human perspective* (3rd ed.). Belmont: Brooks Cole.

DiNitto, D. M., & Cummins, L. K. (2007). *Social welfare: Politics and public policy* (6th ed.). Boston: Allyn & Bacon.

Chambers, D., & Wedel, K. (2008). *Social policy and social programs: A method for the practical public policy analyst* (5th ed.). Boston: Allyn and Bacon.

Gilbert, N., & Specht, H. (1974). *Dimensions of social welfare policy*. Englewood Cliffs, New Jersey: Prentice-Hall.

Gilbert, N., & Terrell, P. (2009). *Dimensions of social welfare policy* (7th ed.). Boston: Allyn and Bacon.

Goodin, R. E., & Michell, D. (Eds.). (2000). *The Foundations of the Welfare State* (Vol. I, II, III). An Elgar Reference Collection.

Le Grand, J. (1994). Paying for or providing welfare? In N. Deakin (Ed.), *The Costs of Welfare* (pp. 87-106). Avebury.

Rose, R. (1989). Welfare: The public/private mix. In S. B. Kamerman & J. K. Alfred (Eds.), *Privatization and the Welfare State* (pp. 73-96). Princeton University Press.

3 PART

사회복지 분야

07 아동 및 청소년 복지

사회복지실천 현장에서는 삶의 밑바닥까지 떨어져 있는 아동 · 청소년을 보기도 하지만 아동 · 청소년은 어떠한 상태에 있든지 변화 가능하다. 좋은 상황에서 쉽게 나빠질 수도 있고 나쁜 상황에서 쉽게 좋아질 수도 있다. 이는 아동 · 청소년이 가족이나 부모의 영향뿐 아니라 또래관계 혹은 학교 등 점차 사회의 다양한 영향을 받고 자라는 성장기 단계에 있기 때문이다. 특히 아동 · 청소년과 가족은 불가분의 관계다(한국아동복지학회, 2008). 이는 아동 · 청소년의 문제가 곧 가정의 문제이고, 반대로 가정의 문제는 아동 · 청소년에게 문제를 일으킬 수 있음을 의미한다. 또한 아동 · 청소년들은 태어나는 순간부터 가정 안에서뿐만 아니라 사회에서 수많은 '어른들'의 영향권 안에 놓인다. 즉, 부모는 물론 조부모, 교사, 이웃주민, 성직자, 고용주, 정치지도자, 그리고 아동 · 청소년의 삶에 직간접적으로 영향을 미치는 일일이 헤아릴 수 없는 많은 사람들에게 의존하게 된다. 그러므로 나쁜 상황에 빠지게 된 이유도 아동 · 청소년 자신의 책임이기보다 가족이나 사회의 책임이 더 크며, 아동 · 청소년의 발달과 적응에는 기본적인 환경뿐만 아니라 무엇보다 부모와 사회의 세심한 관심과 사랑이 반드시 필요하다는 것을 알 수 있다.

이렇듯 우리 한 사람 한 사람은 모든 아동 · 청소년들의 삶에서 어떤 식으로든 역할을 하고 있다. 한 아이를 키우는 데는 이렇게 지역사회 전체의 노력이 필요한 것이다. “아이를 키우는 데는 마을 전체가 필요하다(It takes a village to raise a child.).”라는 아프리카의 옛 속담은 이러한 사실을 잘 보여 주고 있다(이수정 역, 1996). 이 속담 속에는 가정이 잘되고 사회 전체가 잘되어야만 아이들이 잘 자랄 수 있다는 영원히 기억해야 할 진리가 들어 있다. 그리고 이 속담은 아동 · 청소년들의 건강한 성장과 발달이 전적으로 가정의 책임이라는 주장에서 벗어나 사회의 책임을 떠올릴 수 있게 하며 아동 · 청소년복지의 당위성을 잘 설명해 주고 있다.

1. 아동 · 청소년의 개념

아동 · 청소년의 개념을 정의하기란 쉬운 일이 아니다. 왜냐하면 워낙 명백한 단어이기도 하고 좀 더 학문적으로는 시대에 따라, 관련 법규 및 국가에 따라 다양하게 규정되기 때문이다. 먼저 시대에 따라 아동 · 청소년의 개념이 어떻게 달라졌는지 살펴보면 다음과 같다(김정래, 2002).

초기 관점 중의 하나는 아동 · 청소년을 ‘생각이 없는 존재(mindless creature)’로 보는 것이다. 이 관점에 따르면 아동 · 청소년은 사물을 인지하거나 지각할 수 있는 존재가 아니라 인간보다는 동물에 가까운 존재다. 따라서 마치 동물처럼 매매하기도 하였고, 길들인다는 이유로 학대의 대상이 되기도 하였다. 또한 아이들에게 효과적인 학습이나 교육을 도모하는 것은 전혀 의미가 없는 일이다. 성인들이 아동 · 청소년에게 할 수 있는 일이란 아이들의 기본적이고 생리적인 필요를 충족시켜 주고 신체적인 안전을 보장해 주는 것과 함께 질병, 기아, 추위와 같은 위험으로부터 아이들을 보호해 주는 일뿐이다.

두 번째 관점은 아동 · 청소년을 '작은 성인(miniature adult)'으로 보는 것이다. 18세기까지도 아동 · 청소년들은 어른의 작은 형태로 간주되었다. 가장 조잡한 관점이라고 할 수 있는 '생각이 없는 존재'의 경우보다 다소 발전된 것이긴 하지만, 이 관점은 아동 · 청소년에게 많은 부담을 지게 하였다. 이 관점에 따르면 아동 · 청소년은 성인에 비하여 '덩치'만 작은 존재이지 적절한 지식과 경험을 부여한다면 성인과 유사한 역할과 행동을 할 수 있는, 여타의 측면에서 성인과 똑같은 특징을 가진 존재다. 그렇기 때문에 성인에게 부과되는 것과 같은 과업이 아동 · 청소년에게 가해지는 것은 당연시될 뿐만 아니라 과업 이행의 실패는 아동 · 청소년의 나태함으로 인한 결과이기 때문에 처벌이 합리화되었다. 나아가서 이 관점은 처벌이 아동 · 청소년에게 학습이나 행동을 동기화시켜 주는 요인이 된다고 보았다.

세 번째 관점은 아동 · 청소년을 '주조될 수 있는 존재(molded being)'로 보는 것이다. 이 관점에 따르면 아동 · 청소년은 본바탕에 있어서 '빈 서판(tabula rasa)' '영혼을 가진 찰흙(animated clay)'과 같은 존재다. 이 관점은 아동 · 청소년의 가소성을 인정했다는 점에서 이전 관점보다 발전된 견해라고 할 수 있다. 또한 가소 가능한 존재인 아동 · 청소년이 궁극적으로 형성되어야 할 틀을 성인이 결정함으로써 앞서 소개한 두 가지 관점과는 달리 그릇된 결과의 일차적인 책임을 성인에게 둔다. 이와 같은 관점이 시사하는 중요한 논점은 크게 두 가지다. 하나는 이른바 틀을 아동 · 청소년의 견해와는 관계없이 성인이 결정한다는 점이다. 이는 자신의 모습을 결정하는 의사결정 과정에 아동 · 청소년의 참여가 배제된다는 것을 말한다. 다른 하나는 아동 · 청소년의 행동이나 태도가 성인이 짜 놓은 틀에 부합되지 않을 경우 그에 대한 제재수단으로서 처벌이 허용되고 합리화된다는 점이다. 이런 관점에서 아동 · 청소년은 수동적인 존재로 머무는 것뿐만 아니라 성인의 조작 대상에 불과한 것이다.

다음으로 아동 · 청소년을 '주조되는 존재'가 아닌 '성장 · 발달하는 존재'로 보는 관점은 비로소 아동 · 청소년이 인격체로 대접받게 되는 단초를 제공한다. 이러한 관점이 과학적 탐구와 함께 진전하게 된 결과 중 하나는 아동 · 청소년을 인격적으로 대한다는 것 외에 아동 · 청소년의 세계가 성인의 세계와는 별도로 존재한다는 사실을 발견한 것이다. 또한 아동 · 청소년의 세계가 별도로 존재한다는 사실은 아동 · 청소년을 이해하는 별도의 설명이 요구된다는 것과 함께 아동 · 청소년에게 발달단계별로 취해야 할 교육적 조치가 상이하다는 것을 의미한다. 이러한 사실을 대표하는 연구는 피아제의 인지발달이론과 콜버그의 도덕성발달이론 등이다. 이렇게 19세기 후반에 와서야 과학적인 아동 · 청소년 연구가 진행되었다.

성장 · 발달하는 존재로서의 아동 · 청소년 관점은 다음의 세 가지 강조점으로 파생된다. 첫째, 아동 · 청소년은 통합된 전체로 보아 전인적으로 이해되어야 한다. 즉, 아동 · 청소년의 발달을 논할 때 신체, 사회, 인지 발달 등으로 구분하지만 이는 분리된 것이 아니라 역동적으로 상호 관련된다는 것이다. 둘째, 아동 · 청소년은 단순하게 어른이나 부모에게 예속된 보호의 대상이 아니라 독립된 인격을 가진 권리의 주체로 인식된다. 셋째, 모든 아동 · 청소년은 발달하는 속도, 능력, 성격 등이 각기 다른 개별성을 지닌 하나의 인격체다. 따라서 아동 · 청소년은 각기 발달 수준이나 능력에 비추어서 이해되고 기대되어야 하고 그들의 개인차가 존중되어야 한다.

역사적으로 아동 · 청소년에 대한 개념은 이처럼 변화해 왔다. 그런데 법률적 규정에 의한 아동 · 청소년의 정의도 각 법률에 따라 매우 다양하다. 우선 우리나라 아동복지의 기초가 되는 아동복지법에서는 아동 · 청소년을 18세 미만의 자로 규정하고 있다. 하지만 특수 상황에 있는 아동,

특히 장애아의 경우에는 교육과 보호가 필요한 경우 20세까지 계속 서비스를 받을 권리가 부여되기도 한다. 실종아동법에서는 14세 미만을 아동으로, 민법 및 소년법에서는 만 20세 미만을, 청소년기본법에서는 9세 이상 24세 이하를, 그리고 청소년보호법에서는 19세 미만을 청소년으로 규정하고 있다. 이와 같이 법에 따라 대부분의 연령기준은 중복될 뿐만 아니라 통일된 연령규정도 없는 실정이다. 물론 이렇게 법률에 따라 상이한 연령기준을 사용함으로써 법의 탄력적인 적용을 통해 아동 · 청소년복지 실천 운영의 합리화를 기할 수는 있지만 통합적으로 아동 · 청소년복지정책을 실시할 때는 어려움이 있을 수 있다.

UN은 오랜 기간 14세 이하를 아동으로, 15~24세를 청소년으로 간주해 왔다. 그러나 아동권리협약에는 18세 미만, 적대행위나 징병에 포함될 수 없는 연령은 15세 등으로 일관적이지 못하다. 국가에 따라서도 다양한 차이를 보인다. 이탈리아, 노르웨이, 스위스, 호주, 핀란드, 프랑스 등은 18세 미만을, 영국은 17세 미만을 아동 · 청소년으로 규정한다. 캐나다와 미국은 주별로도 차이를 보인다. 캐나다의 경우 7개 주는 16세, 3개 주는 18세를 아동 · 청소년으로 규정하고 있고, 미국의 경우 8개 주는 16세 미만, 11개 주는 17세 미만, 24개 주는 18세 미만, 1개 주는 19세 미만, 2개 주는 21세 미만을 아동 · 청소년으로 규정하고 있다. 이와 같이 한 국가 내에서는 물론 국가에 따라서도 아동 · 청소년의 연령적인 정의에서 다양한 차이를 보여 주고 있다(장인협, 오정수, 2000).

이상에서 살펴보았듯이, 아동 · 청소년의 개념은 시대에 따라, 관련 법규 및 국가에 따라 다양하게 규정되어 있다. 또한 연령에 의한 획일적 정의는 정책 집행의 측면에서 보면 용이하지만 모든 아동 · 청소년이 발달하는 속도, 능력, 성격 등 각기 다른 개별성을 지닌 존재라는 개념은 포괄할 수 없다. 따라서 아동 · 청소년을 정의할 때는 연령적인 정의와 함께 아동 · 청소년의 특성이 개념 정의에 보충되어야 한다. 또한 아동 · 청소년들마다 개인 간 편차가 크기 때문에 모든 아동 · 청소년이 똑같다고 생각하기보다 평균적이나 확률적으로 그런 것임을 명심해야 한다. 그래야만 발달 속도에 따른 개인적 차이를 반영하여 아동 · 청소년을 정의할 수 있을 것이다.

2. 아동 · 청소년의 주요 특성

1) 아동 · 청소년의 일반적 특성

아동 · 청소년의 일반적 특성은 크게 의존, 미성숙, 부적응, 민감성, 변화용이성으로 나눠 볼 수 있다. 이 특성들은 상호 배타적인 것이 아니라 상호 의존적인 것이기 때문에 특성들끼리 매우 밀접하게 연관되어 있다 (오정수, 정익중, 2008; 장인협, 오정수, 2000).

(1) 의존

의존은 아동 · 청소년기의 가장 주요한 특성 중의 하나다. 아동 · 청소년의 생존과 신체적, 사회적, 심리적, 지적 발달은 중요한 타인들, 특히 부모의 사랑, 관심 또는 보호에 의존하게 된다. 아동 · 청소년들은 부모가 있을 경우 부모에게 의존하겠지만 없을 경우 자립할 수 있을 때까지 누군가에게 의존해야만 건전하게 성장 · 발달할 수 있다. 또한 아동 · 청소년은 자신이 안전하고 사랑받고 있으며 누군가에게 소속되어 의존하고 있다는 의식을 지니고 싶어 한다. 아동들은 여러 가지 형태의 실험을 즐기지만 그때마다 자기 엄마나 아빠가 자기를 지켜보고 있는지를 확인하고, 실험이 끝났을 경우 재빠르게 부모의 품으로 돌아오는 경우가 많다. 아동의 실험은 안전하고 사랑받고 의존받고 있는 상태에서만 이루어지게 된다. 이러한 실험들은 아동 · 청소년의 지적, 심리사회적 발달에 영향을 미치는데, 이러한 조건이 충족되지 못할 경우 인지 능력, IQ 등의 저하를 가져오게 되고 학교 준비가 덜 된 상태로 만드는 동시에 학업성적이 저하되도록 만드는 등 발달에 심각한 손상을 초래하게 된다. 또한 인지 능력, 학업성적의 저하는 문제행동과 비행의 원인으로 작용한다.

따라서 부모를 상실하였거나 부모가 있어도 부모로부터 사랑과 보호를 받을 수 없는 경우, 아동 · 청소년은 정체감이나 생존에 대한 위협을 느끼게 된다. 그러므로 아동 · 청소년의 발달은 부모와의 관계라는 맥락을 떠나서는 이해하기 어렵다. 보울비는 가장 중요한 보호자, 특히 부모와의 애착을 아동 · 청소년 발달의 중요한 요인으로 간주하고 있다. 그에 따르면 부모에게 제대로 의존하고 있을 때 애착이 형성되고, 이것은 아동 · 청소년의 심리사회적 발달에 큰 영향을 미치게 된다. 아기는 부모에 대한 애착을 통해서 자신의 감정을 배우고 타인의 감정을 읽을 수 있게 된다. 부모와의 건강한 관계가 형성되면, 아기들은 자신이 사랑을 받고 남에게 받아들여지고 있다는 사실을 인식하며 이로부터 애정과 공감의 가치를 배우게 된다.

(2) 미성숙

미성숙도 아동 · 청소년기의 중요한 특징이다. 미성숙의 특징은 아동 · 청소년기의 자기중심성에서 잘 나타난다. 미성숙한 아동 · 청소년은 자기통제가 부족하고, 자기가 하고 싶은 대로 행동하며, 자신이 아는 것을 다른 사람도 알 것이라 생각한다. 또한 모든 아동 · 청소년들은 가족이나 사회 내에서 각기 인간다운 애정을 얻고 또래집단의 아동 · 청소년들 틈에서 인정받고 싶어 하며 새로운 경험을 얻고 싶어 한다. 이 과정에서 자기 수준에 맞는 지식, 기술, 행동방식, 가치 등에 관한 학습의 기회를 통해 아동 · 청소년은 신체적, 정신적, 심리정서적 욕구를 동시에 충족시키며 점차 성숙으로 나아간다. 이처럼 아동 · 청소년은 자기의 개인적 수준에 따라 각 발달단계에 적절하게 필요한 기능이나 능력을 발전시킨다. 그러므로 아동이 건전하고 성숙하게 성장하기 위해서는 무엇보다 그 발달 수준, 단계, 능력과 관심 등에 비추어 이해되어야 하며 주변의 이해와 격려, 지도 등이 필요하다.

(3) 부적응

인간은 출생과 동시에 사회집단에 소속하게 된다. 그 사회집단의 출발은 가족이며 점차 또래집단, 학교, 지역사회, 회사 등과 같은 사회공동체에 소속하여 사회적 인간으로 성장해 나간다. 아동 · 청소년기란 인간으로서의 독립생활을 가능하게 하는 사회적응 능력을 학습하는 시기다. 아동 · 청소년은 자기 스스로의 힘으로 환경에 잘 적응할 수 없기 때문에 아동 · 청소년이 사회환경에 잘 적응하기 위해서는 여러 집단의 지속적이고 단계적인 보호와 양육, 적응훈련이 절대적으로 요구된다. 이를 통해 아동 · 청소년은 신체적 발달뿐 아니라 사회생활에 적응할 수 있는 사회정서적 발달을 이루어 훌륭한 사회적 인간으로 성장하게 될 것이다. 과거처럼 사회가 단순하고 덜 발달된 경우 환경에 대한 적응이 비교적 쉬웠지만, 오늘날과 같이 복잡하고 다양한 사회문화 환경에서는 아동 · 청소년이 적응하기 위해 타인의 도움이 필수적이고 부모와 사회로부터 적절한 보호, 교육, 지도가 필요하다.

(4) 민감성

아동 · 청소년기는 감정이 매우 예민하고 강렬한 시기다. 아동 · 청소년은 그 욕구가 즉각 충족되기를 원하고 느슨하게 참고 기다릴 줄을 모른다. 또한 욕구 충족이 계속적으로 좌절될 경우 불안과 불신 또는 자신의 세계관을 왜곡시키는 적개심을 조성하고 냉담과 퇴행에까지 이르게 된다.

그리고 감정의 상태가 성인에 비해 일시적이고 강렬하며 변화가 극심할 뿐만 아니라 어떤 발달 영역보다도 정서나 감정이 지배하는 영역이 크다. 따라서 아동 · 청소년기는 스스로가 이러한 정서와 감정의 직접적 통제자로서 성장하는 과정이라 볼 수 있다. 갓프레드슨과 허쉬(Gottfredson & Hirschi, 1990)는 이러한 감정과 정서에 대한 자기통제(self-control)의 부재를 아동 · 청소년기뿐만 아니라 성인기 범죄의 근본 원인으로 보았다.

(5) 변화용이성

아동 · 청소년기에는 뭐든지 쉽게 수정 가능하고 변화 가능하다. 무슨 실수를 하든, 안 좋은 습관을 가지고 있든 아동 · 청소년의 경우 변화가 용이하다. 반면 성인의 경우 너무 경직되어 있기 때문에 변화가 가능하지 않다. 예를 들어, 흡연에 대한 예방서비스의 경우 아동 · 청소년에게는 흡연의 단점을 쉽게 인지시키고 쉽게 담배에서 멀어지도록 만들 수 있지만, 성인의 경우 이미 담배를 접해 본 사람들이 많기 때문에 그들에게 흡연을 줄이거나 중단하게 하려면 아동 · 청소년에게 들였던 수고의 몇 배 이상을 들여야 한다.

앞의 세 가지 특성인 의존, 미성숙, 부적응과 뒤의 두 가지 특성인 민감성, 변화용이성은 차원이 다소 다른데, 앞의 세 가지는 아동 · 청소년의 발달과정상의 특성이고 뒤의 두 가지는 아동 · 청소년기 자체의 특성이다. 요약하면, 아동 · 청소년기는 의존을 통해 성숙해지고 환경에 적응해 가는 발달과정이라 할 수 있으며 민감성, 변화용이성의 특성을 가지고 있다.

2) 아동 · 청소년기의 발달기제적 특성

기초성, 적기성, 누적성, 불가역성 등과 같은 아동 · 청소년기의 발달기제적 특성 때문에 아동 · 청소년복지의 중요성과 필요성이 크게 대두되는 것이다(오정수, 정익중, 2008).

(1) 기초성

아동 · 청소년기는 성인기의 기초가 형성되는 기간이다. 즉, 아동 · 청소년의 발달에서 경험하는 모든 것은 성인기의 여러 특성을 결정하는 원인이 된다. 어릴 때의 모든 경험은 일생을 특징지을 수 있을 정도로 강력할 뿐만 아니라 인생의 기초를 형성한다. 예를 들어, 출생 시부터 약 4세까지는 인간 지능의 50%, 약 8세까지는 약 80% 정도가 발달되고, 만 6세까지는 인간 성격의 기틀이 거의 형성된다는 학설은 이러한 특성을 잘 나타내 준다.

(2) 적기성

인간의 발달에는 최적기가 있다고 밝혀지고 있으며, 이 최적기는 신체발달, 인지발달, 성격발달, 도덕성 및 사회성 발달 등 모든 측면의 발달에서 제각기 서로 다르다고 보고 있다. 이를테면 언어발달의 최적기는 생후 4년 정도라고 보고 있다. 그런데 이 시기에 아기에게 언어적 자극이 부족하거나 왜곡된 언어자극이 제공된다면 언어발달의 지체를 경험하게 되며, 이후 언어와 관련된 사회화에 막대한 영향을 입게 된다. 반면 부모가 성급하게 0~2세 영아에게 수의 개념이나 글자 읽기 및 쓰기 등을 가르친다면 역시 이는 발달을 촉진하기는커녕 역효과를 초래한다. 특히 이 적기성과 관련하여 중요한 개념으로 결정적 시기(critical period)라는 것이 있는데, 이는 어떤 특정한 발달과업을 성취하는 데는 가장 적절한 시기가 있고 그 시기를 놓치면 다음 시기에 보충되기가 어렵다는 것이다.

(3) 누적성

인간의 성장 · 발달에 있어서 어떤 결손이 생기면 그 결손은 다음 시기의 발달에 부정적인 영향을 미치며, 적절한 개입을 하지 않으면 결손이 계속 누적되어서 보다 심각한 결손으로 나타날 수 있다. 이를 누적성이라고 한다. 예컨대, 수유기에는 기본적 신뢰감이나 불신감이 형성되는데, 이 시기에 어머니와 아기 사이에 불신감이 형성되면 이후 대부분의 인간관계에 계속적으로 그 영향이 파급된다. 다시 말하면, 모자관계의 불신감은 부모, 형제 등 가족관계나 또래 및 이웃관계에도, 직장사회에서 상사와 동료와의 관계에까지 확산될 정도로 누적적이다. 또한 아동 · 청소년기의 학습에서 어떤 결손이 생기면 그에 의해 학습동기가 저하되고, 계속적으로 누적되면 회복이 어렵게 된다. 이러한 누적성은 신체적, 지적, 사회적, 정서적인 모든 발달 영역에 적용된다.

(4) 불가역성

인간의 특성은 주로 초기인 아동 · 청소년기에 그 기초가 형성되고, 또한 급속한 발달이 이루어진다. 그러나 급속히 발달하는 결정적 시기를 놓치게 되면 그 이후에 그것을 보완하거나 교정하기가 매우 힘들게 된다. 이렇게 결정적 시기를 놓쳐서 거의 회복이 어려운 기제를 발달의 불가역성이라고 한다. 예를 들면, 인간의 지능은 4세 정도까지 약 50%가 발달되는 것으로 밝혀져 있다. 그러나 어떤 이유로 4세까지 적절한 지적 자극이 부족한 환경에서 성장하게 되는 아동 · 청소년은 지적 발달이 지체되기 쉽다. 그리고 그 이후에 아무리 풍요한 지적 환경을 제공한다고 해도 완전회복이 어려울 수 있는데 이것이 곧 불가역성이다. 이런 불가역성은 지적 발달뿐 아니라 신체적 · 정서적 · 성격적 발달 및 기타 여러 발달 영역에서도 나타난다.

불가역성을 액면대로 받아들이면 아동 · 청소년복지는 회복이나 성장 목적이 아니라 현상유지 목적으로 잘못 인식될 수 있다. '세 살 버릇 여든까지 간다'는 속담처럼 어릴 때 문제는 이후에 만회하거나 고치는 것이 매우 어렵다. 그러나 세 살 문제도 노력만 하면 여든이 되기 전에 고칠 수 있다. 아이의 발전가능성을 믿자. 아이는 자신의 습관을 고칠 수 있는 시간을 충분히 갖고 있다. 이에 대한 부모나 성인의 믿음이 뒷받침될 때 아이가 실제로 변화할 수 있는 것이다. 그러므로 부모나 성인이 아이를 믿고 있다는 것을 아이 스스로 느낄 수 있도록 하는 것이 매우 중요하다.

3. 아동 · 청소년복지의 기초

1) 아동 · 청소년복지의 정의

아동 · 청소년복지는 사회복지의 한 분야로서 이를 논의하기 위해서는 사회복지에 대한 올바른 개념 정립이 선행되어야 한다. 사회복지는 개인 또는 사회구성원 전체의 복지를 추구하는 일련의 사회적 노력을 말한다. 따라서 사회복지란 보다 나은 행복에 대한 이념뿐만 아니라 그것을 향한 실천적 의미를 동시에 내포하고 있다. 일반적으로 상호부조, 자선사업, 박애사업은 전통사회에서 볼 수 있는 사회복지의 형태이고, 사회사업, 사회정책, 사회운동은 현대사회의 복지활동이라 할 수 있다. 전통적 사회에서는 사회적 노력이 자발성, 가족, 종교 등에 의존하였지만, 현대에 올수록 그것은 강제성, 직장, 정부에 의존하는 경향이 있다. 이러한 경향은 복지가 인간의 권리이고 사회적, 국가적 책임이라는 복지사상을 지니고 있기 때문이다. 이는 윌렌스키(Wilensky)와 르보(Lebeaux)의 잔여적 및 제도적 사회복지 개념에서도 잘 나타나 있다. 잔여적, 소극적, 선별적 사회복지란 가족이나 시장기구로부터 탈락된 사람들에게 정상적인 사회생활을 유지할 수 있도록 보호, 재활, 치료의 정책이나 서비스를 제공하는 경우를 말한다. 반면 제도적 · 적극적 · 보편적 사회복지는 사회성원 전체를 대상으로 하여 그 생활의 각 측면에서 나타나는 비복지를 다루거나 해결코자 하는 것이다. 국민의 복리와 사회질서 유지를 위하여 기본적인 사회적 욕구를 충족시키기 위한 프로그램이나 서비스를 제공하는 경우를 말한다. 이처럼 사회복지의 개념은 역사적으로 잔여적인 것에서 제도적인 것으로 발전해 오고 있다.

아동 · 청소년복지의 개념에서도 아동 · 청소년에 대한 이념적 목표가 되는 아동 · 청소년의 복지 증진과 그것을 향한 아동 · 청소년 프로그램이나 서비스의 실제적 활동을 포함하는 실천적 의미를 동시에 가지고 있다. 카두신은 아동 · 청소년복지를 잔여적 의미의 사회적 서비스의 한 형태로 정의하였다(장인협, 오정수, 2000). 카두신의 정의에서 아동 · 청소년복지는 부모가 아동 · 청소년 양육의 책임을 충족시킬 수 없거나 그 지역사회가 아동 · 청소년과 가족이 요구하는 보호와 자원을 제공할 수 없을 때 아동 · 청소년에게 제공되는 사회적 서비스를 말한다. 반면 마이어는 아동 · 청소년복지를 사회체계의 하나로 보고 사회사업 전문직의 한 분야로 정의하고 있다(장인협, 오정수, 2000).

사회복지 개념이 산업화 이후 잔여적 개념에서 다른 사회제도와 동등한 위치의 독립된 사회제도적 의미로 받아들여지고 있는 것처럼, 아동 · 청소년복지의 정의도 카두신의 정의에서 나타났던 가족과 시장 기능을 보충하는 잔여적 의미보다는 점차 마이어의 독립된 사회제도로서의 제도적 의미를 받아들이는 경향이 높아지고 있다. 즉, 아동 · 청소년복지도 보호를 필요로 하는 아동 · 청소년에 대한 것이라는 잔여적 개념에서 벗어나 모든 아동 · 청소년을 대상으로 한 사회제도로서의 아동 · 청소년복지가 추구되고 있음을 의미하며, 사회와 국가가 아동 · 청소년의 복지 증진을 위한 권리와 책임을 가지고 있음을 의미한다. 또한 이는 사후 대책적 역할로서의 기능보다는 예방적이며 의도적인 변화를 가져올 수 있는 발달 지향적 아동 · 청소년복지체계가 형성됨을 말하고 있다.

2) 아동 · 청소년복지의 실천원칙

아동 · 청소년복지서비스의 실천은 아동 · 청소년과 가족, 국가의 역할과 책임에 대한 사회적 인식과 가치를 기초로 하여 일련의 원칙에 따라 수행된다. 다운스 등(Downs et al., 2004)은 아동 · 청소년복지서비스의 실천에 적용하는 다음과 같은 네 가지 원칙을 제시하고 있다(오정수, 정익중, 2008 재인용). 이러한 아동 · 청소년복지서비스의 실천원칙들은 미국을 비롯한 선진국에서 학대아동 보호, 가정위탁, 입양 등 서비스에서 경험적으로 검증되어 왔으며 서비스의 현장에서 적용되고 있다.

첫째, 안전하고 영구적인 가정이 아동 · 청소년을 위한 최선의 환경이다. 아동 · 청소년은 의존적이고 미성숙한 존재로서 생존과 발달을 위하여 외부의 보살핌, 보호 그리고 지도가 필요한 존재이며, 미래에 사회에서 필요한 역할을 수행하기 위하여 사회화를 통해 점진적으로 그 역할을 학습해 나간다. 아동 · 청소년이 보살핌과 보호를 받고 사회화를 이루어 가는 성장과 발달과정에서 안전하고 영구적인 가정은 최선의 환경을 제공한다. 아동 · 청소년의 욕구는 지속적인 양육, 지지 및 자극을 제공하는 환경에서 성장 · 발달하는 기회를 갖는 것이며, 가정은 보살핌을 제공하는 보호자와의 안정된 관계를 제공하는 최선의 장이다.

둘째, 아동 · 청소년은 신체적 · 성적 · 정서적 학대로부터 자유로운 안전한 환경에서 성장하여야 한다. 아동 · 청소년은 음식, 의복, 주거 등 기본적인 욕구를 충족함에 있어 사랑을 제공하는 보호자와의 관계 속에서 안전하게 자라야 한다. 아동 · 청소년의 가정이 안전한 환경을 제공할 능력을 상실하였을 경우에는 첫째 원칙과 둘째 원칙이 충돌하는 상황이 발생한다.

셋째, 아동 · 청소년의 욕구가 가족에 의하여 충족될 수 있을 때, 아동 · 청소년복지서비스는 가족의 기능을 강화하고 지지하여야 한다. 이 원칙은 첫째 원칙과 둘째 원칙이 충돌하는 딜레마적인 상황을 해결하기 위한 실천원칙이다. 즉, 아동 · 청소년의 욕구가 가족에 의하여 충족될 수 있는 한, 서비스는 가족의 기능을 강화하고 지지하여야 한다. 서비스는 아동 · 청소년을 가족으로부터 분리하지 않고 가족의 연속성을 유지하게 하며, 가족은 지역사회로부터 적절한 소득보장, 의료보호, 주거 등 아동 · 청소년 양육을 위한 적절한 환경을 제공받을 자격이 있다.

넷째, 아동 · 청소년을 배치(placement)하는 결정에서는 가족의 연속성에 대한 아동 · 청소년의 욕구를 존중하여야 한다. 만약 아동 · 청소년이 가족으로부터 불가피하게 분리되어야 하는 경우, 아동 · 청소년을 배치하는 결정은 가족에 대한 아동 · 청소년의 정서적인 애착과 연속성을 유지하는 데 서비스의 초점을 두어야 한다. 혈연관계는 이러한 연속성을 유지하는 데 중요한 역할을 한다. 아동 · 청소년을 생물학적 부모로부터 분리시킬 때 아동 · 청소년을 그들이 알고 있는 친척에게 보내는 것, 형제자매와 함께 거주하게 하는 것, 또는 친구나 교사, 친척 등 가까운 관계의 사람들과 접촉을 유지하게 하는 것 등이 이러한 연속성을 고려한 조치다. 입양을 통하여 영구적인 배치를 하는 경우에도 공개입양의 방법으로 생물학적 부모와의 관계를 유지하게 하는 것이 바람직하다.

이러한 원칙과 더불어 몇 가지를 더 첨가하면 다음과 같다. 첫째는 통합성의 원칙이다. 아동 · 청소년도 하나의 정체성을 띤 인간으로서 그들에게 관련되는 제 측면들이 상호 보완되는 가운데서 건전한 성장과 발달을 도모할 수 있다. 따라서 모든 아동 · 청소년에게는 안정된 가족, 경제적 안정, 교육, 보건, 노동, 오락 및 사회복지에 대한 제도, 정책, 프로그램, 서비스가 총체적으로 제공되어야 한다(장인협, 오정수, 2000). 어느 한 측면만으로는 아동·청소년복지의 목표를 달성할 수 없다. 또한 통합성의 원칙은 행정적인 측면에서도 적용되어야 한다. 아동·청소년복지는 보건복지부가 핵심적인 기능을 하지만 여러 부처가 관여하기 쉽다. 이때 각기 관련 부처가 그들의 소관사항에만 집착한다면 부분적 측면의 해결은 가능하겠지만 포괄적 욕구는 충족시킬 수 없을 것이다. 그리고 한정된 자원의 효과적인 사용을 위해서는 특히 통합조정의 원리가 매우 중요하다.

둘째는 지속성의 원칙이다. 필요한 서비스가 지속적으로 제공될 수 있는 전달체계를 구축해야 한다. 특히 위기집단의 경우는 한 번의 서비스 제공으로 문제가 해결되지 않는다. 따라서 다양한 종류의 서비스 제공과 함께 위기 상황에서 벗어나 안정을 찾을 때까지의 지속적인 서비스가 일관되게 제공될 필요가 있다.

셋째는 개별성의 원칙이다. 일반적으로 영유아에게는 양육보호를 중심으로, 청소년에게는 자립지원을 중심으로 서비스가 제공되어야 한다. 이렇게 적절한 개인별 맞춤형 서비스가 제공될 수 있는 전달체계를 구축해야 한다. 효과적인 문제 해결을 위해서는 대상자에게 개인별로 적절한 맞춤형 서비스가 제공되어야 하고 이를 위해서는 사례관리가 필수적이다. 이상적으로는 양육보호, 방과후 보호, 상담, 치료, 자립지원 등 다양한 서비스가 한 사람에 의해 수행되는 것이 가장 좋지만, 이는 전문성을 고려한다면 불가능하다. 사례관리전담 전문가 한 사람의 조정하에 다양한 서비스가 제공된다면 클라이언트 입장에서는 최소한의 혼란 속에서 포괄적인 서비스를 제공받을 수 있을 것이다.

넷째는 전문성의 원칙이다. 이는 아동·청소년복지의 성과를 좌우하는 매우 중요한 원칙이다(장인협, 오정수, 2000). 아동·청소년들의 건전한 성장과 발달을 위해서는 그들을 위한 전문가와 전문기관의 필요성이 절실하다. 왜냐하면 아동 · 청소년 문제는 복잡하고 다양하므로 전문적인 지식과 기술이 필요하기 때문이다.

4. 아동 · 청소년복지서비스의 유형

1) 서비스의 기능에 의한 분류

이 분류는 카두신이 제시한 것으로, 아동 · 청소년 양육을 위한 가정의 역할에 대하여 아동 · 청소년복지 서비스가 어떠한 기능을 지니는가에 따라 지지적 서비스, 보조적 서비스, 대리적 서비스로 구분한다(Kadushin, 1974; 오정수, 정익중, 2008 재인용).

(1) 지지적 서비스

지지적 서비스(supportive service)는 부모와 아동 · 청소년의 관계에서 일어나는 문제를 해결할 수 있도록 부모나 가족의 기능을 지원하고 능력을 강화시켜 주는 서비스다. 지지적 서비스는 다른 서비스와는 달리 아동 · 청소년들이 자신의 가정 내에서 생활하면서 받을 수 있는 서비스이며, 이러한 서비스를 제공함에 있어서 서비스의 기능은 부모나 아동 · 청소년의 역할을 대신해 주는 것이 아니라 가족구조나 가족구성원의 역할을 침해하지 아니하고, 다만 외부에서 가족 내부의 역할과 기능이 제대로 수행될 수 있도록 지원해 주는 역할을 한다. 지지적 서비스의 목표는 가족구성원의 사회적 기능을 향상시킴으로써 가족의 붕괴 위험을 감소시키는 것이다.

지지적 서비스가 필요한 상황은 일반적으로 아동 · 청소년의 양친부모가 함께 생활하고 부모의 역할을 효과적으로 수행할 의사와 능력이 있지만 부모-자녀 갈등이나 부부갈등의 결과로 부모-자녀 관계에 어려움이 있는 경우다. 지지적 서비스를 제공하는 과정에서는 부모-자녀 관계의 역기능이 있더라도 서비스는 가족의 구조를 손상시키지 않고 가족구성원의 역할과 기능을 대신하지 않는다. 서비스는 가족구조의 외부에 머무르면서 도움을 제공하게 된다. 이러한 지지적 서비스를 제공하는 주요 기관에는 가족서비스기관과 아동 · 청소년 상담기관이 있으며, 가족구성원에 대한 개별상담과 집단서비스, 가족치료 등의 접근방법이 활용된다.

(2) 보조적 서비스

지지적 서비스는 사회복지기관이나 상담소 등에서 아동 · 청소년 문제에 대해 부모들이 자신의 역할을 잘 수행할 수 있도록 그들을 강화시킴으로써 아동 · 청소년복지를 실행하는 것이다. 따라서 이들 서비스는 가정 외부에서 이루어진다. 반면 보조적 서비스(supplementary service)는 아동 · 청소년이 가정 내에서 생활하도록 지원하면서 부모들이 가진 역할의 일부를 대신 수행하는 서비스다. 아동 · 청소년 양육을 위한 부모의 역할이 일시적으로 충족되지 못할 때 이러한 보조적 서비스가 필요하게 된다. 부모의 일차적인 역할은 아동 · 청소년을 양육하고 건강하게 보호하는 일이다. 이러한 역할은 현금소득을 필요로 하며 부모는 경제적인 활동을 통하여 소득을 마련하여야 한다. 그러나 부모의 사망, 질병, 장애, 실업 등의 예기치 않은 상황은 가족의 역할을 대신하여 줄 사회적 장치가 필요하게 한다. 보조적 서비스는 이와 같이 가족의 적절한 역할 수행이 어려운 경우에 아동 · 청소년의 욕구를 충족시키는 사회적 장치로서 의미가 있다. 이러한 보조적 서비스에는 빈곤가정을 지원하는 소득보장으로서 현금급여 또는 아동수당, 취업모를 도와주는 보육서비스, 부모가 질병이나 부재중일 때 아동 · 청소년의 집안일을 도와주는 가정봉사원(homemaker)서비스 등이 포함된다.

(3) 대리적 서비스

대리적 서비스(substitute service)란 부모가 아닌 제3자가 부모 역할의 전부를 대신하는 경우다. 이러한 급격한 양육 역할의 변화가 필요한 이유는 아동 · 청소년의 출생가정이 기능을 상실하여 그들에게 필요한 최소한의 양육활동과 보호를 제공할 수 없기 때문이다. 따라서 아동 · 청소년은 자신의 가정을 완전히 떠나서 다른 가족이나 양육자, 생활시설 등에 의하여 일시적으로 혹은 영구적으로 보호를 받게 된다. 여기에는 가정위탁, 입양, 공동생활가정, 집단양육보호시설서비스 등이 포함된다.

2) 서비스의 목적에 의한 분류

일반적으로 사회사업 부문에서는 문제가 일어나기 전에 그 발생 자체를 막는 예방서비스보다는 이미 발생한 문제나 명확해진 문제의 더 심각한 형태로의 전이를 막는 치료 혹은 재활 서비스에 더 큰 관심을 보여왔다. 그러나 문제가 이미 일어나 손상이 벌어지고 난 후에 사후 처방적 치료나 재활서비스만으로는 문제의 근본적 해결을 가져올 수 없다. 그럼에도 불구하고 모든 사람들이 예방서비스에 찬성하는 것은 아니다. 예방서비스는 개인당 투여되는 비용은 낮지만 대상자가 광범위하므로 총비용면에서 막대하고 미래에 발생될 효과를 경제적으로 측정하기가 용이하지 않기 때문이다. 그래서 현재 예방서비스를 적극적으로 받아들이고 있는 선진국에서도 초기에는 예방서비스의 시행에 대해 논란이 많았다. 하지만 예방서비스가 가져온 장기적 효과와 비용효과성이 조금씩 증명되고 있기 때문에 이제 선진국에서는 대다수 사람들이 신체적 문제든 심리사회적 문제든 문제를 해결하는 가장 좋은 방법은 문제가 발생하기 전에 개입하여 문제를 예방하는 것이라는 점에 동의하고 있다(이소희 외, 2005).

(1) 예방서비스

일반적으로 예방은 그 목표에 따라 세 가지로 분류된다. 1차 예방은 문제의 발생률(incidence) 자체를 막는 것이다. 그리고 2차 예방은 문제를 조기에 발견하고 치료하여 그 유병률(prevalence)을 감소시키는 것이고, 3차 예방은 만성적인 문제를 일으키는 사람들의 치료나 재활을 돕는 것이다(Iistitute of Medicine, 1994; 이소희 외, 2005 재인용). 이 정의에서는 협의의 1차 예방뿐만 아니라 2차 예방과 3차 예방도 치료나 재활의 형태로 더 심각한 상태로의 전이를 막는다는 점에서 광의의 예방으로 간주되고 있다. 그러나 엄밀히 말해서 2차 예방과 3차 예방은 문제의 발생 자체를 막는다는 의미에서 진정한 예방은 아니다.

예방은 또한 대상집단에 따라서도 보편적(universal) 예방, 선별적(selective) 예방, 표적화(indicated) 예방의 세 가지로 분류된다. 보편적 예방은 일반집단이나 특정 인구집단 전체(예, 아동, 청소년, 학생 등)가 그 대상이 된다. 예를 들면, 안전벨트 착용, 금연, 영유아기의 예방주사, 산전보호(prenatal care) 등이 있다. 선별적 예방은 일반사람들보다 위험이 평균 이상인 위험집단을 대상으로 한다. 예를 들어, 대장암이 많은 가족력을 가진 사람들을 대상으로 연 1회 대장검사 실시, 저체중 유아에 대한 가정방문, 빈곤지역 아동을 대상으로 한 학령전기 프로그램 등이 있다. 표적화 예방은 고위험집단이나 위기집단을 대상으로 한다. 아직 문제가 발생하지는 않았지만 문제가 일어날 확률이 매우 높은 집단, 또한 질환의 진단기준을 충족시키는 증후는 없지만 임상적으로 발견할 수 있는 이상이 있는 집단을 대상으로 하는 예방개입을 말한다. 예를 들어, 소아당뇨병에 대한 의료적 통제, 소아암이 있었던 사람에 대한 지속적인 검사 등이 있다. 이 세 가지 예방의 목적은 진정한 예방의 의미를 충족시키는 새로운 사례 발생의 감소다. 이전에는 목표에 따른 분류와 대상집단에 따른 분류의 두 가지를 혼용하기도 했지만 이 두 가지 분류는 일대일로 호환

가능한 것은 아니다.

(2) 치료 및 재활 서비스

치료와 재활 서비스는 예방서비스와 어떻게 다른지 살펴보자. 예방서비스는 발생률을 감소시키기 위한 것이고, 치료서비스는 조기 발견과 질환 지속기간의 감소를 통해 증후를 호전시키고 재발의 가능성을 줄여 유병률을 감소시키는 것이다. 치료서비스는 정신치료, 약물치료, 입원 등 본질적으로 치료 성격을 가지고 질환의 진단기준을 충족시키는 개인에게 제공되는 것이다. 표적화 예방도 문제가 일어나기 전에 개입한다는 점에서 치료서비스와 분명히 구분된다. 치료서비스에는 두 가지가 있는데 사례발견과 표준 치료방법 사용으로 나뉜다. 표준 치료방법의 사용은 질환의 지속기간을 줄이고, 심각한 상태로의 전이와 질환의 재발을 막고, 다른 질환과의 동병이환률(co-morbidity)을 줄인다. 따라서 한 질환의 치료는 하나의 치료서비스이지만 다른 질환의 입장에서 보면 예방서비스로 간주될 수도 있다. 예를 들어, 고혈압 자체에 대한 개입은 그 자체로 보면 고혈압에 대한 치료서비스지만 심장혈관질환 입장에서 보면 예방서비스일 수 있다. 빈곤부모에 대한 직업훈련, 현금지원 등도 부모 자신의 입장에서 보면 치료서비스이지만 아동 · 청소년의 입장에서 보면 예방서비스다. 이렇게 맥락에 따라서 예방의 의미는 달라질 수 있다.

반면 재활서비스는 재발을 막기 위한 장기치료의 이행과 사후보호서비

〈표 7-1〉 서비스의 스펙트럼

보편적	선별적	표적화	사례발견	표준치료 방법의 사용	장기치료의 이행	사후보호 서비스의 제공
예방서비스			치료서비스		재활서비스	

출처: Iistitute of Medicine(1994).

스의 제공으로 나뉜다. 이 두 가지는 질환 자체보다 질환과 관련된 장애를 감소시키기 위한 것이다. 이러한 분류들은 개념적으로는 이렇게 구분되지만 현실에서 항상 명백하게 구분되는 것은 아니다(이소희 외, 2005).

5. 아동 · 청소년복지의 최근 이슈

아동 · 청소년정책 영역에서 가장 오랫동안 지적되었던 것 중 하나는 여러 업무들이 상이한 법제에 의해 서로 다른 유관 부처로 나뉘어 있는 부처 간 정책분산의 문제였다(김현용, 1994; 박보희, 2002). 또한 우리나라 아동 · 청소년정책은 체계적이고 장기적인 계획을 통해 수립된 것이 아니라 수시로 발생한 문제에 대한 대증요법 차원에서 만들어졌기에 일관적이기보다는 분절적이다(정익중, 2008). 아동 · 청소년정책의 부처 간 분산은 이러한 정책의 분절성을 점점 악화시키고 있었다. 부처 간 실적경쟁 때문에 선진적인 제도들이 예외적으로 도입되기도 하였지만, 일반적으로 아동 · 청소년정책의 부처별 산발적 추진으로 인해 서비스가 백화점식으로 나열되어 서비스 중복현상이 나타나고 아동 · 청소년정책의 체계화가 부족하였다. 따라서 일관성 있고 단일화된 아동 · 청소년정책의 추진을 위해서는 관련 부처의 통합과 정책의 통합적 접근이 필요하다는 점이 강조되어 왔다. 이것이 이명박 정부에서 반영되어 보건복지부와 국가청소년위원회가 통합된 보건복지가족부가 탄생되었다. 또한 아동정책과 청소년정책을 통합하여 아동청소년정책실이 신설되었고 아동 · 청소년 관련 법령의 통합 작업이 진행되었다.

지난 50여 년간 분리되어 추진된 아동정책과 청소년정책을 통합하는 작업은 쉽지 않다. 이러한 통합에 대해 일부에서는 반대의 의견도 있었다. 특히 청소년계의 경우 청소년사업이 국가청소년위원회라는 단독 부처사업으로 다루어지다가 보건복지가족부의 1개 국으로 편입되면서 상당 부분 축소될 것을 우려하였다. 지금까지 보건복지부에서는 아동 분야가 주목을 받지 못했고 다른 사업에 비해 예산도 매우 낮게 책정되는 등 다양한 문제를 안고 있었다. 청소년계에서는 아동과 청소년 사업이 통합될 때 보건복지가족부 내 기존 아동 분야의 낮은 위상이 그대로 전수될 것을 걱정하였다(김승권, 김미숙, 2008). 하지만 아동 · 청소년을 통합적으로 다루면 시너지효과도 있고 보다 연속성이 있는 정책이 가능해진다. 또한 이러한 통합은 출생에서 자립까지 세대를 포괄하여 접근하는 생애주기적 접근을 통해 연령단계별로 개입을 정교화할 수 있을 뿐만 아니라 한 세대에 대한 개입은 후속 세대에 대한 개입에 이익을 주게 되는 누적적인 정책효과를 거둘 수 있는 장점도 있다. 특히 우리나라 아동 · 청소년정책의 통합은 기존 보호 · 복지 중심의 아동정책과 활동 · 육성 중심의 청소년정책의 통합이라고 할 수 있기 때문에 각 분야의 약점을 보완할 수 있는 적절한 방안으로 생각된다(정익중, 2009). 이런 통합적 접근을 통해 아동 · 청소년정책의 외연을 넓히고 아동 · 청소년 투자를 국가정책의 핵심 아젠다로 부각시킴으로써 아동 · 청소년의 건강한 발달을 효과적으로 지원할 수 있을 것이다(Lynch, 2005).

아직 심각한 상황은 아니지만 향후 아동 · 청소년정책이 더욱 확대되어야 한다는 대전제하에서 보면, 현 구조에서는 유사한 기능의 사회서비스를 복수의 중앙부처가 제공함으로써 발생하는 자원낭비, 일선기관의 업무혼선 등 비효율성이 날로 증가할 가능성이 높기 때문에 통합의 당위성이 도출될 수 있다. 현행 아동전달체계와 청소년전달체계는 [그림 7-1]과 같이 세부 분야별로 따로 구성되어 있다고 해도 과언이 아닐 만큼 매우 다양한 형태로 마련되어 있다. 이를 개선하기 위해 발표된 아동 · 청소년정책 5개년 기본계획 속에 나타난 전달체계 개편안은 [그림 7-2]와 같다. 이 개편안에는 통합에 대한 아이디어가 담겨 있지만 몇 가지 문제점이 존

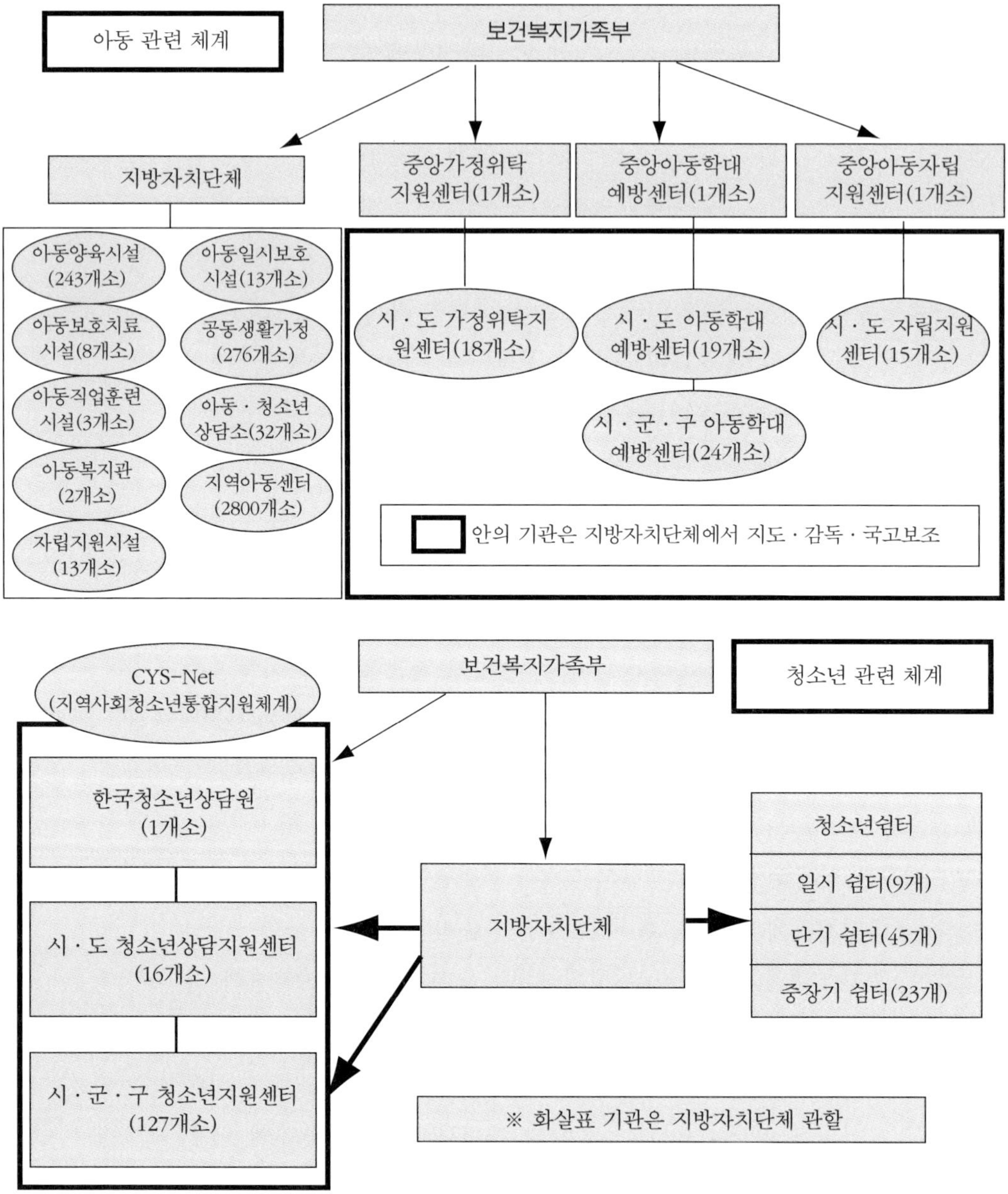

[그림 7-1] 기존 아동·청소년정책 전달체계의 현황

출처: 보건복지가족부(2008).

재한다(정익중, 2009).

첫째, 이 개편안은 복지 전달체계와 활동 전달체계를 인위적으로 구분하고 두 가지의 틀 속에 중앙과 시 · 도 수준에서 통합하는 모형으로 구성되어있다. 이러한 인위적 구분은 아동 · 청소년이 보장받아야 할 급여의 종류를 생존권 및 보호권을 보장하는 복지급여와 발달권 및 참여권을 보장하는 활동을 지원하는 급여로 양분하겠다는 것이다. 이러한 복지와 활동의 인위적인 구분은 현장을 고려한 고육지책으로 보이지만, 이는 경우에 따라서 각자의 지분을 챙기듯 쉽게 분리할 수 있는 형태이기 때문에 통합의 기본 취지와도 맞지 않는다. 복지와 관련 있는 생존권 및 보호권은 아동 · 청소년의 연령이 낮을 때 더 많이 필요하고, 활동과 관련 있는 발달권 및 참여권은 연령이 높을 때 더 많이 필요하다. 이들 급여는 연령대가 높아질수록 서로 비중상의 과소가 역전되는 특성을 지니고 있지만 근본적으로는 어떤 연령대에서든 공존해야 하는 급여다(이태수, 2008). 따라서 이 개편안처럼 복지와 활동을 구분하는 정도의 통합이라면 통합을 하지 않은 것보다 못한 결과를 초래할 수도 있다.

둘째, 이 개편안은 어떤 부분을 공공화(담당공무원의 확보 등)할 것인지의 논의는 배제되어 있고 현재의 민간위탁체계를 유지하는 방식으로 구성되어 있다. 민간위탁은 서비스 공급비용 절감, 서비스의 질적 향상, 전문성 제고 등의 장점이 있다. 하지만 아동 · 청소년 분야에서 시설을 운영하며 서비스 공급을 대행하는 비영리 민간 부문과 정부와의 관계는 대등한 동반자관계가 아니라 민간 부문이 일방적으로 공공 부문의 규제를 받아야 하는 종속적인 위계관계를 특징으로 하기 때문에 민간 부문이 가질 수 있는 장점인 자율성, 창의성, 전문성 등을 상실할 가능성이 높다(이봉주 외, 2008). 이러한 문제가 검토되지 않은 민간 위탁체계의 유지와 공적 전달체계의 누락은 이전에 지속적으로 논의되었던 아동 · 청소년정책에서의 책임성 확보나 공공성 강화를 전혀 고려하지 않은 것으로 보인다. 이

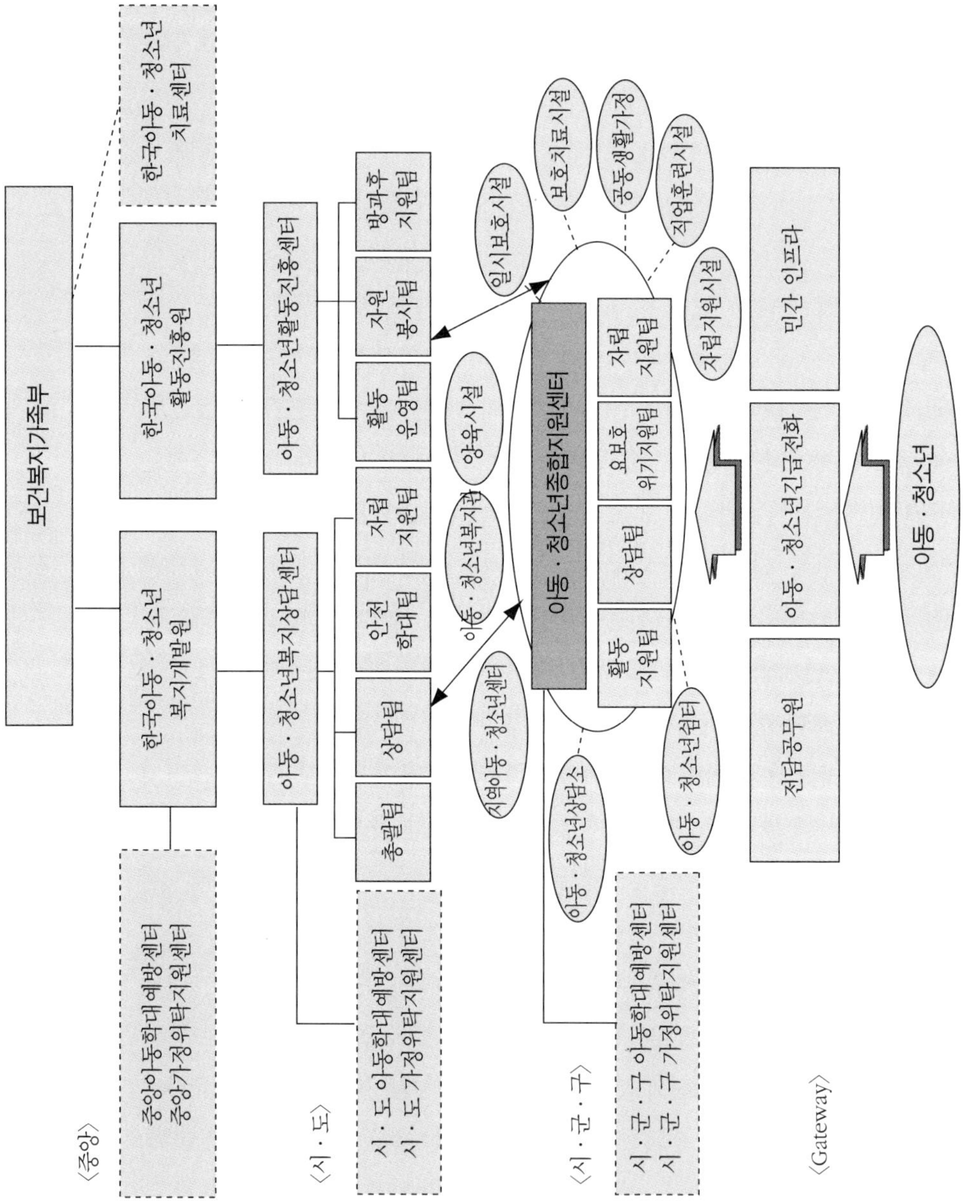

[그림 7-2] 아동·청소년정책 5개년 기본계획의 전달체계 개편안

출처: 김현철(2008).

번 기회를 통해 아동 · 청소년정책은 민간 부문에 과도하게 의존하던 관행에서 탈피하려는 노력이 필요할 것으로 판단된다.

셋째, 이 개편안은 다른 중앙부처의 전달체계와의 통합이나 다른 사회복지 전달체계와의 통합 등은 전혀 고려하지 않고 있다. 보건복지가족부 내의 아동 · 청소년 전달체계만이 그려져 있어 교육청이나 학교 등과 어떻게 유기적 관련을 맺을 것인지, 통합적인 사회복지 전달체계가 가능할 것인지 등이 전혀 고려되지 않고 있다. 아동 · 청소년 영역은 기존의 보건복지가족부만 연관이 있는 것이 아니라 교육과학기술부나 고용노동부와 더 밀접하게 연관될 수 있다. 이번 통합 논의에서는 교육청과 학교의 교육 영역, 노동사무소와 고용지원센터의 직업진로 영역을 어떻게 아동 · 청소년정책 속에 포함시킬 것인지가 함께 고민되어야 한다. 이번 기회에 아동 · 청소년에게 강력한 영향을 줄 수 있는 교육정책과 노동정책, 비행과 교정 정책과도 적극적으로 소통해야 한다(이광호, 2008). 또한 어떠한 형태로 전달체계가 설계되더라도 이번에는 교육청의 장학사, 경찰청과 검찰청에서 파견 나온 인력, 노동사무소에서 파견 나온 인력 등이 아동 · 청소년서비스 전달체계 속에 반드시 포함되도록 구성되어야 할 것이다.

또한 아동 · 청소년정책에서 사회복지 전달체계와 다른 별도의 아동 · 청소년서비스 전달체계를 가질 수 있을까? 특히 지방분권화로 인해 지방정부의 역할이 강화되어 있기 때문에 이런 논의는 매우 중요하다. 현재는 아무리 중앙정부에서 좋은 정책을 구상한다 하더라도 지방정부에서 수용하지 않으면 그만이다. 사회복지 전달체계에서 아동 · 청소년 전달체계를 어떻게 위치시킬 것인가는 획일적으로 결정할 문제가 아니다. 각 지역마다 아동 · 청소년의 숫자는 물론 서비스 수급의 실태도 매우 상이하기 때문에 관리통제의 용이성을 근거로 서비스 전달체계를 전국적으로 획일적인 방식으로 구성하기보다 어떤 지역은 통합적 전달체계, 어떤 지역은 별도의 아동 · 청소년 전달체계로 구성하여 각 지역의 실정에 맞는 전략을 세울 수 있도록 다양한 대안들이 마련되어야 한다(정익중, 2009).

최근 2009년 10월 23일 이은재 한나라당 의원이 기존 보건복지가족부의 청소년 및 가족 관련 업무를 여성부로 이관하여 보건복지가족부는 보건복지부로 축소하고, 여성부는 여성가족부로 확대 · 개편하겠다는 정부조직법 개정안을 제출하였다. 2년여의 기간 동안 여러 논란 끝에 마련된 아동 · 청소년기본법 등 아동 · 청소년정책 통합 관련 3개 법률(안)이 시행도 해 보지 못한 채 무산되었다. 정부 수립 이후 한 번도 통합되지 못했던 아동 · 청소년정책이 또다시 보건복지부와 여성가족부로 분리된 것이다. 분명 아동은 청소년과 다른 특성이 있지만 정책과 관련해서는 한 부처에서 생애주기를 고려하여 일관성 있게 시행하는 것이 실용적이라는 현 정부의 주장이 갑자기 돌변하여 특별한 이유 없이 아동정책과 청소년정책의 분리를 시도하는 것은 관련 부처의 나눠먹기식 단순한 업무분할이라고 하지 않을 수 없다. 이러한 폐해는 반드시 정부의 비효율을 초래할 것이고, 그 피해는 고스란히 아동 · 청소년에게 돌아가게 될 것이다.

6. 아동 · 청소년복지의 전망과 과제

1) 보편적 복지서비스의 확대

우리나라 아동복지법은 아동이 어떠한 종류의 차별도 받지 않고 안정된 가정환경에서 행복하게 자라나야 하며 모든 활동에 아동의 이익이 최우선적으로 고려되어야 한다는 이념 아래, 아동이 건강하게 출생하여 행복하고 안전하게 자라나도록 그 복지를 보장하는 것을 목적으로 하고 있다. 하지만 실제로는 요보호 아동 · 청소년 중심의 선별적 서비스를 전개하고 있다(오정수 외, 2006). 이제부터는 모든 아동 · 청소년들이 아동복지법에 명시된 이념과 목적에 따라 충분히 존중받을 수 있도록 아동 · 청소년복지를 보편적인 형태로 재설계해야 한다. 정부는 모든 아동 · 청소년과 그 부모들을 대상으로 아동권리에 관한 국제협약과 어린이헌장, 청소년헌장에서 규정하는 아동 · 청소년의 생존권 · 발달권 · 보호권 · 참여권 등 제반 권리보장에 필요한 포괄적 아동 · 청소년복지를 제공해야 한다.

일반적으로 빈곤아동 · 청소년을 위한 정책만으로는 빈곤아동 · 청소년의 문제를 완전히 해결하기 어렵다. 따라서 빈곤아동 · 청소년을 위한 사회적 안전망을 내실화하는 작업과 함께 일반아동 · 청소년을 위한 보편적 서비스를 확충하는 작업이 동시에 이루어져야 한다. 이를 통해 빈곤아동 · 청소년의 복지를 증진함과 동시에 일반아동 · 청소년이 위기아동 · 청소년으로 전락하는 것을 예방할 수 있다(정익중, 2008). 특히 아동수당의 경우 아동의 사회적 양육 개념을 실현하는 가장 대표적인 제도이며, 대부분의 선진국에서는 제2차 세계대전 전후로 도입 · 정착시킨 보편적 서비스의 전형이다. 우리나라에서는 아동수당이 저출산대책으로 접근되어 많은 반대에 부딪혔으며 현재 그 추진이 보류 중이다. 가족의 경제적 안정을 통해 미래의 주역인 아동 · 청소년들이 건강하고 바람직하게 자라나는 것은 개별 가족의 책임일 뿐 아니라 국가의 책임이기도 하다. 따라서 보편적 아동수당의 도입은 우리나라 아동 · 청소년복지의 패러다임을 가족 책임으로부터 국가 책임으로, 아동 · 청소년에 대한 사회적 방임에서 사회적 투자로 바꾸는 시발점이 될 수 있다(정익중, 2007). 그러므로 보편적 서비스의 핵심적 사항인 아동수당은 가능한 한 빨리 도입되어야 한다. 이러한 아동수당의 도입 이외에도 무상보육의 확대, 전 학생 무료급식 추진, 고등학교까지의 무상의무교육 실시 등이 보편적 서비스의 맥락에서 추진될 수 있을 것이다.

2) 사회적 안전망의 내실화

미국은 가정법원에서, 일본은 아동상담소에서, 영국은 아동위원회에서 아동·청소년에 대한 각 기관의 보호를 체계적으로 조정하고 모니터링하는 업무를 수행하고 있다. 이를 감안할 때 우리나라도 이러한 기능의 전문 기구가 필요하다(정익중, 2008). 현재 우리나라는 요보호 아동·청소년이 발생하면 시·군·구의 아동·청소년복지 담당자에게 인계되고 이 담당자가 아동·청소년을 보호시설에 입소시킬 것인지 여부뿐만 아니라 어느 보호시설에 배치할 것인지를 결정하게 된다. 그러나 일단 아동·청소년을 배치하게 되면 그 배치가 적합하게 이루어졌는지, 보호자가 아동·청소년을 의뢰할 때 했던 약속들이 제대로 이행되고 있는지, 또는 아동·청소년을 위해 다른 곳으로의 배치가 더 적합한지 등에 대한 심의는 전혀 이루어지지 않는다. 따라서 아동·청소년을 시설에 처음 의뢰할 때는 물론이고 의뢰한 후에도 배치된 보호시설이나 위탁가정 또는 공동생활가정이 아동·청소년에게 적합한지, 연고자와의 연계가 어떻게 이루어지고 있는지 등에 대한 정기적인 모니터링을 통해 아동·청소년의 복지에 대해 보다 적절한 계획을 세울 수 있는 아동·청소년복지심의위원회(가칭)의 설치가 필요하다. 지역사회의 아동·청소년복지 전문가, 사회복지사, 의료인, 법조인 등이 이 위원회에 참여하여 사례를 사정하고 심의하게 해야 한다(오정수 외, 2006).

대부분의 선진국들은 사회에서 보호를 필요로 하는 아동·청소년의 범주에 가정에서 양육이 어려운 모든 아동·청소년을 포함하고 있으며, 이들은 통합된 조직체계 속에서 보호, 치료는 물론 가정위탁, 입양, 시설입소 등이 함께 이루어져 아동·청소년에 대한 서비스가 분절 없이 이루어지고 있다. 우리나라에서 보호를 필요로 하는 아동·청소년에게 가정위탁, 입양, 시설보호 등 다양한 조치를 체계적으로 수행하기 위해서는 시 · 군 · 구 아동 · 청소년복지센터(가칭)가 설치되는 것이 바람직하다. 아동 · 청소년복지센터는 시 · 군 · 구 단위에서 보호가 필요한 아동 · 청소년을 위한 일차적인 접수를 하고, 체계적인 사정을 하며, 각종 민간의 아동 · 청소년복지 전달체계(아동보호전문기관, 가정위탁지원센터, 입양기관, 양육시설, 전문치료시설 등)와 연계하여 서비스를 제공한다. 시 · 군 · 구 아동 · 청소년복지센터는 현재 100개 시 · 군 · 구에 신설된 드림스타트센터가 그 역할을 담당할 수 있으므로 드림스타트센터의 전국적 확대가 요청된다. 드림스타트센터는 지역 내 아동 · 청소년과 그 가족들이 경제적 · 사회적 · 문화적 · 교육적 · 정서적 · 신체적 제 측면의 서비스를 이용할 수 있는 통합적 기관으로서, 기존의 서비스기관인 학교, 어린이집, 사회복지관, 보건소 등과 유기적 연계를 맺는 네트워크의 거점 역할을 할 수 있다(오정수 외, 2006).

3) 아동 · 청소년복지 추진기반의 조성

(1) 충분한 예산의 확보

아동 · 청소년복지의 목적을 제대로 달성하기 위해서는 국가가 아동 · 청소년복지의 기획, 집행, 재원 확보에 책임 있는 역할을 다해야 한다(정익중, 2008, 2009). 우리나라 아동 · 청소년 1인당 복지비 지출은 다른 OECD 국가들과 비교하여 매우 열악한 수준이다. 보다 적극적이고 보편적 · 예방적인 서비스 체계의 수립을 위해서는 보건복지부, 여성가족부, 교육과학기술부, 고용노동부 등 아동 · 청소년 관련 부처를 일원화하고 아동 · 청소년복지에 대한 예산의 획기적인 증가가 선결되어야 한다. 또한 예산이 중앙정부에서 지방정부로 많이 이양되었기 때문에 아동 · 청소년복지는 다른 어떤 분야보다도 지방자치단체장의 가치관이나 태도에 크게 영향받는다는 문제가 있다. 이 때문에 중앙정부에서 권고하는 아동 · 청소년복지

중 아주 기본적인 것에 대해서만 제한적으로 사업을 수행하는 지방자치단체도 많은 실정이다. 아동 · 청소년복지는 국가가 장기계획을 세워서 일관적으로 추진해야 할 사업으로서 아동 · 청소년들이 지역과 관계없이 동일한 혜택을 받을 수 있도록 추진되어야 한다. 아동 · 청소년예산 축소의 우려를 불식시키기 위한 의무적 지출규정, 전국적 및 지역적 최소 기준, 성과계약과 인센티브의 운용, 지방교부세의 기준재정수요 산정에서 아동 · 청소년복지 요소 강화 등과 같은 내용이 충분히 검토되어야 아동 · 청소년복지에서 지방분권의 역기능을 축소할 수 있을 것이다. 또한 지자체 아동 · 청소년복지 평가척도를 새로 개발 · 시행하는 등 중앙정부 차원의 모니터링 역할도 충실히 수행해 나가는 것이 필요할 것이다. 경우에 따라서 아동 · 청소년복지는 국가의 책임성을 강조하기 위해 기존의 지방이양사업에서 국고지원사업으로의 환수도 고려될 수 있을 것이다.

(2) 전문인력의 양성

보편적 · 예방적 의미의 적극적인 서비스는 그 서비스의 내용이 상대적으로 복잡하고 전문적이어서 서비스가 전문인력을 통하여 전달되어야 한다. 아동 · 청소년복지에서 현재 전달체계는 주민생활지원국에 '아동 · 청소년팀'을 두어 아동 · 청소년에 대한 서비스를 통합하여 제공한다고 되어 있는데, 기존에 국민기초생활보장 수급자격심사에 매달려 있던 사회복지전담 공무원이 바로 전문적인 아동 · 청소년서비스를 담당할 수 있다고 기대하는 것은 무리다. 서비스 전문인력의 양성과 확대 없이는 적극적이고 보편적인 서비스체계로의 변화는 불가능하다. 따라서 서비스 전문인력의 양성에 대한 정부의 적극적인 대책이 필요하다(이봉주 외, 2006).

또한 가장 고위험집단에 해당하는 시설아동 · 청소년이 거주하는 아동 · 청소년복지시설이나 빈곤아동 · 청소년이 이용하는 지역아동센터 등은 저임금, 장시간 노동 등 근무 여건이 열악하여 전문성을 갖춘 인력을 유인하지도, 장기간 근무를 유지하기도 어려운 실정이다(정익중, 2006). 이러한 열악한 근무 조건하에서는 실무자들의 소진을 초래하기 쉬우며 이직이 많아 업무의 연속성도 떨어진다. 소진은 부모의 우울 등 정신건강 문제처럼 아동 · 청소년에게 부정적인 영향을 미치기 쉽고, 실무자의 잦은 인력교체는 주 양육자의 변경처럼 아동 · 청소년의 정서불안이나 기본적 신뢰감의 상실 등 심리적 외상을 일으키기 쉽다. 이렇게 전문인력의 근무시간과 임금 등이 위기 상황에 빠져 있다면 위기아동 · 청소년에 대한 안전망 역시 신뢰하기 어려울 것이다. 따라서 적정한 수의 전문인력이 배치되고 임금이 향상됨으로써 근무 여건을 개선할 수 있는 획기적 조치가 무엇보다 먼저 마련되어야 한다(정익중, 2006).

아동 · 청소년복지의 목표를 달성하기 위해서는 아동 · 청소년 보호와 양육을 가족뿐만 아니라 사회도 더불어 책임을 지는 것에 대한 사회적 합의가 이루어져야 하고, 그 합의의 단초는 전 국민의 관심을 불러일으킬 수 있는 노사정위원회나 저출산 · 고령화대책 연석회의 등 사회적 합의기구에서 시작하는 것이 바람직할 것으로 생각된다. 이 기구는 아동 · 청소년 시설, 단체 및 학회뿐만 아니라 정부부처, 재계, 노동계, 시민사회단체 등 전 영역을 망라하는 것이어야 한다. 왜냐하면 아동 · 청소년복지에 대한 국민의 인식을 고양시키는 동시에 사회적 관심을 불러오고 재원 확보에 대한 전 사회적인 합의를 끌어내기 위해서는 반드시 사회의 보다 많은 구성원을 포괄하는 절차가 필요하기 때문이다(정익중, 2008; 2009). 이제는 '사회적 합의를 어떻게 도출할 것인지' 에서부터 시작하여 '구체적으로 재원마련을 어떻게 할지' 를 고민해야 할 것이다. 아동 · 청소년은 사회 모두의 책임이라는 사회적 합의만 가능하다면 가장 난해하게 보이는 재원 마련의 문제는 생각보다 쉽게 해결될 수 있을 것이다. 또한 높은 수준의 안정적인 아동 · 청소년복지 예산의 확보를 위해서는 경제개발예산의 상당 부분을 사회개발예산으로 전환하는 국가예산의 전면적인 재편성을 시도하거나, 특수 목적세나 부담금을 신설하거나, 아동 · 청소년복지기금을 마련하는 등 다양한 방안에 대한 검토가 필요할 것으로 생각된다. 이러한 사회적 합의나 재원에 대한 고민이 없다면 비생산적인 논의만 계속될 뿐 실질적인 진전은 어려울 것으로 생각된다(정익중, 2008; 2009).

연습문제

1. 24시간 보육이 올바른 양육방법이 아니라는 입장과 24시간 보육을 통해서라도 어떻게든 자신이 양육해 보려고 하는 부모의 입장이라는 딜레마에서 아동 · 청소년복지는 어떤 방향으로 나아가야 하는지 생각해 보자.

> 영유아 보육을 둘러싼 뜨거운 논란 중 하나는 저소득층이 주로 이용하는 '24시간 어린이집' 의 허용 여부다. 생계를 위해 어쩔 수 없이 24시간 아이를 맡겨야 하는 부모의 사정은 딱하고, 24시간 어린이집이 아니면 결국 고아원 같은 양육시설에 보낼 수밖에 없는 상황이다. 현장의 필요성이 있지만 아이를 맡겨 놓고 일주일에 한 번 데려가는 것은 정상적인 보육방법이 아니고 24시간 보육을 허용한다면 부모가 아동을 방치할 우려도 있다.

2. 부모 역할에 대해 국가가 관여하는 것이 바람직한지에 대해 토론해 보자.

> 성인이 되고 자녀를 낳았다고 해서 부모 역할을 제대로 할 수 있는 것은 아니다. 부모가 제대로 부모 역할을 할 수 있도록 부모를 교육하거나 부모 자격시험을 보는 것을 어떻게 생각하는가? 국가가 강제적으로 부모자격을 운운한다면 가족의 일에 너무 많이 관여하는 것이 아닌가? 과거의 부모들처럼 별다른 교육이나 자격시험 없이 시간이 흐르면서 시행착오를 통해 부모 역할을 자연스럽게 배우게 되는 것이 아닌가?

3. 아동 · 청소년의 홈스쿨링제도를 인정해 주어야 하는지, 인정해 준다면 정부에서는 어떤 감독이 이루어져야 하는지 함께 토론해 보자.

> 다양한 사유로 학교를 아예 다니지 않고 집에서 공부하는 홈스쿨링 가정이 늘고 있다. 법적으로는 초 · 중등과정의 경우 의무교육이기 때문에 원칙적으로 자녀를 학교에 보내지 않는 경우 벌금을 부과하고 있다. 다만 특별하게 신체적 · 정신적으로 문제가 있는 경우 집에서 가르칠 수 있도록 하고 있다. 정부는 홈스쿨링이 아동 · 청소년의 사회적 경험을 박탈하고 아동 · 청소년의 교육받을 권리를 침해할 소지가 있어서 일반적으로 이를 인정하지 않고 있다. 하지만 헌법 제10조에 규정된 인간으로서의 존엄과 행복추구권을 보장한다는 차원에서 홈스쿨링도 학력으로 인정하는 방안을 검토 중이라고 한다.

4. 장애아동, 새터민아동, 다문화가정아동 등을 일반아동과 통합하여 교육하자는 입장과 이들만 분리하여 교육하자는 입장이 혼재해 있다. 각 입장의 장단점에 대해 함께 토론해 보자.

참고문헌

김승권, 김미숙(2008). 통합된 아동 · 청소년 관점에서 본 아동복지시설의 기능과 역할. 제33회 한국아동복지 최고경영인 전진대회 자료집.

김정래(2002). 아동권리향연. 서울: 교육과학사.

김현용(1994). 아동복지 증진을 위한 새로운 방향. 1994년 한국아동복지학회 춘계학술대회 자료집.

김현철(2008). 아동 · 청소년정책 인프라 연계협력을 통한 시너지창출방안. 아동 · 청소년정책 5개년 기본계획 수립 관련 제1차 종합토론회 자료집.

박보희(2002). 한국 아동정책의 회고와 전망. 2002년 한국아동복지학회 춘계학술대회 자료집.

보건복지가족부(2008). 아동 · 청소년 정책통합에 따른 관련 법률정비(안). 보건복지가족부 아동 · 청소년정책실.

오정수, 이혜원, 정익중(2006). 세계의 아동복지서비스: 미국, 영국, 일본을 중심으로. 서울: 나눔의 집.

오정수, 정익중(2008). 아동복지론. 서울: 학지사.

이광호(2008). 새로운 아동 · 청소년정책 통합과 발전과제에 대한 제언: 생애주기적 접근에 의한 사회적 지지체계의 재설계 관점에서. 청소년복지연구, 10(2), 49-72.

이봉주, 김경륜, 황옥경(2006). 한국의 중장기 아동정책 방안: 중장기 아동정책과 국가행동계획. 보건복지부 · 서울대학교 사회복지연구소.

이봉주, 김용득, 김문근(2008). 사회복지서비스와 공급체계: 쟁점과 대안. 서울: EM커뮤니티.

이소희, 도미향, 정익중, 김민정, 변미희(2005). 청소년복지론. 파주: 나남출판.

이태수(2008). 아동 · 청소년통합정책의 기본방향과 발전방안. 아동 · 청소년 통합적 접근을 위한 정책 대토론회 자료집. 한국아동단체협의회.

장인협, 오정수(2000). 아동 · 청소년복지론(개정2판). 서울: 서울대학교출판부.

정익중(2006). 새로운 아동복지서비스의 수요와 전문 인력 개발의 과제. 사회과학연구, 12, 95-115.

정익중(2007). 생명존중, 아동존중을 위한 정책제언. 미래사회가 요구하는 국가정책: 2007 대선주자들에게 바란다. (사)미래포럼 정책특별 공개포럼.

정익중(2008). 참여정부의 아동정책 평가와 차기 정부의 정책과제. 한국사회정책, 14(2), 282-313.

정익중(2009). 아동 · 청소년정책 전달체계의 통합방안에 대한 비판적 고찰. 사회복지연구, 40(1), 297-322.

한국아동복지학회(2008). 아동과 가족: 통합적 접근. 서울: 한울아카데미.

이수정 역(1996). 집 밖에서 더 잘 크는 아이들(Hillary R. Clinton 저). 서울: 디자인하우스.

Downs, S. W., Moore, E., McFadden, E. J., Michaud, S. M., & Costin, L. B. (2004). *Child welfare and family services: Policies and practice* (7th ed.). Boston: Allyn and Bacon.

Gottfredson, M. R., & Hirschi, T. (1990). *A general theory of crime*. Stanford, CA: Stanford University Press.

Institute of Medicine (IOM). (1994). *Reducing risks for mental disorders*. Washington, D.C.: National Academy Press.

Lynch, L. M. (2005). Reorienting training policies to meet the challenge of information and communication technologies. In L. Paganetto (Ed.), *The knowledge economy, information technologies and growth*. Aldershot, UK: Ashgate Publishing.

08 노인복지

사회가 노인의 삶과 그들의 문제에 관심을 갖게 된 것은 오래되지 않았다. 가장 큰 이유는 전체 인구 중 노인이 차지하는 비율이 매우 낮았기 때문이다. 그러나 현대사회는 급속한 평균수명의 연장으로 노인 인구가 전 세계적으로 증가하는 추세이며 전체 인구에서 노인이 차치하는 비율은 급격히 높아지고 있다. 따라서 노인은 현대사회에서 가장 주목받는 대상이 되었으며 개인과 사회는 성공적이고 안정된 노년기 조성에 관심을 쏟고 있다.

한편 현대사회에서 가장 심각하게 꼽는 사회문제의 대상도 노인이다. 노인 관련 문제는 적절한 사회정책이 지원되지 않는다면 여러 면에서 심각한 사회문제로 대두되어 국가의 존속과 발전에 지대한 영향을 줄 수도 있다. 따라서 오늘날 유래를 찾아볼 수 없을 만큼 노인복지에 대한 정책과 서비스 실시로 노인문제를 해결하려는 노력이 강조되고 있으며, 이와 같은 노력을 노인복지 차원에서 계획적이고 조직적으로 접근할 때 궁극적으로 개인의 노후는 행복하며 국가는 지속적으로 발전하게 될 것이다.

1. 노인의 이해

1) 노인의 개념

노인(老人)이란 어의상으로는 '늙은이' 또는 '나이 많은 자'로서 흔히 평범하게 사용되는 용어이지만, 그 개념을 정확하게 정의한다는 것은 실제 매우 어렵다. 노인에 대한 개념 규정은 특정한 국가나 사회의 정치적 · 경제적 · 문화적 · 사회적 배경이 고려되어야 하며, 또한 노인 개개인의 신체적 · 심리적 · 사회적 요인 등도 반드시 고려되어야 하기 때문이다(박경일 외, 2002).

노인에 대한 정의를 살펴보면, 브린(Breen, 1976)은 노인을 생리적 및 생물학적인 면에서 쇠퇴기에 있는 사람, 심리적인 면에서 정신기능과 성격이 변화되고 있는 사람, 사회적인 면에서 지위와 역할이 상실되어 가는 사람이라 하였다. 윤진(1985)은 노인을 신체적 · 심리적 · 사회적 측면에서 생활주기에 따라 변화하는 노화과정에 있는 남녀라고 정의하였고, 장인협과 최성재(1987)는 생리적 및 신체적 기능의 퇴화와 더불어 심리적인 변화가 일어나서 개인의 자유기능과 사회적 역할기능이 약화되고 있는 사람이라 정의하였다. 이처럼 노인은 주로 노화와 더불어 신체적, 심리적, 사회적 기능이 점차 쇠퇴하여 생활기능 수행이 약화되거나 장애를 경험하는 사람이라 정의하고 있다.

그러나 최근에는 노인을 긍정적인 측면으로 개념 정의를 하기도 하는데, 2002년 마드리드 국제고령화행동계획(International Plan of Action on Ageing)에서는 노인이 평생 동안 경험으로 얻게 되는 권위, 지혜, 생산성, 위엄과 자제를 인정하며 노인을 존경의 측면에서 규정하고 있다(장세철 외, 2006). 또한 늙었다는 이유로만 노인들에게 부정적 편견 또는 잘못된 고정관념을 형성하는 연령차별주의(ageism) 대두와 노인의 자립, 참여, 보호, 자아실현 및 존엄성 등 노인권익을 옹호하고 높이려는 노인집단 세력(gray power) 등장 등을 통해서 보더라도 노인을 약화되거나 쇠퇴하는 사람이 아닌 제2의 인생 또는 황금 연령층(golden age)으로 보는 관점도 높아지고 있다(강인 외, 2008).

따라서 노인의 개념은 동적인 변화로 정의할 수 있다. 개별적으로는 사람들마다 서로 다른 비율로 노화하며, 개인 내적으로도 신체적 노화, 심리적 노화, 사회적 노화가 각기 다르다. 그래서 일부 사람은 노인을 긍정적으로 보지만, 또 일부는 부정적 아니면 중립적으로 인식할 수 있다. 또한 앞서 살펴본 것처럼 노인의 개념이 그 사회의 문화적 · 역사적 요인의 이해를 바탕으로 하고 있기 때문에 시대와 나라에 따라 다르게 정의되기도 한다. 그러므로 노인의 개념은 역사적, 사회적 맥락 안에서 성인기 삶의 과정에 나타나는 신체적 변화와 심리적 변화, 사회적 변화의 과정을 포함하는 동적인 변화과정으로 규정하고 정의할 필요가 있다.

한편 일반적으로 노인에 대한 조작적 정의는 역연령으로 구분한다. 우리나라에서는 1980년대까지 보통 만 60세를 노인의 연령으로 규정하였다. 이는 전통적으로 만 60세가 회갑으로 이때부터 노년기로 접어든다고 인식하였으며, 정부에서도 생산활동인구를 15세 이상 59세 이하로 규정하였고, 또한 특히 정년 연령이 55~60세이므로 60세 이후의 시기를 노년기로 보는 경향이 강했기 때문이다. 그러나 현재는 생산활동의 인구를 15세 이상 64세 이하로 규정하고 있으며 매년 급증하는 노인 인구 수, 연장되는 평균수명, 그리고 정년의 연장가능성을 감안하여 볼 때 65세 이상을 노인으로 보는 것이 보편적이다.[1] 그러나 〈표 8-1〉에서 보듯이 노인 자신

---

1) 노인복지법에 의거한 노인복지 제도 및 서비스 제공기준은 65세 이상 노인으로 규정하고 있지만, 국민연금법상의 노령연금급여 대상자로서 노인은 60세 이상이다. 고령자촉진법에서는 고령자라는 용어를 사용하고 연령은 55세 이상으로 규정하고 있다.

〈표 8-1〉 노인 인식시기

(단위: %)

60세 이상			65세 이상		
65~69세	70~74세	75~79세	65~69세	70~74세	75~79세
24.1	51.3	10.0	24.1	50.0	10.3

※ 60세 이상 기준 : 60세 미만(0.4%), 60~64세(7.1%), 80~84세(6.5%), 85세 이상(0.5%)
출처: 보건복지부(2010).

이 노인이라고 인지하는 주관적 연령을 65세보다 훨씬 더 높은 75세 전후로 응답하고 있는 점(보건복지부, 2010), 평균수명이 길어지면서 100세 이상의 장수노인이 증가하고 있는 점 등을 고려할 때, 노년기를 75세를 기준으로 전기와 후기로 구분하거나 혹은 65세~74세의 연소노인(young-old), 75세~84세의 중고령노인(middle-old), 85세 이상의 고령노인(oldest-old)으로 구분(Neugarten & Neugarten, 1987)하자는 주장도 대두되고 있다.

2) 노년학의 이해

노인복지 이해에 앞서 살펴보아야 할 것이 노년학이다. 노년학(gerontology)은 노령 또는 노인을 연구하는 분야로 인류의 역사 및 발달과 같이하면서 노화의 원인을 밝히고 장수의 비법을 강구하는 관심에서 출발하였고, 20세기에 노화현상에 대한 다양한 학문 분야의 과학적 연구가 이루어지면서 획기적인 발달을 가져왔다(권중돈, 2004).

노년학 관련 주요 연구 영역을 살펴보면, 먼저 노년생물학은 왜 사람은 늙고 또 어떻게 늙어가는가에 관한 의문을 생물학적 측면에서 접근하여 신체적 노화로 인한 질병의 예방과 치료, 재활방법을 주로 연구하는 분야다. 이 분야는 종의 수명을 제한하는 요인이나 세포조직 및 생리에 관한 연구, 생물화학적 연구, 노화지연을 삶의 부분으로 확장하는 것 등에 관심을 갖는다. 둘째, 노년심리학은 20세기 초반에 본격적으로 연구가 시작되어 1970년 후반 사회과학 연구에서 노년심리학 연구가 활성화되었는데, 노화에 따른 감각, 지각, 성격, 정신기능 및 학습 능력 등에 관심을 두었다. 노년사회학은 사회에 있는 노인들의 상호작용과 그들로 인한 사회적 현상에 관한 과학적 연구를 목적으로 노화에 따른 발달 및 집단행동, 노인 인구의 존재가 사회적 현상에 어떤 변화를 가져오는지에 대해 관심을 갖는다. 셋째, 노년의학 분야는 노화현상에 대한 임상적인 문제와 그 기초가 되는 이론적 연구를 포함하는 의학 분야로 노화에 따른 면역반응의 쇠퇴와 노인의 질병예방, 노인 활력과 건강 유지를 위한 연구를 한다. 넷째, 노년사회복지학(노인복지학) 분야는 노인과 사회환경 간의 상호작용 과정에서 나타나는 경제적, 심리적 안녕과 인간관계 및 가족 등에 관한 문제들의 해결을 위한 정책과 서비스 제공 등의 실천과 연구에 관심을 가진다. 이 외에도 인류학, 생물학, 경제학, 지리학, 정치학, 역사학, 사회학, 법학, 간호학, 재활치료학 등 인문, 사회, 자연과학의 전 분야에 있어 노화 및 노인과 관련된 제반 현상을 연구하고 실천하는 종합과학을 노년학이라 규정할 수 있다(Atchley, 2000).

노년학이라는 자체가 다학제적인 학문이기 때문에 노년학에서 인간의 노화를 설명하기 위한 이론도 다양하게 존재한다. 다양한 이론은 〈표 8-2〉에서 보듯이 크게 생물학, 심리학, 사회학 측면으로 나누어 볼 수 있다. 그런데 어떤 한 이론으로 노화를 설명하는 것은 불가능하고 각 이론마다 노화를 설명하는 장단점을 내포하고 있다. 이 장에서는 노화이론 중에서 인간의 노화현상을 사회적 측면에서 설명하는 이론 중에서 주요 이론만을 살펴보겠다.

〈표 8-2〉 노화이론

구분	이론	
생물학적 이론	유전학적 이론	예정계획론, DNA작용 과오이론
	비유전학적 이론	사용마모론, 노폐물 축척이론, 교차연결이론, 신체적 변이이론
	면역이론	면역반응이론, 자동면역반응이론
	생리적 통제이론	스트레스이론, 단일기관이론
심리학적 이론	에릭슨(Erikson) 심리사회발달단계이론, 펙(Perk) 발달과업이론, 헤비거스트(Havighurst) 발달과업이론, 클락(Clark)과 앤더슨(Anderson)의 적응발달과업이론, 정체감위기이론, 정체유지이론, 사회적 와해이론	
사회적 이론	1세대 이론	분리이론, 활동이론, 하위문화이론, 연속이론
	2세대 이론	연령계층화이론, 현대화이론
	3세대 이론	교환이론

출처: 김미혜, 서혜경(2002).

(1) 분리이론

분리이론(disengagement theory)은 미국 캔자스 시에 거주하는 50~90세 성인 275명을 대상으로 한 연구를 바탕으로 커밍과 헨리(Cumming & Henry, 1961)가 제시한 이론이다. 그들은 노인세대에서 젊은 세대로 권력이 이양되는 것이 질서이므로 노인은 사회로부터 분리되는 것이 바람직하다고 보았다. 따라서 노인는 은퇴를 자연스럽게 받아들어야 하며, 이 과정을 통해 감퇴하는 여러 기능 수준을 조율할 수 있는 여유와 자신의 내면을 통찰할 수 있는 기회를 가질 수 있기 때문에 오히려 생활만족도가 높아진다고 보았다. 그러나 실제로 노인이 직업이나 사회적 활동을 유지하면서 노후를 성공적으로 살아가는 경우도 많으며 노년기에 분리라는 것이 비자발적으로 발생한다는 면에서 실제 지지가 높지는 못하다.

(2) 활동이론

활동이론(activity theory)은 분리이론의 주장에 대해 노인이라고 하더라도 사회적 요구를 가지고 있고 이와 같은 사회적 욕구가 충족될수록 생활만족이 높다고 반론을 제기한다(Bengtson, 1969; 정옥분 외, 2008 재인용). 따라서 이 이론에 따르면 긍정적으로 노화가 이뤄진 사람일수록 사회적 활동에 적극적으로 참여하며, 이와 같은 욕구는 '생산적인 일에 참여하는 것이 바람직하다'는 사회 가치와 일치하여 노인에게 영향을 미친다. 그러나 활동이론은 노년기의 생활만족이 활동 유무 또는 수준에 의해 형성되기보다는 개인적 성향, 생활방식, 사회경제적 상태 등이 더 많은 영향을 주고 있다는 사실을 간과하고 있다.

(3) 연속이론

연속이론(continuity theory)에서는 노년기 이전부터 개인이 유지한 활동 유형을 그대로 따르고 지속하려는 경향을 강조한다. 즉, 활동적이었던 사람은 은퇴 후에도 활동적인 생활을 유지하려고 하며 이와 같이 과거와 연결된 삶의 구조를 노년기에도 유사하게 가질 때 생활만족이 유지된다고 본다. 다시 말해, 연속이론은 노년기와 그 이전의 생애 사이에 간격이 있다는 사고를 부인하면서 전 생애를 통한 성장·발달의 연속성에 초점을 맞추고 있다(김미혜, 서혜경, 2002).

(4) 연령계층화이론

연령계층화이론(age stratification theory)은 노화의 문제가 사회적인 연령계층의 문제라는 것에 초점을 맞추어 기본적으로 사회는 연령등급에 의해 서열화되어 있다고 본다(Riley & Forner, 1972). 즉, 동일한 연령계층에 소속한 사람들은 시대적 경험을 공유하고 있기 때문에 유사한 가치와 태도를 형성하게 되지만 연령집단 간에는 여러 면에서 구별된 특성을 갖는다는 것이다. 이를 동시대 출생집단 효과(cohort effect)라고 하는데, 같은 출생집단의 역사적 경험에 의한 독특성은 세대 간의 이해를 어렵게 하는 요소가 되기도 한다.

(5) 현대화이론

현대화이론(modernization theory)은 노화를 사회적 변화와 결부시켜 현대화라는 사회적 변화가 진행될수록 노인의 지위는 하락한다고 보는 이론이다. 이 이론에 따르면 과거에는 노인의 지위가 절대적이었지만 산업화로 과학이 발달하면서 노인이 가진 지혜와 경험이 쓸모없게 되었고, 이로 인해 노인의 지위는 더 하락하게 된다. 그리고 현대화는 궁극적으로 더 이상 노인을 필요로 하지 않는 구조로 변화되었고, 노인을 활용하는 것이 효율성과 효과성을 저해한다는 사회적 가치가 통념되면서 그들을 사회적, 지적, 도덕적으로 점점 고립시키는 결과를 초래한 것이다. 그러나 현대화가 되지 않았던 이전의 사회에서 과연 노인의 지위가 높았는가에 대해서는 반론의 여지가 있다(정옥분 외, 2008).

(6) 교환이론

교환이론(exchange theory)에서는 인간은 합리적이고 이윤추구를 지향하기 때문에 보상을 최대화하고 비용을 최소화하려는 방식으로 행동한다는 것을 전제로 하고 있다. 따라서 이 이론에서는 두 사람 이상의 교환과정에서 교환자원을 많이 가진 사람이 그렇지 못한 사람보다 지배적인 지위를 가지게 된다. 그러므로 노인은 역할이나 기회구조에서 연령이 높아짐에 따라 교환자원의 양과 질이 부족한 상황으로 변화되면서 더 이상 개인 또는 집단과의 관계에서 우위를 차지할 수 없게 된다고 주장한다.

2. 노인의 주요 특성

노년기에 속하는 노인에게 주요하게 나타나는 특성은 신체, 인지, 심리, 사회적으로 구분하여 설명할 수 있다. 그러나 이와 같은 특성은 모든 노인에게 동일하게 나타나는 것이 아니라, 신체 및 심리적 조건, 생활 습관 및 경험, 사회문화적 배경에 따라 저마다의 다양성이 있음을 간과해서는 안 된다.

1) 노인의 신체적 특성

노화에 의해서 나타나는 신체적 특성은 신체 외면상의 변화, 내부 기관의 변화 그리고 감각기능의 변화로 구분된다.

첫째, 신체의 변화로는 ① 주름이 생기고, 탄력성이 감소하고, 반점이 증가하며, 상처가 빨리 낫지 않는 피부의 변화, ② 백발이 증가하고, 두발이 감소하며, 음모와 액모의 양이 감소하는 머리카락의 변화, ③ 근육조직이 감소하고, 군살이 찌며, 신장(키)은 감소하고, 자세는 구부정해지는 체형의 변화 등이 있다. 둘째, 내부 기관의 변화로는 ① 뇌무게의 감소, 뇌수의 회백질 감소, 수지상돌기의 밀도 감소, 신경세포의 자극전달 속도 감소 등 뇌와 신경계통의 변화, ② 연령이 증가할수록 심장조직이 딱딱해지고, 탄력성이 감소하며, 심박력과 혈액이 감소하는 심장혈관 계통의 변화, ③ 최대 호흡량, 폐용량, 기본적 산소 소모량 등이 감소하는 호흡기 계통의 변화, ④ 소화액의 생성이 감소하고 연동운동이 감소하는 소화기 계통의 변화, ⑤ 골격 및 수의근의 약화 등의 근골격 계통 변화, ⑥ 신장의 혈류 감소로 인한 비뇨기 계통의 효율성 감소, 신장 내 세포 수의 감소로 원활하지 못한 배설작용이 나타나는 비뇨기 계통의 변화, ⑦ 자기면역

반응 감소 및 면역체계의 결함 등에 의한 면역계통의 변화 등이 있다. 이와 같은 신체 내부 기능의 감퇴로 노인은 만성질환 발병률이 증가한다. 즉, 노인이 되면 관절염, 동맥경화증, 고혈압, 당뇨병, 신장병, 심장병 등 만성질환이 늘어난다(박차상 외, 2004). 셋째, 감각기능은 시력 및 청각이 감퇴되고 미각과 후각도 감퇴되는 변화를 보인다.

그러나 이와 같은 특성은 모든 노인에게 동일하게 나타나지 않으며, 그 속도도 일정하지 않다. 특히 노인 개인의 특성에 따라 그 출현 시기와 정도, 진행 상태가 다를 수 있으며, 최근에는 과학기술 및 노화에 대한 관심 증가로 다양한 방법을 통해 노화를 지연 또는 정지, 역전할 수 있는 방법들이 활용되고 있다. 또한 신체적 노화는 노인의 일상생활 및 다양한 활동을 하는 데 그리 큰 지장을 주지 않기 때문에 노화로 인한 변화를 심각한 문제로 보기보다 자연스러운 과정으로 수용하고 변화에 적응하는 태도가 더 중요하다.

2) 노인의 인지적 특성

노년기의 인지변화는 크게 일반지능과 기억력, 문제 해결 능력 등이다. 일반적으로 연령 증가에 따라 지능이나 기억력, 학습 능력 및 문제 해결 능력이 감퇴된다고 보는 것이 지배적이었다. 즉, 일반적으로 노인은 연령이 높아질수록 사고 능력이 저하되어 문제 해결 능력도 떨어지고 창의성도 노화에 따라 점점 저하된다는 것이다(장인협, 최성재, 1987). 이와 같은 주장에 따라 사람은 연령이 증가하면 인지적 능력도 점점 쇠퇴한다고 믿고 있다.

그러나 최근 발달심리학자들은 연령의 증가에 따른 지능 쇠퇴는 거의 없거나 극히 미미하다는 주장(박석돈 외, 2008), 인지적 특성은 연령의 변수보다는 교육 수준, 직업 수준, 불안 수준, 건강 상태, 생활양식 등에 의해 영향을 더 받는다는 주장(정옥분 외, 2008) 등이 더 설득력을 얻고 있다. 따라서 노인의 인지적 능력은 개인 및 문화 차에 따라 변화 정도가 다양하며 교육 또는 훈련 등의 방법으로 유지 또는 증진이 가능하다.

3) 노인의 심리적 특성

노년기의 심리적 특성에 대해서도 학자마다 다른 견해를 가지고 있다. 프로이트와 융의 경우는 노년기를 아동기와 유사하다고 보고, 노년기에 유아기와 흡사한 자기중심적 성격으로 되돌아간다고 보았다. 그러나 에릭슨을 비롯한 발달단계 모델을 제시한 학자들은 노년기에 경험과 과업에 대해 어떻게 받아들이고 해결하느냐에 따라 오히려 자신과 인생에 대해 폭넓게 이해하고 현재의 제한점을 수용하면서도 활동적이고 만족한 삶을 영위한다고 보았다. 많은 경우 노인의 성격적 특성에 대해 우울증 경향이 증가하고, 내향성 및 수동성이 증가하며, 의존적이 된다는 등 부정적인 측면에서 제시하고 있다. 하지만 이와 같은 특성은 노인에 따라 다양한 개인차를 보이며, 같은 노인이라고 할지라도 그 특성 이면에 그들의 삶의 경험과 연관하여 이해할 필요가 있다. 예를 들면, 노년기에는 자녀 출가 후 빈 둥지 증후군, 신체기능의 저하, 배우자나 친구의 죽음, 퇴직으로 인한 직장과 경제력의 상실 등과 같이 자신이 통제할 수 없는 상황과 관련된 스트레스가 많고, 이와 같은 스트레스의 질이 부정적으로 작용하여 우울한 경향이 나타날 수 있다.

노년기에는 성격이 변화되는가? 이에 대해 성격은 일생을 통해 안정적이라는 입장과 성격은 환경이 바뀜에 따라 적응하기 위해 변한다는 입장이 있다. 이 두 입장은 모두 일리가 있는데, 그러나 결론적으로 성격은 내면화된 성격 특성은 비교적 일정하게 유지되지만 외부에 표현되는 성격은 변화한다고 보는 연속성과 변화성의 두 측면을 모두 가지고 있다.

따라서 노년기에도 심리적 안정을 유지하기 위한 적응방식이 성격 유형에 따라 다르게 드러날 수 있는데, 헤비거스트와 동료들은 성격에 따른 노화적응 유형을 연구하였다. 그 유형은 크게 통합형(재구성형, 집중형, 이

〈표 8-3〉 노화적응 유형

노화적응 유형		특성	역할 활동	생활 만족도
통합형	재구성형	은퇴한 후에도 자신의 시간과 생활양식을 재구성하여 모든 분야의 활동에 적극적이고 일상생활에 잘 적응하는 노인	높음	높음
	집중형	활동적이고 생활에 잘 적응하지만, 여러 분야에 관심을 분산시키지 않고, 한두 가지 역할에 선택적으로 몰두하여 거기서 만족을 얻는 노인	중간	높음
	이탈형	신체도 건강하고 생활적응 수준도 높지만 자기 충족의 생활로 물러나 조용히 지내는 노인	낮음	높음
무장 방어형	유지형	가능한 한 오래 중년기의 생활양식을 유지하는데, 혹시 활동을 중지하면 빨리 늙을까 두려워하여 활동에 얽매이는 노인	높음 또는 중간	높음 또는 중간
	위축형	노화로부터 자기 자신을 방어하려고 열심히 노력하며 다른 사람과의 별다른 사회적 접촉 없이 폐쇄적으로 살아가는 노인	낮음 또는 중간	높음 또는 중간
수동적 의존형	원조 요청형	한두 사람의 가족이나 친지에게 의존할 수 있는 중간 정도의 생활만족도를 유지하는 노인	높음 또는 중간	높음 또는 중간
	냉담형	일생 동안 수동적인 것으로 보이며 거의 활동을 하지 않아 무기력하고 무감각한 노인	낮음	중간 또는 낮음
해체형		자신의 감정을 통제하지 못하고 사고과정의 퇴보가 있는 등 심리적 기능에 문제가 있는 노인	낮음	중간 또는 낮음

출처: 정옥분 외(2008).

탈형), 무장방어형(유지형, 위축형), 수동적 의존형(원조요청형, 냉담형), 해체형으로 구분하였다(Havighurst, Neugaten, & Tobin, 1968). 각 성격 유형의 특성은 〈표 8-3〉과 같다.

4) 노인의 사회적 특성

노년기의 사회적 특성의 핵심은 은퇴로 인한 역할 상실 및 지위 저하다. 현대사회에서는 경제적 보상을 받는 일에 종사할 때 역할을 한다고 본다. 그래서 남성의 경우 직장생활을 중심으로 사회적 지위와 역할을 수행하다가 퇴직을 하게 되면 역할의 상실, 사회활동 반경의 축소 등을 경험하고, 직업의 상실은 수입 감소로 이어져 경제 능력이 저하되며 사회와 가정에서의 권위도 약화된다. 이로 인해 노인은 고독과 소외감을 느끼게 되어 단지 사회적 지위 상실뿐 아니라 심리적 손상과 고통을 경험할 수 있다.

그러나 은퇴가 노인의 사회적 지위와 역할을 축소시키는 직접적인 영향요인이라기보다 노인이 은퇴 이후의 삶이 어떻게 변화되는지 고려하고 그에 따른 대처방안을 설계하고 준비하지 못해서이기도 하다. 은퇴 이후에는 직장에서의 퇴직하거나 자녀의 의무적 양육을 마친 가족 생활주기상 '진수기'에 해당되어 의무가 아닌 자율의 시간들이 대폭 증가하게 된다. 이를 단지 남은 시간이라고 간주하기보다는 또 하나의 인생기로 받아들여 기존의 삶과는 다른 방식으로 적응해 나가는 것이 필요하다. 특히 평균수명이 증가하면서 노년기에 머무르는 시간이 20년 이상이 되는 현대사회에서는 은퇴 이후에 무엇을 하고 살 것인가가 삶의 만족에 직접적인 영향을 주게 된다. 따라서 은퇴에 대한 계획은 인간의 전 생애에서 다루어져야 할 과제이며 적어도 중년기에는 착수되어야 한다.

3. 한국의 고령화 현황

한 사회의 고령화 현황은 일반적으로 전체 인구 중에서 노인 인구가 차지하는 비율로 산정한다. UN은 노인이 총인구에서 차지하는 비율이 7%가 되면 고령화 사회(aging society), 14%가 되면 고령사회(aged Society), 20%이상이 되면 초고령사회(super-aged society)로 규정하고 있다. 이 기준으로 보면 개발도상국보다는 선진국에서 높은 고령화 수준을 나타내어 이미 전체 인구 중 노인비율이 14%에 이르는 고령사회로 진입했거나 근접한 나라가 많다.

그러나 고령화 수준과 함께 고령화의 속도도 주목해야 하는데, 고령화 속도는 개발도상국이 선진국에 비해 매우 빠르게 진행하고 있다. 선진국의 경우 완만한 인구 고령화 속도에 따른 인구구조의 변화에 사회 및 국가가 적응하고 준비가 가능했다면, 급속한 고령화를 겪는 나라들은 밀려드는 다양한 과제를 해결하는 데 시간이 그만큼 주어지지 못해 여러 사회문제를 초래하는 주요 원인이 되고 있다.

1) 노인 인구의 변화 추이

(1) 노인 인구의 급속한 증가

우리나라는 이미 2000년에 65세 이상의 노인 인구가 전체 인구의 7.2%를 차지하여 고령화 사회에 진입하였다. 그리고 오는 2018년에는 고령사회, 2026년에는 전체 인구의 20%가 노인층인 초고령사회가 될 것으로 추계하고 있다. 특히 우리나라는 출산율이 단기간 급격히 낮아져(2009년 평균출산율 1.15명) 노령화지수[2)]를 높이는 중요 요인으로 작용하고 있다. 반면 우리나라는 다른 나라에 비해 상대적으로 노인 인구의 비율이 급격히 증가하고 있는데, 이는 세계에서 유례를 찾아보기 힘들 정도의 속도로 진행되고 있다. 고령 인구 비율이 고령화 사회에서 고령사회로 도달하는 데 걸리는 기간이 18년이며, 고령사회에서 초고령사회는 불과 8년에 불과할 것이라 예상하고 있어 기타 선진국에 비해 훨씬 빠른 속도로 고령사회로 진입할 것으로 전망하고 있다(〈표 8-4〉 참조).

〈표 8-4〉 인구 고령화 속도

(단위 : 연도, 연수)

	해당 노인 인구비 도달 연도			증가 소요 연수	
	7%	14%	20%	7%→14%	14%→20%
한국	2000	2018	2026	18	8
일본	1970	1994	2006	24	12
독일	1932	1972	2009	40	37
이탈리아	1927	1988	2006	61	18
미국	1942	2015	2036	73	21
프랑스	1864	1979	2018	115	39

출처: 통계청(2006).

이러한 증가 추세는 계속 지속될 것으로 보여 2050년에는 노인 인구가 38.2%를 차지해 국민 3명 중 1명 이상은 노인인 사회가 될 것으로 예측하고 있다(통계청, 2006). 급격한 고령화 속도는 오랜 기간에 걸쳐 인구 고령화에 대처해 온 선진국과는 달리 우리나라의 경우 고령화 사회에 대한 준비가 그만큼 시급함을 의미한다. 노인 인구의 급속한 성장 추세는 경제성장에 따른 국민소득의 향상과 생활 수준의 개선, 의학의 발달과 보건위생의 개선에 의한 기대수명의 연장 등의 요인에 기인하고 있다.

2) 노령화지수 공식은 '(65세 이상 인구/0~14세 인구)×100' 이다.

(2) 기대수명의 연장

우리나라의 기대수명[3]은 보건의료 수준의 향상, 국민들의 영양 상태 양호 및 건강에 대한 관심 제고 등에 힘입어 해방 이후 지속적으로 증가해 왔다. 1960년에 53.4세에서 2005년에는 25.2세 증가한 78.6세였으며, 2030년에는 83.1세, 2050년에는 86.0세로 늘어날 전망이다(통계청, 2006).

기대수명의 성별 현황을 살펴보면 2010년 남성은 76.1세, 여성은 82.9세로 여성이 6.7세 더 많으나, 이 차이는 점차 줄어들 것으로 예측하고 있다(통계청, 2006).

우리나라 노인 인구 비율 증가 속도가 세계적으로 유례를 찾기 어려울 정도로 급속히 증가되고 있는 것과 더불어, 평균수명의 연장 추세도 급속히 전개되었다. 20세기 초 우리 국민의 평균수명은 남녀 각각 23, 24세 정도였는데 2000년에는 72.3세, 79.6세로 100년 동안에 평균수명이 3배 이상 증가하였고, 2020년 이후에는 기대수명이 80세를 넘게 되어 우리나라도 선진국 수준과 비슷한 수준이 될 것이다(〈표 8-5〉 참조). 기대수명의

〈표 8-5〉 기대수명 추이

(단위: 세)

	1971년	1980년	1990년	2000년	2005년	2010년	2020년	2030년	2050년
기대수명 계	62.3	65.7	71.3	76.0	78.6	79.6	81.5	83.1	86.0
남성	59.0	61.8	67.3	72.3	75.1	76.1	78.0	79.8	82.9
여성	66.1	70.0	75.5	79.6	81.9	82.9	84.7	86.3	88.9
차이	7.1	8.2	8.2	7.3	6.8	6.7	6.6	6.5	6.0

출처: 통계청(2006).

3) 기대수명은 출생 시(0세)의 기대여명을 의미한다. 기대여명은 특정 연령에서 연령별 사망률이 지속된다고 가정할 때 앞으로 생존할 것으로 예상되는 평균기간을 연(年)으로 표시한 것으로, 당연히 기대여명은 나이가 들수록 짧아지게 된다. 따라서 출생 시의 기대여명인 기대수명은 갓 태어난 아기가 앞으로 얼마나 살 수 있을지를 나타내는 평균수명과 같은 뜻으로 사용할 수 있다.

증가는 결국 고령자의 증가를 의미한다. 즉, 사회 인구층에서 고령자가 차지하는 비율이 높아져 주요 인구층으로 대두하기 때문에 사회는 그들이 어떻게 생계를 유지하고 건강을 지키며 행복한 삶을 살 수 있을 것인가에 관심을 기울이고 이 과제를 풀어야 할 당위성을 갖게 된다.

2) 노인 인구의 부양 부담

노인 인구의 증가는 15~64세 생산가능 인구가 부양해야 할 부양 부담과 밀접한 관계가 있다. [그림 8-1]에서 보듯이 노인 인구 비율이 2000년을 기준으로 급속하게 증가하는 반면, 생산 인구는 감소세로 전환하여 부양 부담이 계속 높아지고 있다. 생산가능 인구가 부양해야 할 유소년부양비와 노년부양비의 합인 총부양비는 유소년부양비(0~14세) 감소로 2016년 36.3%이며, 고령 인구가 크게 늘어남에 따라 2030년 55.4%, 2050년 88.8%로 계속 높아질 전망이다.

또한 노령화지수가 2010년 기준으로 유소년 인구 100명당 고령 인구는 68명 정도(67.7%)이지만, 2030년 214명, 2050년에는 429명이 되어 총부

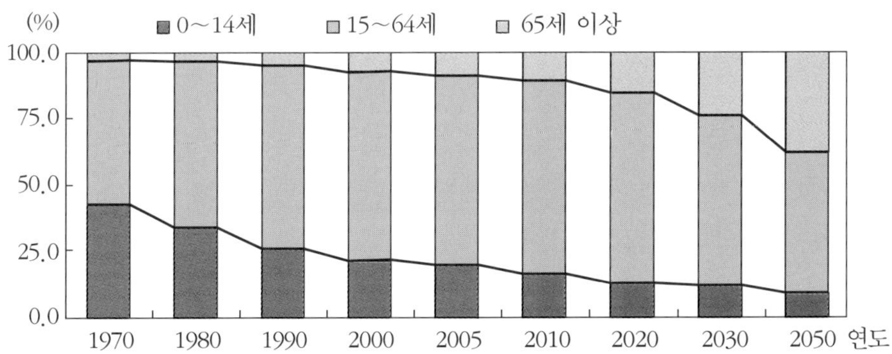

[그림 8-1] 연령계층별 인구 구성비

출처: 통계청(2006).

양비에서 고령 인구가 차지하는 비율이 높아질 것이다. 유소년부양비는 2010년 현재 22.2%이며 출산력 감소로 인하여 2030년 17.7%, 2050년 16.8%로 계속 낮아지지만, 노년부양비는 2005년 현재 15.0%이나 기대수명 증가로 인하여 2030년 37.7%, 2050년 72.0%로 크게 높아질 것으로 예측하고 있다. 이는 2010년에 생산가능 인구 6.7명당 노인 1명을 부양했지만, 2030년에는 2.7명, 2050년에는 1.4명이 부양하게 된다. 그러나 생산인구에 포함되는 15~24세의 경우는 대부분 취학 상태이고 50~64세 또한 조기퇴직 등으로 경제활동에 참여하지 못하는 상황까지 고려한다면 실제 노인부양비는 더 높아질 것이다(〈표 8-6〉 참조). 이와 같은 노인부양비와 노령화지수의 증가는 생산 인구와 노인 인구의 세대 간 갈등뿐만 아니라 사회정책을 결정하는 데 있어서 유소년 인구와 노인 인구 중에서 어떤 대상에 우선순위를 둘 것인지 가치갈등을 유발할 가능성도 높다.

〈표 8-6〉 부양비 및 노령화지수 추이

(단위: %)

	1970년	1980년	1990년	2000년	2005년	2010년	2020년	2030년	2050년
총부양비	83.8	60.7	44.3	39.5	39.4	37.2	38.9	55.4	88.8
유소년부양비	78.2	54.6	36.9	29.4	26.8	22.2	17.2	17.7	16.8
노년부양비	5.7	6.1	7.4	10.1	12.6	15.0	21.7	37.7	72.0
노령화지수	7.2	11.2	20.0	34.3	47.3	67.7	125.9	213.8	429.3

4. 노인복지의 이해

1) 노인복지의 정의

노인복지란 노인을 대상으로 한 사회복지실천의 한 분야로 장인협과 최성재(1987)는 "노인이 인간다운 생활을 유지하면서 자기가 속한 가족과 사회에 적응하고 통합될 수 있도록 필요한 자원과 서비스를 제공하는 데 관련된 공적 및 사적 차원에서의 조직적 제반 활동"이라고 정의하고 있다. 즉, 노인복지는 모든 개별 노인을 대상으로 하는 보편성을 갖고 있으며, 목적은 노인이 인간다운 생활을 유지하도록 하는 것과 노인이 속한 가족과 사회에 적응하고 통합될 수 있도록 하는 것을 지향하고 있다. 여기서 인간다운 생활이란 그 노인이 속한 국가사회의 발전적 수준에 비추어 의식주의 기본적인 욕구를 충족하고 건강하고 문화적인 삶을 사는 것을 뜻한다. 그리고 가족과 사회에 적응하고 통합되는 것은 노인이 그가 속할 수 있는 사회적 조직망에서 사회적 및 심리적으로 소외감을 느끼지 않게 되는 것을 의미한다(박석돈 외, 2008). 이 목적을 수행하는 주체는 정부만이 아니라 민간 관련 기관 및 지역사회, 가족이 모두 조직적 연계 속에서 책임을 다해야 함을 뜻한다. 목적을 성취하는 방법은 직접적으로 필요한 자원과 서비스 제공을 정책으로 결정하고 계획을 수립할 뿐 아니라 구체적인 사회복지 전문기술적 실천방법을 이용하여 제공하는 것까지도 포함한다.

한편 법적인 면에서 노인복지의 정의를 보면, 노인복지법 제1조에서는 "노인의 질환을 사전 예방 또는 조기 발견하고 질환 상태에 따른 적절한 치료 요양으로 심신의 건강을 유지하고, 노후의 생활안정을 위하여 필요한 조치를 강구함으로써 노인의 보건복지 증진에 기여함을 목적으로 한다."라고 규정하고 있다. 그리고 노인복지법 제2조에 따르면 우리나라 노인복지는 ① 안정된 노후생활을 보장해 주며, ② 노인이 한 개인으로서 자신만의 고유한 능력에 따라 사회에서 활동할 수 있도록 참여기회를 보장하며, ③ 지식과 경험을 활용하여 사회의 발전에 기여하도록 노력하는 사회통합의 유지를 기본 이념으로 하고 있다. 노인복지법의 목적과 기본 이념을 볼 때, 노인복지는 의식주와 같은 일차적 생활보장뿐 아니라 노인이 한 개인으로서 차별받지 않고 자아실현을 할 수 있도록 정신적 욕구도 충족하고, 나아가 사회에 지속적으로 참여하고 기여하는 사회적 통합성을 이루도록 하는 것까지를 포함한다.

2) 노인복지의 원칙

노인복지와 관련된 원칙은 UN에서 노인인권 문제를 일찍이 다루면서 각국에 다양한 원칙들을 주장해 오고 있었다. 1948년 '노인의 권리선언'에서 건강보호, 안정, 존경 등 10개의 권리를 제시했으며, 1982년 UN 국제고령화행동계획에서 건강과 영양, 노인 소비자의 보호, 주거와 환경, 가족, 사회복지, 소득보장과 고용, 교육의 7개 하위 분야 내에 실시해야 할 정책방향 62가지가 권고되었다. 1991년에는 노인을 위한 UN 원칙으로 독립(independence), 참여(participation), 돌봄(care), 자아실현(self-fulfillment), 존엄성(dignity)의 5개 원칙과 18개의 권리가 명시되었다. 최근 2002년에는 20년 전 제1차 세계고령화회의에서 채택된 비엔나 행동계획을 대체하여 향후 각 국가가 고령화 관련 정책을 수립 · 시행 및 평가하는 데 필요한 지침으로서 마드리드 국제고령화행동계획이 권고되었다. 이 행동계획에서는 행동권고 부분에서 '노인과 발전' '노년까지의 건강과 안녕 증진' '능력을 부여하고 지원하는 환경 확보'의 세 가지 주요 방향을 설정하고, 그 아래 18개 분야의 과제를 제시하면서 분야별로 다양한 행동 지침을 권고하고 있다. 여기서는 1991년 노인을 위한 UN 원칙 다섯 개를 제시한다(한국노인복지시설협회, 2009).

독립(independence)

1. 소득, 가족과 지역사회의 지원 및 자조를 통하여 적절한 식량, 물, 주거, 의복 및 건강보호에 접근할 수 있어야 한다.

2. 일을 할 수 있는 기회를 제공받거나 다른 소득을 얻을 수 있는 기회에 접근할 수 있어야 한다.
3. 직장에서 언제 어떻게 그만둘 것인지에 대한 결정에 참여할 수 있어야 한다.
4. 적절한 교육과 훈련 프로그램에 접근할 수 있어야 한다.
5. 개인의 선호와 변화하는 능력에 맞추어 안전하고 적응할 수 있는 환경에서 살 수 있어야 한다.
6. 가능한 한 오랫동안 가정에서 살 수 있어야 한다.

참여(participation)

1. 사회에 통합되어야 하며, 그들의 복지에 직접 영향을 미치는 정책의 형성과 이행에 적극적으로 참여하고, 그들의 지식과 기술을 젊은 세대와 함께 공유하여야 한다.
2. 지역사회봉사를 위한 기회를 찾고 개발하여야 하며, 그들의 흥미와 능력에 알맞은 자원봉사자로서 봉사할 수 있어야 한다.
3. 노인들을 위한 사회 운동과 단체를 형성할 수 있어야 한다.

돌봄(care)

1. 각 사회의 문화적 가치체계에 따라 가족과 지역사회의 보살핌과 보호를 받아야 한다.
2. 신체적, 정신적, 정서적 안녕의 최적 수준을 유지하거나 되찾도록 도와주고 질병을 예방하거나 그 시작을 지연시키는 건강보호에 접근할 수 있어야 한다.
3. 그들의 자율과 보호를 고양시키는 사회적 · 법률적 서비스에 접근할 수 있어야 한다.
4. 인간적이고 안전한 환경에서 보호, 재활, 사회적 · 정신적 격려를 제공하는 적정 수준의 시설보호를 이용할 수 있어야 한다.
5. 그들이 보호시설이나 치료시설에서 거주할 때도 그들의 존엄, 신념, 욕구와 사생활을 존중받으며, 자신들의 건강보호와 삶의 질을 결정하는 권리도 존중받는 것을 포함하는 인간의 권리와 기본적인 자유를 향유할 수 있어야 한다.

자아실현(self-fulfillment)

1. 자신들의 잠재력을 완전히 발전시키기 위한 기회를 추구하여야 한다.
2. 사회의 교육적, 문화적, 정신적 그리고 여가에 관한 자원에 접근할 수 있어야 한다.

존엄성(dignity)
1. 존엄과 안전 속에서 살 수 있어야 하며, 착취와 육체적 · 정신적 학대로부터 자유로워야 한다.
2. 나이, 성별, 인종이나 민족적인 배경, 장애나 여타 지위에 상관없이 공정하게 대우받아야 하며 그들의 경제적 기여와 관계없이 평가되어야 한다.

5. 노인복지 정책 및 서비스의 이해

1) 소득보장

우리나라 노후소득 보장은 크게 공공부조, 공적연금, 기업연금, 개인연금 및 역모기지의 3층 구조(three-pillar system)로 설명할 수 있다. 또한 소득보장을 직접 현물로 제공하는 직접보장과 소득효과를 간접적으로 제공하는 간접보장으로 나눌 수 있다. 간접보장으로는 경로우대제도 및 세금감면제도가 있다.

여기서는 공공부조와 공적연금, 그리고 사적 대비라 할 수 있는 역모기지에 대해 살펴보겠다.

(1) 공공부조

현재 시행되고 있는 공공부조의 소득보장은 국민기초생활보장제도와 기초노령연금이다. 국민기초생활보장제도는 2000년 10월 기존의 생활보호법이 폐지되고 시행된 것으로 노인만을 위한 소득보장제도는 아니고 전 국민을 대상으로 일정 소득 미만자에게 정부가 정한 기준에서 소득을 지원하고 있다. 〈표 8-7〉에서 보면 전체 수급자 중에서 65세 이상 노인이 차지하는 비율은 2008년에 38만 2,050명으로 26.5%이며(보건복지부,

〈표 8-7〉 65세 이상 인구의 국민기초생활보장 수급률

(단위: 명, %)

	총 수급자 (일반수급자)	65세 이상	구성비[1]	수급률[2]	남	수급률	여	수급률
2007년	1,463,140	386,157	26.4	8.0	101,228	5.2	284,929	9.9
2008년	1,444,010	382,050	26.5	7.6	100,772	5.0	281,278	9.4

주: 1. (65세 이상 수급자 / 총 수급자) × 100
2. (65세 이상 수급자 / 65세 이상 추계 인구) × 100

2010), 이와 같은 수치는 매년 비슷한 비율을 보여 전체 수급자 중에서 약 1/4인 노인의 빈곤 상황을 간접적으로 시사해 주고 있다.

기초노령연금은 2008년에 실시된 제도로 65세 이상 노인 중 소득인정액[4]이 일정 금액 이하인 자다. 선정 기준액은 매년 고시된다. 2010년 선정 기준액은 노인 단독가구 70만 원, 부부가구 112만 원으로, 2009년 11월 기준으로 현재 65세 이상 노인의 약 70%가 기초노령연금을 받고 있다.

(2) 공적연금

공적연금은 다른 말로 사회보험이라 한다. 우리나라는 1960년 도입된 공무원연금, 1963년 군인연금, 1975년 사립학교 교직원연금, 그리고 1988년 국민연금이 이에 속한다. 2009년 기준 전체 노인 512만 9천 명 중에서 국민연금 수급자는 240만 3천 명으로 46.9%가 연금을 받고 있다(조연행, 2009).

(3) 역모기지

고령화에 따른 경제적 위험에 대한 대처와 노후생활에 필요한 안정적

4) 소득인정액응 '월 소득평가액+재산의 월 소득환산액'이다.

인 생활자금의 확보를 위한 금융서비스의 역할이 강조되고 있는데, 이러한 금융서비스의 하나로 관심의 대상이 되고 있는 것이 역모기지(reverse mortgage)다(권금주 외, 2008). 일반적인 개념의 역모기지란 고령자가 주택을 담보로 금융기관으로부터 노후 생활자금을 연금 형식으로 일정 기간 동안 수령하는 대출상품을 의미한다. 그러므로 주택을 담보로 하여 일정한 수준의 생활을 보장하고 대신에 사후에는 재산이 국가 또는 금융회사에 귀속된다. 그러나 우리나라는 노인들의 전통적인 주거의식 때문에 아직까지는 적극적으로 활용되지 못하고 있다.

2) 고용보장

노인에게 계속 일자리를 보장하는 것은 가족과 사회적으로 노인 인구 증가에 따른 노인부양 부담을 해결할 수 있으며, 노인 개인적으로는 노후 생활에 필요한 경제적 소득 유지를 가능케 하는 효과가 있다. 더 나아가 사회통합 차원에서 노인의 고용보장은 그들의 살아온 삶을 보다 의미 있게 평가할 수 있는 기회가 될 뿐 아니라 노인에게 지역사회로부터 소외되지 않고 민주사회의 시민으로서 참여하게 하고 사회적 기대에 부응하는 자부심을 갖게 한다. 이러한 점에서 고용보장은 노인복지 중 최근 그 중요성이 강조되고 있다.

일반적으로 고용이라 하면 경제적 고용[5]을 의미하는데, 노인 고용보장은 이에만 한정되지 않고 사회적 고용 차원 또는 사회적 고용에 일정한 보상을 지불하는 방식을 접목하는 방식까지도 포함하고 있다. 이는 노년

5) 고용은 일반적으로 당사자 한쪽이 상대방에게 노무를 제공하고 상대방은 그에 대해 보수를 지불하는 노동계약을 말하는 경제적 고용을 의미하지만, 노인고용정책에서는 자발적 기여 내지는 활동에 대해 보람과 사회적 가치 창출 등의 비경제적 보상을 말하는 사회적 고용 개념도 도입하고 있다. 사회적 고용의 예로는 자원봉사활동 및 사회운동참여 촉진정책이 해당될 수 있다.

기의 일의 의미가 단지 경제적 필요만이 아니라 건강 유지, 삶의 만족감 및 여가선용을 통한 자아실현의 욕구 충족 차원에서도 중요한 의미를 갖고 있기 때문이다. 그러나 아직까지도 우리나라에서는 '노인은 생산성이 높지 않다'는 잘못된 편견으로 사회복지 분야 등 일부 분야 외 기업 및 사회 전체 차원에서 노인인력 활용에 적극적이지 않은 현실이다.

우리나라 노인 고용보장과 관련된 제도는 고용촉진 프로그램과 고용알선 프로그램의 두 가지 차원으로 구분하여 볼 수 있다.

(1) 고용촉진 프로그램

고령자의 고용촉진과 관련해서는 1992년 제정된 고령자고용촉진법[6]에서 연령차별 금지와 고령자 고용촉진 및 고용안정의 내용을 근간으로 하고 있다.

연령차별 금지는 "사업주가 합리적인 이유 없이 연령을 이유로 근로자 또는 근로자가 되려는 자를 차별해서는 아니 된다."(제4조의4)라고 규정하고 연령차별을 당한 사람은 국가인권위원회를 통해 조치할 수 있도록 하고 있다. 그러나 이 법안은 연령차별 없는 사업장 환경을 조성하는 적극성보다는 문제가 발생한 경우에 당사자만 진정할 수 있는 사후조치에 그친다는 점에서 매우 소극적 대응이라 할 수 있다.

고용촉진 및 고용안정과 관련해서는 300인 이상 근로자를 고용하는 사업주는 기준고용률 이상의 고령자를 고용하도록 노력할 의무인 '고령자 고용촉진제도', 준고령자(50세 이상~55세 미만) 및 고령자의 고용을 촉진하기 위해 고령자 등에 적합한 직종(우선고용 직종)을 선정하여 고시하는 '준고령자 우선고용직종 고용지도', 근로자의 정년을 60세 이상이 되도록 권고하는 '정년연장지도', 일정 연령(피크 연령)이 지나면 생산성에 따

6) 고령자고용촉진법에서는 고령자를 만 55세 이상으로 규정하고 있다.

라 임금을 줄이는 대신 정년을 보장하거나 일정 기간 고용을 연장해 주는 '임금피크제', 그리고 고용촉진을 지원하고 장려금을 지급하는 각종 '고령자 고용촉진 지원'을 주 내용으로 하고 있다(고용노동부 홈페이지 참조).

(2) 고용알선 프로그램

고령자고용촉진법뿐 아니라 노인복지법에서도 고용알선을 위한 사업들을 실시하고 있다. 고령자고용촉진법에서는 고령자 고용지원센터, 고령자인재은행, 중견전문인력 고용지원센터 등을 통해 구인·구직을 연결하고 있으며, 준고령자를 대상으로 직무 수행에 필요한 직업 및 소양 교육, 취업 능력 개발과 재취업을 촉진하는 교육 등을 실시하고 있다(고용노동부 홈페이지).

노인복지법에 의거하여 실시되는 사업은 대한노인회에 연합회와 지회를 활용한 취업지원센터, 노인일자리사업, 노인일자리전담기관(시니어클럽) 운영 등이 있다(보건복지부, 2010). 특히 노인일자리사업은 수익성이 낮으나, 국민의 삶의 질 향상을 위해 반드시 필요한 공공 부문(공익형, 교육형, 복지형)과 노인 역량을 강화하여 민간시장에서도 경쟁력을 확보하도록 하는 민간 부문(인력파견형, 시장형, 창업모델형)으로 구분하여 그 영역을 확대하고 있다.

3) 의료 및 요양·보건 보장

인구의 고령화는 만성질병에 시달리며 고통스럽게 살아가야 하는 노인들의 양적 증가도 포함하고 있다. 노인은 타 연령집단에 비해 유병률이 높을 뿐 아니라 증세가 만성화되거나 상태 호전이 불가능하여 장기적인 치료와 요양을 요구하고 있다. 그리하여 노인의 의료비 부담을 보장해 주는 제도는 일찍부터 관심을 가져왔다. 현재 노인과 관련하여 우리나라에서 실시되는 주요 의료 및 요양·보건 서비스의 내용은 다음과 같다.

(1) 의료보장제도

가장 보편적인 제도는 건강보험이다. 건강보험은 노인만이 아니라 전국민을 대상으로 하는 의료보장으로 본인이 일부를 부담하고 나머지는 건강보험에서 급여를 지급하는 형식으로 운영되고 있다. 2009년 이후 65세 이상 노인의 진료비 기준은 건강보험 전체 진료비에서 차지하는 비중도 30%에 육박했다. 노인진료비 비중은 1994년 11.3%였으나 2008년에는 29.9%로 해마다 증가하고 있다(통계청, 2009).

또 하나의 의료보장제도는 의료급여다. 이는 건강보험을 적용받을 수 없는 저소득층을 위한 의료비 보조로 노인의 경우는 기초생활보장법의 수급자 자격에 의해 급여를 지급받고 있는 경우가 많다. 한편 노인복지법에서는 노인과 관련된 질병만을 전문적으로 치료하는 노인전문병원을 둘 수 있도록 하고 있다.

(2) 요양보장제도

우리나라는 2008년 노인장기요양보험이 시행되어 노인성 질환 등으로 요양을 필요로 하는 65세 이상 노인 또는 65세 미만 중에서 중등증 이상(1~3등급)의 자에게 혜택을 주고 있다. 급여는 노인요양시설, 노인요양공동생활가정에서 생활하며 요양급여를 받는 시설급여와 자신의 집에서 거주하며 방문요양서비스, 주야간보호서비스, 단기보호서비스, 방문목욕서비스, 복지용구 대여 등 재가노인지원서비스 중에서 필요한 서비스를 제공받는 재가급여로 구분된다. 비용은 일반노인 기준으로 개인의 경우 재가급여일 때는 15%, 시설급여는 20%를 부담하며 나머지는 요양급여에서 부담한다.

(3) 보건서비스

노인 질병의 조기 발견 및 치료를 목적으로 저소득층 노인을 대상으로 노인 건강진단을 1983년부터 실시해 왔고, 현재는 일반노인까지 확대하여 실시하고 있다. 또한 거동이 불편한 노인을 대상으로 하는 방문간호서비스는 보건소와 일부 의료기관에서 실시하고 있는데, 보건소는 기초생활수급 노인으로 제한하고 서비스 내용이 기본적인 건강 상태를 관찰하는 정도에 그치고 있다. 이 외에도 노인 치매의 예방과 치료 및 프로그램 이용안내 등의 서비스를 제공하기 위하여 1997년부터 치매상담센터를 설치 · 운영하고 있으며, 치매조기검진사업, 치매치료관리지원사업 등을 실시하고 있다.

(4) 주거생활

주거문제는 일반적으로 모든 인구계층에 해당되는 중요한 사회정책적 과제이지만, 노인들의 주거문제 해결에서는 단순한 주택의 확보만이 아니라 노인의 생활을 배려한 주거 및 환경의 고려가 필요하다. 따라서 노인의 주거는 노화과정을 고려한 노인의 신체적 · 심리적 · 사회적 · 경제적 특성을 감안하여 최대한 그들의 잔존 능력을 사용하여 독립적 생활이 가능하도록 노인주택 건설과 기존 주택의 개조, 노인이 지역사회와 교류할 수 있는 제반 주거환경의 조성 등을 통해 안전하고 안락한 일상생활을 유지할 수 있도록 해야 한다.

우리나라 노인주거 보장은 자신의 집에서 거주하는 재가형과 생활시설에 입주하여 보호하는 입주형으로 볼 수 있다. 재가형과 관련해서는 주로 간접적 주택보장제도를 통해 가족에 의한 노인부양을 장려하고 있고 저소득층 노인을 대상으로 한 주택개량사업 등을 실시하고 있을 뿐이다. 입주형으로는 노인복지법에서 제시한 양로시설, 노인공동생활가정, 노인주택이 있다. 양로시설이 일반 노인생활시설이라면, 노인공동생활가정은 소수의 노인을 가정과 같은 주거 여건에서 생활하도록 하는 것이다. 그리고 노인복지주택은 노인에게 적합한 주거시설을 건축하여 분양 또는 임대하여 일상생활에 필요한 편의를 제공함을 목적으로 하는 시설을 말한다.

(5) 여가활용 보장

노년기는 의무적 직업활동 및 자녀양육에서 벗어나는 시기로 대부분의 시간이 여가활용 시간이라 할 수 있다. 그러므로 이 여가시간을 어떻게 보내느냐가 노년기 삶의 만족과 관련이 있다고 하겠다. 최근 들어 평균수명이 길어지면서 노인 스스로가 노년기 여가시간의 중요성을 인식하고 다양하고 적극적인 활동에 참여하는 것은 고무적이라 할 수 있다. 그러나 아직까지도 노인이 여가시간을 적극적으로 활용하는 수준은 낮은 편이다.

노년기 여가시간을 활용하는 것은 크게 취미 및 놀이 등에 참여하는 여가활동, 사회의 의미 있는 활동에 참여하는 자원봉사활동, 그리고 재교육 및 평생교육 차원에서 학습에 참여하는 노인교육으로 구분할 수 있다.

노인복지법에서는 〈표 8-8〉에서 보듯이 노인여가복지시설을 노인복지관, 경로당, 노인교실, 노인휴양소로 구분하고 있다. 노인복지관은 노인의 교양·취미생활 및 자원봉사와 같은 사회참여활동 등에 대한 종합 복지서비스 제공시설이라 할 수 있다. 경로당은 지역노인이 자율적으로 친

〈표 8-8〉 노인여가복지시설 현황(2008년 기준)

시설 유형	시설 수
노인복지관	228개소
경로당	57,930개소
노인교실	1,260개소
노인휴양소	4개소
소계	59,422개소

출처: 보건복지부(2010).

목도모와 여가활동을 하며, 노인교실은 노인 대상의 교육 프로그램을 제공하는 목적으로 주로 노인대학이라는 이름으로 운영되고 있다. 노인의 심신 휴양과 관련된 시설은 노인휴양소다.

(6) 노인보호

노년기의 신체적 · 경제적 · 심리적 · 사회적 차원에서 삶의 질 향상을 위한 다양한 보장제도와 서비스를 실시하는 과정에는 여전히 기본적인 인권이 보호되지 못하는 열악한 노인계층이 있다. 노인보호를 책임지고 있는 자녀 또는 돌봄 제공자로부터 학대를 받는 노인, 우울증이나 자신에게 닥친 문제를 해결할 길 없어 자살을 하는 노인, 결식이 우려되는 노인 등이 그 예라 할 수 있다.

현재 우리나라에서는 노인복지법에서 학대받는 노인을 위해 노인보호전문기관을 설치하도록 명시하고 2004년부터 학대받은 노인을 돕거나 예방 · 홍보하는 사업을 실시하고 있다. 또한 급증하는 노인자살 예방과 자살위험이 높은 노인을 위한 노인자살예방센터를 노인 관련 기관을 중심으로 운영하고 있으며, 가정형편이 어렵거나 부득이한 사정으로 식사를 거를 우려가 있는 60세 이상 노인을 대상으로 경로식당 및 식사배달 서비스를 제공하고 있다.

6. 노인복지의 전망과 과제

최근 우리나라는 급속하게 저출산, 고령화라는 사회문제에 당면하고 있다. 따라서 1981년 우리나라 노인복지법이 제정된 이후 노인과 관련된 인식과 정책 그리고 서비스에 많은 변화가 이뤄져 왔다. 노인과 관련된 인식으로는 노인부양을 가족에게만 의존하는 데 한계가 있다고 보고 이에 대해 사회 모두가 책임을 져야 한다는 인식, 그리고 노인이 한 인간으로서 동등하게 인간적인 삶을 끝까지 유지하도록 연령차별적 인식을 버리고 그들의 인권을 최대한 존중해야 한다는 인식이 점점 높아지고 있다.

이와 같은 인식에 영향을 받는 노인복지정책과 서비스는 2008년 노인장기요양보험법을 제정하면서 더욱 다양한 사업들을 전개해 나가고 있다. 현재 노인복지는 보건복지부의 '활기차고 안정된 노후보장'이라는 슬로건처럼 활기찬 노후생활이 되도록 다양한 활동기회를 제공하되 신체, 심리, 경제, 사회적으로 어려움이 있는 경우 안정된 노후생활이 되도록 보장하는 것이라 할 수 있다. 그러나 전대미문의 속도로 고령화가 진전되는 우리나라의 현 상황을 직시하고 이와 관련해 양질의 정책과 실천을 강구하고 관련 예산 및 자원을 확보하고 있는지 점검할 필요가 있다. 이와 관련하여 우리나라 노인복지의 과제를 살펴보면 다음과 같다.

1) 바람직한 노인 인식변화 촉구

노인 인구는 인류 역사 이후 아주 오랜 시간 동안 소수자에 속하였다. 그리고 인간은 노인이 되기 전까지는 노년기를 경험하지 못하기 때문에 그들을 이해하는 것은 용이하지 않았다. 게다가 노인은 사회로부터 은퇴한 대상이라는 인식 때문에 주목받지 못하였고, 당연히 사회적 투자의 우선순위에도 들지 못하였다.

그러나 평균수명이 80세 이상으로 치닫고 있고 100세 이상의 장수노인이 증가하고 있는 현 시점에서 직시해야 할 것은 인간 인생의 1/4 또는 1/3을 노년기로 보낸다는 것이고, 그와 같은 노인 인구가 전체 인구 중에서 20% 이상을 차지하는 초고령사회가 얼마 남지 않았다는 것이다. 그러므로 더 이상 노인은 소수자이거나 사회로부터 소외된 자들이 아닌 중요한 인구층으로 빠르게 등장하고 있어, 노인이 행복한 사회가 되었을 때 사회 또한 건강하게 유지될 수 있음을 직시해야 할 때다.

다행히 최근 인본주의와 인권사상의 증대로 노인도 충분히 사회활동이 가능하며 한 인간으로서 죽을 때까지 존엄하게 살 권리가 있다고 보는 시각은 고무적이라 할 수 있다. 노인 및 노인복지에 대한 바른 인식의 기반에서 효과적이고 바람직한 노인복지 정책 및 서비스가 계획되고 실시될 수 있으므로, 정부와 관련 단체들은 노인 연령차별주의에 관심을 갖고 사회 전반적으로 노인에 대한 바른 인식을 정립하는 데 노력해야 할 것이다.

2) 사회 유지와 발전을 대비한 노인복지정책 정립

최근처럼 노인복지정책이 활발하게 전개되는 시기는 없었을 정도로 많은 노인 관련 정책과 제도들이 시행되고 있다. 과거에는 가족이 부양할 수 없는 일부 저소득 및 독거 노인을 대상으로 한 잔여적 노인복지정책이 대부분이었다면, 현재는 모든 노인을 대상으로 한 보편적 노인복지정책이 증가하고 있다. 또한 과거에는 돌봄이 필요한 노인을 가족이 전적으로 책임져야 했다면 현재는 사회가 공동으로 그 책임을 나누는 형태의 정책이, 또 과거에는 노인을 부양의 대상으로만 본 보호정책이 대부분이었다면 현재는 노인의 능력을 사회에서 활용하는 생산성을 강조한 정책이 강조되고 있다.

이와 같은 방향의 전환은 노인복지정책 수립이 바로 사회 유지와 발전에 지대한 영향을 미치기 때문이다. 그러나 현재 노인복지정책이 사회에 긍정적 영향을 미치도록 수립되어 있는지는 고려할 필요가 있다. 여러 가지 필요성에 의해 다양한 노인복지정책들이 수립되고 실행되고 있지만 그 결과가 사회의 발전에 영향을 미치고 있는지는 의문이다. 예를 들면, 노인인력이 사회 및 경제 발전에 기여할 수 있는 자원으로 활용될 수 있도록 하는 것은 매우 중요한 정책이라 할 수 있다. 그러나 노인인력 활용에 있어 장기적 계획과 효과적 결과를 도출하기 위해 관련 정부부처와 경제 및 민간 비영리 단체 그리고 노인 당사자들의 이해관계를 고려한 정책이 수립되고 있는지 점검할 필요가 있다.

3) 다양한 실천 영역의 통합적 서비스 제공

다른 대상의 서비스에 비해 노인복지와 관련된 서비스에는 다양한 전문가들이 참여한다. 노인의 다양한 상황 및 욕구에 따라 효과적인 서비스를 제공하기 위해 복지, 간호 및 의학, 교육, 경영 등 다학제적인 측면에서 서비스를 제공하기 때문이다. 그러므로 노인의 욕구에 따른 서비스 제공에 있어 관련 영역이 통합적 차원에서 상호 협력하는 것이 중요한데 이를 시도하는 데는 소극적인 편이다. 예를 들면, 최근 노인장기요양보험과 관련해서 복지서비스와 간호서비스가 동시에 제공되고 있지만, 많은 부분에서 복지서비스는 노인복지법에 근거하여 노인복지관, 재가복지시설에서 사회복지사 및 기타 자원봉사자들에 의해서 제공되고 있고 간호서비스는 주로 의료법에 근거하여 보건소 혹은 병원에서 방문간호 등을 제공하고 있다. 또한 노인 일자리와 관련해서도 각기 다른 법을 근거로 하여 서로 다른 기관에서 독립적으로 제공하고 있기 때문에 비효과적이며, 불필요하게 서비스가 중복 제공되기도 한다. 더 나아가 같은 지역사회복지서비스를 제공하는 기관 간에도 대상자가 중복되거나 서비스가 중복되는 경우가 나타나고 있어 통합적 서비스를 대상자 중심에서 구축하는 것이 요구된다.

연습문제

1. 사회에서 노인에 대해 갖고 있는 편견으로는 어떤 것이 있는지 조사한 후 그 원인과 해소방안을 논의해 보자.

2. 1991년 노인을 위한 UN 원칙 5개의 내용을 다시 읽어 본 후 우리나라에서 이 원칙을 어떻게 실천할 수 있는지 구체적인 행동규약들을 만들어 보자.

3. 2008년 노인장기요양보험에서는 서비스 제공기관을 법에서 제시한 설치와 인력 기준을 준수하면 누구나 설치·운영할 수 있도록 하고 있다. 그러나 요양서비스는 서비스 선택과 결정권이 노인보다는 그 가족에게 부여될 가능성이 높다. 이러한 면에서 어떤 문제점이 나타날 수 있는지 논의해 보자.

4. 현재 노인 관련 정책 및 서비스 분야 중 하나를 선택하여 관련 전달체계 부분에서 나타나는 문제점을 찾아본 후 효과적이고 체계적인 협력방안은 무엇인지 탐색해 보자.

참고문헌

강인, 서선영, 강진경, 권금주, 이서영, 백성희, 장미경, 조성은, 임연옥(2008). 노인과 문화. 서울: 현우사.

권금주, 강인, 진석범, 임원균, 서성용, 이서영, 원구연, 김동환, 백주희(2008). 노후생애주거컨설팅. 서울: 현우사.

권중돈(2004). 노인복지론. 서울: 학지사.

김미혜, 서혜경(2002). 노인복지실천론. 서울: 동인.

박경일, 김경호, 김희년, 서미경, 양정하, 이경희, 이명현, 장중탁, 정광현(2002). 사회복지학강의. 서울: 양서원.

박석돈, 박순미, 이경희(2008). 노인복지론. 파주: 양서원.

박차상, 김옥희, 배창진, 엄기욱, 이경남, 정상양(2004). 한국노인복지론. 서울: 학지사.

보건복지부(2010). 노인보건복지사업안내.

윤진(1985). 성인 · 노인심리학. 서울: 중앙적성출판사.

장세철, 강인, 김경민, 김윤정, 배창진, 양승규, 이선미, 이용환, 이재모, 이준상(2006). 노인복지. 서울: 교문사.

장인협, 최성재(1987). 노인복지학. 서울: 서울대학교출판부.

정옥분, 김동배, 정순화, 손화희(2008). 노인복지론. 서울: 학지사.

조연행(2009). 공적연금제도, 국민연금 CSA 전문상담사과정 II. 국민연금공단.

통계청(2006). 장래인구추이.

통계청(2009). 2009 고령자 통계.

한국노인복지시설협회(2009). 노인복지시설인권매뉴얼.

Atchley, R. C. (2000). *Social forces and aging: An introduction to social gerontology* (9th ed.). California: Wordsworth.

Breen, L. B. (1976). *Aging and the field of medicine*. New York: Wiley.

Cumming, E., & Henry, W. E. (1961). *Growing old: The process of disengagement*. New York: Basic Books.

Havighurst, R. J., Neugarten, B. L., & Tobin, S. S. (1968). Disengagement and patterns of aging. In B. L. Neugarten (Ed.), *Middle Age and Aging*. Chicago: University of Chicago Press.

Neugarten, B. L., & Neugarten, D. A. (1987). The changing meanings of age. *Psychology Today, 2*, 10.

Riley, M. W., & Forner, A. (1972). *Aging and society: A sociology of age stratification, 3*. New York: Russel Sage Foundation.

고용노동부 중 · 장년고용 일자리 사이트 http://www.moel.go.kr/policyinfo/aged/main.jsp

09 장애인복지

사회복지사들이 장애인복지를 잘 전달하기 위해서는 장애에 대한 이해를 정확하게 하는 것이 중요하다. 이를 위해 장애 이해의 두 가지 모델인 장애의 개인적(의료적) 모델과 사회적 모델을 설명하고자 한다. 개인적(의료적) 모델은 지배적인 모델로 장애의 원인을 개인 안에 둠으로써 장애의 해결도 개인에게 맡겨 두었다. 반면 장애의 사회적 모델은 장애의 원인을 사회체계에 두고 분석하며 사회적 변화를 가져오는 데 초점을 두는 것이다. 다음으로는 장애 이해와 더불어 장애는 개인적인 요인과 환경적인 요인의 상호작용의 결과라는 ICF 모형을 설명하고자 한다. 어떤 대안도 없는 장애인 생활시설에서의 거주가 아닌 장애인이 원하는 곳에서 필요한 지원을 받으며 살 수 있는 것을 목적으로 하는 탈시설화와 지역사회의 삶을 지원하는 자립생활에 대해서도 논의될 것이다. 마지막으로 우리나라의 장애인복지 현황과 정책, 제도를 이해하기 위해서 장애 인구와 장애 유형, 장애인복지 관련법들, 장애인복지정책, 장애인복지서비스가 개괄적으로 설명될 것이다.

1. 장애의 모델: 개인적 모델과 사회적 모델

1) 장애의 개인적(의료적) 모델

(1) 장애의 원인

장애에 대해 사유하는 지배적인 모델로 개인적 모델 또는 의료 모델이 있다. 이 모델은 장애문제를 개인에게 위치 지으며, 그 원인을 기능적 제약이나 신체적 손상과 심리적 손상에서 찾는다(Brunzy, 1997; Drake, 1996; Gabel, 1997; Hahn, 1987; Oliver, 1983, 1989, 1996; Pender, 1987; Rioux, 1997; Williams, 1997). 장애아동의 부모가 장애의 원인이 자신에게 있다고 생각하며 자책하는 경우나 중도장애인이 장애를 가지게 된 것이 순전히 자신의 잘못이라고 자책하는 경우 모두 장애의 문제는 개인의 문제이며 장애의 치료도 개인의 책임이라는 관점이다. 이 사회에서 장애의 이미지는 크게 두 가지다. 너무나 무능하고 할 수 있는 것이 하나도 없는 불쌍한 존재와 장애를 극복한 영웅의 이미지가 그것이다. 후자의 경우 헬렌 켈러나 루스벨트 대통령을 예로 들 수 있는데, 이 영웅적 이미지는 평범한 장애인들에게 비범해지도록 강요하는 경향이 있다(Longmore, 1987). 그러나 장애인은 불쌍한 존재도, 영웅적인 존재도 아닌 그냥 보통 사람들이다. 그들이 비장애인과는 다른 특별한 사람이라고 생각하는 순간 차별적인 요인들이 발생할 수 있다.

(2) 개입방법

이 모델에는 장애문제를 개선하기 위한 두 가지 접근법이 있다. 먼저 생물의학적 접근은 수술, 약물 치료와 같은 의학적 혹은 생물학적 개입과 유전학적 개입을 통해 장애가 예방되거나 개선될 수 있다고 보는 것이다.

예를 들면, 줄기세포 연구는 장애인들에게 '희망'이었다. 휠체어를 탄 장애인이 걸을 수 있다는 것은 확실히 희망일 것이다. 그러나 연구는 하나의 연구일 뿐 그것이 장애인의 삶을 지배해서는 안 된다. 두 번째로 기능적 접근에서는 장애가 작업치료나 물리치료와 같은 재활서비스를 통해 치료될 수 있다고 본다. 재활서비스의 목표는 장애인이 기능적 능력을 개발하거나 회복하는 것이며, 재활치료는 심지어 장애 이전의 상태를 완전히 회복하도록 해 줄 수도 있다. 이 두 가지 가운데 어떤 접근법에 따르는 개인적 모델에서 장애를 다루는 일은 전문적 기술의 영역으로서 접근되며, 따라서 장애인들에게 사회의 기대에 적응하도록 원조하는 전문가들에게 의존할 것을 요구한다(Rioux, 1997; Weick, 1983). 이러한 개인적 모델은 장애를 의료적 관점에서 접근하는 경향을 강화시켰다(Oliver, 1998; Zola, 1988).

(3) 개인적 모델에 대한 비판

개인적 모델은 크게 세 가지 측면에서 비판을 받는다. 첫째, 장애의 사회적 맥락을 고려하지 않는다는 점, 둘째, 장애인의 생물학적 결함의 강조는 장애인이 사회적으로도 열등하다고 추정하게 만든다는 점, 셋째, 장애인과 전문가의 관계가 의존적으로 된다는 점이다.

첫째, 이 모델에서 장애는 처치나 치료를 요하는 개인들의 의료적 상태들로 축소되는 경향이 있으며(Gabel, 1997), 이 모델은 장애가 하나의 현상으로서 나타나는 사회적 맥락을 적절하게 고려하지 않는다(Jones, 1996; Oliver, 1998).

둘째, 결함과 장애의 혼동은 생물학적 결함(deficit)이 사회적 결함을 가져온다는 관점으로 귀결된다(Oliver, 1998). 개인적 모델을 따르는 사람들은 종종 결함이라는 용어와 장애라는 용어를 서로 바꾸어 쓸 수 있는 것처럼 사용하며, 결함에서 장애를 거쳐 핸디캡으로 이어지는 하나의 발달

경로를 상정하기도 한다. 이는 문제가 있는 상황이라 할 수 있는데, 결함과 장애의 혼동은 생물학적 결함이 사회적 결함을 가져온다는 관점으로 귀결되기 때문이다(Oliver, 1998). 개인적 모델을 비판하는 사람들은 이 모델에서 설사 사회적 불리함의 차원(즉, 핸디캡)이 인정될 수 있다 하더라도 이러한 개념화는 장애의 구성에 있어 사회의 역할을 모호하게 만든다고 주장한다. 또 사회적으로 부여된 결함과 억압을 간과하고 생물학적 결함만을 강조하는 것은 장애인들이 생물학적으로 열등하고 기능적으로도 열등하다고 추정하는 일반적인 오해와 선입견을 강화할 위험이 있다.

셋째, 장애인과 전문가의 원조관계에서는 전문가의 권력이 강해지고 이것이 불평등한 관계를 만든다. 정상성의 가정은 원조관계에서 원조의 소비자(customer)들, 즉 장애인들의 의존성을 낳을 수 있다(Oliver, 1983). 이러한 관계 속에서는 사회복지사와 같은 전문가들이 그들에게 종속되는 피원조자들과 대조적으로 원조자로서 고양된 지위와 권력을 갖는다.

2) 장애의 사회적 모델

(1) 장애의 원인

개인적 모델에 대한 새로운 대안으로서 장애의 사회적 모델이 있다. 이 모델은 장애를 새롭게 정의한다. 장애란 장애를 가진 사람들에게 부과되는 사회적 제약들에 의해 생산된다는 것이다(Fine & Asch, 1988; Gabel, 1997; Hahn, 1987, 1996; Oliver, 1983, 1996; Oliver & Sapey, 1999; Rioux, 1997; Williams, 1997; Zola, 1988). 그렇기에 이 모델은 장애인 개인들에게 제약을 부과하는 사회적 환경들로 초점을 이동시킨다. 즉, 사람들이 어떤 손상(예, 신체장애의 경우에 팔다리의 일부나 전부가 없는 것)을 갖고 있을 수는 있지만, 그들을 장애인으로 만드는 것은 환경인 것이다. 그러므로 장애는 결함을 갖고 있는 개인들과 장애를 야기하는 사회적 환경 사이의 지속적인 상호작용을 통해 형성되는 사회적 구성물이다(Brunzy, 1997; Kennedy & Minkler, 1998; Oliver, 1983). 여기서 제한을 가하는 사회적 환경이란 건강할 수 있는 개인들에게 부과되는, 장애를 야기하는 제약들이라고 이해될 수 있다. 그러므로 장애는 사회적 억압의 한 특수한 형태라고까지 말할 수 있다.

(2) 개입방법

사회적 모델에서는 사회가 장애인을 어떻게 주변화하고 낙인찍으며 범주화하는가를 검토하는 것이 중요하다(Oliver, 1983, 1996; Rioux, 1997; Zola, 1993). 이러한 사회적 모델에 기초했을 때, 장애인복지는 장애인들과의 상호 협조적인 관계들로 이루어지며, 정치적 · 사회적 · 경제적 · 물리적 환경들을 겨냥하여 기존의 장벽들을 제거하는 것을 목표로 삼게 된다. 그러므로 전문가들의 역할은 특정 개인들을 장애인으로 만드는 환경을 개선하는 것, 장애인들이 스스로 이런 환경을 극복하거나 그 개선을 요구할 수 있는 능력을 갖추게 하는 것에 초점을 두게 된다(Williams, 1997). 사회적 모델에서 장애를 이해하거나 장애인복지를 실천하려고 할 때, 우리는 그들이 경험하는 물리적 · 제도적 · 문화적 장벽이 무엇인지를 확인하고 그것을 개선하기 위해 노력해야 한다.

(3) 사회적 모델에 대한 비판

사회적 모델에 대한 비판은 크게 두 가지다. 첫째, 장애인이 경험할 수 있는 우울이나 고통들을 부인한다는 점이다. 둘째, 사회적 모델은 사회적 장벽의 제거가 목표이기 때문에 장애인의 집단적 정체성을 중시하고 장애인 개개인의 독특한 개별성을 무시한다는 점이다.

첫째, 어떤 장애인들은 사회적 장애 모델을 그것이 결함에 대한 매일의 개인적인 경험들과 관련이 없어 보인다는 이유로 비판한다(Williams,

1997). 개인적 모델을 옹호하는 사람들 역시 사회적 모델은 문제를 다루는 데 실패했으며 손상이나 곤경을 병적으로 부인한다고 주장한다(Marks, 1999: 13). 그렇지만 사회적 모델이 어떤 사람들이 신체적이거나 정신적인 손상과 도전들에 대해 슬퍼할 수 있다는 점을 부인하는 것은 아니다(Oliver, 1983). 사회적 모델을 주장하는 올리버(Oliver, 1996)는 다만 사회적 모델이 결함에 기인한 개인적인 제약들을 다루도록 의도된 것이 아니라 장애의 사회적 장벽들을 다루는 것이라는 점을 강조한다.

둘째, 첫 번째 비판점과 연관하여 사회적 모델은 사회적 맥락에만 일면적으로 초점을 맞출 경우 장애를 가진 개인들의 심리적, 신체적 욕구들과 목표들이 간과될 수도 있을 것이란 점에서 비판받기도 한다. 이런 관점에서 본다면 사회적 모델의 극단적인 이용은 개인적 의학 모델의 것과 정반대되는 문제들을 야기할 수도 있다. 즉, 사회적 개입들에 우선적인 관심사가 두어져야 한다고 상정하는 가운데 개인의 특수성들을 간과하게 되는 위험이 있는 것이다(Priestly, 2003).

2. 장애 모형

1) ICIDH 모형

세계보건기구(WHO)에서는 1980년에 장애의 새로운 분류체계인 ICIDH를 제시하였다. ICIDH(International Classification of Impairments, Disability, and Handicaps)에서는 장애를 손상(impairments), 기능 제약(disability), 사회적 불리(handicaps)라는 개념을 사용하여 설명하였다. ICIDH는 손상에서 기인하여 사회적 불리를 갖게 되는 기능 제약의 직선적 과정을 가정하며, 장애인 개인의 환경적 맥락을 고려하지 못한 모델로 비판을 받는다(권선진, 2006).

2) ICF 모형

ICIDH-I의 문제점을 보완하고자 2001년 WHO는 ICF(International Classification of Functioning, Disability, and Health)라는 장애의 새로운 분류체계를 제안하였다. ICF는 장애에 대해 보다 긍정적인 용어를 사용하고 장애에 관한 환경적인 요소들을 포함한다(권선진, 2006). 즉, ICF는 개인적인 장애나 질병과 상황적 맥락(환경적 요소와 개별적 요소)과의 상호작용에 의하여 기능과 장애가 정의된다고 한다.

기능 및 장애라는 상위 차원의 구성요소는 신체 작동 및 구조라는 요소와 활동 및 참여라는 요소로 나누어진다(〈표 9-1〉 참조). 기능과 장애는 신체적인 차원에서의 기능 수준과 개인의 일상활동이나 참여와 같은 차원에서 측정되어야 한다. 신체 작동 및 구조와 활동 및 참여는 다시 두 가지 차원으로 나누어진다. 신체 작동 및 구조는 신체 작동의 변화와 신체구조의 변화로 나누어지고, 활동 및 참여는 능력(capacity)과 수행(performance)으로 나누어진다. 신체 작동의 변화는 생리학적 측면을 의미하는 것으로 말하기, 듣기, 보기, 숨쉬기 등과 같은 동작뿐만 아니라 기억, 정서, 의식작용, 사고작용 등과 같은 정신적 기능을 의미한다. 신체구조의 변화는 해부학적 측면으로 사지나 내부 기관의 결함 정도를 의미한다.

활동(activity)이란 개인에 의해 수행되는 과업이나 행동의 실행으로 걷기, 쇼핑하기, 과업 완수 등이 포함된다. 참여는 생활과 결부된 과업이나 행동의 실행을 의미한다. 활동과 참여는 수행과 능력이라는 두 개의 평가치로 표현된다. 능력 평가치는 획일적이고 표준화된 환경에서 과업이나 행동을 실행하는 개인의 능력을 의미하며, 수행 평가치는 현재 자신의 환경에서 과업이나 행동을 실행하는 개인의 능력을 말한다. 장애는 개인과 환경의 상호작용의 결과다. 만약 어떠한 활동이 활동보조서비스나 보조공학의 도움 없는 환경에서 일어난다면 그 활동을 수행하는 능력은 '전혀 할 수 없음' 이지만, 활동보조서비스 또는 보조공학의 사용은 장애인이 수행할 수 있는 능력을 극대화할 수 있는 것이다(Australian Institute of Health and Welfare, 2003). ICF에서 개념화한 참여란 손상이 있는 사람과 없는 사람을 비교하여 있는 사람들이 그들의 삶의 여러 영역에서 손상이 없는 사람만큼 참여할 수 있도록 하는 '관여(involvement)의 확장' 을 말한다(WHO, 2001).

〈표 9-1〉 ICF 모델의 구성 개관

<table>
<tr><th colspan="2">차원 및 결과</th><th colspan="4">내역</th></tr>
<tr><td colspan="2">상위 차원</td><td colspan="2">기능 및 장애
(functioning and disability)</td><td colspan="2">상황적 요인
(contextual factors)</td></tr>
<tr><td colspan="2">중위 차원</td><td>신체 작동 및 신체구조</td><td>활동 및 참여</td><td>환경적 요인</td><td>개인적 요인</td></tr>
<tr><td colspan="2">영역 차원</td><td>• 신체 작동
• 신체구조</td><td>생활 영역(건강 영역 및 건강 관련 영역)</td><td>기능 및 장애에 영향을 미치는 외부적 영향요인</td><td>기능 및 장애에 영향을 미치는 개인적 영향요인</td></tr>
<tr><td colspan="2">하위 차원</td><td>• 신체작동의 변화(생리학적)
• 신체구조의 변화(해부학적)</td><td>• 능력: 표준적인 환경에서의 과업수행
• 수행: 일반적 환경에서의 과업수행</td><td>물리적 · 사회적 · 인식적 차원에서의 촉진적 영향 혹은 장벽적 영향</td><td>개인의 속성이 미치는 영향</td></tr>
<tr><td rowspan="4">결과</td><td rowspan="2">긍정적</td><td>• 신체 작동 양호
• 신체구조 양호</td><td>• 활동
• 참여</td><td rowspan="2">촉진적 영향</td><td rowspan="2">-</td></tr>
<tr><td colspan="2">기능(functioning)</td></tr>
<tr><td rowspan="2">부정적</td><td>손상</td><td>• 활동 제약
• 참여 제한</td><td rowspan="2">장벽적 영향</td><td rowspan="2">-</td></tr>
<tr><td colspan="2">장애(disability)</td></tr>
</table>

출처: WHO(2001). p. 11 〈표 1〉; 남찬섭 외(2009) 재인용.

ICF 모델은 또한 상황적 요인들을 고려하는데, 상황적 요인은 환경적 요인과 개인적 요인으로 나누어진다. 환경적 요인은 물리적 환경(인간이 만든 혹은 자연환경에 인간이 작용을 가하여 만들어진 환경), 다양한 관계에 있는 타인들, 사람들의 태도, 국가의 정책 및 법률 등을 의미한다(WHO, 2001: 213-214). 개인적 요인(personal factors)은 개인의 연령, 성별, 사회적 지위, 삶의 경험 등을 의미한다. 긍정적인 환경은 장애인의 기능을 촉진하지만, 지지적이지 못한 환경은 장애인의 기능을 방해하게 된다.

3. 탈시설화와 자립생활

1) 탈시설화의 정의와 역사

(1) 탈시설화의 정의

탈시설화는 정상화를 지지하고 장애인을 사회로부터 분리하는 것을 거부하는 것이다. 장애인생활시설은 분리의 도구로 여겨져 왔으며, 시설거주의 결과로 장애인들에게는 '무능력자' 라는 낙인이 부여되었다(Mansell, 2006). 탈시설화란 기존의 관료제를 붕괴하고 지역사회 자원체계를 새롭게 구성하는 것을 의미한다(Mansell & Ericsson, 1996).

(2) 탈시설화의 시기

탈시설화는 크게 세 가지의 시기로 나누어진다(Bigby & Fyffe, 2006). 탈시설화 1기는 1960년 최초의 시설 폐쇄가 시작되는 시기로, 대규모 생활시설로부터 지역사회로의 삶의 이동 자체가 탈시설화와 동의어로 사용되었다. 이 시기의 생활시설의 근본적인 성격은 대규모 거주시설이라는 것과 지역사회로부터의 소외, 과도한 보호기회와 장애인의 삶에 대한 과도

한 보호와 제한으로 인식되었다. 그러나 탈시설화 이후 지역사회에 기반한 서비스의 부족으로 생활시설에서 살던 사람들은 노숙자가 되거나, 소외되거나 기숙학교(boarding school)와 같은 지역사회 거주시설에서 아무런 지원 없이 살아가게 되었다.

탈시설화 2기는 1970년대로 생활시설에서 지역사회로 나온 사람들을 위해 다양한 대안적인 지지를 제공하기 위해 지역사회에 기반을 둔 직업, 레크리에이션, 주간보호서비스 체계들이 발달하는 시기다. 이 시기의 탈시설화는 대규모 생활시설의 폐쇄뿐만 아니라 소규모 주거(housing)의 발달을 포함하는 개념으로 이해되기 시작하였다.

탈시설화 3기는 현재로, 탈시설화 정책은 장애인의 권리, 시민권, 증가된 선택과 통제에 관심을 가지고 있다. 즉, 탈시설화 전략은 단순한 시설폐쇄만이 아닌 더 복잡하고 사회적인 변화뿐만 아니라 지적장애인에 대한 개별화된 지지를 요구한다. 〈표 9-2〉는 지적장애인의 탈시설화 전략이다.

〈표 9-2〉 지적장애인의 탈시설화 전략

개별화된 차원	사회적 차원
• 지적장애인의 열망과 욕구에 기초한 개별화된 보호와 지지 제공 • 장애인과 함께 장애인의 삶의 스타일을 계획하고, 직원을 배치하는 것을 포함 • 'technical competency' model: 물리적인 주거, 위치, 교통수단의 이용 가능성, 공동 거주의 결정, 직원배치, 직원의 스케줄을 포함하는 조직적이고 행정적인 문제를 포함 • active support : 거주지 안에서 지지계획 수립, 단순한 활동보조와 기술 습득을 넘어 슈퍼비전과 훈련을 요구	• 구조적인 변화에 관심 • 시설 접근권, 활동, 사회적 역할, 모든 시민에게 이용 가능한 관계들을 보장하는 것 • 사회적 모델을 반영 (환경적인 요인과 사회적 과정을 중시) • 인간의 권리와 반차별적 입법들, 지역사회 차원에서 장애운동, 지역사회 교육과 지역사회 개발 포함

출처: Mansell(2006).

(3) 탈시설화의 대안으로서 지역사회 삶의 패러다임

탈시설화는 주소만을 단지 바꾸는 것이 아니라 새로운 패러다임의 등장과 일치해야 한다. 이 새로운 패러다임은 지적장애인의 삶에 있어 선택할 수 있는 것, 선택할 수 있는 권리를 존중해 주는 것, 개별화된 지지와 임파워먼트에 초점을 두는 것이다(Mansell & Ericsson, 1996).

브래들리(Bradley)와 놀(Knoll)은 곧 새로운 패러다임과 관련하여 네 가지 중요한 점을 지적했다. 그것은 ① 지역사회 우선, ② 관계의 강조, ③ 사람에 중심을 둔 가치, ④ 선택과 통제다. 첫째, 지역사회 우선은 장애인이 사회구성원으로 완전히 참여하기 위해서는 지역사회에 살아야 한다는 것이다. 서비스 제공자는 지역사회 참여를 저해하는 장벽을 밝혀내고 제거해야 한다. 둘째, 관계에 대한 강조는 장애인도 비장애인과 똑같이 사회적 관계에 대한 욕구가 있기 때문에 사회적 관계를 맺고 지역사회에 통합되어 살 수 있어야 한다는 것이다. 셋째, 사람에 중심을 둔 가치는 장애인을 기존에 존재하는 프로그램에 맞출 것이 아니라 각 개인의 독특한 상황을 고려해서 새로운 지지를 제공해야 한다는 것이다. 프로그램 기획은 가족구성원, 친구, 서비스 제공자, 옹호자, 소비자들을 포함해야 한다. 넷째, 선택과 통제는 어디에서 누구와 살지 또는 어떻게 시간을 보낼지, 어떤 지지를 원하는지를 결정하는 것은 소비자의 권리며 그들이 이런 권리를 선택할 수 있도록 지지하고 의미 있는 선택들이 가능하도록 해야 한다는 것이다.

2) 자립생활

(1) 자립의 정의

미국자립생활협의회(the National Council on Independent Living: NCIL)에서는 자립생활을 “삶에 대한 자신의 결정에 대하여 타인의 개입 또는 보호를 최소화하여 스스로 삶에 대하여 선택하고 결정하는 모든 과정에 장애인 당사자가 참여하는 과정"이라고 정의하였다. 프리든(Friden, 1979)은 자립생활에 대해 "의사결정과 일상생활에서의 타인의 의존을 최소화하며, 자신들이 만족스럽게 선택한 사항에 따라서 스스로의 생활을 관리하는 것이다. 자립생활에는 자신들의 일을 스스로 관리하는 것, 일상생활 속에서 지역사회에 참여하는 것, 자신에게 주어진 사회적 역할을 수행하는 것, 자기결정에 충실한 의사결정, 타인에 대한 심리 · 신체적 의존의 최소화 등이 포함된다."라고 정의하였다. DPI(Disabled Peoples International)는 "자립이란 기술을 갖게 하는 도구를 활용하거나 하지 않거나, 혹은 타인의 원조를 받거나 받지 않거나 자신의 행동에 책임을 지며 동시에 스스로의 능력에 맞는 생활을 자신이 선택하고 실천하는 것"이라고 하면서 자기 책임을 강조하였다(이기량, 최경익 역, 1999). 브리센든(Brisenden, 1989)은 자립이란 장애인들의 신체적인 것이나 지능적인 능력과 연관된 것이 아니고, 장애인이 스스로 필요한 원조와 지원을 다양한 지원체계를 통해 제공받음으로써 가능하게 되는 것이라고 주장하였다.

(2) 자립생활서비스

자립생활운동은 1960년대에 지역사회에서 생활하고자 하는 미국의 중증장애인들에 의해 시작되었다. 미국의 에드워드 로버츠(Edward Roberts, 1939. 1. 23~1995. 3. 14)는 자립생활운동을 "차별과 분리에 항거하며 사회적 책임과 기쁨을 공유할 수 있는 장애인의 권리와 능력에 대한 확인"이라고 하였으며 넓은 의미에서 '장애인들의 시민권운동'이라 하였다(Lachat, 1988: 1-5). 자립생활운동은 '장애를 가진 개인의 독립성, 생산성, 임파워먼트, 리더십 등을 강화하여 자신의 삶을 스스로 관리하도록 하고 지역사회의 체계변화를 유도하여 중증장애인의 사회통합을 도모하는 것'이다. 장애인 자립생활운동은 시민의 권리, 소비주의, 자조집단, 탈의료화/자기 관리, 탈시설화 등의 개념과 경향들로부터 영향을 받았다. 그렇기 때문에 자립생활운동은 사회운동과 새로운 분석적 패러다임(analytic paradigm)이 결합한 것으로 볼 수 있다(Dejong, 1979a; 1979b).

자립생활운동의 거점이 되었던 자립생활센터는 1970년대 중반부터 제도화되기 시작한다. 1992년의 수정재활법에서 자립생활센터는 서비스를 이용하는 소비자에 의해 관리되며, 지역사회를 기반으로 운영되고, 전 장애 영역을 대상으로 서비스가 제공되며, 이용시설이고, 민간 비영리 기관이라는 특징을 가지고 있다(Wilson, 1998: 248).

최근 미국 연방정부는 재활법에 근거하여 '장애를 가진 개인의 리더십, 임파워먼트, 독립성, 생산성을 높이는 것' 과 '미국 주류사회로의 완전한 통합을 이루는 것' 을 장애인 자립생활 프로그램의 목적이라고 하였다(Office of Management and Budget, 2003).

(3) 한국 자립생활운동의 현황

1990년대 후반에 들어서면서 우리나라의 장애운동은 중대한 변화를 맞게 된다. 장애운동의 주체가 대형 장애인 조직에서 다양한 풀뿌리 조직들로 바뀌기 시작하고, 운동의 전면에 경증 지체장애인을 대신하여 중증 지체장애인들이 등장하는 현상이 나타나며, 운동의 이슈에 있어서도 법률 제정과 제도 개선 요구에서 생활 전반의 포괄적인 이슈로 확대되는 경향을 보인다. 이러한 장애운동의 변화는 미국과 일본의 자립생활(Independent Living)운동이 국내에 소개되고 자립생활 이념을 기반으로 한 서비스들이 몇몇 기관들을 통해 제공된 것과 맥을 같이한다(유동철, 2005: 25-27).

우리나라에 자립생활운동의 이념이 본격적으로 소개된 것은 1993년 한국장애인연맹(Disable Peoples' International, Korea)을 통해 『ADA의 충격』이라는 일본 서적이 번역되면서부터다. 이후 1997년에는 한국소아마비협회 직원들이 버클리 자립생활센터를 방문하여 자립생활운동의 이념과 자립생활서비스에 대해 연수하였으며, 1998년부터는 정립회관이 일본의 휴먼케어와 함께 국제학술대회, 직원연수, 강연회, 세미나, 동료상담교실, 자립생활체험 프로그램 등의 사업을 지속적으로 실시하면서 자립생활운동의 철학과 이념을 전국적으로 확산시켰다(김경혜, 최상미, 2004: 22).

2000년에는 서울 동대문구의 피노키오자립생활센터와 광주의 우리이웃장애인자립생활센터가 설립되었다. 보건복지부는 2005년부터 자립생활센터를 지원하기 시작하여 2008년 말 현재 20개소의 자립생활센터에 공적인 지원을 제공하고 있다. 현재 장애인자립생활센터는 장애 개인의 변화와 역량강화를 위한 서비스로 동료 지지 및 상담, 정보 제공 및 의뢰, 활동지원서비스, 이동차량서비스, 자립생활전파교육, 지역사회 권익옹호활동 등의 사업을 수행하고 있으며, 지역사회 변화를 위해 탈시설화, 교통 접근성, 지역사회편의시설에 관한 활동과 장애인의 교육, 고용, 주택문제를 위해 지역사회 권익옹호활동을 하고 있다.

4. 장애 인구와 장애 유형

1) 장애 인구

2009년 12월말 기준 전국의 등록장애인은 2,429,547명으로 2000년 958,196명에 비해 2배 이상 증가하였다(장애인개발원, 2010). 우리나라는 지금 장애인등록제도를 실시하고 있으며, 장애진단을 받은 장애인은 장애인등록을 할 수 있다. 인구의 노령화와 장애 유형의 확대, 장애인에 대한 낙인의 감소로 장애 인구는 점차 증가 추세다.

2008년 등록장애인을 조사한 결과, 장애 원인은 선천적인 원인이 10%이며 후천적인 원인은 90%다. 후천적인 원인 중 질환은 55.6%, 사고는

34.4%로 나타나 인구 고령화가 장애와 연관이 있음을 알 수 있다(한국보건사회연구원, 2009). 건강 증진과 사고예방을 통한 장애예방에 정책적 관심과 실행이 필요하다.

현행 장애인복지법에서는 장애인을 "신체적 정신적 장애로 오랫동안 일상생활이나 사회생활에서 상당한 제약을 받는 자"라고 정의하고 있다. 이 법을 적용받는 장애인은 신체적 장애 또는 정신적 장애를 가지고 있는 사람으로, '신체적 장애는 주요 외부 신체기능의 장애 또는 내부 기관의 장애'를 말하며 '정신적 장애란 발달장애 또는 정신질환으로 발생하는 장애'를 말한다.

2) 장애 유형 및 등급

장애인복지법에 의한 장애 유형은 지체장애, 뇌병변장애, 시각장애, 청각장애, 언어장애, 지적장애, 자폐성장애, 정신장애, 신장장애, 심장장애, 호흡기장애, 간장애, 안면장애, 장루 · 요루장애, 간질장애 등 15종류이며 각 장애 유형은 1~6등급으로 나누어진다. 1등급이 장애 정도가 가장 심하며, 6등급은 장애 정도가 가장 경하다. 장애인의 장애 정도는 1~2등급의 중증장애인이 25.9%, 3~6등급의 경증장애인이 74.1%로 중증장애인이 전체 장애인의 1/4 수준임을 알 수 있다(한국보건사회연구원, 2009). 장애등급은 기본적으로 6개 등급이지만 모든 장애 유형에 6개 등급이 모두 있는 것은 아니다. 정신적 장애에 속하는 지적장애인, 자폐성장애인, 정신장애인의 경우 1등급부터 3등급까지만 가능하며, 청각장애인의 경우 1급은 없고 2급부터 시작한다. 중복장애의 경우에는 주된 장애의 장애등급을 1등급 올려 판정할 수 있다. 장애인복지법이 정하는 장애 종류와 장애등급은 〈표 9-3〉과 같다

〈표 9-3〉 장애인복지법의 장애 종류와 장애등급

		1급	2급	3급	4급	5급	6급
외부 신체 기능장애	지체장애인						
	뇌병변장애인						
	시각장애인						
	청각장애인						
	언어장애인						
	안면장애인						
내부 기관 장애	신장장애인						
	심장장애인						
	호흡기장애인						
	간장애인						
	간질장애인						
	장루·요루장애인						
정신적 장애	지적장애인						
	자폐성장애인						
	정신장애인						

주: 짙은 부분은 장애인복지법 시행규칙 별표 1에 규정된 장애등급이며, 옅은 부분은 중복장애로서 1등급 올려 판정된 경우를 나타낸 것이다. 현행 규정상 중복장애의 경우에는 주된 장애등급을 1등급 올려 판정받을 수 있다(단, 지체장애와 뇌병변장애 간, 그리고 지적장애와 자폐성장애 간 중복은 인정되지 않음). 빈칸은 현행 장애인복지법 규정상 해당 등급이 없는 경우다.
출처: 남찬섭 외(2009).

5. 장애인복지법제

현재 우리나라 장애인 관련 법령은 크게 장애인복지법, 장애인고용촉진 및 직업재활법, 장애인차별금지 및 권리구제 등에 관한 법, 장애인·노인·임산부 등의 편의증진보장에 관한 법, 교통약자의 이동편의 증진법, 장애인 등의 특수교육법, 장애인활동 지원에 관한 법률[1]의 일곱 가지다.

1) 장애인복지법

장애인복지법은 1981년 '심신장애자복지법' 으로 제정되었다가, 1989년 '장애인복지법' 으로 개정되었으며, 1999년과 2007년에 전면 개정되었다. 장애인복지법의 목적은 장애인의 인간다운 삶과 권리보장을 위한 국가와 지방자치단체 등의 책임을 명백히 하고 장애 발생 예방과 장애인의 의료, 교육, 직업재활, 생활환경 개신 등에 관한 사업을 성하여 장애인복지대책을 종합적으로 추진하며 장애인의 자립생활, 보호 및 수당 지급 등에 관하여 필요한 사항을 정하여 장애인의 생활안정에 기여함으로써 장애인의 복지와 사회활동 참여 증진을 통하여 사회통합에 이바지함을 목적으로 한다.

2007년 장애인복지법의 전면개정에는 장애인의 참여보장과 권리를 강조하고, 장애인복지 인프라를 구축하며, 활동보조인 파견 및 동료상담을 포함하는 중증장애인 자립생활을 지원하는 것을 명문화하였다. 장애인을 장애인복지정책의 대상에서 서비스 주체로, 재활의 개념에서 자립의 개념을, 시설보호에서 지역사회통합을 강조한다는 점이 이전의 법과 다른 점이다(권선진, 2007).

2) 장애인고용촉진 및 직업재활법

장애인고용촉진 및 직업재활법은 1990년에 '장애인고용촉진 등에 관한 법률' 로 제정되어 1999년에 '장애인고용촉진 및 직업재활법' 으로 전

1) 2011년 10월부터 중증장애인에게 활동지원서비스를 제공하는 장애인활동 지원에 관한 법률 제정안이 11월 16일 국무회의에서 의결되었다. 이번 제정안은 중증장애인에게 신변처리, 가사, 외출, 이동 등의 일상생활 지원과 간병, 간호 등의 장기요양서비스를 제공하여 중증장애인의 자립생활과 사회참여를 지원하고 그 가족의 부담을 경감시키기 위한 것이다.

면 개정되었다. 이 법의 목적은 장애인이 그 능력에 맞는 직업생활을 통하여 인간다운 생활을 할 수 있도록 장애인의 고용촉진 및 직업재활을 꾀하는 것을 목적으로 한다. 전면 개정된 법은 보건복지부와 노동부가 함께 장애인직업재활사업을 수행하고 직업재활기금을 일부 활용하도록 하고 있다. 그러나 여전히 중증장애인의 고용에는 많은 어려움이 있다.

장애인 고용을 활성화하기 위해 법에서는 고용부담금과 고용장려금을 정하고 있다. 장애인 고용부담금은 장애인 의무고용 인원에 미달하여 장애인을 고용하는 경우 미고용 인원 1인당 월 50만 원을 납부하는 것이며 (2006년 12월 기준), 고용장려금은 장애인 의무고용 인원을 추가하여 장애인을 고용하는 사업주에게 장애 정도, 성별 및 고용률에 따라 1인당 월 30~60만 원을 지급하는 것이다.

2004년부터 상시 50인 이상 사업주로 고용의무는 확대하였다. 또한 2010년부터 공공기관 의무고용률은 3%로, 민간기업 의무고용률은 2.3%로 상향 조정하였다(장애인개발원, 2010).

3) 장애인차별금지 및 권리구제 등에 관한 법률

장애인차별금지 및 권리구제 등에 관한 법률은 2007년 제정되어 2008년 4월 11일부터 시행되고 있다. 이 법은 장애를 이유로 한 차별을 금지하고 장애를 이유로 차별받는 사람들의 권익을 구제함으로써 장애인의 사회참여와 평등권 실현을 통해 인간으로서의 존엄과 가치를 구현하기 위해 만들어진 법이다. 장애인차별금지법은 장애인 당사자는 물론 장애인을 돕고 있는 사람에 대한 차별을 금지하고 보조견 및 장애인 보조기구 등의 정당한 사용을 방해해서는 안 된다는 내용을 담고 있다.

장애인차별금지법에 의한 차별의 네 가지 유형은 직접차별, 간접차별, 정당한 편의제공 거부에 의한 차별, 광고에 의한 차별이다. 직접차별은 장애인을 정당한 이유 없이 배제, 거부하거나 불리하게 대우하는 경우다. 예를 들어, 구직의 조건으로 신체건강, 용모단정이라는 기준 제시를 통해 장애인의 고용을 거부하는 경우다. 간접차별은 형식상으로 공정한 기준을 적용했더라도 장애인에게 불리한 결과가 발생한 경우가 해당된다. 예를 들어, 모든 학생들에게 동일한 평가기준을 제시하고 손이 불편한 장애인에게 비장애인과 동일한 시험시간을 제공하는 것은 부당하다는 것이다. 정당한 편의제공 거부에 의한 차별은 과도한 부담이나 현저히 곤란한 사정과 같은 정당한 이유 없이 장애인에게 편의시설이나 서비스 등의 제공을 거부하는 경우를 말한다. 예를 들어, 초등학교 입구에 계단이 너무 많아 휠체어 이용 아동이 학교에 등하교하기 어려운 경우가 해당된다. 광고에 의한 차별은 광고의 내용이 장애인에 대한 배제 · 거부 등 불리한 대우를 나타내는 경우다. 예를 들어, 많은 방화사건의 경우 '정신이상자'의 소행으로 추측된다는 방송이다.

장애인차별금지법으로 차별이 금지되는 영역은 고용, 교육, 재화 및 용역과 금융상품 제공 및 이용, 시설물의 접근 및 이용, 이동 및 교통수단, 정보접근 및 의사소통에 대한 차별금지, 문화 예술 체육활동, 사법 행정 절차 및 참정권, 모 · 부성권, 성, 가족 가정 복지시설, 건강권, 괴롭힘의 금지, 장애여성, 장애아동, 정신적 장애인이다.

4) 장애인 · 노인 · 임산부 등의 편의증진보장에 관한 법률

장애인 · 노인 · 임산부 등의 편의증진보장에 관한 법률(제정: 1997)은 장애인 · 노인 · 임산부 등이 생활을 영위함에 있어 안전하고 편리하게 시설 및 설비를 이용하고 정보에 접근하도록 보장함으로써 그들의 사회활동 참여와 복지 증진에 이바지함을 목적으로 한다. 법의 주요 내용은 공공건물이나 공중 이용시설에 대한 장애인에 대한 편의제공, 장애인전용주차

구역 등에 대한 것으로 구성되어 있다.

5) 교통약자의 이동편의증진법

교통약자의 이동편의증진법(제정: 2005)은 교통약자가 안전하고 편리하게 이동할 수 있도록 교통수단 여객시설 및 도로에 이동편의시설을 확충하고 보행환경을 개선하여 인간 중심의 교통체계를 구축함으로써 그들의 사회참여와 복지 증진에 이바지함을 목적으로 한다. 이 법의 주요 내용은 교통약자가 안전하고 편리하게 이동할 수 있도록 국가와 교통사업자의 교통약자에 대한 책무와 이동편의시설 설치기준, 보행우선구역 등에 대한 내용으로 구성되어 있다.

6) 장애인 등에 대한 특수교육법

장애인 등에 대한 특수교육법(제정: 1999)은 국가 및 지방자치단체가 장애인 및 특별한 교육적 요구가 있는 사람에게 통합된 교육환경을 제공하고 생애주기에 따라 장애 유형, 장애 정도의 특성을 고려한 교육을 실시하여 그들이 자아실현과 사회통합을 하는 데 기여함을 목적으로 한다. 주요 내용은 특수교육 대상자에게 적절한 교육을 제공하기 위한 국가 및 지방자치단체의 임무와 특수교육 대상자의 선정 및 학교 배치, 그리고 특수교육 대상자의 영유아 및 초·중등교육부터 고등교육 및 평생교육에 대한 내용으로 구성되어 있다.

6. 장애인복지정책

1) 소득보장

소득보장은 장애인의 소득을 일정선 이상의 수준으로 유지시켜 주는 제도로 우리나라에는 현재 보건복지부 시행사업으로 장애수당, 장애아동수당, 장애인 자녀 교육비, 장애인 자립자금 대여가 있다. 〈표 9-4〉는 각 사업의 지원 대상이다.

〈표 9-4〉 장애인 소득보장 지원정책

사업명	지원 대상
장애수당 지급	• 국민기초생활보장법에 의한 수급자 및 차상위 계층의 18세 이상 등록장애인 • 국민기초생활보장법에 의한 수급자인 보장시설 입소 장애인
장애아동수당	국민기초생활보장법에 의한 수급자 및 차상위 계층의 18세 미만 재가등록 장애아동
장애인 자녀 교육비 지원	소득인정액이 일정 금액 이하인 가구의 1~3급 장애인인 중학생 · 고등학생 및 1~3급 장애인의 중학생 · 고등학생 자녀

이들 소득보장정책은 대부분 국민기초생활보장법에 의한 수급자이거나 차상위 장애인에게만 해당되어 빈곤하지만 수급자가 아닌 장애인에게는 소득보장이 이루어지지 않고 있다. 2010년부터 실시된 장애인기초연금정책도 장애인에게 인간다운 삶을 보장하기는 어렵다.

2) 의료보장

장애인 의료보장정책으로는 장애인 의료비지원, 장애인 재활보조기구 무료 교부, 건강보험 지역가입자의 보험료 경감, 보장구 건강보험급여(의료급여)가 있다. 〈표 9-5〉는 장애인 의료비지원과 보장구 건강보험급여의 지원 대상이다. 장애인 재활보조기구 무료 교부의 경우 국민기초생활보장법상의 수급자 및 차상위계층 등록장애인으로 욕창 방지용 매트나 음향 신호기의 리모컨 등 재활보조기구가 무료로 지급된다. 지역가입자의 보험료 경감으로는 자동차분 건강보험료가 전액 면제된다. 내부장애가 있는 장애인에 대한 의료비지원은 확대되어야 할 것이다.

〈표 9-5〉 장애인 의료비지원정책

사업명	지원 대상
장애인 의료비지원	의료급여법에 의한 의료급여 2종 수급권자인 장애인
보장구 건강보험 급여(의료급여) 실시	• 등록장애인 보장구급여비 지급청구서 • 제출 시 첨부서류 1. 의사발행 보장구 처방전 및 보장구 검수확인서 각 1부 2. 요양기관 또는 보장구 제작 · 판매자 발행 영수증 1부

3) 고 용

(1) 일반고용

일반고용은 일반사업장에서 장애인이 비장애인과 같이 고용되는 형태다. 그러나 일반고용만으로는 장애인 고용이 어렵기 때문에 우리나라는 법에 의해 장애인의무고용제도를 실시하고 있다. 현행 의무고용제도의 문제점을 보면, 장애 범주의 확대에 따라 정책 대상은 증가하나 경증장애인 위주의 의무고용제여서, 법정 의무고용률이 2%이나 실제 장애인 고용은 경증 위주로 이루어져 중증장애인에게는 불리하게 작용하기도 한다. 또한 중소 · 영세기업 위주의 고용과 대기업의 장애인 고용 부진으로, 근로자 300인 이상인 대기업의 장애인고용은 여전히 저조하며 대기업은 장애인 고용에 대한 관심과 의지가 낮아 장애인을 고용하기보다는 부담금을 선호한다는 것이다.

(2) 보호고용

경쟁노동시장에서 불리한 중증장애인에게 고용의 기회를 제공하기 위한 것으로 장애인복지법에 의한 장애인직업재활시설로는 장애인작업활동시설, 장애인보호작업시설, 장애인근로작업시설, 장애인직업훈련시설, 장애인생산품판매시설이 있다.

이 중 장애인작업활동시설은 작업 능력이 극히 낮은 장애인에게 주 기능으로 작업활동, 일상생활훈련 등을 제공하여 기초작업 능력을 습득시키고, 부 기능으로 작업능력 평가 및 사회적응훈련 등을 실시하는 시설이다. 장애인보호작업시설은 직업 능력이 낮은 장애인에게 주 기능으로 직업훈련 및 일거리 등을 제공하여 보호적 조건에서 생산활동에 참여하게 함으로써 그에 상응하는 노동의 대가를 지급하고, 부 기능으로는 직업알선 등을 실시하는 시설이다. 장애인근로작업시설은 직업 능력은 있으나 사회적 제약 등으로 취업이 어려운 장애인에게 주 기능으로 근로의 기회를 제공하여 생산활동에 참여하게 함으로써 최저임금 이상을 지급하고, 부 기능으로는 직업알선 등을 실시하는 시설이다.

장애인직업재활시설의 문제점은 시설 간에 주 기능과 부 기능을 구분하기 어렵고, 장애인에게 고용의 기회를 제공하기보다는 치료, 훈련 중심이 많다는 것이다. 무엇보다도 수익성을 확보하지 못하는 시설들이 있어 장애인근로자에게 최저임금을 지급하지 못하는 것이 문제다(권선진, 2006).

7. 장애인복지서비스

1) 장애인생활시설

장애인생활시설은 장애인이 필요한 기간 생활하면서 재활에 필요한 상담 · 치료 · 훈련 등의 서비스를 받아 사회복귀를 준비하거나 장애로 인하여 장기간 요양하는 시설로, 장애유형별 생활시설, 중증장애인요양시설, 장애영유아생활시설이 있다.

장애유형별 생활시설은 장애 유형이 같거나 유사한 장애를 가진 사람들을 입소 또는 통원하게 하여 그들의 장애 유형에 적합한 의료 · 교육 · 직업 · 심리 · 사회 등 재활서비스와 주거서비스를 제공하는 시설이다. 중증장애인요양시설은 장애의 정도가 심하여 항상 도움이 필요한 사람을 입소하게 하여 상담, 치료 또는 요양 서비스를 제공하는 시설이다. 장애영유아생활시설은 6세 미만의 장애영유아를 입소 또는 통원하게 하여 보호함과 동시에 그 재활에 필요한 의료 · 교육 · 직업 · 심리 · 사회 등 재활서비스를 제공하는 시설이다.

2) 장애인지역재활시설

장애인지역사회재활시설은 장애인을 전문적으로 상담, 치료, 훈련하거나 장애인의 여가활동과 사회참여활동 등에 편의를 제공하는 시설로 장애인복지관, 장애인주간보호시설, 장애인단기보호시설, 장애인공동생활가정 등이 있다.

장애인복지관은 장애인에 대한 각종 상담 및 사회심리, 교육, 직업, 의료재활 등 장애인의 지역사회생활에 필요한 종합적인 재활서비스를 제공하고 사회에 대한 인식개선사업을 수행하는 시설이다.

장애인주간보호시설은 장애인을 주간에 일시 보호하여 장애인에게 필요한 재활서비스를 제공하는 곳이다. 장애인 단기보호시설은 일정 기간 장애인을 보호하고 장애인에게 필요한 재활서비스를 제공하는 곳이다. 장애인공동생활가정(그룹홈)은 스스로 사회적응이 곤란한 장애인들이 장애인 전문인력에 의한 지도와 보호를 받으며 공동으로 생활하는 지역사회 내 소규모 주거시설이다.

이 외에 장애인의 체력 증진 또는 신체기능 회복 활동을 지원하는 장애인체육시설, 장애인의 문화 · 취미 · 오락활동을 지원하는 장애인수련시설, 청각 · 언어장애인에 대한 수화통역을 담당하는 수화통역센터, 시각장애인에게 점자간행물 및 녹음서를 열람하게 하는 점자도서관, 점자간행물을 출판하는 점서 및 녹음서 출판시설이 있다. 그리고 장애인을 입원 또는 통원하게 하여 상담, 진단 · 판정, 치료 등 의료재활서비스를 제공하는 장애인의료재활시설도 있다.

〈표 9-6〉은 장애인지역사회재활시설의 현황으로 지역사회재활시설의 경우 지속적으로 증가하고 있음을 알 수 있다. 특히 2003년 이후 주간보

〈표 9-6〉 장애인지역사회재활시설 현황

연도	계	장애인 복지관	의료재 활시설	주간보 호시설	단기보 호시설	공동생 활가정	체육관	심부름 센터	수화통 역센터
2003	440	106	14	90	25	100	15	45	45
2004	536	121	14	100	30	152	18	51	50
2005	1,049	130	14	259	61	331	22	124	108
2006	1,125	137	26	274	69	358	25	129	107
2007	1,286	157	16	321	76	400	24	149	143
2008	1,419	171	17	365	84	450	26	152	154

출처: 보건복지가족부(2009).

호시설과 공동생활가정이 크게 증가하고 있으며, 장애인의 이동을 지원하는 심부름센터와 의사소통을 지원하는 수화통역센터도 점차 증가함을 알 수 있다.

8. 요약 및 결론

지금까지 장애를 이해하는 데 필요한 중요한 두 가지 모델인 장애의 의료적 모델과 사회적 모델을 장애의 원인, 개입방법, 각 모델에 대한 비판의 순으로 설명하였다. 두 번째로는 장애를 이해하기 위한 모형으로 개인적인 요인과 환경적인 요인을 동시에 모두 고려하는 ICF 모형을 설명하였고, 장애의 지역사회 삶을 지원하는 탈시설화와 자립생활에 대해 논의하였다. 그다음으로는 우리나라의 장애인복지를 잘 이해하기 위해서 장애인구와 장애 유형, 장애인복지 관련법들, 장애인복지정책, 장애인복지서비스에 대해 개괄적으로 설명하였다.

장애의 두 가지 모델인 개인적 모델과 사회적 모델은 서로 대조적인 통찰들과 실천적인 전략을 제공해 준다(Oliver, 1996). 개인적 모델은 개인적인 장애와 결함들에 초점을 맞추고 그것들을 예방하거나 교정하려 시도한다. 이에 비해 사회적 모델은 사회적 장벽들과 억압의 힘들에 초점을 맞추며 그것들을 극복하거나 제거하려고 한다. 개인적인 의료적 모델에서는 장애인이 중대한 손상을 입었다고 가정하기 때문에 사회복지사들의 주요 임무는 그 개인을 장애 상태에 적응시키는 것이 된다. 비록 장애의 개인적 모델이 장애인들의 삶에 치료를 제공하는 효과를 갖는다 하더라도, 이 모델은 장애에 대한 이해를 일차적으로 개인적인 의료적 상태로 축소시킨다. 또한 개인적 모델이 사회적으로 야기되는 결함과 억압을 간과하는 경향은 장애인들을 위한 사회복지실천에 바람직하지 못한 결과를 가져올 가능성이 있다. 반면 장애의 사회적 모델은 장애가 장애를 가진 사람들에게 부과되는 사회적 제약들에 의해 생산된다는 입장을 갖는다.

사회복지사들은 장애인들과 동반자(partnership)관계에 서서 그들의 힘을 발견하고, 권능화(empowerment)를 경험하며, 삶의 개인적 차원과 사회적 차원을 모두 다룸으로써 그들의 사회참여와 삶의 질을 향상시키기 위해 일해야 한다. 장애인들이 일상생활에서 어떤 장벽을 경험하는지, 그들의 삶의 목표는 무엇인지, 이 목표 실현을 위해 개인적 변화와 사회적 변화를 지원하기 위한 가장 좋은 전략은 무엇인지 등에 관해 장애인과 함께 연구해 나가야 한다. 이러한 소비자 중심적인 시각은 사회복지에서 장애에 관한 전문가 주도의 의료화된 사고가 우세한 현재의 상황이 놓치고 있는 부분들을 보완해 주는 동시에 적절한 균형을 잡아 줄 것이다. 마지막으로 올리버의 다음과 같은 말은 장애인들과 '함께' 일하고자 하는 사회복지사들에게 훌륭한 지침을 제공해 줄 것이다.

> 사회복지사들은 장애를 야기하고 장애인을 차별하는 사회에서 살아간다는 것의 모든 차원들을 인지하고, 장애를 야기하는 서비스와 장애인들을 차별하는 관행들이 발생하는 곳이라면 어디에서나 그것들과 싸움을 벌일 전략들을 개발해야만 한다(Oliver, 1989: 201).

연습문제

1. 자립의 개념과 의존의 개념에 대해 생각해 보자. 장애인에게 자립이란 어떤 의미이고 자립을 지원하기 위한 서비스에는 어떤 것들이 있는지 생각해 보자.

2. 사회적 모델은 장애의 원인이 장애인이 가지고 있는 손상이 아니라 그것을 조정할 수 있는 사회적 체계의 문제, 즉 사회적 실패라고 본다. 이 모델에서 사회복지사의 역할에 대해 논의해 보자.

3. 장애인의 적극적 참여와 선택은 장애인정책을 만드는 데 중요한 것이다. 장애인의 적극적인 참여를 유도할 수 있는 방안들에 대해 생각해 보자.

4. 지적 장애인에게 자립이란 무엇인지 생각해 보자. 그리고 사회복지사가 지적 장애인의 자립을 도울 수 있는 방안을 제시하고 논의해 보자.

참고문헌

권선진(2006). 장애인복지론. 서울: 청목출판사.

권선진(2007). 장애인복지법과 학술적 · 정책적 · 실천적 함의. 장애인 권리의 법적 환경의 변화와 대응. 한국장애인복지학회 춘계학술대회.

김경혜, 최상미(2004). 장애인 자립생활센터 운영 기반 조성방안. 서울시정개발연구원.

남찬섭, 유동철, 김경미(2009). 장애인차별금지법 해설집. 국가인권위원회.

보건복지가족부(2009). 보건사회통계연보. 보건복지가족부.

연세대학교 사회복지연구소(2006). 장애인 자립생활 시범사업 평가 및 모델개발 연구. 연세대학교 사회복지연구소.

유동철(2005). 한국 장애운동의 성과와 과제. 사회복지정책, 21, 5-33.

이기량, 최경익 역(1999). 자립생활은 즐겁고 구체적으로(타나구치 아키히로, 타게다 야스 하루 저). 서울: 나눔의 집.

한국보건사회연구원(2009). 2008년 장애인실태조사. 보건복지부 · 한국보건사회연구원.

Bigby, C., & Fyffe, C. (2006). Tensions between institutional closure and deinstitutionalization: What can be learned from Victoria's institutional redevelopment? *Disability and Society, 21*(6), 567-581.

Brisenden, S. (1989). *A charter for personal care in progress* (p. 16). Disablement Income Group.

Brunzy, S. (1997). Deconstructing Disability: The Impact of Definition. *Journal of Poverty, 1*(1), 81–91.

DeJong, G. (1979a). Independent living: From social movements to analytic paradigm. *Archives of Physical Medicine Rehabilitation, 60*, 435–446.

DeJong, G. (1979b). *The movement for independent living: Origins, ideology, and implications for disability research*. Medical Rehabilitation Institute, Turfs–New England medical Center.

Drake, R. F. (1996). A Critique of the Role of the Traditional Charities. In L. Barton (Ed.), *Disability and Society: Emerging Issues and Insights (pp.* 147–166). London: Longman.

Fine, M., & Asch, A. (1988). Beyond Disability and Stigma: Social Interaction, Discrimination, and Activism. *Journal of Social Issues, 44*(1), 3–21.

Friden, L. (1979). *ILRU Source Book*. Huston, TX: The Institute for Rehabilitation and Research.

Gabel, S. L. (1997). *A Theory of Aesthetic of Disability*. Doctoral Dissertation, Michigan State University.

Hahn, H. (1987). Public Policy and Disabled Infants: A Sociopolitical Perspective. *Issues in Law and Medicine, 3*(19), 3–27.

Hahn, H. (1996). Antidiscrimination Laws and Social Research on Disability: The Minority Group Perspective. *Behavioral Science and the Law, 14* (1), 41–59.

Jones, S. R. (1996). Toward Inclusive Theory: Disability as Social Construction. *NSPSA Journal, 33*(4), 347–354.

Kennedy, J., & Minkler, M. (1998). Disability Theory and Public Policy: Implications for Critical Gerontology. *International Journal of Health Services, 28*(4), 757–776.

Lachat, M. A. (1988). *The Independent Living Service Model: Historical Roots, Core Elements, and Current Practice*. New Hampshire: Center for Resource Management, Inc.

Longmore, P. K. (1987). Uncovering the Hidden History of People with Disabilities. *Review in American History, 15* (3), 355-364.

Mansell, J. (2006). Deinstitutionalization and community living: progress, problems, and priorities, *Journal of Intellectual and Developmental Disability, 31*(2), 65-76.

Mansell, J., & Ericsson, K. (Eds.). (1996). *Deinstitutionalization and community living: Intellectual disability services in Britain, Scandinavia and the USA*. Chapman & Hall.

Marks, D. (1999). *Disability: Controversial Debates and Psychosocial Perspectives*. London: Routledge.

Office of Management and Budget (2003). *Independent Living for People with Disabilities*. http://www.whitehouse.gov/omb/expectmore/detail.10001042.2005.html

Oliver, M. (1983). *Social Work with Disabled People* (1st ed.). London: The Macmillan Press.

Oliver, M. (1989). The Social Model of Disability: Current Reflections. In P. Carter, T. Jeffs & M. Smith, *Social Work and Social Welfare Yearbook 1*. Milton Keynes: Open University Press.

Oliver, M. (1996). Social Model in Context. In M. Oliver, *Understanding Disability: Form Theory to Practice (pp. 30-42)*. New York: St. Martin's Press.

Oliver, M. (1998). Theories in Health Care and Research: Theories of Disability in Health Practice and Research. *British Medicine Journal, 317* (7170), 1446-1449.

Oliver, M., & Sapey, B. (1999). *Social Work with Disabled People* (2nd ed.). London: Macmillan.

Pender. N. J. (1987). *Health Promotion in Nursing Practice* (2nd ed.). Norwalk, CT: Appleton & Range.

Priestley, M. (2003). *Disability: A Life Course Approach*. Cambridge: Polity.

Rioux, M. H. (1997). Disability: The Place of Judgment in a World of Fact. *Journal of Intellectual Disability Research*, *41*(2), 101-111.

Weick, A. (1983). Issues in Overturning a Medical Model of Social Work Practice. *Social Work*, *28*(6), 467-71.

WHO. (2001). *ICF: International classification of functioning, disability and health*, Geneva: Author.

Williams, J. M. (1997). Extending Independent Living to Persons with Brain Injuries. Unpublished Doctoral Dissertation: University of Kansas, Lawrence.

Wilson, K. E. (1998). Centers for Independent Living in Support of Transition. *Focus on Autism and Other Developmental Disabilities, 13*(4), 246-252.

Zola, I. K. (1988). Aging and Disability: Toward a Unifying Agenda. *Educational Gerontology*, *14*(5), 365-387.

Zola, I. K. (1993). Self, Identity, and the Naming Question: Reflections on the Language of Disability. *Social Science of Medicine*, *36*(2), 167-174.

10 가족복지

이 장에서는 사회복지의 주요 분야이자 복지의 다양한 대상들을 가족이라는 하나의 단위로 접근할 수 있는 가족복지에 대한 기본적인 사항들을 제시한다. 우선 가족을 이해하는 다양한 관점들을 소개하고 현대사회에서 가족들이 당면하고 있는 다양한 변화와 도전들을 살펴본다. 그리고 이와 관련하여 가족복지란 무엇이고, 왜 필요한지에 대해서 설명한다. 가족복지의 방법은 크게 정책과 실천으로 분류하여 제시하는데, 정책에서는 가족 관련 정책, 제도, 법 등을 다루고, 실천에서는 가족사정, 가족교육, 가족치료, 사례관리 등을 설명한다. 그리고 실제 가족복지실천의 현장과 전문가 제도를 알아본다. 마지막으로 가족복지의 영역을 빈곤, 가정폭력, 중독, 특별한 돌봄의 욕구, 비정형 · 다문화 · 다중 위기의 가족으로 분류하여 가족복지 개입의 필요성과 그 내용을 제시한다.

1. 현대 가족에 대한 이해

가족은 인류의 역사와 함께 한 가장 오래된 제도 중의 하나이다. 그만큼 가족은 인간의 본성과 사회적 필요에 부합한 제도라고 볼 수 있다. 그러나 가족의 형태나 기능이 언제나 동일했던 것은 아니다. 가족은 가족구성원의 요구와 가족을 둘러싼 환경의 변화에 따라서 역동적으로 존재해 왔다. 더불어 이러한 가족을 바라보는 시선 또한 다양하게 형성되어 왔다.

따라서 여기에서는 다양한 가족과 관련된 이론들을 정리해 보도록 하겠다(김승권 외, 2004; 조흥식 외, 2006; Holstein & Gubrium, 1999).

- 구조기능주의 이론: 이 이론에서는 가족을 사회의 하위체계로서 간주하고 자녀의 사회화와 가족구성원의 정서적 안정의 기능을 수행하는 단위로 본다. 따라서 가족과 사회가 목표나 기능에서 조화를 이루는 것을 중시하며 성역할에 따라 도구적 역할을 수행하는 남성과 표현적 역할을 수행하는 여성을 구분한다. 파슨스에 의해 체계화된 이 이론은 1960년대까지 가족을 설명하는 주요한 패러다임이었지만, 이후 정치적 보수성, 성차별성 등으로 인해 비판의 대상이 되기도 하였다.
- 갈등이론: 마르크스와 엥겔스의 주장에 기반을 둔 이 이론에서는 가족과 가족의 기능을 자본주의사회의 산물이라고 보며, 이로 인해 일과 가족이 분리되었다고 본다. 또한 가족 내적으로는 구성원 간 권력 및 자원의 불평등에 관심을 두며, 이러한 갈등의 해결을 통해 가족체계가 적응하고 유지되는 기제에 초점을 둔다. 그리고 가족에서 생기는 다양한 갈등을 해결하기 위해서는 우선 자원이나 권력의 배분과 불

공평에 대한 이해가 필요하다고 보았다.

- 교환이론: 사회관계를 각 개인의 이익을 극대화하기 위한 장으로 이해하며, 공동체적 관심이나 이타심도 개인의 이기심에서 비롯된다고 본다. 따라서 결혼이나 출산도 그로 인한 보상이 있을 때는 선택하게 되지만 그 손실이 크다면 이런 행위를 지연시킬 것이라는 주장이다. 이 이론은 배우자 선택, 의사결정과정, 임신결정, 성역할 등에 유용하게 적용된다.
- 여권주의 이론: 가족체계의 가부장적 요소에 대해 비판적 태도를 견지하면서 현재의 가족이 권력을 가진 남성에게만 유리한 제도로서 여성에 대해 차별적이고 착취적인 제도라고 주장한다. 따라서 가족 내에는 조화와 합의만 있는 것이 아니라 상호 갈등과 이해관계의 대립이 존재한다고 본다.
- 가족체계이론: 체계이론을 가족에 적용한 것으로서 가족체계의 하위체계(예, 부부 하위체계, 부모-자녀 하위체계)와 전체가 어떻게 서로 연관되어 있고 상호작용하는지에 관심을 둔다. 이때 상호작용에서 원인과 결과의 직선적인 관계가 아니라 원인과 결과의 상호성과 복잡성을 전제한다. 맥락 내에서 가족의 상호작용, 그 상호작용의 유형, 가족의 안정성 추구 경향, 시간에 따른 변화 등을 파악하고자 한다.
- 가족발달이론: 개인에게만 발달주기가 있는 것이 아니라 가족에게도 발달주기가 있다고 본다. 따라서 가족도 각 단계마다 발달과업이 있으며 다음 단계로 발달해 가는 변환을 거친다고 본다. 단, 개인의 발달주기가 단선적인 것에 비해 가족의 발달주기는 세대를 이어가는 순환적이고 나선형적인 구조로 파악한다.
- 포스트모더니즘: 가족을 어떤 사실이나 규범으로 보는 것이 아니라 다양한 현상으로 이해하고 그 다양성을 인정한다. 따라서 특정한 가족을 정상적인 가족으로 규정하는 입장에 반대하며, 다양한 가족 형태

와 이질적인 가족문화를 존중하는 입장을 취한다.

- 구성주의 이론: 가족을 사회구성의 산물로 이해하기 때문에 가족을 하나의 개념이나 의미의 구성으로 간주한다. 따라서 어떻게 가족의 의미가 사회 상황 속에서 형성되고 사용되는지, 그리고 이러한 해석의 과정이 구체적인 가정생활 속에서 변화되는지를 이해하는 것에 중점을 둔다.

이렇듯 어떤 관점에서 또는 어떤 이론적 틀 위에서 바라보느냐에 따라서 가족에 대한 이해가 달라질 수 있다. 각 이론들은 시대마다 가족을 설명하는 유용한 틀로 기능해 왔다. 하지만 현대 가족을 이해하기에 적합한 모델로는 포스트모더니즘이나 구성주의의 입장이 선호되고 있다. 그 이유는 현대사회의 가족이 어떤 하나의 정형화된 형태나 개념으로 규정되기 어려운 특성을 보인다는 데서 찾을 수 있다.

현대사회의 가족이 이러한 다양성을 보이게 된 데에는 여러 가지 요인이 있겠지만 우선 사회적 요인을 생각해 볼 수 있다. 산업화와 도시화 그리고 급격한 사회적 변동은 가족의 안정성을 위협하면서 이 시대의 가족들에게 끊임없이 변화하고 적응할 것을 요구하고 있다. 그 결과, 혼인 연령이 늦어지는가 하면 혼인 자체가 감소하고, 또 결혼을 한다 하더라도 자녀를 갖지 않거나 소수의 자녀만을 갖는 가족이 증가하는 현상이 나타나고 있다. 더불어 평균 수명의 연장에 따른 고령화 사회로의 진입으로 인해 우리 사회는 차세대 인구 부족과 부양 부담 증가를 우려하는 상황에 직면하고 있다.

또한 가족의 가치관 역시 빠르게 변화하고 있다. 예전에 비해 반드시 결혼을 해야 한다거나 어떤 일이 있어도 현재의 가족을 유지해야 한다는 의식도 상대적으로 약화되어 이혼이나 재혼 등에 대해 더 수용적인 쪽으로 변화하고 있다. 또 성역할에 대한 고정관념이 변화되고 양성평등의식이 강화되면서 여성의 사회진출이 증가하고 있으며, 자녀양육 및 노부모 부양에 대한 의식도 과거와는 다른 양상을 보이면서 가족 규모가 축소되고 있다. 따라서 가족학자들은 기존의 전통적인 확대가족뿐 아니라 '단란한 핵가족', 즉 밖에서 일하는 아버지와 집에서 가정을 돌보는 어머니 그리고 자녀들로 구성된 가족에 대한 단일 개념은 하나의 신화(myth)가 되었다고 말하기도 한다. 실제로 한부모가족, 조부모-손자녀 가족, 동거가족, 무자녀가족, 노인가족, 독신가구, 국제결혼가족, 맞벌이가족 등 가족의 다양성이 증가하고 있는 현실이다.

이렇게 변화하는 가족에 따라 기존에 가족이 수행해 온 역할을 대체하는 사회제도가 출현하였고, 가족은 이러한 과업을 사회와 공유하게 되었다. 따라서 가족의 기능은 정형화된 형태로 이야기하기 어렵게 되었으며, 가족의 상황과 형편에 따라 그 기능도 다양한 형태로 나타나고 있다. 그러나 어떤 가족들의 경우에는 가족의 내부 또는 외부의 조건으로 인해 이런 기능을 원만하게 수행하는 것이 큰 도전이 되기도 한다.

2. 가족복지 개념에 대한 이해

가족복지의 개념은 가족의 개념만큼이나 정확한 규정을 내리기 어렵다. 가족을 그 구성원의 차원에서 본다면 사실 아동복지, 노인복지, 장애인복지 등 거의 모든 복지 분야를 가족복지의 하위 차원으로 이해할 수 있다. 반면 경제, 보건, 교육, 문화, 환경 등 일반적인 사회 정책 및 제도들 역시 가족의 복지에 영향을 미치며 상호작용하는 요소들이므로 가족복지와 관련되어 있다고 할 수 있다.

그러나 일반적으로 가족복지라고 할 경우에는 복지의 대상으로서 가족을 하나의 단위로 두는 것을 의미한다. 가족이 하나의 단위로 사회복지의 대상 또는 파트너가 된다는 것은 가족과 그 구성원이 필요한 경우에 사회로부터 가족에 초점을 둔 도움을 받을 권리가 있음을 의미한다. 단, 가족복지라고 해서 항상 가족 전체에만 접근해야 한다는 의미는 아니다. 개인을 대상으로 하더라도 가족복지에서는 그 개인을 가족구성원으로 이해하고 가족과의 상호작용 속에서 접근한다. 따라서 가족복지는 가족이 가족과 그 구성원의 잠재력을 개발하고 지역사회에서 공식적 · 비공식적 지지체계를 활성화해 가도록 돕는 것이 가족의 기능을 유지하고 향상시키는데 기여할 것이라는 전제를 갖고 있다. 그리고 그런 도움을 제공하는 것이 사회적 연대 책임이라고 보는 것이다.

과거에는 가족이 당면하는 어려움을 가족 안에서 해결해야 하는 경우가 많았고, 그것이 불가능할 경우에는 친척, 지인 또는 종교의 테두리 안에서 해결책을 모색하였다. 그러나 현대사회에서 당면하는 가족의 문제들은 과거에 비해 더 복잡하고 다양해졌다. 경제적 부양을 위한 소득문제, 잦은 환경변화, 가족구성원의 역할갈등, 가족구성원 간 관계문제, 가족의 부양 및 보호 기능의 변화 및 약화, 가족 가치관의 변화, 사별 · 이혼 · 별거 · 유기에 따른 가족구조의 변동, 폭력 · 질병 · 비행 · 중독 등 가족구성원의 문제로 인한 도전 등 그 문제는 헤아리기 힘들 정도이며, 세부적으로 들어가면 그 복잡성은 더해진다. 그래서 이런 도전들을 더 이상 가족 단독으로 또는 사적으로 해결하기는 어렵게 되었다. 더불어 개인과 가족의 권리의식이 강화되고 또 사회는 그들에 대한 책임이 강화되어 왔다. 따라서 가족복지는 사회구성원 모두의 공동체적 노력을 요구하게 되었다.

이러한 사회적 개입은 궁극적으로 가족과 그 구성원의 복지를 지향한다. 그러므로 가족복지는 가족의 기본 생활권을 보장하고 가족성원의 발달과 성장을 도모하며 변화하는 사회에서 가족이 효과적으로 대응하고 그 기능을 유지해 갈 수 있도록 지원함으로써 가족의 삶의 질과 행복을 향상시키는 것을 목적으로 한다. 가족복지는 이런 목표를 달성하기 위한 거시적이고 미시적인 접근, 예방적이고 해결적인 개입, 제도와 서비스 측면의 노력 모두를 포괄한다.

3. 가족복지의 방법

가족복지는 가족을 위한 정책과 그 기반 위에서 제공되는 서비스를 통해서 달성될 수 있다.

1) 가족복지정책

가족복지정책은 가족복지를 실현하기 위한 거시적, 제도적, 정책적 방법이라고 할 수 있다. 가족복지정책은 산업화와 더불어 나타나게 된 노동자계층의 실업, 건강, 주택, 소득의 문제를 해결함으로써 가족의 사회적 기능을 돕고 사회적 불안을 경감시키기 위해 도입되었다. 당시에는 그 초점이 핵가족이었으며, 이 기준을 벗어난 가족의 기능을 원상태로 회복하는 것에 중점을 두었다. 그러나 가족의 개념과 구조 그리고 기능이 변화함에 따라 기존 가족정책의 효용성에 의문이 제기되면서 가족복지정책도 변화하고 있다.

따라서 현대사회에서 가족복지정책은 가족의 유형에는 상관없이 가족의 기능을 수행하는 집단이라면 어떠한 형태든지 구성원들의 공동체적 삶을 영위할 수 있도록 지원하는 방향으로 발전되어 왔다(김영화 외, 2006). 더불어 가족복지정책은 가족 단위만을 대상으로 하지 않고, 가족구성원 개개인에게도 관심을 기울임으로써 가족과의 연관성 속에서 개별 가족구성원들이 갖는 이해나 욕구의 다양성을 이해해야 한다는 주장도 제기되어 왔다(김인숙 외, 2004).

그러므로 가족복지정책이란 '가족과 가족구성원의 욕구를 충족시키고 당면하는 문제에 대처함으로써 가족과 관련된 사회적 목표를 실행하고 가족의 복리를 증진하기 위한 국가의 정책' 으로 규정할 수 있다.

가족복지정책을 분류하는 방식은 다양하다. 일반적으로 알려진 것은 캐머먼과 칸(Kammerman & Kahn, 1978)의 가족정책[1] 분류방식이다. 여기에는 가족을 직접적인 대상으로 하는 보육정책과 같은 '명시적인 가족정책', 가족을 명시하지는 않았지만 가족에게 영향을 미치는 조세정책과 같은 '암묵적인 가족정책', 그리고 가족에게 영향을 미치는 것이 목적은 아니지만 간접적으로 가족에게 영향을 주는 이민정책과 같은 '간접적 가족정책' 이 있다. 그들은 이후에 가족정책을 고용 관련 정책, 소득 관련 정책, 사회서비스 관련 정책으로 구분하기도 하였다(Kammerman & Kahn, 1997). '고용 관련 정책' 은 급여뿐 아니라 부성 및 모성을 지원하는 정책을 포함하며, '소득 관련 정책' 에는 조세제도와 다양한 가족급여제도가 포함된다. '사회서비스 관련 정책' 에는 보육, 모자보건, 주택 정책과 더불어 특수한 욕구를 가진 빈곤가족, 장애아동가족 등을 위한 서비스 프로그램들이 있다.

에스핑-앤더슨(Esping-Anderson, 1999)은 국가 간 비교를 통하여 각 국가가 복지체제에 따라서 가족 스스로의 책임과 전통적 기능을 중시하며 국가개입을 최소화하는 유형의 가족정책, 특별한 문제나 욕구가 있는 가족에 집중하는 정책, 또는 다양한 가족을 인정하고 국가가 적극 개입하는 가족 친화적 정책을 채택하고 있다고 하였다.

김인숙(2007)은 가족정책을 가족의 기능에 따라 다섯 가지로 범주화하

---

1) 가족복지정책은 가족정책의 일환으로 간주되지만 일반적으로 혼용하기도 하는데, 이는 가족정책이 궁극적으로 가족의 복지를 목적으로 하는 경우가 많기 때문이다.

였다. 첫째는 재생산 기능에 관련된 산전후 휴가, 육아휴직, 방과후 보호, 양육비 지원 등이고, 둘째는 경제적 기능에 해당되는 가족수당, 아동수당, 공공부조 등이며, 셋째는 사회화 기능 수행을 위한 교육비 지원 및 공제 정책이다. 넷째는 성적·정서적 기능에 해당하는 가족 치료 및 상담, 가족교육 등이며, 다섯째는 돌봄기능으로서 노인수발보험이나 간병휴가 제도 등이다. 또 다른 분류의 기준으로 제시된 것은 성 인지적 관점에 의한 가족정책 분류인데(김인숙 외, 2004), 여기에서는 가족정책을 시장 영역에서의 노동권과 가족 영역에서의 부모권에 따라 조건을 보장하는 정책과 결과를 보장하는 정책으로 분류하기도 하였다.

이러한 가족복지정책은 기본적으로 관련법에 기반을 두고 있다. 우리나라에서 이에 해당되는 법으로는 가족법, 사회보장법, 건강가정기본법 등이 있다(한국여성복지연구회, 2005).

- 가족법: 가족과 직접 관련된 가장 기본적인 법으로는 '가족법'(민법 안에 친족법과 상속법 등을 규정한 내용)을 들 수 있다. 이 법은 친족의 범위, 혼인, 부양 등 우리나라 가족제도의 골격을 구성하고 있다. 인간 존엄성과 양성평등을 기본 정신으로 삼고 있는 이 법은 그동안 가부장적 가족제도의 상징이었던 호주제도가 2005년 폐지됨으로써 그 정신에 한 걸음 더 다가서게 된 것으로 평가받고 있다.
- 사회보장법: 실업, 빈곤, 질병, 장애, 노령과 같은 위험으로부터 개인과 가족을 보호함으로써 가족기능을 유지하고 위기에 대처해 갈 수 있도록 돕기 위한 것이다. 우리나라에서 이에 해당되는 법은 크게 세 가지 정도로 구분할 수 있다. 첫째는 국민기초생활보장법, 의료구호법 등으로서 국민의 최저생계를 보장하기 위한 공공부조제도의 근간이 되고 있다. 둘째는 국민연금법, 국민건강보험법, 노인장기요양보험법, 산업재해보상보험법, 고용보험법 등으로서 사회보험 방식에

의해 소득보전과 건강을 보장하기 위한 제도와 관련된다. 셋째는 사회복지사업법, 노인복지법, 아동복지법, 장애인복지법, 가정폭력방지 및 피해자보호 등에 관한 법률 등으로서 각 분야의 사회복지서비스를 제공하고 이를 지원하기 위한 법률들이다.

- 건강가정기본법: 이 법은 고령화, 저출산 및 이혼율 증가라는 사회적 위기의식이 고조되면서 '가정육성기본법안'으로 가정학계에 의해 발의되었으나, 가족에 대한 개념규정 및 접근방식을 두고 전문가 및 학계에 많은 논란을 거쳐 최종적으로 제정되었다. 이 법은 '건강가족'을 그 목적으로 한다는 점 등에서 여전히 논란의 여지가 있으나, 가족에 대한 국가와 지방자치단체의 의무를 규정하고 있으며, 건강가정지원센터와 그 사업의 기반이 되고 있다.

2) 가족복지실천

가족복지는 가족이 당면한 문제를 해결하고 그 기능을 향상시키며 지지적인 환경을 조성함으로써 이뤄질 수 있다. 콜린스 등(Collins et al., 1999)은 가족복지실천의 원칙을 다음과 같이 제시하고 있다.

- 가족이 도움을 받기에 가장 적절한 장소는 자신들이 살고 있는 집이라는 점을 명심해야 한다.
- 가족복지실천을 통해 가족이 스스로 문제를 해결하도록 힘을 부여해야 한다.
- 가족개입은 특정 가족의 사회적 · 심리적 · 문화적 · 교육적 · 경제적 · 물리적 특성에 대한 사정에 기반을 두고 있어야 하며 개별화되어야 한다.
- 우선 가족의 즉각적 욕구에 반응해야 하며, 이후에 장기적인 목표를

향해 나가야 한다.

- 가족은 하나의 사회적 체계이므로 가족구성원에 대한 개입이 가족 전체에 영향을 미칠 수 있음을 알아야 한다.
- 가족복지실천가는 가족과 협력적인 원조관계를 형성해야 한다.
- 가족복지실천의 목적은 인종, 출신국에 상관없이 모두의 정의와 평등을 증진하는 것이어야 한다.

이러한 원칙하에 수행되는 구체적인 가족복지실천방법에는 다음과 같은 것들이 있다.

(1) 가족사정

사정은 가족복지실천 과정 중 가장 핵심적이고 중요한 요소로서, 관련된 자료와 정보들을 수집하고 이를 기반으로 하여 가족이 당면한 문제와 그들의 욕구를 파악하며 그 해결방향과 구체적 방법을 모색하는 과정이다. 가족사정은 그 자체로 중요한 과업이지만, 이후 제시되는 모든 가족복지실천을 위한 기본적이고 공통적인 과업이기도 하다.

가족을 이해하기 위해서는 우선 가족을 구성하는 각 개인에 대한 이해가 필수적이다. 각 구성원이 문제를 바라보는 시각과 태도에서부터 성장과정, 성격, 취향, 강점 등을 파악하는 것이 도움이 된다. 그러나 가족을 사정할 때는 가족이 각 구성원의 합보다 더 큰 개념이라는 것을 기억하고, 가족구성원 각각을 파악하는 동시에 그들 간의 관계와 의사소통 유형들을 파악하는 것 역시 매우 중요하다. 특히 가족의 역동은 겉으로 드러나는 것 이외에 다양한 양상으로 나타날 수 있기 때문에 이런 점에 유의해야 한다. 가족사정에는 종적인 개념과 횡적인 개념도 요구된다. 종적인, 즉 역사적인 관점에서 가족의 신념과 문화가 어떻게 형성되어 왔고 또 어떻게 형성되고 있는지를 파악해야 한다. 또한 횡적인, 즉 환경적인 관점에서는 가족을 둘러싸고 상호작용하고 있는 다양한 환경체계를 이해해야 한다. 따라서 가족을 사정한다는 것은 가족성원과 가족 전체 그리고 그 하위체계를 복합적이고 입체적으로 파악하고 이해하는 과정이라고 할 수 있다.

이와 더불어 가족사정을 위해서는 가족의 다양성을 염두에 두는 것이 중요하다. 한 가지 가족 유형을 기준으로 해서 나머지 가족은 비정상으로 규정하지 않도록 유의해야 한다. 그런 측면에서 '결손가족'과 같이 어떤 가족 유형에 무조건 부정적 가치가 부여될 수 있는 명칭은 쓰지 않도록 유의해야 한다.

또한 일반적으로 사회복지 현장에서 가족을 사정하게 되는 때는 그 가족이 뭔가 문제가 있거나 기능적이지 않은 경우가 대부분이다. 따라서 자칫하면 가족의 문제와 역기능에만 너무 초점을 두어 그 가족이 갖고 있는 강점과 자원을 놓치기 쉽다. 그러나 월시(Walsh)(양옥경 외 역, 2002)는 아무리 복잡하고 어려운 역경에 당면한 가족이라고 할지라도 신념체계를 정비하고 유대관계를 공고히 하며 의사소통을 원활하게 하여 그것을 극복하도록 도울 수 있다고 하였다. 따라서 유형, 무형의 가족자원을 탐색하는 것 역시 매우 중요하다.

일반적으로 가족사정에는 면담과 관찰이 이용된다. 이를 통해 가족이 당면한 문제, 가족의 기능, 가족의 발달주기, 환경 등을 파악하게 된다. 가족을 위한 사정도구로는 가계도와 생태도가 많이 사용되고 있다. '가계도'는 다세대를 통해 이어지는 가족의 구조를 정리하고 각 가족구성원 및 그들 간의 관계를 제시하여 가족 내 역동과 문제 그리고 많은 정보를 한번에 파악하는 데에 유용하게 사용된다. '생태도'는 가족을 둘러싸고 있는 다양한 사회체계들을 나타내고 각 체계들과 가족이 어떻게 상호작용하고 있는지를 나타냄으로써 어떤 체계들이 개선 또는 보완되어야 하는지를 살펴보는 데에 도움이 된다.

이렇게 가족사정 과정을 거침으로써 가족 단위로 작업을 하는 것이 필요한지 여부, 가족의 욕구에 맞는 서비스 종류, 구체적인 개입목표, 가족과 그 주변 환경의 강점과 약점, 현재의 가족기능 등을 파악해야 한다.

(2) 가족교육

일반적으로 사회복지사는 교육자로서의 역할을 수행하며, 이는 가족을 대상으로 할 때도 예외는 아니다. 가족은 자연적 집단의 한 형태이지만, 현대사회를 살아가는 가족은 다양한 변화와 도전에 직면하게 되므로 가족생활을 영위하고 그 기능을 유지하기 위해서 새로운 정보나 훈련을 필요로 하기도 한다.

가족교육 또는 가족생활교육의 목적은 학자들에 따라 가족구성원 개인의 능력과 인성 개발, 가족관계 개선, 가족생활의 질적 향상, 사회변화에의 적응 등으로 설명되는데, 이는 다시 가족이 당면한 문제 해결뿐 아니라 문제예방 및 잠재력 개발을 통한 가족과 개인의 삶을 풍요롭게 하는 것으로 정리할 수 있다(최경석 외, 2003).

우선 가족교육은 가족주기가 변화되는 시기에는 그 필요성이 더 증가하게 된다. 결혼을 앞둔 예비부부를 위한 교육, 출산을 앞둔 부모를 위한 교육, 자녀양육 방법과 정보를 제시하는 부모교육, 퇴직 이후 생활적응 교육, 빈 둥지 시기를 준비하거나 극복하기 위한 교육 등이 그에 해당되며, 이러한 교육들은 예방적인 효과가 강조된다.

이와는 달리 가족의 특정한 욕구에 부응하거나 문제를 해결하기 위한 주제별 가족교육도 시행된다. 그 예로는 의사소통 교육, 한부모를 위한 자녀양육 방식 교육, 치매나 암 등을 비롯한 특정 질병에 대응하기 위한 부부 및 가족 교육, 장애자녀를 둔 부모를 위한 교육 등을 들 수 있다. 이와 같은 교육은 단일 가족을 대상으로 이뤄질 수도 있지만 여러 가족들이 함께 모이는 집단 형태로 진행될 수도 있다.

이러한 가족교육을 진행하기 위해 사회복지사는 관련된 분야에서 충분한 전문지식과 실무 경험을 갖춰야 하며, 이를 기반으로 교육 프로그램을 개발하고 그 대상을 모집 및 운영할 수 있는 능력이 요구된다.

(3) 가족치료

가족교육이 예방적 차원이 강조되는 접근이라면, 가족치료는 치료적 차원에 비중을 두는 접근이다. 가족치료는 '가족구성원-가족-환경'의 맥락 속에서 다양하고도 전문적인 개입방법을 활용하여 가족구성원 및 가족체계에 발생하는 다양한 문제들을 해결하는 실천과정이다.

일반적으로 가족복지를 실천적인 개념으로 이해할 때 가족치료와 동일시하는 경우가 종종 있지만, 가족복지실천과 가족치료는 엄밀히 말해 서로 다르다. 가족치료가 가족관계나 가족 유형상의 문제에 관심을 두고, 형식적인 상담의 절차에 따라 상담실에서 진행되는 반면, 가족복지실천은 가족과 사회환경 간의 복잡한 상호작용에 초점을 두고 구체적이고 명료한 일상사건을 중심으로 현장에서 접근하는 것이다. 물론 가족복지실천을 하는 과정에서 가족치료나 그에 따른 접근이 필요한 경우에는 이를 활용할 수도 있을 것이다. 따라서 가족치료는 가족복지실천의 한 방법으로 이해해도 무방할 것이다.

가족치료는 가족을 하나의 단위로 보며 가족구성원 개인보다는 가족과 일하는 것이 보다 효과적이라는 전제를 갖고 있다. 가족을 함께 볼 때 그 상호작용을 파악할 수 있고, 균형 잡힌 시각으로 가족구성원의 행동을 이해할 수 있으며, 개방적인 의사소통을 경험하는 장을 제공할 수 있기 때문이다. 가족치료는 이를 통해 가족관계를 회복하고 그 기능을 향상시키는 것을 목적으로 한다.

일반적으로 가족문제는 바라보는 관점과 접근하는 방식에 따라 몇 가지로 분류된다. 대표적으로는 다세대 가족과의 관계에서 화해와 개인의 분화를 강조하는 '역사적 가족치료', 가족의 경계 및 하위체계 간 역동에 초점을 둔 '구조적 가족치료', 가족의 상호작용과 순환적 고리 속에서 효과적 해결책을 모색하는 '전략적 가족치료', 가족 간 진실한 소통과 성장을 지향하는 '경험적 가족치료', 그리고 가족의 관점과 해결 능력을 존중하며 문제보다는 해결 자체에 초점을 두는 '해결중심적 가족치료' 등이 있다.

각 치료 모델에 따라 다양한 치료방법들이 제시되는데, 일반적으로 많이 사용되는 기법들에는 다음과 같은 것이 있다(김혜란 외, 2006).

- 탈삼각화: 두 성원 간 불안 수준이 높아지면 분화가 이뤄지지 않은 가족과 삼각관계를 형성하게 되는데 탈삼각화란 이 제3의 성원을 두 성원의 감정 영역으로부터 분리시키는 과정이다.
- 경계 만들기: 구조적 기법으로서 유리된 경계는 가깝게, 밀착된 경계는 거리를 두도록 조정하는 것이다.
- 재구성: 문제나 이슈를 다른 시각에서 이해하도록 의미를 부여하는 기법이다.
- 순환적 질문하기: 질문을 연속적으로 함으로써 가족 역동의 순환성을 깨닫도록 돕는 질문방법이다.
- 역설적 지시: 문제행동을 유지 또는 강화하는 지시를 내림으로써 증상의 중단 또는 조절을 유도하는 방법이다.
- 가족조각: 가족구성원들이 가족에 대해 인식하고 있는 바를 조각처럼 시각적으로 표현하도록 하는 기법이다. 이를 그림으로 나타낼 경우에는 가족그림이 된다.
- 해결중심적 질문: 첫 면담 전 변화질문, 예외질문, 대처질문, 척도질문, 기적질문 등을 활용하여 해결방법을 모색한다.

어떤 기법을 사용하든지 가족치료자는 가족과 구성원을 존중하고, 개방적 태도로 대하며 중립적인 입장과 진솔함을 보여 줌으로써 모델링을 제시할 수 있어야 한다. 또한 사회복지사가 이러한 가족치료를 수행하기까지는 지속적이고 전문적인 훈련과 학습의 기회를 거치는 것이 일반적이다.

(4) 사례관리

다양한 욕구와 복잡하고 장기적인 문제에 대해 산재해 있는 서비스를 효과적으로 전달하는 체계로 발달해 온 사례관리는 가족복지 영역에서도 효과적으로 사용된다. 사례관리는 각 가족성원들의 다양한 욕구와 문제에 반응하는 동시에 가족 전체를 고려할 수 있는 실천도구로서 그 유용성이 있기 때문이다.

사례관리는 전통적인 치료적 접근과는 달리 대상자의 욕구에 초점을 두어 관리하는 것으로 경제성과 효과성에 가치를 둔다. 또한 환경의 영향과 상호작용을 중시한다. 따라서 사례관리자에게는 각 가족구성원 및 하위체계와 가족 전체의 욕구를 파악하고, 이와 관련된 주변 환경의 자원을 파악하며 그것을 적절히 연계하고 조정하는 능력이 요구된다. 가족들에게 필요한 자원으로는 친지나 이웃과 관련된 사회적 지지와 연결망(network)과 같은 사회적 자원, 가족생활에 필요한 다양한 정보들, 실질적인 삶에 필요한 경제, 주거 등 물리적 자원 등이 있다. 이러한 자원들을 개발하고, 가족에게 중복 전달되지 않도록 조정하며, 동시에 복합적인 인과관계를 고려하여 제공되는 서비스들이 서로 상승효과를 가져올 수 있도록 한다. 더불어 공공기관이나 사회제도가 가족의 욕구에 부응할 수 있는 방향으로 변화를 주도하기도 한다.

사례관리는 대상자인 가족의 욕구와 사례관리자의 능력에 따라 다양하게 구분된다. 우선 만성적 문제에 대해 장기적으로 개입하는 유형과 위기적 상황에 대해 시간 제한적이고 집중적으로 개입하는 유형으로 구분하기도 한다. 자원을 조정하고 연계하는 역할을 중심으로 하는 일반주의 모델과 다학제적 전문가들로 구성된 팀을 중심으로 전문적 서비스를 제공하는 전문가주의 모델로 나누기도 한다. 또한 의뢰와 연계를 주로 하는 의뢰 모델과 사례관리자가 1차적 치료서비스를 제공하는 치료 모델도 있다(배태순 외 역, 2007).

이렇듯 다양한 모델들이 있지만, 어느 모델이든지 사회복지사는 사례관리자로서 자원조정자, 서비스 제공자, 계획자, 모니터, 지지자, 평가자로서의 역할을 수행함으로써 궁극적으로 가족의 삶의 질을 향상시키는 것을 목적으로 한다.

3) 가족복지 현장 및 전문가

가족복지의 개념에서 보았듯이 가족과 관련된 서비스를 제공하는 기관들을 가족복지 현장이라고 볼 수 있다. 그중에서도 가장 대표적인 기관으로 지역사회복지관과 건강가정지원센터를 들 수 있다.

우선 가족복지서비스를 제공하는 대표적 기관으로는 지역사회복지관이 있다. 지역사회복지관은 설립 초기에는 주로 저소득 가구들이 밀집되어 있는 지역에 집중되었고 영구임대아파트 지역이 들어서면서 그 수가 급증하였으나, 현재는 중산층 지역을 포함하여 전국적으로 분포해 있다. 지역사회복지관은 주요 사업으로 가족기능강화사업, 지역사회보호사업, 지역사회조직사업을 수행하고 있으며, 이 중 가족기능강화사업에서는 가족관계증진사업, 가정문제 해결 및 치료사업, 가족기능보완사업, 부양가족지원사업 등을 통해 가족에게 직접적인 복지서비스를 제공하고 있다.

2003년 발의된 건강가정지원법에 따라 세워지기 시작한 건강가정지원센터는 가정상담사업, 가정생활교육사업, 가정문화홍보사업을 중심으로 가족에 대한 서비스를 제공해 오고 있으며, 2009년 9월 현재 전국적으로 98개 기관이 개설되어 있다. 여기에서 활동하기 위해서는 법령에서 정한 핵심 교과목 다섯 개 이상, 관련 과목 중 기초이론 네 개 이상과 상담교육 등 실제 세 개 이상을 수강하여 '건강가정사' 자격을 취득해야 하는데, 이 교과목들 중 상당수는 사회복지 교과목과 관련이 있다. 실제 건강가정사 직무를 분석한 한 결과에 따르면 사회복지교육은 건강가정사의 기능을 수행하기에 적절성이 높은 것으로 나타났다(최명민, 이선혜, 2007).

이 외에도 가족상담기관, 가정폭력상담소, 다문화가족지원센터 등 다양한 가족서비스 기관들에서 사회복지사들이 활동하고 있다.

4. 가족복지의 영역

1) 빈곤에 당면한 가족

경제적 어려움은 단지 소득의 문제뿐 아니라 가족구성원과 가족 전체의 삶의 질 전반에 영향을 준다는 점에서 가족복지의 주요 이슈 중 하나다. 빈곤의 원인은 개인, 자연환경, 사회구조에서 찾을 수 있다. 그러나 개인적 차원에서 발생하는 사고, 질병, 장애, 가출, 이혼, 별거, 구속, 실직, 고령 등의 요인도 환경적 요인과 무관하지 않기 때문에 그 차원들을 철저히 구분하기는 어렵다. 더불어 빈곤은 제도적 차별, 부적절한 재분배 기능, 국가의 경제적 위기 등에 의해 구조적으로 발생하는 경우가 많다.

일반적으로 빈곤은 가족 형태와도 관련이 있어 경제적 활동을 담당할 가족구성원이 없거나 있다 하더라도 그 기능이 제한을 받는 가족의 경우에 경제적 어려움에 직면하게 되는 경우가 많다. 여기에는 한부모가족, 소년소녀가장가족, 조손가족 등이 포함될 수 있다. 이러한 가족 형태 자체를 문제로 규정하는 경우들이 종종 있지만, 실제로는 이러한 가족구조 자체가 문제라기보다는 그들이 직면하게 되는 경제적 도전이 더 많은 어려움을 야기하곤 한다. 즉, 빈곤한 가족은 경제적 문제와 이로 인한 건강 및 보건상의 문제, 심리정서적 스트레스, 가족갈등 및 가족기능 유지의 어려움, 사회적 차별과 소외, 자녀의 교육 및 발달상의 문제 등을 경험하기 쉽다.

따라서 대부분의 사회에서는 빈곤선을 정하고 그 이하에 속하는 이들에게 공공부조를 제공하고 있는데, 그 단위는 가구인 경우가 많다. 우리나라에서는 국민기초생활보장법에 의거하여 가구의 소득이 최저생계비 이하인 경우에, 또는 부양의무자가 없거나 있어도 부양을 받을 수 없는 경우에 생계급여, 주거급여, 의료급여, 교육급여, 해산급여, 장제급여, 자활급여 등을 제공하도록 하고 있다. 2008년 12월 기준으로 국민기초생활보장 수급자는 약 153만 명(85만 4,000가구)으로 전체 인구 대비 국민기초생활 수급자의 비율인 수급률은 3.1%로 파악되고 있다. 더불어 저소득 노인에게 지급되는 경로연금, 저소득 장애인의 생계 보조수단인 장애수당 및 장애아동부양수당, 차상위계층까지 실시하고 있는 저소득 모부자가족 아동양육비 및 자녀학비 지원, 소년소녀가장가족에 대한 부가급여 등도 모두 공공부조를 통해 빈곤가족을 지원하는 제도다.

앞으로 빈곤가족의 복지를 향상시키기 위해서는 사회구조적 차원에서 부의 공정한 재분배 등 사회정의를 실현할 것, 국민기초생활보장제도의 수급기준을 현실화할 것, 만성질환에 의한 빈곤의 악순환 방지를 위한 의료지원을 확대할 것, 이혼·별거·사별·가출 등으로 인한 한부모가족, 특히 여성 가구주의 자립지원을 강화할 것, 그리고 빈곤이 대물림되지 않도록 빈곤가족 자녀의 신체·교육·정서 차원의 종합적인 지원책을 활성화할 것 등이 제안되고 있다(한국여성복지연구회, 2005).

2) 가정폭력을 경험하는 가족

과거에는 가정 내에서 일어나는 폭력이 사적인 문제로 치부되기도 하였으나, 현대사회에서 가정폭력은 가족복지를 저해하는 심각하고 중요한 문제로 다뤄지고 있다. 물리적인 폭력을 비롯하여 성적 · 정신적 · 정서적 · 언어적 폭력과 강압 그리고 방임을 포함하는 가정폭력은 직접적 피해자에게 심각한 신체적 · 정서적 · 정신적 후유증을 남길 뿐 아니라 그것을 목격한 이들에게도 외상을 입히고 그들이 다시 폭력을 학습하여 답습하는 악순환을 가져오기 때문이다.

따라서 모든 영역의 사회복지사는 설혹 직접적으로 가정폭력과 관련된 업무를 하는 경우가 아니더라도 가정폭력에 대해 항상 민감해야 한다. 가족구성원이 신체적으로 상처나 멍이 들고 통증을 호소하는 경우, 불안 · 공포 · 우울 성향을 보이거나 불면에 시달리는 경우, 자기 파괴적인 행위를 하는 경우에는 가정폭력 상황을 염두에 두고 주의 깊게 관찰하여 조치를 취해야 한다(Collins et al., 1999).

가정폭력의 가해자와 피해자는 정해져 있지 않다. 배우자에 의해 상대 배우자에게 가해지는 부부폭력, 부모에 의해 자녀에게 행해지는 아동학대, 자손에 의해 노부모에게 가해지는 노인학대 등 그 방향은 여러 가지일 수 있다. 그러나 '약자에 대한 강자의 힘의 남용(power abuse)'로 규정되는 가정폭력의 정의(McGoldrick et al., 1999)에서 알 수 있듯이, 이는 결국 가족 내에서 더 많은 통제력을 가진 자가 상대적으로 그렇지 못한 대상에게 행하여 관계를 장악한다는 점에서 정치적인 구조를 갖고 있다. 따라서 피해자를 원인 제공자나 폭력 유발자로 바라보는 시각은 재고되어야 하며, 약자에 대한 보호를 최우선의 과제로 삼아야 한다. 또한 가정폭력은 개인 역동, 가족 역동, 주변과 문화에서 공유하는 신념 등에 의해 영향을 받는다는 점에서 한 가지 접근이나 가족 내 접근만으로는 해결하기 어려우므로 사회적 관심과 개입이 반드시 요구된다.

우리나라에서는 1998년에 가정폭력범죄의 처벌 등에 관한 특례법과 가정폭력방지 및 피해자보호 등에 관한 법률이 시행되었으며, 이후에도 피해자의 권익을 보호하는 방향으로 몇 차례 개정 작업이 진행되었다. 또한 아동학대에 대해서는 아동복지법에서 예방과 방지뿐 아니라 신고 의무 및 절차를 규정하고 있으며, 노인학대는 노인복지법에서 신고 의무와 절차를 제시하고 있다. 관련 서비스 제공기관으로는 부부폭력과 관련해서 '여성의 전화' 나 '쉼터' 등이, 아동학대와 관련해서는 '아동상담소' 와 '아동학대예방센터' 가, 노인학대와 관련해서는 '노인보호전문기관' 등이 대표적으로 활동하고 있다.

앞으로 가정폭력을 예방하고 가족복지 차원의 대책을 강화하기 위한 방안으로는 쉼터의 사후서비스 강화, 아동학대 방지서비스 강화, 가해자와 피해자 양측에 대한 동시적 접근, 가정폭력의 올바른 인식을 위한 홍보, 가정폭력방지법과 가정폭력 예방인지를 위한 교육, 경찰 및 검찰의 확실한 업무 수행과 법 집행의지, 가정폭력 사건에 대한 적절하고 강력한 법원의 판결, 가정폭력 피해자에 대한 사회적 지원 등이 제시되고 있다(최경석 외, 2003).

3) 중독자 가족

중독(addiction)이란 어떤 물질에 대한 신체적 의존으로 이를 중단하지 못하고, 심리적 의존으로 인해 계속 그 물질을 추구하는 행동을 함으로써 결국 신체적, 정신적 건강을 해치게 되는 상태를 일컫는다. 그러나 최근에는 물질에만 중독이라는 용어를 국한하지 않고 도박이나 인터넷도 이를 조절하지 못하게 될 경우에도 중독이라는 용어를 사용한다. 그 대상이 술이든, 약물이든, 도박이든, 인터넷이든 가족구성원 중에 그에 습관적이고 의존적이 되는 중독자가 있을 때, 그 가족의 복지는 위협받는다.

그 이유는 중독의 문제는 가족의 경제적 기능을 위협하고, 건강상의 문제를 일으키며, 가족 관계와 의사소통에 장애를 가져와 가정폭력으로 이어질 위험이 높기 때문이다. 이는 자녀의 성장 · 발달에도 장애요인으로 작용하고 학습효과를 가져와 다음 세대에까지 부정적인 영향을 미친다는 점에서 더욱 심각하다.

대표적으로 알코올중독 가족을 살펴보면 실제로 부부관계는 정서적으로 불안정하고, 경제적으로는 무책임하며, 성적인 측면에서 갈등이 생겨 상대 배우자에 대한 폭력 및 학대와 높은 상관이 있는 것으로 보고되고 있다. 또한 이러한 문제를 숨기기 위하여 가족 내에만 머물면서 사회적 관계망이 단절되고 고립되기 쉽다. 그리고 그 자녀들은 부모가 그 역할을 제대로 수행하지 못하고 일관성이 부족하기 때문에 각 발달단계에 맞는 성장과업을 달성하기 어렵고 혼란을 느끼는 동시에 대인관계에 어려움을 겪는 경우가 많다(조홍식 외, 2006; 최경석 외, 2003).

따라서 알코올중독자에게는 우선 단주치료와 재활치료가 필요하며, 치료의 지속성을 유지하기 위하여 지역사회에서 지지적인 서비스와 더불어 사회적응 프로그램이 지속적으로 제공되어야 한다. 더불어 가족체계 차원에서는 가족치료적 개입이 도움이 되며, 배우자나 자녀들을 위한 자조집단도 효과적인 것으로 알려져 있다.

과거에는 알코올중독에 '가족병' 이라는 명칭을 붙이고, 이와 관련하여 알코올중독자 부부관계를 '공동의존' 으로 해석하여 부인에게 공동책임을 부여하기도 하였다. 뿐만 아니라 알코올중독자 가정에서 자녀의 비정상적인 성장을 강조하기 위하여 자녀의 유형을 분류하기도 하였다. 그러나 휴닥 등(Hudak et al., 1999)은 공동의존을 여성에 대한 또 하나의 문화적 비난으로 규정하고 있으며 자녀의 유형에 대해서도 그 상황과 스트레스에 적응하기 위한 것으로 이해하고 있다. 따라서 그동안 병리적인 것으로 인식되어 온 알코올중독자 가족의 유형들을 가족구성원 개개인과 가족이 중독문제에서 비롯된 스트레스와 부정적인 영향에 대하여 생존해 가기 위한 적응방식이라고 이해하고, 그들이 고립되고 제한된 상태에서 어쩔 수 없이 잘못된 선택을 하지 않도록 그리고 스스로를 위한 적절한 선택을 할 수 있도록 유용한 정보와 자원을 제공하는 개입이 요구된다고 하겠다. 더불어 중독의 문제는 장기적이고 반복적인 속성이 있으므로 사회복지사조차도 문제에만 몰입되기 쉬운 만큼, 중독에서 자유로운 상태에 대한 비전을 갖고 이를 제시할 수 있어야 한다.

4) 특별한 돌봄을 제공해야 하는 가족

가족은 전통적으로 보호를 필요로 하는 구성원에 대한 돌봄 또는 보살핌의 기능을 수행해 왔다. 현대사회에서 이 기능은 더 이상 가족에게 국한되지 않으며 사회적 차원에서 제도와 서비스를 통해 돌봄을 제공하거나 분담하고 있다. 하지만 여전히 가족은 돌봄의 기능을 수행하는 중요한 주체다.

일반적으로 가족구성원 중 장애나 질병이 있는 경우, 또는 신체적 노쇠나 치매 등을 이유로 보호를 필요로 하는 노인이 있는 경우에 특별한 돌봄의 기능을 필요로 한다. 특히 최근에는 가능한 한 시설보호보다는 지역사회에서의 보호를 지향하기 때문에 가족의 역할이 더 주목받고 있다.

그러나 이러한 돌봄의 기능을 수행하는 가족들에게는 여러 가지 부담이 따른다. 우선 돌봄노동에 시간과 에너지가 많이 소요되기 때문에 신체적, 물리적 부담이 증가하고 의료비, 투약비용, 보호장비 등으로 인한 경제적 부담도 커진다. 이런 상황에서는 다른 사회체계와의 교류가 한정될 수밖에 없기 때문에 사회적 고립이 초래되고 집중적인 보호 욕구에 부응하는 과정에서 복잡한 심리정서적 부담과 스트레스를 느끼게 되는데, 이런 요소들이 가족관계의 문제나 갈등으로 이어지기도 한다. 따라서 돌봄의 기능을 가족구성원에게만 일임하는 것은 가족복지를 위협하는 요인이 될 수 있다. 물론 가족이 이러한 돌봄을 제공하는 과정에서 보람을 느끼고 인격적으로 성숙하거나 보다 두터운 유대감을 느끼기도 하는 것으로 보고되고 있으나(김미옥, 2003; Chen & Greenberg, 2004; Schwartz, 2003), 이러한 가족의 탄력성이 강화될 수 있도록 하기 위해서는 사회적 관심과 지원이 필수적이다.

지역사회 보호가 가능하도록 하기 위해서는 다양한 사회복지적 차원의 접근이 필요하다. 예를 들어, 2008년도 7월부터 시행되고 있는 노인장기요양보험제도는 가정에서 보호받고 있는 만성질환 노인에게 전문적인 서비스를 제공해 줄 뿐 아니라 그 가족의 보호 부담을 감소시키는 것을 목적으로 하고 있다. 그러나 아직까지 노인이 아닌 가족구성원 중 장애나 만성질환이 있는 경우에는 이를 충당할 수 있는 제도가 도입되지 않은 상태다. 지역사회에서 이용할 수 있는 장단기 보호서비스, 휴식보호서비스(respite care service), 경제적 지원서비스, 심리정서적 지원 등이 다양하게 이루어질 때 가족의 돌봄 기능은 보다 원활하게 수행될 수 있을 것이다.

5) 비정형 가족

한국사회에서 최근 증가하고 있는 다양한 가족 유형은 이제까지 주류가족으로 간주되어 온 핵가족, 확대가족, 직계가족과는 다른 형태를 띠고 있다(김승권 외, 2004). 기존의 주류 가족을 정형 가족이라고 한다면, 한부모가족, 노인가구, 청장년독신가구 등은 비정형 가족이라고 할 수 있다(양옥경, 2005).

(1) 한부모가족

별거, 이혼, 유기, 사별 등으로 인해 한쪽 배우자가 없이 자녀를 양육하고 있는 가족으로서 편부가족이나 편모가족이 여기에 속한다. 이 가족 유형은 한부모가 경제적 기능과 자녀양육 기능 및 가사활동을 모두 담당해야 하기 때문에 경제적 어려움과 더불어 자녀양육의 어려움이 발생하기 쉽다. 따라서 한부모는 과중한 부담과 다양한 역할이 요구되어 지치기 쉽고, 자녀는 또 다른 부모의 기능이 공백 상태이기 때문에 그에 대한 정서적 욕구가 채워지지 못하며 사회적 통념에 의한 스트레스를 받을 수 있다. 특히 이혼가족의 경우 부모는 이혼에 따른 복잡한 감정을 경험하며 사회적으로 위축되기도 한다.

따라서 한부모가족을 지원하고 자녀의 비행이나 가족해체와 같은 2차적 문제를 방지할 수 있도록 이들 가족에 대한 사회적 안전망이 절실하다. 이를 위해 경제적 지원이 강화되어야 하고, 부모의 기능을 보완해야 하며, 자녀들의 심리사회적 욕구에 부응할 수 있는 다양한 서비스가 제공되어야 한다. 또한 한부모가족의 발생을 예방할 수 있도록 이혼단계에서의 사전적 개입, 미혼부모 발생 방지 등에 대한 대책도 요구된다.

(2) 노인단독가족

노인단독가족은 만 65세 이상의 노인이 자녀나 친척과 동거하지 않고 독신 또는 부부로 구성된 독립가구 형태로 생활하는 가족이다. 그 수는 산업화과 가족의 기능변화에 따라 계속 증가 추세에 있다. 노인단독가족은 노년기의 건강문제, 수입원의 제한으로 인한 경제적 문제, 가족과의 관계유지 문제, 여가와 사회생활의 문제 등에 대응해야 한다(최경석 외, 2003). 특히 부부가 같이 사는 형태보다도 독거노인의 상태로 생활해야 하는 경우에는 이러한 도전이 더 심각할 수 있으며, 사회적 고립으로 인한 일상생활의 유지 및 위기 대응에 어려움을 겪을 수 있다.

따라서 이들 가족에 대해서는 기본적 삶의 유지를 위한 경제적 지원뿐 아니라 건강서비스, 일상생활 및 정서적 지원, 사회적 지지체계 마련 등이 요구된다. 이렇듯 노인단독가족은 그 욕구가 복합적이고 지속적이기 때문에 지역 복지기관에서 그들에 대해 사례관리 차원에서 접근하는 경우가 많다.

(3) 재혼가족

재혼가족은 자녀가 있는 이혼부부가 재혼을 통해 새로운 가족을 이룬 경우를 의미한다. 최근 이혼율의 증가와 더불어 재혼가족도 증가하고 있는 추세다. 재혼가족은 계부모와 자녀의 관계 형성, 상호 새로운 역할 모색, 기존 부모와의 관계 설정 등의 과업을 수행해야 되는데 이 과정이 순조롭지 못할 경우 가족갈등을 경험하기 쉽다. 특히 재혼가족은 계부모에 대한 사회적 편견이나 고정관념으로 상처를 입는 경우도 있다(김영화 외, 2006). 따라서 이러한 재혼가족의 과업에 관련된 프로그램이나 지원서비스가 제공된다면 재혼가족의 시작과 기능을 강화하는 데에 도움이 될 것이다.

그동안 계부모가족은 자녀 입적문제와 성을 사용하는 문제로 어려움을 겪었으나 최근 민법의 개정으로 자녀의 성과 본을 새아버지의 것으로 바꾸는 것이 가능하게 되었다. 그 방법은 새아버지가 자녀를 친양자로 입양하거나 가정법원에 자녀의 '성과 본' 변경허가를 청구하는 것이다.

(4) 입양가족

그동안 혈연 중심의 한국사회에서는 국내입양보다 해외입양이 많았다. 그러나 최근에는 국내입양이 증가하여 입양가족도 늘고 있는 추세다. 입양은 양육이 불가능하거나 양육의사가 없는 친부모 대신 아동에게 영구적 대리보호를 제공하는 것으로서, 혈연에 의하지 않고 부모-자녀 관계를 맺는 과정이다. 따라서 입양은 입양아와 입양부모, 친부모, 확대가족까지 영향을 미치게 된다. 즉, 입양아동에게는 분리의 경험과 애착 형성의 과제가 주어진다. 그리고 입양부모는 새로운 상황에 대한 긴장감이나 부모역할에 대한 불안감을 경험하는 경우가 많으며, 친부모는 친권포기에 따르는 상실과 심리적 고통을 감당해야 한다(김현용 외, 2001).

따라서 입양과정에서는 입양 사실의 공개 여부를 현명하게 결정할 수 있도록 돕고, 입양이 성사된 이후에는 가족이 응집력을 강화하고 부모가 자녀의 발달단계에 맞는 특성과 양육방법을 습득할 수 있도록 돕는 서비스가 필요하다. 그리고 만약 입양아동에게 신체적, 정서적, 정신적으로 특별한 요구가 있는 경우에는 이에 대한 정보를 제공해야 하며, 그로 인한 파양 등 극단의 조치가 이뤄지지 않도록 예방적 접근을 해야 한다. 또한 자녀가 성장하면서 친부모를 찾고자 하는 욕구를 갖는 경우가 있으므로 이에 대한 협의와 적절한 사후관리도 필요하다.

6) 다문화가족

한국사회에서 기존의 국제결혼은 한국에 체류 중인 외국인 남성과 한국 여성의 결혼이 주를 이루었으나 그 비율은 매우 미미한 것이 사실이었다. 그러나 1990년대 이후 개발도상국 여성들과 한국 남성 간의 결혼이 증가하면서 다문화가족은 빠른 속도로 증가해 왔으며, 이러한 추세는 고령화 · 저출산의 사회적 흐름과 더불어 앞으로도 계속될 것으로 예상되고 있다.

그동안 다문화가족의 어려움은 주로 결혼이주여성을 중심으로 논의되어 왔는데, 여기에는 이질적인 문화에 적응하는 과정에서 겪는 심리적 어려움뿐 아니라 이용 가능한 지역사회자원의 부족, 지지망의 결여, 사회적 편견이나 차별 등이 작용하는 것으로 알려져 왔다. 특히 남편이 지나치게 가부장적이거나 폭력을 행하는 경우에는 결혼만족도가 저하되고 우울 증상과 정적 상관이 있는 것으로 보고되고 있다(김연수, 2007; 양옥경, 김연수, 2007). 또한 다문화가족의 자녀들 중에는 국어학습 기회나 사회적 교류의 제한으로 인해 학교생활 및 사회생활 적응에 어려움을 겪는 경우가 많은 것으로 나타나고 있다.

그러나 다문화가족이 경험하는 이러한 도전들은 단지 다문화라는 요소에서만 기인하는 것은 아니며, 여기에는 경제적 · 사회적 · 제도적 지원의 부족과 사회적 인식의 결여와 같은 많은 요인들이 영향을 미치고 있는 것이 사실이다. 따라서 다문화가족이 스스로 발전적인 가족 정체성 및 가족문화를 형성해 가는 과정에서 가족을 단위로 한 사회복지적 접근이 요구된다.

현재 사회복지관, 건강가정지원센터, 다문화가족센터 등을 통해 다문화가족들을 지원하는 다양한 서비스들이 제공되고 있다. 초기에는 한국어학습과 한국 문화 및 예절 익히기에 주력하는 양상이었으나 점차 다문화가족의 강점을 강화하고 자원을 연결하여 가족의 기능을 강화하는 방향으로 나아가고 있다.

다문화가족이 위기나 도전을 극복하고 성장할 수 있는 탄력성(resilience)을 강화하기 위한 실천 지침은 다음과 같다(최명민 외, 2009).

- 다문화가족의 역량을 강화할 수 있는 가족의 강점과 자원을 규명하고 동원하기
- 결혼이주여성이나 자녀와 같은 개인 중심 접근에서 다문화가족 전체 체계에 대한 접근으로 이동하기
- 다문화가족이 거주하는 지역사회에 기초한 유연하고 총체적인 서비스 제공하기
- 다문화가족의 형성기 및 자녀양육기 등 초기에 예방적인 개입에 초

점을 두며 지속적으로 서비스 제공하기

7) 다중 위기의 가족

만성적인 위기에 더하여 또 다른 도전이 더해질 때 가족은 다중 위기에 처한다. 실제 삶에서는 빈곤, 질병, 폭력, 중독, 관계 등의 문제가 동시 다발적으로 일어나며 공존하는 경우가 많다. 기존에는 이러한 가족을 매우 역기능적인 가족으로 규정하였으나, 강점 관점의 시각에서는 그들이 당면하는 위기를 그들의 책임으로만 돌리기보다는 자원의 결핍과 다양한 욕구의 개념에서 이해하고자 한다.

사실 이렇게 여러 가지 위기에 당면한 가족을 만나게 되면 실천가로서는 혼란과 막연함을 느끼기가 쉽다. 그러나 이러한 상황일수록 가족복지의 개입은 필수적이다. '가족탄력성 모델(family resilience model)' 은 특히 이러한 다중 위기의 가족에 대한 유용한 개입 지침을 제시해 준다(양옥경 외 역, 2002). 우선 다중 위기에 처한 가족을 이해하기 위해서는 그들이 경험하고 있는 구조적인 빈곤이나 차별과 더불어 여러 세대에 걸친 도전과 상처를 파악해야 한다. 더불어 위기에 가려진 가족의 강점과 가능성을 찾도록 노력해야 하며, 위기가 많을수록 결함보다는 자원을 찾고자 노력해야 한다. 특히 여러 가지 문제들이 중복되어 있는 만큼 문제가 없는 영역은 어디인지를 확인하고 그에 의미를 부여하며 그 영역을 유지 및 확장하도록 개입하는 것이 필요하다. 다중 위기에 처한 가족은 가족 내부의 개입만으로는 한계가 있기 때문에 지역사회 자원을 적극적으로 동원하고 연결하는 총체적인 서비스가 이뤄져야 한다. 그동안 좌절과 실패를 경험해 온 가족이 작은 과업이라도 협력하여 성공하는 경험을 할 수 있도록 해야 하며, 이를 통해 배우고 성장할 수 있는 기회를 제공해야 한다. 따라서 다중 위기에 처한 가족을 돕는 사회복지사는 매우 적극적이면서도 가족과 협력하는 자세를 갖춰야 한다. 마지막으로 그들이 당면한 위기에는 위기개입이 필요하지만 사후적인 접근에만 머물러서는 안 되며, 체계적인 시각을 갖고 또 다른 위기를 방지할 수 있는 예방적 접근도 염두에 두어야 한다.

연습문제

1. 현대사회의 가족의 문제나 욕구 중 자신과 자신의 가족이 경험하고 있는 것이 있는지 생각해 보자.

2. '1'에 해당되는 문제나 욕구가 어떤 가족 제도나 서비스를 통해 해결될 수 있는지 알아보자.

3. 우리 사회에서 다양한 비정형 가족들에 대해 어떤 이미지가 형성되어 있는지 생각해 보고, 사회복지사로서 갖춰야 할 관점을 정리해 보자.

4. 아동, 청소년, 노인 여성 등 가족구성원에 대한 복지가 존재하는데도 가족복지라는 영역이 필요한 이유를 설명해 보자.

참고문헌

김미옥(2003). 장애인복지실천론. 서울: 나남출판.

김연수(2007). 서울지역 여성결혼이민자의 결혼행복감에 관한 연구. 한국가족복지학, 21, 217-252.

김영화, 이진숙, 이옥희(2006). 성인지적 가족복지론. 파주: 양서원.

김인숙(2007). 가족정책의 개념과 범주: 가족복지의 정책과 실천(pp. 30-42). 고양: 공동체.

김인숙, 정재훈, 윤홍식(2004). 가족정책의 성인지적 관점 강화 방안 연구. 서울: 보건복지부.

김승권, 양옥경, 조예지, 김유경, 박새경, 김미희(2004). 다양한 가족의 출현과 사회적 지원체계 구축방안. 서울: 한국보건사회연구원.

김현용, 윤현숙, 노혜련, 김연옥, 이배근(2001). 현대사회와 아동: 아동복지의 시각에서. 서울: 소화.

김혜란, 홍선미, 공계순(2006). 사회복지실천기술론. 파주: 나남출판.

배태순, 최명민, 김영미 역(2007). 전문사회복지실천기술(Lambert Maguire 저). 서울: 시그마프레스.

양옥경(2005). 가족과 사회복지. 서울: 이화여자대학교출판부.

양옥경, 김미옥, 최명민 공역(2002). 가족과 레질리언스(Froma Walsh 저). 서울: 나남출판.

양옥경, 김연수(2007). 서울거주 여성결혼이민자의 우울에 영향을 미치는 요인 연구. 정신보건과사회사업, 26, 79-110.

조홍식, 김인숙, 김혜란, 김혜련, 신은주(2006). 가족복지학. 서울: 학지사.

최경석, 김양희, 김성천, 김진희, 박정윤, 윤정향(2003). 한국 가족복지의 이해. 서울: 인간과복지.

최명민, 이기영, 최현미, 김정진(2009). 문화적 다양성과 사회복지. 서울: 학지사.

최명민, 이선혜(2007). 가족지원서비스의 전담인력의 자격. 가족복지의 정책과 실천(pp. 287-314). 고양: 공동체.

한국여성복지연구회(2005). 가족복지론. 서울: 청목출판사.

Chen, F., & Greenberg, J. S. (2004). A positive aspect of caregiving: The influence of social support on caregiving gains for family members of relatives with schizophrenia. *Community Mental Health Journal*, *40*(5), 423-435.

Collins, D., Jordan, C., & Colman, H. (1999). *An introduction to family social work*. Belmont: Brooks/Cole.

Esping-Anderson, G. (1999). *Social foundation of postindustrial economies*. London: Oxford Press.

Holstein, A. J., & Gubrium, J. (1999). What is family? Further thoughts on a social constructionist approach. *Marriage and Family Review*, *28*(3), 3-20.

Hudak, J., Krestan, A. J., & Bepko, C. (1999). Alcohol problems and the family life cycle. B. Carter & M. McGoldrick (Eds.), *The Expended Family Life Cycle* (pp. 455-469). Boston: Allyn & Bacon.

Kamermman, S. B., & Kahn, A. J. (1978). *Family Policy: Government and Families in 14 Countries*. New York: Columbia University Press.

McGoldrick, M., Ann, M., & Potenza, M. (1999). Violence and the family life cycle. In B. Carter & M. McGoldrick (Eds.), *The expended family life cycle* (pp. 470-491). Boston: Allyn & Bacon.

Schwartz, C. (2003). Parents of children with chronic disabilities: The gratification of caregiving. *Families in Society, 84* (4), 576-584.

11 의료 및 정신보건 사회복지

신체 및 정신 건강에 대한 생리심리사회적 관점(bio-psycho-social perspective)의 중요성이 부각되면서 의료 및 정신보건 사회복지의 필요성이 증가되었다. 한국에서 의료 및 정신보건 사회복지 분야는 병원을 중심으로 임상사회복지서비스를 제공하면서 일찍이 전문적인 사회복지실천이 발전해 온 분야다. 특히 1995년 정신보건법이 통과되면서 정신보건사회복지사 자격제도가 시작되고 정신보건사회복지사 수련과정이 운영되고 있으며, 의료사회복지 분야는 2009년도부터 대한의료사회복지사협회의 주관으로 의료사회복지사 수련제도가 실시되어 양 분야가 모두 엄격한 자격관리를 실시하고 있다. 현대사회에서 점점 증가하고 있는 신체 · 심리적 건강의 예방, 치료, 재활에 대한 욕구에 대응할 수 있는 사회복지서비스의 전문성을 확보하고 앞으로 발생하는 새로운 욕구에 부응할 수 있는 전문적이고 세분화된 실천이 필요한 시기다. 이 장에서는 의료 및 정신보건 사회복지의 특성과 기능, 사회복지사의 구체적 역할과 직무, 자격제도, 앞으로의 전망과 과제를 중심으로 살펴볼 것이다.

1. 건강과 사회복지

WHO는 건강이란 단순히 질병이나 허약의 부재 상태를 말하는 것이 아니고, 신체적 · 정신적 · 사회적 · 영적 안녕이 완전한 상태라고 정의한다. 현대사회는 건강을 해칠 수 있는 많은 위험요인들이 산재해 있으며 개개인이 질병을 경험할 경우에 수반되는 어려움들은 개인의 심리사회적 문제와 적응, 정서적 어려움, 직업의 문제뿐만 아니라 가족문제, 대인관계 문제 등 다양한 방면의 문제들을 포함하게 된다. 질병을 유발하는 요인 또한 다양하여 그 원인에 따라 생의학적 모델, 사회문화적 모델, 심리 스트레스 모델 등의 다양한 질병 모델이 존재하며, 최근에는 전통적인 생의학적 모델에 대한 반성과 심리사회적 접근을 조화시키고자 하는 움직임으로 생리심리사회적 모델(bio-psycho-social model)을 주장하는 통합적 접근이 우세하다. 즉, 건강이나 질병은 어떤 한 가지 요인으로 설명할 수 없는 여러 가지 요인들의 복합적인 결과의 산물이며, 따라서 건강을 증진하고 예방하며 질병을 치료하고 재활하는 과정 또한 단순한 요인에 의존하기보다는 통합적이고 다각적인 시각을 반영한 생리심리사회적 모델의 입장에서 접근할 때 더욱 효과적이 될 수 있다. 이러한 측면에서 볼 때, 질병과 건강의 영역에서 전문적인 치료, 예방, 재활 서비스의 제공을 위해서는 심리사회적인 요소를 강조하는 사회복지실천 접근방법의 중요성이 증가하고 있다.

의사인 캐봇(Cabot, 1908; 김규수, 2005 재인용) 박사는 의료에서 사회환경의 개선에 대한 필요성이 인식되기는 하나 의료의 기계화와 의학 및 전문화로 환자를 국부적으로 세분화해서 취급하려는 경향에 대하여 경고하였다. 그는 의사들이 질병에 관해서는 잘 알지만 질병을 갖게 된 인간에 대해서는 거의 알 수 없음을 경고하고, 의료에 있어서 사회복지활동의 필요성을 지적하였다. 19세기 초기부터 영국, 미국 등 서구에서는 입원 및 퇴원 환자들을 대상으로 질병의 치료와 회복을 방해하는 그들의 가족 및 사회 환경을 조사하고 개선하고자 하는 사회복지실천이 이루어져 오늘날 의료 및 정신보건 사회복지의 원조활동이 되었다. 이 장에서는 의료사회복지와 정신보건사회복지의 개념, 이 분야에서 사회복지사의 역할과 직무, 자격제도를 중심으로 살펴보겠다.

2. 의료사회복지의 개념

의료사회복지를 정의하기에 앞서 미국사회복지사협회가 제시한 의료사회복지의 다섯 가지 실천목표를 살펴보면 다음과 같다(Cowles, 2003; 한인영 외, 2006 재인용).

- 신체적이고 심리사회적인 안녕감을 유지하고 증진하는 것
- 단기와 장기 보호서비스로부터 최대한의 이익을 보장하기 위해 필요한 여건을 증진하는 것
- 신체적 또는 정신적 질병을 예방하는 것
- 질병이나 장애의 사회적 측면과 정서적 영향에 관심을 갖고 신체적 · 심리사회적인 기능을 강화하고 증진시키는 것
- 의료환경의 관련자들 간에 빈번하게 갈등을 겪는 가치 입장차에 대해 윤리적 반응을 증진하는 것

의료사회복지의 개념은 기술적, 정책적 개념으로 나누어 정의할 수 있다. 먼저 기술적 개념에서 프리드랜더(Friedlander, 1968)는 의료사회복지란 사회복지의 전문화된 한 분야로 환자가 가능한 한 보건서비스를 가장

효과적으로 활용할 수 있도록 하기 위해 병원, 진료소 혹은 기타의 의료기관에서 실시되는 개별사회복지 또는 집단사회복지의 실천을 포함하며, 환자의 질병과 치료에 영향을 주는 사회적 · 정서적 문제를 다루는 원조에 강조점을 둔다고 하였다. 학자들마다 다양한 개념을 제시하고 있지만, 공통적인 개념은 의료사회복지란 의료기관에서 치료팀의 일원으로서 사회복지의 전문적인 방법을 활용하여 환자의 심리적, 사회적 및 경제적 문제가 질병의 치료나 회복에 악순환을 주지 않도록 문제를 해결하거나 조정하여 환자 및 그 가족을 돕는 전문적인 활동이라고 할 수 있다.

또한 정책적 개념에서 의료사회복지는 질병의 예방과 건강 증진 및 향상을 목적으로 보건 및 의료 영역에서의 사회복지조사, 사회복지 정책 및 행정 등의 방법을 통하여 보건의료의 욕구 측정과 의료서비스의 전달체계의 평가와 개선을 용이하게 하고 의료보호의 확대와 질적 향상에 기여하는 사회복지의 한 과정이라고 볼 수 있다(김규수, 2004).

3. 의료사회복지사의 역할과 직무

의료사회복지사의 역할과 기능을 이해하기 위하여 의료사회복지의 주된 실천 대상과 의료사회복지사의 직무를 중심으로 살펴본다.

1) 의료사회복지의 대상

의료사회복지실천의 대상은 질병을 경험하고 있는 환자와 그 가족들이다.

질환(disease)은 의학적으로 규정된 생리적, 생물학적 건강이상 상태인 반면, 질병(illness)은 질환의 사회심리적 의미, 환자가 주관적으로 느끼는

병의 경험, 전문직을 포함한 주변집단의 사회적 평가와 반응을 지칭하는 개념이다(문창진, 1990; 윤현숙 외, 2001 재인용). 즉, 질병은 매우 주관적인 개념으로 질환이 없는 상태에서 질병을 경험하기도 하며, 질환은 생물학적 개념이지만 질병은 심리사회적인 개념이며 환자나 가족에게 주는 문화적 불편이나 고통의 의미를 포함한다(Germain, 1984; 윤현숙 외, 2001 재인용). 질환은 그 조건에 따라 급성질환과 만성질환으로 구분되기도 하는데, 만성질환은 특히 현대사회에 들어서면서 의료 분야의 주된 특징으로 나타나고 있다. 만성질환은 그 특성이 장기적이고, 예후가 불확실하며, 증상에 의한 통증 완화에 많은 노력이 필요하고, 합병증이 발생하기 쉬워 환자의 일상생활이 지장을 받을 가능성이 높다. 또한 다양한 보조적 서비스가 필요하고 경제적인 비용이 높은 등의 특성으로 인해 환자의 사회적 기능에 많은 지장을 초래하며, 장애를 초래할 가능성이 높아 의료사회복지사의 주된 개입 대상 중의 하나가 되어 왔다.

질병이 가지는 심리사회적 특성으로 인해 의료사회복지사는 질병, 장애, 외상의 신체적 특징뿐만 아니라 질병으로 인한 환자의 반응 양식과 행동, 질병에 영향을 미치는 사회문화적 태도 및 기타 변수들에 대한 이해, 각 임상과별 특수질환에 대한 이해 등에 대한 지식을 갖추어야 한다.

따라서 의료사회복지사의 주된 개입 대상은 임상과별 질환과 그에 따른 환자와 가족의 태도와 행동, 사회적 기능, 그리고 질환을 유발하는 환자와 가족의 심리사회적 요소들이다. 이를 간단히 살펴보면 다음과 같다.

(1) 일반적인 환자의 심리적 반응

환자의 질병에 대한 대처 및 반응 양식은 환자의 병전 성격이나 경험에 의해 결정되는 경우가 많다. 일반적으로 많이 나타나는 환자의 반응 유형으로는 심계병적 경향, 불안과 공포의 반응, 의혹성을 갖는 경우, 부정, 피암시성, 애정 욕구와 퇴행현상, 공격성 현상 등이 있다. 의료사회복지사는 환자의 심리적 문제가 어떤 의미가 있으며 그것이 치료와 어떤 관련이 있는지를 사정하고, 심리적 문제가 치료에 방해요소로 작용하지 않도록 개입계획을 세우며, 치료진에게 심리적 문제를 전달함으로써 환자의 전체적인 치료와 재활에 고려할 수 있도록 개입한다.

(2) 만성환자의 심리적 문제

만성 류마티스성 관절염, 고혈압, 당뇨병, 동맥경화, 만성신부전, 심장질환 등의 만성질환은 환자의 정상적인 일상생활을 제한하게 된다. 만성질환이라는 사실을 받아들이면서 환자는 우울, 부정, 무기력, 분노, 자기연민 등의 심리적인 혼란을 겪게 되며, 일상생활의 재구성이 필요하게 된다. 의료사회복지사는 만성질환을 가진 환자의 심리적인 문제를 파악하여 환자가 질환을 수용하도록 원조하며, 의료팀원들을 이해시키고 환자와 의료팀 간의 관계를 중재한다. 또한 만성질환으로 인해 퇴원 후 필요하게 될 다양한 지역사회자원에 대한 정보 제공을 통하여 환자의 재활을 원조한다.

(3) 가족의 심리적 반응

가족은 환자의 치료와 재활과정에서 가장 중요한 지지의 근원이며 자원이다. 그러나 환자의 질환에 대한 가족의 역기능적 태도나 반응은 환자의 치료과정에 방해요소로 작용할 수 있다. 따라서 의료사회복지사가 가족의 일반적인 심리적 반응의 기제를 이해하고 그에 맞는 개입을 할 수 있을 때, 가족은 환자의 중요한 자원과 지지원으로서 기능할 수 있다.

가족이 일반적으로 환자의 질환에 대해 갖는 반응은 대부분 다음의 단계를 거친다. 즉, 충격과 부정, 불안과 공포, 죄책감과 책임감, 분노, 우울, 수용이다(김규수, 2004 재인용). 공통적으로 가족들은 환자의 질환을 수용하기까지 여러 단계를 거치는 것이 일반적이며, 의료사회복지사는 가족들의 심리적인 상태가 어떤 단계인지를 사정함으로써 가족이 환자의 질환을 수용하여 긍정적인 자원으로 작용하도록 개입할 수 있다. 또한 가족의 심리적 반응은 가족이 가족생활주기의 어떤 단계에 속한 가족인지, 환자가 병전에 가족 내에서 어떤 역할을 했는지, 질환의 성격이 어떠한지 등에 많은 영향을 받게 된다. 그러므로 의료사회복지사가 가족이 처한 다양한 심리사회적 특성과 환자의 질병의 특성을 정확히 사정하는 것은 개입의 방향에 매우 중요하다.

(4) 환자와 가족의 사회경제적 문제

질환이 발생하면 환자 자신뿐만 아니라 가족은 여러 가지 사회경제적 문제를 경험하게 된다. 우선 환자는 질환으로 인해 직업을 잃을 수도 있고, 직업을 바꾸어야 할 수도 있으며, 특정한 작업환경은 더 이상 불가능할 수도 있다. 가족 또한 환자를 돌보는 역할을 수행해야 하기에 직업을 포기해야 할 수도 있다.

둘째, 환자가 퇴원하거나 치료를 마치게 되면 다시 가정, 직장, 지역사회 등에서 인간관계를 시작해야 하지만, 심리적인 부적응이 야기될 경우 다양한 인간관계가 또 다른 장애요인이 될 수 있다.

셋째, 환자가 복귀해야 하는 주거환경이 질병의 치료에 방해가 되는 조건이거나 개선해야 하는 상황이라면 환자와 가족은 또 다른 어려움에 처할 수 있다.

넷째, 경제적 문제는 치료가 시작되었을 때부터 주된 문제가 되며, 치료가 장기적으로 지속될 경우나 주 수입원을 담당하던 가족원이 환자나 주된 보호자의 역할을 취하게 될 경우엔 더욱 악화되는 경향이 있다. 최근의 사회공헌 및 기부 문화에 대한 활성화는 의료사회복지사가 다양한 지역사회자원을 연계하고 정보를 제공하며 환자와 가족의 경제적 어려움을 원조하는 데 매우 큰 힘이 되고 있다.

이상 살펴본 바와 같이, 의료사회복지실천의 대상은 질병을 둘러싼 환자와 가족의 심리사회적 고통과 대처방식 및 질병으로 인해 그들의 삶의 질에 영향을 미치는 모든 요인들이라고 할 수 있다.

2) 의료사회복지의 기능과 역할

의료사회복지의 주된 기능과 역할은 다음과 같다.

(1) 환자와 가족에게 직접적 서비스를 제공한다

의료사회복지사는 환자의 치료와 재활을 위한 정보를 수집하고, 그들의 심리사회적 문제를 사정하여 환자와 가족의 심리적·사회적·경제적 문제를 해결하도록 원조한다. 의료사회복지사는 개인, 집단, 가족을 대상으로 한 사회복지실천방법을 활용하며, 환자와 가족은 질환의 치료와 재활에 방해가 되는 장애요인들을 극복하고 문제를 해결하거나 완화할 수 있는 치료적인 역할을 제공받는다. 이러한 기능을 실행하기 위하여 의료사회복지사는 심리사회적 치료자의 역할을 한다.

(2) 환자와 가족에게 자원을 연계한다

의료사회복지사는 환자의 치료와 재활을 위하여 병원 내의 인적·물적 자원들을 동원하고 조직하며, 퇴원 후 지역사회의 다양한 공적·사적 자원들을 동원하고 조직하는 자원동원가의 역할을 수행한다. 의료사회복지사는 입원 시부터 시작되는 환자와 가족의 퇴원계획과 지속적인 심리사회적 사정을 바탕으로 환자와 가족에게 필요한 인적·물적 자원을 연계하고 정보를 제공한다. 그리고 치료뿐 아니라 재활과정에 필요한 정보를 제공하고 필요한 자원을 연계함으로써 환자의 재활과정을 원조한다. 의료사회복지사는 의료기관 내에서 지역사회와 연계하여 실천하는 유일한 전문직이라고 할 수 있다.

(3) 의료팀의 일원으로서 환자의 치료와 재활을 위하여 다학제 간 전문직들과 협력하여 일하며 병원 내의 프로그램 계획에 참여한다

의료사회복지사는 환자의 질환의 심리사회적인 요소를 사정·개입하는데 사회복지 전문지식과 기술을 활용한다. 의료사회복지사는 의료팀의 종합적인 서비스를 조정하고 협력함으로써 환자와 가족에게 필요한 다양한 서비스가 제공될 수 있도록 서비스 조정자의 역할을 수행한다. 또한 의료팀 안에서 다양한 의견과 갈등을 중재하고 조정하는 역할을 수행한다. 의료사회복지사의 대인관계에 대한 전문성은 의료팀 내에서의 서비스 조정과 중재뿐 아니라 병원 전체의 프로그램을 조정하고 계획하는 역할을 수행하도록 한다.

(4) 의료제도 안에서의 프로그램 계획과 정책 형성과정에 참여한다

의료사회복지사는 의료제도 내의 프로그램 기획 및 정책 형성과정에 영향력을 행사하는 기획 및 정책 입안자로서의 역할을 수행한다. 필요시엔 환자와 가족의 권익을 위하여 행동하는 옹호자로서의 역할을 수행함으로써 정책 형성과정에 영향력을 행사하기도 한다.

(5) 지역사회 내에서 보건의료 및 예방 사업을 계획, 조직 및 실행한다

질병의 심리사회적인 요소와 지역사회의 특성에 대한 전문지식과 경험을 바탕으로, 의료사회복지사는 각 지역사회에 필요한 보건사업을 계획하고 실행한다.

(6) 전문인력에 대한 교육 프로그램에 참여한다

의료사회복지사는 병원 내의 다양한 의료 관련 전문직을 대상으로 질병의 심리사회적인 요소에 대한 개입의 필요성과 의료사회복지사의 역할에 관하여 교육함으로써 의료팀원의 이해와 협력을 증가시킨다. 또한 병원에 따라서 실습생 및 수련전문가들을 대상으로 한 교육 및 슈퍼비전에 관여하며, 사회복지 실습생 및 수련생들을 지도 · 감독한다.

(7) 의료 분야의 다양한 조사연구에 참여하여 지역주민의 건강 증진과 치료, 예방에 기여한다

의료사회복지사는 질병의 예방, 치료, 재활, 건강 증진 등 의료 분야의 다양한 영역에서 심리사회적인 전문지식을 바탕으로 조사연구에 참여하여 연구자로서의 역할을 수행한다. 그리고 연구자로서 질병에 대한 생리심리사회 모델을 적극 적용하는 역할을 수행한다.

3) 의료사회복지사의 직무체계

의료사회복지사가 현재 수행하고 있는 표준화된 직무연구결과(김기환 외, 1997)에 의하면 의료사회복지사의 직무는 크게 임상, 행정, 교육 및 연구조사의 세 차원으로 나누어진다. 세 차원은 다시 심리사회정신적 문제해결, 경제적 문제 해결, 지역사회자원 연결, 사회복귀 및 재활, 타 전문직과의 협력과정, 사회사업행정, 교육 및 연구 · 조사 등의 차원으로 구성되어 있다. 의료사회복지사가 수행하고 있는 직무체계를 구체적으로 살펴보면 〈표 11-1〉과 같다.

〈표 11-1〉 의료사회복지사의 직무

<table>
<tr><th>직무 차원</th><th>직무 하위 차원</th><th colspan="2">직무 내용</th></tr>
<tr><td rowspan="25">사회복지 임상</td><td rowspan="9">심리사회 정신적 문제 해결 직무 차원</td><td>1</td><td>심리사회적 문제의 원인 조사 및 사정</td></tr>
<tr><td>2</td><td>치료계획에 의한 환자의 개별치료</td></tr>
<tr><td>3</td><td>내원객의 욕구에 의한 환자의 개별상담</td></tr>
<tr><td>4</td><td>치료계획에 의한 환자의 가족치료</td></tr>
<tr><td>5</td><td>내원객의 요구에 의한 환자의 가족상담</td></tr>
<tr><td>6</td><td>집단치료</td></tr>
<tr><td>7</td><td>집단활동 지도</td></tr>
<tr><td>8</td><td>환자와 환자 가족의 교육</td></tr>
<tr><td>9</td><td>환자와 환자 가족에게 질병에 관한 정보 제공</td></tr>
<tr><td rowspan="3">경제적 문제 해결 직무 차원</td><td>10</td><td>사회보장 및 법적 제도에 대한 정보 제공과 지원</td></tr>
<tr><td>11</td><td>병원의 자원을 이용한 진료비 지원</td></tr>
<tr><td>12</td><td>후원자, 후원단체 연결을 통한 병원 외부 자원과의 연결</td></tr>
<tr><td rowspan="3">지역사회 자원 연결 직무 차원</td><td>13</td><td>지역사회의 새로운 자원 개발 및 정보망 조성</td></tr>
<tr><td>14</td><td>수집된 기존 지역사회의 자원체계에 대한 정보 제공</td></tr>
<tr><td>15</td><td>지역사회자원과의 연결</td></tr>
<tr><td rowspan="5">사회복귀 및 재활 문제 해결 직무 차원</td><td>16</td><td>퇴원계획 상담</td></tr>
<tr><td>17</td><td>추가치료 및 자가치료 지원(가정방문, 외래상담 등)</td></tr>
<tr><td>18</td><td>직업재활 상담지도</td></tr>
<tr><td>19</td><td>회복상태 및 사회적응도 평가</td></tr>
<tr><td>20</td><td>사회생활 훈련 · 지도</td></tr>
<tr><td rowspan="5">팀 접근 직무 차원</td><td>21</td><td>회진참여</td></tr>
<tr><td>22</td><td>타 부서와의 사례회의</td></tr>
<tr><td>23</td><td>병원경영에 어려움을 줄 수 있는 고위험 환자의 조기 발견</td></tr>
<tr><td>24</td><td>질병에 의한 고위험 환자의 조기 발견</td></tr>
<tr><td>25</td><td>사례분석 평가</td></tr>
</table>

〈계속〉

행정	사회복지 부서의 순수행정 직무 차원	26	보고서 및 업무일지의 기록
		27	사회복지 부서의 운영에 관한 회의
		28	부서 직원의 지휘 및 감독
		29	병원(기관)의 행정 및 경영에 관계된 회의
교육 및 연구 · 조사	교육 및 연구 · 조사 직무 차원	30	실습생 지도
		31	신규직원 교육
		32	전문성 제고를 위한 교육참여(임상연구 회의, 저널클럽)
		33	의료사회복지 연구 및 조사 활동

출처: 한인영 외(2006).

4. 의료사회복지사의 자격제도, 전망과 과제

의료사회복지 분야는 다양한 임상 전문직들과 팀 협력을 하는 병원의 특성상 사회복지 발달의 역사 초기부터 임상사회복지서비스를 제공해 왔던 분야다. 전통적으로 의료 영역의 사회복지사들은 개인, 가족, 집단을 대상으로 한 직접적 서비스를 제공하는 역할을 주로 하였고, 대상 클라이언트는 영아기부터 노년기까지 생애주기에 의한 전 발달단계에 걸쳐 있다. 의료사회복지사가 원조하는 클라이언트의 문제 유형은 질병의 치료와 재활에 장애요인이 되는 심리사회적 문제로서, 환자와 가족의 정신건강 문제, 학대, 중독, 대인관계 문제, 실업, 부부갈등, 가족관계, 학교폭력, 입양, 경제적 어려움, 장애, 다문화, 인권 등에 이르기까지 매우 광범위하다.

1) 의료사회복지사 자격제도

국가공인 자격제도는 아직 시작되지 않았으나, 2009년도부터 대한의료사회복지사협회의 주관으로 의료사회복지사를 양성하는 수련제도가 실시되어 전국의 수련 지정병원에서 수련과정이 운영되고 있다. 의료사회복지사수련제도는 대한의료사회복지사협회에서 수료증을 발급하는 자격제도로서, 수련자격은 사회복지학을 전공한 학사 이상인 자로 사회복지사 1급 자격증 소지자다. 수련내용은 40시간 이상의 이론교육과 960시간 이상의 임상수련으로 이루어진다. 의료사회복지사 수련슈퍼바이저의 자격은 의료사회복지사 자격증을 소지하고 사회복지학을 전공한 학사 이상의 소지자로서 학사일 경우 임상 경력 5년 이상, 석사일 경우 임상 경력 3년 이상이다. 수련기관은 사회복지 부서가 독립으로 편재되어 있어야 하며, 임상의료사회복지 활동이 임상과와의 협진체계에 의해 실시되고 있는 의료기관이어야 하고, 대한의료사회복지사협회에서 인정하는 수련슈퍼바이저가 상근하고 있는 기관이어야 한다(대한의료사회복지사협회, 2008).

2) 의료사회복지의 전망

모든 영역에서 다원화, 전문화, 세분화되어 가고 있는 현 추세에서 의료서비스의 현장 또한 매우 빠른 속도로 변하고 있다. 이에 여기에서는 의료서비스의 현장의 변화와 다원화 사회의 도래, 사회복지개입 영역의 세분화 및 전문화 등의 여러 가지 요인들을 고려함으로써 의료사회복지서비스가 나아가야 할 방향을 예측해 보고자 한다.

(1) 의료서비스의 변화(Cowles, 2003; 한인영 외, 2006 재인용)

① 급성질환에서 만성질환으로의 변화: 만성질환의 증가에 따라 단기적 치료 중심의 실천에서 장기적인 보호관리 중심의 실천으로 변화함.

② 팀접근의 강조: 정신 · 신체질환에 대한 생리심리사회적 접근의 증가로 팀접근이 대두됨. 전문직 간의 협력과 조정이 강조됨.

③ 사례관리 중심의 실천: 만성적이고 복합적인 질환의 증가로 환자에 대한 임상사회복지서비스와 함께 정확한 사정과 서비스 및 자원을 연계하고 조정하는 역할이 강조됨.

④ 특정 집단 중심의 실천: 특정 인구집단뿐만 아니라 특정 건강 관련 문제를 가진 집단의 증가로 특정 문제와 대상, 개입에 대한 전문적 지식과 기술을 가진 전문가가 요구됨.

⑤ 의료보장 등에 대한 정보 제공의 필요성 증가: 질병의 치료, 재활, 예방과 관련된 급변하는 제도와 자원들에 대한 정보의 확보가 요구됨.

⑥ 신체적 건강손상을 가져오는 심리적 문제의 증가: 우울증, 자살 및 타살, 가정폭력, 아동학대, 섭식장애, 알코올 및 약물남용, 성격장애, 교통사고, 신체화증상 등과 같은 문제들이 증가함.

⑦ 건강관리 결정에 대중의 참여 증가: 개인의 건강관리에 대한 관심이 증가됨. 인터넷의 발달로 각 개인의 정보에 대한 접근성이 증가함.

⑧ 외래와 지역사회 중심의 의료서비스 증대: 입원을 중심으로 한 서비스보다 외래를 중심으로 한 치료가 증가하고, 지역사회기관을 중심으로 한 환자와 가족의 지지 및 자조모임, 방문가정서비스의 증가, 호스피스 서비스, 만성정신장애인, 신체장애인, 노인 등을 대상으로 한 사례관리서비스의 증가, 그룹홈 및 보조생활시설이 증가함.

⑨ 질병예방과 지역사회건강증진의 중요성 증대: 질병의 치료와 재활 못지않게 지역사회주민 전체를 대상으로 한 예방 서비스가 강조됨. 지역사회기관뿐 아니라 의료기관 내에서도 지역사회주민을 대상으로 한 예방교육 및 건강증진사업이 중요해짐.

(2) 의료현장의 다양화

아직까지 한국의 의료사회복지의 활동은 대학병원을 중심으로 한 대형병원 중심으로 이루어지고 있는 한계가 있다. 앞서 살펴 본 의료현장의 변화에 맞추어 의료사회복지서비스 또한 지역사회로 확대되어야 할 필요가 있다. 사회복지기관 및 사회복지사들은 복지관, 요양원, 호스피스 기관, 중간시설 등 다양한 지역사회기관에서 질병의 예방, 치료, 재활을 중심으로 한 의료사회복지서비스가 제공될 수 있도록 대비하여야겠다.

(3) 개입 영역의 확대 및 전문화

전통적으로 의료사회복지실천은 병원을 중심으로 일반의료, 재활의료, 정신의료의 세 영역으로 구분되어 서비스가 제공되어 왔다. 최근에는 보다 질환 및 특정 대상 중심으로 개입이 이루어지고 있다. 이러한 추세는 앞으로도 더욱 강화될 것이므로 특정 질환 및 대상에 대한 의료사회복지사의 지식과 개입 기술의 전문화가 요구된다(한인영 외, 2006). 현대사회에서 겪게 되는 대부분의 건강문제는 심리사회적 요인에 기인하는 경우가 많으므로 사회복지사의 개입 영역이 더욱 확대되고 있는 추세다. 또한 최근 만성질환의 증가로 인하여 환자나 가족이 장기적으로 관리할 수 있는 능력을 강화시키는 자조집단의 조직과 활용의 중요성이 부각되고 있고, 환자들이 지닌 강점과 자원을 활용할 수 있도록 하는 강점관점 접근이 강조되고 있다.

3) 의료사회복지의 향후 과제

이상에서 논의된 의료사회복지실천 현장의 변화에 대응하고 사회복지 전문직의 다원화, 세분화 등의 흐름에 따라 요구되는 의료사회복지사의 향후 과제는 다음과 같이 제시해 볼 수 있다.

- 의료사회복지사가 갖추어야 할 기본 지식과 기술이 현장의 욕구에 대응하여 강화되어야 한다. 즉, 심리사회적 사정 및 평가 기술, 특정

질환이나 대상에 대한 지식, 효과성이 증명된 개입 모델에 대한 지식과 기술, 팀접근에 필요한 갈등조정 및 의사소통기술, 권익옹호 기술, 경제적 지원을 위한 모금활동, 다양한 지역사회자원 확보 및 동원 기술 등을 더욱 강화할 필요가 있다.

- 사회복지 현장에서도 강조되고 있듯이 증거기반 실천을 하기 위하여 의료사회복지실천 현장에서 의료사회복지실천서비스에 대한 효과성을 입증하고 발전시키기 위한 연구 능력이 강화되어야 한다.
- 슈퍼비전제도가 강화되어야 한다. 현재 진행되고 있는 수련제도뿐만 아니라 직원에 대한 엄격한 슈퍼비전이 제도화되어야 한다. 병원에 따라서 혼자 근무하는 의료사회복지사를 위해서는 동료 슈퍼비전이나 다양한 연구모임들의 활성화를 통해서 의료사회복지사들의 실천역량을 평가하고 강화시켜 나갈 수 있는 방안들이 이루어져야 한다.
- 병원 이외의 다양한 지역사회기관에서 의료사회복지실천 모델들의 적용과 실천이 활성화되어야 한다. 이를 위하여 의료사회복지사들은 다양한 지역사회 유관기관들과의 연계와 네트워킹을 활성화하여 병원 밖의 다양한 전문직과의 팀 협력을 이루어야 할 것이다.

5. 정신보건사회복지의 개념

1) 정 의

정신보건사회복지는 정신보건에 관한 사회복지적 개입을 말하며 다양한 활동들이 포함된다. 즉, 정신장애를 예방하며 정신장애에 노출되지 않고 정신건강을 증진하는 1차적 활동과 정신장애인이 그들의 증상을 완화하고 조절하여 그 상태를 유지하는 치료와 보호의 2차적 활동이 있다. 마지막으로 정신장애의 증상 조절 및 유지와 더불어 발병 이전의 정상적인 생활에 가깝도록 돕는 재활과 사회복귀의 3차적 활동이 있다(양옥경, 2006).

2) 정신보건사회복지의 대상

이상의 정의에서 정신보건사회복지의 대상은 이미 정신장애에 노출된 정신장애인뿐만 아니라 정신장애를 예방하고 정신건강을 증진하는 일반인 전체가 됨을 알 수 있다. 따라서 정신보건사회복지의 개입 내용은 정신건강 증진, 정신장애인 증상 완화 및 정신건강 회복, 정신장애인 재활 및 사회복귀 등과 상담, 치료, 자원연결, 자원개발, 사례관리 등이다. 정신보건의 실천의 장은 다양하다. 정신보건법에서 정의하는 다양한 정신보건시설[1]을 비롯하여 지역사회에 있는 정신보건 관련 시설들에서 사회복지사들이 전문가로서의 개입을 제공할 수 있다면 정신보건사회복지실천의 장이라 할 수 있으니, 지역사회 전체가 모두 정신보건사회복지실천의 장인 셈이다(양옥경, 2006).

3) 정신보건사회복지 전문인력

우리나라 최초의 정신의료사회복지는 1945년 대한신경정신의학회가 조직되면서 사회복지사가 최초로 정신과 의사, 심리학자와 함께 청소년 문제에 관여하게 된 데서 비롯되었다(김규수, 2005). 이후 사회복지사들은 정신과 의사들이 미처 개입하지 못한 부분인 환자의 개인력 조사 및 가족상담, 가정방문 등을 실천하였고, 이후 꾸준히 종합병원 정신과 및 정신

---

1) 정신보건법에서 정의하는 시설에는 정신병원, 일반병원 정신과, 정신과의원, 정신질환자 사회복귀시설, 정신요양시설, 보건소, 정신보건센터 등이 있다.

병원을 중심으로 사회복지사의 개입은 '정신의학적 사회사업' 이라는 의료보험 항목의 치료행위로 인정을 받게 되었다.

1995년 정신보건법의 제정은 이전까지 병원을 중심으로 이루어져 왔던 정신보건서비스에서 탈피하여 지역사회 정신보건사회복지를 시작한 것이라고 볼 수 있으며, 이를 통해 '정신보건사회복지' 라는 용어가 공식화되었다. 정신보건법의 탄생으로 '정신보건사회복지사' 는 정신보건사회복지를 실천하는 법정 전문직이 되었다.

정신보건법에 의하면 정신보건사회복지 분야는 사회복지사 이외에 함께 팀 협력을 하는 법정 전문인력으로 '정신보건전문요원' 을 규정하고 자격증을 발부하고 있다. 정신보건 영역에서 종사하는 전문인력은 정신과 전문의, 정신보건사회복지사,[2] 정신보건간호사, 정신보건임상심리사다. 이 중에서 정신보건사회복지사와 정신보건간호사, 정신보건임상심리사는 정신보건법이 정의하는 정신보건전문요원이며, 1급과 2급의 두 가지 등급으로 나뉘어 있다.

정신과전문의는 정신장애인에 대해 최초로 진단올 내리고, 진단에 근거한 전반적인 치료를 책임진다. 정신보건법 시행령에 의하면 정신보건전문요원의 공통 업무는 ① 사회복귀시설의 운영, ② 정신질환자의 사회복귀 촉진을 위한 생활훈련 및 작업훈련, ③ 정신질환자와 그 가족에 대한 교육 지도 및 상담, ④ 진단 및 보호의 신청, ⑤ 정신질환 예방활동 및

---

2) 정신보건사회복지사수련제도는 정신보건법에 근거하여 1997년부터 실시되었으며 수련과정에는 1급과 2급 수련이 있다. 1급 수련의 자격 대상은 대학원에서 사회복지학을 전공하여 석사학위 이상을 소지하고 사회복지사 1급 자격을 소지한 자로서, 보건복지부 장관이 지정한 수련기관에서 3년 이상 수련해야 한다. 2급 수련의 대상은 사회복지사 1급 자격소지자로서 수련기관에서 1년 이상 수련을 이수해야 한다. 수련생은 한국정신보건사회복지학회에서 인준한 슈퍼바이저의 감독하에 150시간의 이론교육과 830시간 이상의 임상수련을 이수해야 한다. 정신보건사회복지학회에서는 규정된 수련과정을 마치고 임상수련에 대한 서류심사를 통과하고 자격시험에 합격한 자에 한해 보건복지가족부의 자격증 발급을 신청한다(정신보건사회복지사 수련지침서, 2005).

정신보건에 관한 조사연구, ⑥ 기타 정신질환자의 사회적응 및 직업재활을 위하여 보건복지부 장관이 정하는 활동으로 되어 있다.

이 중에서 정신보건사회복지사의 고유 업무는 ① 정신질환에 대한 개인력조사 및 사회조사, ② 정신질환자와 그 가족에 대한 사회사업 지도 및 방문지도로 규정되어 있다. 그러나 이러한 정신보건법상의 규정은 실제로 정신보건사회복지사가 현장에서 수행하고 있는 역할을 충분히 반영해 내지 못하고 있는 점이 문제로 지적되고 있다. 정신보건사회복지는 다른 어떤 분야보다도 팀 협력이 법적으로 규정되어 있는 만큼, 함께 일하는 타 전문직의 역할을 명확히 알고 상호 협력하는 것이 중요하다.

6. 정신보건사회복지실천방법

정신보건사회복지에 활용되는 전문적인 실천방법은 문제의 사정부터 치료, 재활, 예방 사업에 이르기까지 다양한 단계에서 활용된다. 주로 활용되는 구체적인 실천방법들을 살펴보면 다음과 같다.

1) 심리사회적 사정

정신보건사회복지실천을 하기 위해서는 클라이언트의 정신장애 및 정신건강 수준에 대한 정확한 진단과 사정의 이해가 필요하다. 이를 위하여 정신장애 진단 및 통계 편람 제4판(DSM-IV)에 근거한 정신질환의 증상과 진단기준을 이해하고 클라이언트의 정신장애 수준을 사정할 수 있어야 한다. 또한 현재 클라이언트가 보여 주는 정신 상태의 수준을 사정하기 위하여 정신상태검사(Mental Status Examination: MSE)를 이해하고, 상담 시 클라이언트의 언어적 · 비언어적 단서를 정확히 관찰하여 정신 상태

수준을 평가하여야 한다.

클라이언트의 심리사회적 문제를 사정하기 위하여 일반적으로 개인력 조사(personal history study), 사회조사(social study)를 많이 사용하는데, 그 결과로 정신장애와 관련된 개인적 · 대인관계적 · 가족적 · 사회환경적 · 문화적 요인을 이해할 수 있게 된다. 또한 클라이언트의 강점과 자원을 사정하는 것은 사회복지사의 심리사회적 개입을 위하여 중요한 영역이다.

2) 사회기술훈련

사회기술(social skills)이란 자신의 감정과 욕구를 상대방에게 전달하여 대인관계에서 어떤 목표를 성취할 수 있도록 도움을 주는 모든 행동을 말한다(Liberman, 1986). 사회학습이론에 의하면 사회기술은 학습되는 것이며 학습 가능하다. 따라서 사회기술은 의사소통기술, 사회적 인식기술, 사회적 행동들을 훈련 상황에서 반복적으로 연습시키고 강화하는 사회기술훈련과 같은 프로그램을 통해 학습되고 습득될 수 있다. 정신장애인은 특히 자기주장이나 자기표현을 할 수 있는 사회기술이 부족하다. 이는 정신장애가 음성 증상과 같은 사회적 기능의 황폐화를 가져오거나, 정신장애인이 사회기술을 배울 기회를 갖지 못하거나, 사회환경적 스트레스를 갖기 때문일 수 있다. 정신장애인들은 효과적인 사회기술을 습득함으로써 대인관계를 향상시키고 사회적응을 촉진시킬 수 있다. 그러나 사회기술훈련의 대상은 정신장애인뿐 아니라 사회적으로 자기주장을 잘 못하는 아동, 청소년, 성인 등 사회적 역기능의 문제가 있는 개인, 집단, 가족일 수 있다. 사회기술훈련이 이루어질 수 있는 세팅 또한 병원뿐만 아니라 지역사회기관일 수 있으므로 정신건강의 예방, 증진, 치료, 재활을 목적으로 하는 어느 기관에서나 다양한 인구집단을 대상으로 실천이 가능하다.

3) 가족개입

정신장애인의 가족에 대한 시각은 과거 정신장애를 유발하는 원인 제공자로서의 병리적 시각에서 최근 가족이 가진 강점과 역량이 정신장애인에게 자원이 된다는 강점관점의 시각으로 변화하고 있다. 정신건강의 예방, 치료, 재활과정에서 가족은 가장 큰 자원 중 하나다. 가족에 대한 개입에서는 가족이 정신건강의 원인, 치료, 재활에 대한 올바른 지식과 대처방법, 의사소통기술, 스트레스 관리기술, 문제 해결 기술 등을 익히도록 하고, 다른 가족들과 상호 지지원과 정보원이 될 수 있도록 한다. 가족개입의 종류에는 이론적 배경과 목적에 따라 가족치료, 다중가족치료, 심리교육 가족치료, 행동가족치료, 가족상담, 가족교육, 가족 자조집단 등이 있다.

4) 사례관리

사례관리는 복합적인 욕구를 가진 정신장애인들의 기능 향상과 복지를 위해 지속성, 연계성, 통합성 있는 서비스를 총체적으로 제공함으로써 정신장애인의 재활 및 사회복귀 서비스에 가장 효과적인 방법 중 하나다. 사례관리는 클라이언트의 욕구에 맞는 개별화된 서비스를 제공하며, 지역사회의 광범위한 서비스들로 네트워크를 구성하여 조정하고, 각 서비스들이 중복되지 않고 각 특성에 따라 통합적이고 연속적으로 제공되도록 하는 특성을 지닌다. 정신보건사회복지실천에서 사례관리가 등장하게 된 배경을 보면, 1960년대 초 미국에서는 정신장애인들을 대단위 수용시설에서 지역사회로 돌려보내는 탈시설화 정책이 이루어지면서 지역사회에서 생활하게 된 클라이언트에게 분산된 서비스를 통합적으로 전달하기 위한 관리체계가 등장하게 되었다. 현재 지역사회정신보건사업이 활성화되면서 사례관리는 지역사회에서 정신장애인들의 복합적인 욕구에 맞는 효과적인 서비스를 전달하는 데 중요한 실천방법으로 자리 잡고 있다.

5) 재활치료

정신장애를 가지고 지역사회에서 생활하게 되는 정신장애인들에게는 지역사회를 중심으로 한 개별화된 재활치료가 꾸준히 제공되어야 한다. 지역사회에서 생활하는 정신장애인들에게 기본적으로 제공되어야 하는 서비스들은 다음과 같다(Test, 1981; Test & Gerhart, 1990; 양옥경, 2006 재인용).

(1) 위기개입

정신장애의 일차적 증상인 정신적 증상에 대한 위기개입으로, 증상의 재발을 보일 때 재입원으로 확대되지 않도록 하기 위하여 중요하다.

(2) 일상생활훈련

정신장애의 부차적인 증상인 사회기능 상실에 대한 일상생활훈련이 필요하며, 이는 대인관계 기술, 위생관리, 외모관리, 청소, 요리, 약물관리 등 일상생활에 필요한 모든 기술들을 훈련하는 것이다.

(3) 주거 관련 서비스

그룹홈과 같은 특수 주거시설과 일반인들처럼 생활할 수 있는 임대아파트 시설 등 정신장애인들이 가족으로부터 독립하여 살 수 있는 주거시설이 필요하다.

(4) 직업재활

일반인들과 마찬가지로 정신장애인에게도 직업을 갖는 것은 그들의 삶의 질을 확보하는 측면에서 중요하다. 직업재활은 취업을 알선해 주고, 취업을 위한 직업기술들을 훈련시키고, 직장생활에서의 관계 유지를 도우며, 다양한 고용 프로그램을 통해 직업을 획득 · 유지할 수 있도록 하는 것이다. 그 유형으로는 병원 또는 시설 내 작업, 작업장 취업, 임시취업, 관내 영업장 취업, 지원고용, 취업 동아리 등이 있다.

(5) 재정보조서비스

정신장애와 빈곤이라는 이중문제를 갖지 않도록 정신장애인에 대한 최저생계비 보장, 장애연금 등의 정부보조가 필요하다.

(6) 의료서비스

정신장애인들의 신체건강은 열악한 편이기에 신체적 질병을 소홀히 다루지 않도록 의료서비스를 받을 수 있도록 하는 것이 필요하다.

(7) 정신보건서비스

정신장애의 재발을 최소화하기 위하여 지역사회에도 정신보건서비스가 가능한 형태로 존재해야 한다. 응급입원서비스, 약물치료에 대한 관리가 지역사회정신보건센터를 중심으로 제공될 수 있어야 한다.

(8) 상담서비스

정서적 지지를 받을 수 있는 지지적 상담, 문제 해결 중심의 상담 등이 제공되어야 한다.

(9) 가족상담서비스

가족의 부담 경감이나 대처기능 향상을 위한 가족상담이 필요하다.

(10) 지역사회 교육 및 홍보 서비스

정신장애인에게 직접 제공되는 것은 아니지만, 지역사회에서 생활하는 정신장애인을 위해 필수적으로 제공되어야 한다.

6) 예방사업

예방사업은 주로 정신보건센터 사업을 통해 이루어지고 있다. 정신건강 전화 운영, 대상자 발견, 등록 및 의뢰체계 구축, 정신질환자 및 가족 교육, 자살 및 정신질환 예방, 정신건강 증진, 정신질환 편견 해소 홍보, 그리고 아동 · 청소년정신보건, 노인정신보건, 노숙인 정신보건, 가족지원 등의 사업은 정신보건센터가 수행해야 하는 필수 및 선택 예방사업들이다.

7. 정신보건사회복지의 전망과 과제

정신보건사회복지는 지금까지 병원의 정신과 또는 지역사회기관에서 정신장애인의 치료와 재활에 초점을 두고 이루어져 왔다. 그러나 1995년 정신보건법의 제정 이후 우리나라에서도 지역사회정신보건사업이 활기를 띠기 시작함으로써 점차 병원 이외에도 지역사회를 중심으로 한 정신건강증진사업의 필요성이 중요해지고 있다. 현대사회에서는 생애의 어떤 시점에서든지 여러 가지 삶의 위기와 스트레스로 인해 개개인들의 정신건강이 심각하게 위협받고 있다. 시대가 흐르면서 이전에 없었던 새로운 종류의 정신장애가 새롭게 진단명 목록에 추가되고 있을 정도로 현대사회는 다양한 종류의 정신건강 문제가 일반인들에게 나타나고 있다. 심리사회적 개입을 전문적으로 실천하는 사회복지사에게 정신건강의 이슈는 사회복지실천 현장 어디서나 발견할 수 있는 중요한 문제다. 지역사회의 실천 현장에서 사회복지사는 정신건강 관련 지식과 경험을 가지고 정신보건사회복지 실천방법을 적용할 필요가 있다.

앞으로의 정신보건사회복지 분야는 과거의 병원 또는 정신장애인 중심의 서비스에서 벗어나 전 국민의 정신건강을 위협하는 위험요소와 관련된 어떤 영역에도 개입할 수 있어야 한다. 지역사회정신보건 이념의 실천을 위해서는 인간의 모든 발달단계에서 제기되는 정신건강의 취약성에 대응할 수 있는 준비가 되어 있어야 한다.

오스틴과 홉킨스(Austin & Hopkins, 2004)는 의료 및 정신보건 사회복지 영역에서 앞으로 더욱 확대되어야 할 학습 영역을 다음과 같이 제시하였다.

- 실천과 관계된 윤리적 이슈는 계속 변화한다는 특성 이해하기
- 사회복지사와 클라이언트 간의 관계기술, 동료 간 그리고 다학제 간 협력에서의 관계기술을 확장시키기
- 개인에 초점을 둔 사정기술뿐만 아니라 프로그램, 조직, 지역사회에 초점을 둔 사정기술을 확장시키기
- 의료 및 정신보건 프로그램에서 특히 여러 가지 치료 모델(multiple treatment modalities)의 활용에 대한 서비스 평가에서 경영(business practice)의 활용을 이해하기

또한 다음의 지역사회기관들은 정신보건사회복지사가 정신건강에 대한 전문 지식과 기술, 상담 및 치료의 직접적 서비스에 대한 전문성을 바탕으로 지역사회에서 활발하게 활동할 수 있도록 앞으로 준비될 필요가 있는 사회복지 영역이다.

- 지역사회복지관/장애인/노인복지관 상담실: 정신건강 관련 상담 및 예방

사업

- 가정폭력치료센터: 아동학대, 배우자학대, 노인학대 가족 상담 및 치료
- 중독치료센터: 물질 및 행위 중독 상담 및 치료
- 학교: 학교폭력, 아동학대 위험가족 상담, 정신건강, 대인관계 상담
- 교정기관(교도소, 갱생보호공단, 보호관찰소 등): 정신건강, 대인관계 상담, 가족갈등 상담, 사회복귀 준비과정 상담
- 군대: 분노조절, 스트레스 관리, 대인관계, 가족갈등 상담
- 기업: 노사관계, 스트레스 관리, 정신건강 상담, 사회공헌 전략 기획 및 연구
- 개업사회복지: 다양한 심리사회적 문제 상담

연습문제

1. 의료 및 정신보건 사회복지사의 역할은 무엇인가?
2. 의료 및 정신보건 사회복지사가 되기 위해서는 무엇을 준비해야 하는가?
3. 의료 및 정신보건 사회복지사의 효과적인 심리사회적 개입에 유용한 실천 모델들에는 어떠한 것이 있는가?
4. 지역사회기관에서 의료 및 정신보건 사회복지의 기능을 적용하고 실천할 수 있는 방법에는 어떠한 것이 있는가?

참고문헌

김규수(2004). 의료사회복지실천론. 서울: 형설출판사.

김규수(2005). 정신보건사회복지실천론. 서울: 형설출판사.

김기환, 서진환, 최선희(1997). 의료사회사업가의 직무 표준화를 위한 연구. 한국사회복지학, 33, 1-28.

대한의료사회복지사협회(2008). 의료사회사업 수련교육 운영 규정.

양옥경(2006). 정신보건과 사회복지. 파주: 나남출판.

윤현숙, 김연옥, 황숙연(2001). 의료사회사업론. 서울: 나남출판.

한국정신보건사회복지학회(2005). 정신보건사회복지사 수련지침서.

한인영, 최현미, 장수미(2006). 의료사회복지실천론. 서울: 학지사.

Austin, M. J., & Hopkins, K. M. (2004). *Supervision as collaboration in the human services: Building a learning culture*. Sage Publications, Inc.

Liberman, R. (1986). Training skill of the psychiatrically disabled. *Schizophrenia Bulletin, 12*, 631-647.

12 산업복지

산업사회가 진화함에 따라 인간의 삶에 있어서 노동과 노동현장이 차지하는 비중은 날로 커져가고 있다. 이러한 사회적 조류 속에서 인간의 복지에 대한 논의를 위해서는 노동과 산업현장에서 당면하는 여러 사회문제와 대응 노력에 대한 고찰의 필요성 또한 증대되고 있다. 이에 이 장에서는 노동의 의미와 특성, 산업복지의 개념과 의의 그리고 산업복지의 발전과정을 살펴보고자 한다. 아울러 산업복지의 체계와 프로그램 모형을 살펴보며, 인구사회학적 하위집단별 노동현장에서의 쟁점과 대응방안을 살펴보고, 향후 산업복지의 과제에 대하여 논의하고자 한다.

1. 노동의 의미와 유형

산업복지의 개념에 대한 논의 이전에 여기에서는 우선 역사적 · 개인적 · 사회적 측면에서 노동에 대한 의미를 살펴보고자 한다. 역사적으로 고대, 그리스로마 시대에는 노동을 상부의 왕족, 귀족계층에게는 어울리지 않는 것, 힘들고 고통스러운 과정을 수반하나 꼭 필요한 것으로 규정하였다. 그러나 기독교적 관점이 부흥한 중세에는 노동을 현세에서의 정의와 행복을 구현하고, 신이 제시하는 목표에 협조하는 과정으로 정의하며, 노동에 대한 긍정적인 의미와 새로운 가치가 부여되기 시작하였다. 특히 중세의 칼뱅주의(Calvinism)는 개개인은 자신의 소명(calling)을 가지고 태어나며, 이러한 소명의 이행을 중시하며, 직장에서의 성공은 신의 선택으로 여겼다. 이러한 노동에 대한 견해는 산업화 단계를 거치면서, 비로소 시민 양성, 도덕 및 윤리 교육, 성숙한 인격을 형성하는 과정으로 이해되기 시작하였다(Shostak, 1982).

이러한 노동은 개인적으로는 자신의 정체성을 확인할 수 있도록 하며, 자아에 대한 존중감을 확보할 수 있도록 하며, 경제적 가치, 효용성, 유능감을 발휘하는 기회를 제공하며, 내면적 정리의 역할을 도모한다. 그리고 사회적으로는 개인과 개인을 연결시켜 주는 상호작용 과정, 사회적응 과정, 및 사회화 과정이며, 사회적 지위(social position)와 사회적 인정(social reputation)을 부여받는 계기를 마련해 준다(Akabas, 1995; Perlman, 1968). 이러한 측면에서 프로이트(Freud, 1930)도 일찍이 노동을 사랑과 함께 성인기에 진행되는 핵심적인 과업으로 파악하며, 노동은 인간의 삶의 의미를 구현하는 역할을 한다고 주장하였다.

한편 체스탱(Chestang, 1982)은 인간의 노동 관련 과업 및 활동을 생애주기에 따라 설명하고 있다. 즉, 취학 전은 숙련을 위한 노력의 일환으로 태도, 기술 연마를 시작하는 단계로 기초적 작업과 태도의 유형화를 시작한다. 아동기는 개인의 환경, 범주를 확대시키고, 구조나 조직이 요구하는 문화를 발견하는 단계다. 그리고 청소년기에는 최소한의 자각과 자치권 행사로 금전적 보상과 성취감을 경험하게 되며, 성인기에는 자신의 이상형을 규정하고 역할모형을 만들며 끊임없이 직장의 개발과 직무에 대한 탐색이 이뤄진다.

이러한 노동에 대한 의미와 함께 노동의 유형에 대한 분류도 그 기준에 따라 다양하다. 다양한 분류 중 몇 가지를 살펴보면, 가치 창출 여부에 따라서는 생산적 노동과 비생산적 노동으로, 훈련 강도에 따라서는 숙련노동과 비숙련노동으로 분류될 수 있다. 또한 노동의 내용에 따라 단순노동과 복잡노동, 육체노동과 정신노동, 생존을 위한 노동(subsistence work)과 그림자 노동(shadow work)으로 구분된다(조홍식 외, 2001).

2. 산업복지의 의미

노동에 대한 의미와 유형을 기초로 산업복지에 대한 정의를 살펴보면 다음과 같다. 아카바스와 커즈먼(Akabas & Kurzman, 1982; Kurtzman, 1987)은 산업복지를 노동자, 사용자 및 노동현장이 추구하는 목표와 이를 가능하게 하는 개입, 프로그램, 정책 등에 그 초점을 두고 진행되는 사회사업의 한 실천 분야로 정의하고, 노동자와 경영자에 의해 산업 및 노동조직이나 혹은 그 구성원들의 복지 욕구를 충족시키기 위한 전문적인 사회복지 프로그램이나 서비스를 활용한다고 정의하였다.

구긴스와 갓프리(Googins & Godfrey, 1987)는 산업복지를 건강한 개인적 성숙과 환경을 마련하기 위해 산업조직에서 발생하는 인간적 · 사회적 욕구를 파악하고 그 해결을 위한 개입을 하는 사회사업의 실천 영역이라고 정의하였으며, 노동자, 소비자를 포함한 다양한 이해당사자들의 개인, 조직, 지역사회 차원의 욕구와 문제를 해결하기 위한 사회사업의 지식과 기술의 적용 분야로 정의하였다.

또한 미국의 사회복지학 사전에서는 산업복지를 사용자나 노동조합에 의해 노동자의 전반적인 삶의 질을 향상시키기 위한 전문적인 사회사업 실천으로 정의하였다(Robert, 1991).

이러한 일반적인 산업복지에 대한 정의에서 출발하여, 광의와 협의의 산업복지로 구분하여 그 개념을 정의하는 경우도 있다(구종회 외, 1999; 박내영, 1982; 박세일, 1988;. 유길상, 1991; 이정환 외, 2001). 광의의 산업복지는 국가 또는 지방공공단체, 사용자, 노동조합 등이 주체가 되어 경제사회생활 전반에서 노동자의 복지 증진을 목적으로 실시하는 제 제도, 시설, 서비스를 총칭하며, 구조적 문제, 제도, 정책적 접근에 주된 관심을 가지며, 임금, 노동, 시간 등 근로 조건은 물론이고 단체교섭, 경영참가 등 모두를 포함하며, 다양한 욕구 충족을 위한 바람직한 복지전략 전반을 총칭하는 것으로 적극적인 의미의 산업복지의 개념화라 할 수 있다. 이에 반해 협의의 산업복지는 주로 사용자가 근로자의 복지 증진을 목적으로 실시하는 임금 이외의 제 시책, 시설, 서비스 활동의 종합적 · 통일적 체계를 의미하며, 이는 임금 및 노동시간 등의 기본적인 조건은 이미 충족된 상태에서 출발하여 심리적 · 물질적 원조에 주된 관심을 지니는 제도권 내에서 추구하는 복지 노력을 의미하는 것으로 소극적 차원의 산업복지 개념화라 할 수 있다.

조홍식 등(2001)은 이념과 실제에 의해 산업복지를 구분하고 있다. 이념적으로는 작업조직에 편입되거나 되었던 사람들이 평안히 지내는 상태, 혹은 그들의 건강, 안정, 조화, 번영 등이 보장되는 행복의 이상적 상태를, 실제적으로는 작업조직과 이에 편입된 사람들의 개인적, 사회적 욕구에 대응하는 다양한 복지 급여와 서비스의 체계로 구분하여 설명하고 있다.

한편 산업복지에 대한 보다 포괄적이고 정확한 이해를 위해서는 이와 유사한 내용을 담고 있으며 쉽게 혼용되고 있는 용어들에 대해 살펴보는 것도 도움이 되리라 사료된다. 산업복지(industrial social work)와 혼용되고 있는 용어로는 기업복지, 노동(자)복지, 근로(자)복지 등을 들 수 있다. 기업복지는 서비스의 제공, 운영주체로서의 공공과 비영리 민간과 구분되는 기업(business) 또는 시장(market)에 의한 사회복지를 표현하는 것이다. 노동(자)복지나 근로(자)복지는 프로그램이나 서비스 대상을 기준으로 표현한 용어다. 산업복지나 노동복지는 프로그램이나 서비스가 이뤄지는 현장에 의해 표현된 용어로 여타 사회복지 분야와 차별화하기 위해 사용된 용어라 여겨진다. 최근에 와서는 이러한 산업복지의 다양한 개념과 용어의 표현의 제약을 극복하기 위해 일의 세계와 사회복지(world of work and social work), 노동 현장에서의 사회복지(social work at the workplaces)라는 용어로 산업복지 분야를 표현하기도 한다.

지금까지 다양한 노동의 의미를 파악하고, 이를 바탕으로 다양한 산업복지의 정의와 분류 및 관련 용어와 표현에 대해 살펴보았다. 상술한 다양한 정의를 종합·정리하면, 산업복지란 노동 현장에 참여하는 노동자와 그들의 가족구성원이 근로를 통해 개인의 욕구를 충족하고, 사회적 발전에 기여하여, 궁극적으로는 그들의 삶을 행복하게 영위할 수 있도록 지원하는 제도와 전문적인 서비스의 총합이라 정의할 수 있다.

3. 산업복지의 의의

그렇다면 산업복지의 필요성과 그 의의는 무엇인가? 여기에서는 산업복지의 의의를 노동자, 사용자, 정부의 세 가지 입장으로 구분하고 소개하고자 한다.

첫째, 노동자에 있어서 산업복지는 노동현장에서 노동자와 그 가족구성원의 존엄성과 효능감을 보장하며, 노동자의 안정적인 소득을 보장하며, 건강한 근로환경을 제공하며, 노동의 상품화를 방지하여 궁극적으로는 노동자와 그 가족구성원이 노동을 통해 자아실현과 삶의 질을 향상시킨다는 점에서 그 의의를 찾을 수 있다.

둘째, 사용자에 있어서 산업복지는 안정적인 노동력을 확보·유지하고, 노동자의 근로동기를 강화하며, 안정적인 노사관계를 유지 · 발전시키며, 기업의 사회적 이미지를 제고하며, 세제감면 혜택과 매출의 증대 등 실질적인 경영목표를 달성하는 데 기여한다는 측면에서 그 의의를 지닌다. 즉, 산업복지는 기업 간의 경쟁력을 높이고 사업장의 안정을 유지시켜 궁극적으로 기업의 이윤 극대화에 기여한다는 측면에서 그 의의를 찾을 수 있다.

셋째, 정부에 있어서 산업복지는 자본주의 경제체제를 유지하며, 국민의 복지에 대한 책임을 기업과 유관기관과 분담할 수 있으며, 노동자의 조직화와 급진적인 성향을 완화할 수 있다는 체제 유지적인 측면, 그리고 실질적으로 노동자의 권익을 적극적으로 보장하는 복지국가로의 성장에 초석을 마련한다는 등 정치적 안정을 확보할 수 있다는 측면에서 그 의의를 찾을 수 있다.

4. 산업복지의 역사

1) 산업화와 산업복지

18세기 후반에 일어난 산업혁명으로 기계공업이 발달함으로써 중세의 구빈법 이전의 사회복지기관처럼 존재했던 길드와 장원제도가 붕괴되었다. 또한 인클로저(enclosure)운동으로 농민들은 도시로 유입되었고 이로 인해 도시에 노동력이 과잉 공급되었다. 이 시기의 근로자는 저임금과 열악한 노동 조건을 감내하여야 했다. 이렇듯 산업화가 심화됨에 따라 산업환경은 근로자로 하여금 자신과 가족의 삶을 더욱더 심각하게 위협하였고, 기본적인 욕구 충족을 위해서는 사회적 · 제도적 도움이 필요한 상황이었다. 뿐만 아니라 노동과정에서의 질병, 실업, 재해, 노령의 문제와 그 밖의 심리적 문제 해결을 위한 제도적이고 구조적인 장치 마련의 필요성이 대두되었다. 산업화 초기에 사업장의 열악한 근로 여건은 근로자 개인의 차원에서는 육체적 · 심리적 소진, 산업조직 차원에서는 생산성 하락, 사회적 측면에서는 경제성장을 저해하는 상황을 초래하였다. 마침내 국가에서는 근로자들을 위한 복지에 대한 필요성을 인식하고 소극적이나마 이러한 상황에 대한 개선의 노력을 진행하기에 이르렀다. 그러나 초기에 노동자에게 제공된 복지혜택은 전반적으로 온정적, 인도적, 자선적 차원에서의 서비스에 머무는 수준이었다.

2) 자본주의와 산업복지

자본주의체제에서 근로자의 수나 기업의 규모가 증가함에 따라 더 이상 과거와 같이 일시적, 자선적 방법으로 근로자를 관리함에 있어서 그 한계를 경험하게 되었다. 우수한 근로자의 유치와 훈련된 인력의 이직 방지를 위해서는 노무관리가 중요하다는 것을 기업이 인식하게 되었으며, 복리후생 차원에서 노동자의 다양한 욕구를 충족시킬 수 있는 복지 프로그램이 개발되는 등 효율적인 근로자를 더 많이 확보하기 위해 기업의 근로자들을 위한 복지활동이 발전하였다.

제2차 세계대전 이후에는 노동운동이 활성화되고 사용자의 인식이 전환됨에 따라 경직적인 노동비용을 절감하고 노동시장을 유연하게 운용하기 위해 산업복지를 활용하는 경영전략의 변화로 인해 산업복지는 발전하게 된다. 그 후 산업복지는 점차 자리매김하여, 현재 선진국에서는 대부분의 노동자가 어떤 형태로든 산업복지의 혜택을 받고 있으며 사회복지의 기본처럼 여겨지고 있다. 기업 간에 유능한 근로자 확보를 위해 경쟁하고, 노동조합이 단체교섭을 통해 근로자의 권리를 향상시키고, 다양한 외부의 복지제공자가 등장하는 등 산업복지는 그 적용 범위와 규모를 한층 확대해 나아가고 있다.

5. 산업복지의 체계

여기에서는 국가, 사용자, 노동자 등의 운영주체에 따라 산업복지정책, 기업복지, 자주복지로 분류하여 산업복지의 체계와 내용을 소개하고자 한다.

1) 산업복지정책

국가에 의한 산업복지를 위한 제도로는 사회보험과 공적부조제도가 대표적이다. 사회보험은 근로자나 그 가족을 상해, 질병, 노령, 실업, 사망 등의 위협으로부터 보호하기 위하여 실시하는 제도를 의미하며 의료보험, 노령연금, 산업재해보험, 실업보험, 노인장기요양보험 등이 있다. 의료보험은 국민의 기본적인 의료문제를 해결하고 전 국민을 대상으로 경제적 능력에 따라 보험료를 부담하여 개별 부담에 관계없이 평등한 의료지원을 하기 위한 건강 관련 보험이라고 할 수 있다. 노령연금은 국민의 노령 또는 사망 등과 같은 사회적 위험에 대비하여 가입자의 기여금과 국가의 부담금을 주된 재원으로 장기적으로 소득을 보장함으로써 국민생활 안정과 복지 증진에 기여함을 목적으로 하는 보험이다. 산업재해보험은 근무지에서의 산업적 재해나 근무 중의 사고로 인한 근로자의 사망이나 부상에 산재근로자나 가족을 보호하기 위해 보상해 주는 보험이다. 실업보험은 근로자가 실직한 경우 근로자의 가족들과 근로자가 생활하는 데 필요한 생활안정과 재취업을 촉진하는 사회보험제도다. 마지막으로 노인장기요양보험은 고령이나 노인성 질병 등으로 일상생활을 혼자 하기 어려운 노인들에게 신체활동 · 가사활동 지원 등의 서비스를 제공하여 노후생활을 안정시키고 그 가족의 부담을 덜어 준다.

이러한 사회보험이 전 국민을 대상으로 보편적인 서비스를 제공한다면 공공부조는 빈곤층에게 생계급여, 주거급여, 긴급급여, 의료급여, 교육급여, 해산급여, 장재급여, 자활급여 등을 제공하여 최저 수준의 생활을 보장하며, 다시금 노동시장에 참여할 수 있도록 지원한다.

이러한 사회보험과 공공부조 등의 사회보장제도와 함께, 공공 부문의 일자리 창출, 민간 부문의 고용과 일자리 창출에의 보조금 지급, 세제혜택, 노동자에 대한 임금보조 등의 노동수요 측면 프로그램과 직업훈련, 자활 등 노동시장 참여를 지원하는 노동공급 측면의 프로그램, 최저임금제나 사회적 약자에 대한 고용촉진 프로그램 등의 규제 프로그램 등 노동시장정책도 보다 광의의 의미의 국가에 의한 산업복지로 분류될 수 있다.

2) 기업복지

사용자에 의해 제공되는 복지서비스는 기업복지라 일컬으며, 이는 기업이 근로자의 복지 향상을 위해 개별적으로 또는 단체로, 자발적으로 또는 법적 조치 등에 의해 부담하는 임금 이외의 모든 서비스 시설 및 조치를 통칭한다. 국제노동기구(ILO)는 기업복지의 내용을 일하지 않는 시간에 대한 보수(유급휴가), 비정기적 현금급여, 현물급여, 사회보장 지원, 직업훈련, 복지서비스 및 기타 제도 등으로 분류하여 정리하고 있으며, 기업복지는 사용자의 측면에서 노동력의 확보 및 유지, 동기부여, 생산성 향상과 아울러 기업의 사회적 이미지 개선의 수단으로 활용된다.

1800년대부터 영국의 로버트 오웬(Robert Owen)에 의해 시도된 뉴래나크 복지 공장촌 실험은 온정주의적 기업복지의 시발점으로 볼 수 있다(이정환 외, 2001). 1890년에서 1900년 초에는 화이트칼라 중심의 기업복지가 발달하고 이어서 블루칼라 직종까지 확산되었으나, 초기의 기업복지는 주종적 노사관계를 유지하기 위한 시혜적 성격이 강했다. 20세기에 노동운동이 확대되고 단체교섭제도가 정착되는 과정에서 기업복지 프로그램의 도입과 확충이 단체교섭 시 중요한 쟁점으로 자리 잡게 되었으며, 그 규모, 종류, 적용 범위에 있어서 괄목할 만한 성장이 이루어졌고, 기업복지는 노동자의 권리로서의 의미를 지니게 되었다. 나아가 기업은 사회적 책임의 일환으로써 기업 내 노동자 이상의 보다 광의의 지역사회와 시민의 복지 향상을 위한 노력으로 그 범위를 확대하고 있다.

현재 운영되고 있는 기업복지 프로그램을 주거지원, 생활지원, 공제·금융 지원, 건강 관련 사업, 심리사회적 지원, 가족생활지원의 여섯 영역으로 분류하여 살펴보면 〈표 12-1〉과 같다.

〈표 12-1〉 기업복지의 영역과 프로그램

영 역	프로그램
주거지원사업	기숙사, 사택, 주거비용 융자, 주거관리비용 보조, 주택조합 결성
생활지원사업	생활용품 염가제공, 자녀학자금 보조, 탁아, 급식
공제·금융지원사업	공제조직 운영지원, 종업원 융자, 단체보험 가입, 종업원 지주제
건강 관련 사업	사내의무실, 사내체육시설, 정기 건강진단
심리사회적 지원사업	고충처리제도, 사내상담 전문가, 사원휴양소
가족생활지원사업	자녀교육 지원, 배우자 교양교육, 부부관계상담

출처: 조흥식 외(2001) 재인용.

3) 자주복지

자주복지의 대표적인 특성은 노동자 또는 노동조합이 직접 서비스를 전달한다는 점이다. 자주복지체제에서는 산업복지정책과 기업복지체계가 성숙되지 못한 시기부터 노동자의 복지 욕구를 충족시키기 위한 노력들이 진행되어왔다.

자주복지에 대한 논의 전에 우선 노동조합에 대해 살펴보면, 노동조합(trade union)은 근로자의 권리와 이익을 지키기 위한 노동자의 자주적 조직으로 근대 자본주의 경제의 발전을 배경으로 생성·발달되어 왔으며, 최초로 등장한 곳은 가장 먼저 고전적 자본주의가 무르익은 영국이었다. 그러나 영국에서도 노동조합의 자유로운 활동이 공인받기 시작한 것은 1824년 무렵부터로 그 역사는 150년 안팎에 불과하다. 그러므로 노동 조건의 유지, 개선을 목적으로 하는 자주적 노동자집단이 발달할 수 있는 여건은 형성되지 못한 상태였으며, 이에 대한 전략으로 사용자가 노동조합의 활동을 무조건 억압하기보다 이를 용인하고 고용 조건 교섭에 관한 규정을 만드는 것이 보다 합리적이고 유리하다는 것을 인식하며 대중조직으로 자리 잡기 시작하였다.

노동조합은 일반적으로 경제적 기능, 공제 및 복리증진 기능, 정치적 기능 등을 수행한다. 즉, 자본주의의 본질적 특성상 노동상품을 적절한 가격에 제공할 수 없는 노동자와 그 가족들의 기본적인 생활의 유지를 지원하기 위해 조합원에게 복지급여를 제공하는 것으로, 노동자의 연대에 의한 노동조합의 활성화를 통해 프로그램의 영역을 확대시켜 나아가고 있다. 노동조합의 형태에 따라 자주복지의 프로그램을 살펴보면 〈표 12-2〉와 같이 정리할 수 있다.

이러한 자주복지체계는 노동자 개인과 가족에 대한 복지서비스 제공이라는 근본적이고 직접적인 취지와 함께 사용자와 국가가 노동자의 복지를 조직화하도록 강제하고 압력을 가하는 전략으로 해석될 수 있다.

〈표 12-2〉 한국의 자주복지 프로그램 내용

조직 수준	자주복지 프로그램
중앙노조 (한국노총)	교육기회/시설 확대, 취업관련 사업, 보험사업, 결혼 관련 사업, 장학제도, 소비자 협동조합 운영, 노후대책(정년/취업), 공원묘지
산별노조 (산별연맹)	장학사업, 협동사업(구판장/보험), 우리사주제, 복지회관 건립, 병원건립, 주택사업, 산재/안전사고 예방, 복지기금 조성, 탁아소 운영, 복지정책 지침서
단위노조	협동조합(소비/공제/신협), 주택사업, 복지시설 건립, 지역봉사, 탁아사업, 장학사업, 산재/안전사고 예방, 문화사업, 생활지원

출처: 송호근(1995).

6. 산업복지 프로그램 모형

스트라우스너(Straussner, 1990)는 산업복지 분야에 종사하는 사회복지사의 역할과 관련 산업복지 모형을 근로자 원조 모형, 고용주-업무조직 서비스 모형, 소비자서비스 모형, 공적 관여 모형, 공공정책 모형의 다섯 가지로 구분하였다. 이에 대해 살펴보면 다음과 같다.

1) 근로자 원조 모형

근로자 원조 모형(employee assistance model)은 근로자의 욕구 충족을 목표로 하는 프로그램과 서비스를 실시하는 데 주로 관심을 가지고 있다. 여기에는 직무수행과 그 성과에 영향을 미치는 근로자의 사적(personal), 정서적(emotional), 행동적(behavioral) 문제를 분석하고 대응하기 위한 정책적 · 행정적 · 상담적 서비스의 제공이 포함된다. 또한 건강 증진 및 질병예방 프로그램을 수행하여 근로자를 원조한다. 이 모형은 전문상담가,

심리학자, 약물치료사 등과의 협력을 통해 보다 체계적이고 긴축적인 서비스를 제공하는 특징이 있다. 근로자 원조 모형에서의 사회복지사의 역할은 교육-훈련가, 상담자, 중재자, 옹호자, 조정자 · 중개자 등이 있다.

2) 고용주-업무조직서비스 모형

고용주-업무조직서비스 모형(employer-work organization service model)에서는 개인문제를 환경의 맥락에서 논의하며, 개인문제의 원인을 규명하고, 그에 따른 대응방안을 구상하는 데 있어서 조직적 · 환경적 변수에 중요한 의미를 부여한다. 그러므로 이 서비스 모형에서 대상은 개인 근로자가 아닌 작업조직 자체다. 또한 고용주조직과 근로자조직이 사업장과 관련된 정책과 서비스를 파악하고 개발하는 것을 도와주는 것에 초점을 맞추고 있다. 고용주-업무조직 서비스 모형에서는 근로자뿐만 아니라 근로자의 부양가족을 위한 주간보호(day care)서비스 제공, 회사의 부가급여(fringe benefit) 설계 및 협의, 근로자의 직무이동에 관한 조사 및 평가 등 업무조직에 관한 서비스를 주로 제공한다. 또한 회사/공장 이전과 관련된 대책 및 서비스 개발, 근로자의 평등고용과 차별철폐 등의 사규 설계 및 정비의 역할을 수행한다. 근로자의 퇴직 관련 프로그램을 개발 및 운영하며 안전사고 예방 및 건강증진 프로그램을 개발하여 업무조직 환경에 관련된 서비스를 제공한다. 이 모형에서 사회복지사는 조언가, 평가-분석가, 훈련가, 프로그램 개발자, 협상가의 역할을 수행한다.

3) 소비자서비스 모형

소비자서비스 모형(customer-service model)에서는 소비자의 욕구에 주된 관심을 가진다. 역사적으로 산업복지 분야에서 일하는 사회복지사가 주로 관심을 가진 것은 근로자와 그 가족의 문제였으나, 최근 기업은 소비자나 고객과의 접촉 빈도가 증가함에 따라 적합한 여러 사회서비스를 개발하여 소비자가 가지고 있는 특정 욕구 충족을 위한 노력을 시작했다. 소비자서비스 모형의 경우, 소비자가 취약계층이거나 위기에 처한 계층일 경우 더 유용하다. 이 모형은 소비자의 구체적 욕구에 대응하는 것이 가장 큰 특징이다. 즉, 기업상품이나 전기, 가스, 수도, 금융, 장례와 같은 서비스를 소비자에게 지원하거나, 소비자 대상의 교육활동 및 단기상담 등을 제공한다. 또한 관련 정보의 소개 및 의뢰를 통하여 소비자의 욕구를 충족시키기도 한다. 소비자서비스 모형에서 사회복지사는 상담자, 프로그램 기획가, 컨설턴트, 옹호자와 같은 역할을 수행한다.

4) 공적 관여 모형

공적 관여 모형(corporate public-involvement model)은 기업을 둘러싼 지역사회의 사회적 · 경제적 복리를 증진하기 위해 기여하도록 도와주는 것이다. 이 모형은 기업이 지역사회와 지역주민에게 미치는 영향에 대해 관심을 가지고 있다. 최근 들어서 기업은 시민활동이나 인도적 활동에 기여하는 것을 담당할 사회복지사를 많이 고용하고 있다. 지역사회 경제 및 복지 증진을 위해 회사가 벌이는 기업의 사회공헌사업, 공공사업이 공적 관여모형의 주된 활동이다. 최근에는 기업상품 홍보를 겸한 독자적 공공업무가 증가하고 있다. 인도주의적 사업에 대한 회사의 지원계획 및 관리서비스가 제공된다. 또한 지역사회자원 개발 및 회사의 공공사업 평가 부문도 이루어진다. 아울러 관계자 훈련 및 관리 서비스도 포함된다. 공적 관여모형에서 사회복지사는 기부금 할당 및 분석가, 도시관계 업무 컨설턴트, 기업의 사회적 책임관리자, 지역사회 분석 및 지역사회서비스 코디네이터, 예산 책정 및 할당자, 프로그램 개발자, 중개인, 옹호자, 협의자의 역할을 수행한다.

5) 공공정책 모형

공공정책 모형(work-related public policy model)은 작업조직이나 피용인 전체의 삶의 질에 대하여 직간접적으로 영향을 미치는 공공 및 국가 정책을 계획하고 파악하고 분석하며 후원하는 것에 주로 관심을 갖는다. 즉, 이 모형은 정부정책을 분석하고 개발하는 서비스를 제공한다. 그리고 정부정책에 대해 영향력을 행사하는 역할을 한다. 사회복지사는 정책 분석 및 기획자, 프로그램 개발자, 옹호자, 중개자, 네트워크 구축자와 같은 역할을 수행한다.

7. 인구사회학적 하위집단별 노동 현장의 쟁점과 대응

여기에서는 산업 현장에서의 주요 쟁점과 그 대응책을 여성, 장애인, 노인 등 인구사회학적 하위집단별로 분류하여 소개하고자 한다.

1) 여 성

최근에 노동시장에 나타나는 가장 큰 변화 중의 하나는 노동력 구성의 다양성을 들 수 있다. 성별에 따른 특징을 살펴보면 여성 노동력의 급속한 유입이 진행되었음을 확인할 수 있는데, 이러한 여성 노동 인구의 증가는 앞으로도 당분간은 지속될 것으로 보인다. 이러한 시대조류에서 여성의 노동 환경과 조건 그리고 당면한 문제는 아마도 산업복지에서 관심을 가지고 그 대응방안을 모색할 과제가 될 것이다. 우선 전통적인 성역할의 고착과 이로 인한 여성 노동자에 대한 근무 형태와 처우, 역할에서의 차별, 직장에서의 성희롱(sexual harassment) 등의 문제와 일 및 가정의 일원으로서 담당하는 역할 간의 갈등 등이 여성과 관련된 주요한 현안이라 할 수 있을 것이다.

이러한 문제의 대응에 있어서는 여성의 노동권 확보를 위한 정부 차원의 교육 프로그램, (재)교육 및 (재)취업에 있어서 보조금 및 장려금 제도 등의 적극적 고용정책과 정서적 지지를 위한 상담제도, 직장생활과 병행하여 아동이나 노인 등 요보호 가족구성원을 돌볼 수 있도록 하는 출산 및 육아, 탁노 휴가제도 및 시설의 보완, 근무시간의 탄력적인 운영(flexible work hour), 재택근무 등의 가족친화정책(family friendly policy)이 운영되고 있다. 더불어 남성 노동자에게도 전통적으로 여성에게 부과되었던 가정에서의 역할 분담을 장려하는 제도가 시행되고 있다.

2) 장애인

장애인 또한 여성과 마찬가지로 노동시장의 진입과 직업의 유지, 노동여건 등 다양한 부분에서 어려움을 겪고 있다. 장애인에게 노동은 재활의 핵심이라 할 정도로 그들의 사회복귀에 중요한 의미를 지닌다. 그러나 실제로는 이러한 의미가 무색하리만큼 산업현장에는 장애인들의 사회복귀를 저해하는 요인이 존재한다. 장애인들은 과업의 부적절성, 차별 및 부정적 시각, 건강 및 교육 수준을 비롯한 인적자본 보유의 부족, 노동 여건 마련에의 추가 비용 부담 등의 연유로 취업에 어려움을 겪고 있으며(Alcock, 1997; Elwan, 1999), 고용이 된 경우에도 소위 분절적 노동시장에서 말하는 2차 시장에 종사하는 경우가 많다.

이러한 문제의 해결을 위한 노력으로 장애인의 교육과 훈련을 통한 인적자본 향상, 공공의 일자리 창출, 사회적 일자리, 사회적 기업 활성화,

의무고용제 강화, 기타 지원금 및 보조금 제도 등의 고용촉진정책 및 장애인들의 정서적 지지와 경력관리 등을 위한 상담제도, 장애인 노동자를 위한 정보통신 기술 활용을 비롯한 개인보조 시설 및 기구의 완비 등이 지속적으로 진행되고 있다. 나아가 사용자와 동료 노동자뿐 아니라 전 국민을 대상으로 장애인들에 대한 부정적인 선입견이나 고정관념을 타파하기 위한 인식 개선과 교육 등이 이루어지고 있다.

3) 노 인

인구 고령화가 급속도로 진행됨에 따라 인생주기에서 노후의 안정적 생활을 보장하기 위한 다양한 노력들이 진행되고 있다. 그러나 노인은 신체적, 정신적 기능이 저하되고 노동 현장에서 필요로 하는 새로운 지식이나 기술에 이해가 부족하여 노동생산성의 저하로 인해 노동시장 참여의 기회를 박탈당하거나 급여상의 불이익을 경험하게 되며, 실직 후에도 마땅한 새로운 일자리를 찾는 데 있어 어려움을 겪고 있는 실정이다. 또한 재스트로(Zastrow, 2008)는 지식 및 기술 수준이 낮고, 노인을 대상으로 교육을 진행함에도 어려움이 있으며, 산업재해의 위험도 크고, 결근의 빈도도 잦으며, 함께 업무를 수행하기 어렵다는 점 등을 노인의 주된 취업 장애요인으로 제시하고, 퇴직 이후의 삶을 준비하고 영위해 나가는 데 있어서도 많은 정보와 제도적 지원이 필요하다고 주장한다.

이러한 상황에서 노인의 안정적 노동활동을 보장하기 위해 업무분장을 통한 공공 부문의 일자리 창출, 새로운 취업의 기회를 제공하는 교육 및 체험 프로그램, 새로운 기술과 지식에 대한 재적응을 위한 보수교육 및 평생교육 프로그램, 퇴직 후 생활을 위한 은퇴계획(retirement planning), 부분퇴직 프로그램, 정부의 세제상의 혜택과 지원, 임금피크제(salary-peak) 등이 운영되고 있다.

8. 산업복지의 과제

산업화가 심화됨에 따라 인간의 삶에서 노동이 차지하는 비중은 날로 커져 가고 있으며, 산업현장에서 노동자가 경험하는 사회문제는 보다 다양해지고 있다. 안정적 고용과 적정 급여 수준을 비롯한 노동자의 경제적 논의, 노동자의 건강한 노동활동의 보장을 위한 심리사회적 논의를 비롯한 전통적이고 기본적 · 보편적인 산업현장에서의 현안뿐 아니라, 급속한 산업현장의 구조적 변화, 노동인력 구성의 다양화에 따른 새로운 하위 노동현장 및 인구사회학적 집단별 구체적이고 차별화된 사안에 대한 논의가 진행되고 있다. 아울러 정부 차원의 산업민주주의 실현에 대한 의지 강화, 기업 차원의 사회공헌(corporate social responsibility), 윤리경영, 가치경영에의 책임 증대, 노동자의 복지의식과 노동조합의 성장을 통해 산업현장의 제 문제를 해결하기 위한 프로그램의 필요성이 날로 증가되고 있는 추세다. 이러한 산업 현장을 둘러싼 환경변화와 프로그램 및 서비스 욕구의 증대는 산업복지 영역에 있어서는 새로운 도전이자 체계화와 발전을 도모할 수 있는 기회가 될 것이다. 이에 여기에서는 한국의 산업복지 발전을 위한 과제를 전달하고자 한다.

첫째, 산업현장에서 노동자가 지니는 다양한 욕구에 대한 보다 면밀하고도 포괄적인 이해와 파악이 필요하다. 즉, 노동자가 보편적으로 당면하여 집단적인 노력을 요하는 문제뿐 아니라 개별 노동자가 지니는 특수한 문제에 대한 이해가 필요할 것이다. 예컨대 외국인 이주노동자의 논의에 있어서는 그들이 가지는 특수한 문화적 차이에 의한 사안들이 중요하게 부각될 수 있으리라 생각된다.

둘째, 기존의 사회복지는 개인이 경험하는 사회문제와 그 해결 노력에 있어서 국가와 개인의 영역으로 이분하여 논의하였으나, 최근에는 이 양자를 비롯한 비영리, 영리, 그 밖의 시민사회 등이 모두 참여하고 협력하는 복지공급에서의 혼합(welfare mix)의 중요성이 강조되고 있다. 이러한 관점에서 산업현장의 제 문제의 해결에 있어서도 정부, 기업, 노동자를 비롯한 지역사회가 의지를 가지고 프로그램의 운영에 그들이 보유한 역량을 활용할 것이 요청된다. 즉, 산업복지의 구현을 위한 상호 책임 회피나 전가가 아닌 적극적인 참여와 상호공조를 기초로 한 합치(governance)를 이뤄 나가야 할 것이다. 무엇보다도 이러한 다양한 이해당사자 집단의 '대합의'는 산업복지 영역의 질적, 양적 성장을 가능케 하는 제도적, 재정적 지원으로 구체화될 수 있을 것이다.

셋째, 파악된 문제와 욕구에 따른 지속적인 프로그램 향상과 개선의 노력이 요청된다. 문제의 확인과 자원의 확보, 파악의 과정에서와 마찬가지로 개입의 방법을 조정 · 마련하는 데 있어서도 다양한 분야의 이해당사자와 전문가의 공조가 요청되며, 이러한 프로그램에 대한 관심이 일시적인 욕구 충족과 문제 해결의 수단이 아닌 제도화의 노력이 되도록 해야 할 것이다. 산업 현장의 제 문제는 한 사회의 정치경제적 상황 등의 거시적인 차원, 기업환경 등의 조직적인 차원, 가족 및 개인의 심리적 차원 등 다양한 차원에 기인하며, 이에 따른 해결방안의 모색에도 다양한 관점을 충분히 반영한 개입방법의 모색이 필요하다. 아울러 오래지 않은 사업복지 프로그램의 운영 역사를 지니고 있는 현 상황에서 외국의 모형을 무분별하게 차용하는 것이 아니라 한국의 정치, 경제, 사회, 문화, 인구학적 특수성을 고려한 토착화 노력과 한국적 프로그램 모형의 개발에 대한 투자가 지속적으로 진행되어야 할 것이다.

넷째, 학계에서도 산업복지 프로그램에 대한 지속적 평가와 연구를 토대로 산업복지 영역에서 요청되는 역량을 개발할 수 있는 교육과정의 개발을 통한 전문인력 양성, 실증적인 자료의 분석을 통한 진일보한 프로그램 모형 제공 등의 노력들이 이루어져야 할 것이다.

산업복지서비스 전달의 역할을 담당하는 사회복지사는 상담 등 전통적인 정서적 지지, 자원의 동원과 연결 등의 영역뿐 아니라 기업의 사회공헌, 기업의 인사관리 차원에서의 복리후생에 대한 기획, 운영에 대한 역량을 구비하여야 할 것이다. 이를 위해서는 사회복지학뿐만 아니라 노동자의 안녕과 산업민주주의를 실현하는 데 필요한 경영학, 경제학, 문화인류학, 조직학, 보건학, 정신의학, 재활학, 교육학 등 다양한 인접 학문 영역에 대한 지속적 관심과 적용을 통해 보다 안정적이고 체계적인 실천모형을 구축해 나아가야 할 것이며, 이러한 과정을 통해 전문적인 사회복지의 한 영역으로 발전시켜 나아가야 할 것이다.

연습문제

1. 노동의 의미에 대해 논해 보자.

2. 산업복지의 체계를 운영주체에 따라 구분하여 논해 보자.

3. 인구사회학적 하위집단별 노동 현장에서 당면한 문제와 그 해결방안에 대해 논해 보자.

4. 산업 현장에서 요청되는 사회복지사의 역할에 대해 논해 보자.

참고문헌

구종회, 김진수, 최종혁, 김윤배(1999). 산업복지학의 이해. 서울: 홍익재.

노병일(2008). 현대 산업복지론. 고양: 공동체.

박내영(1982). 근로자 생활안정을 위한 복지시책방향. 근로복지세미나 결과보고서. 노동부.

박세일(1988). 공공근로복지의 전개방향. 한국의 근로복지미래상. 근로복지공사.

송호근(1995). 한국의 기업복지 연구. 한국노동연구원.

유길상(1991). 근로복지증진을 위한 정책방향과 과제. 한국노동연구원.

이정환, 노병일, 변보기(2001). 산업복지론. 서울: 대학출판사.

조홍식, 김진수, 홍경준(2001). 산업복지론. 서울: 나남출판.

Akabas, S. H. (1995). Occupational social work, *Encyclopedia of social work* (19th ed.). NASW Press.

Akabas, S., & Kurzman, P. (1982). *Work, workers, and work organizations: A view from social work*. Englewood Cliffs, New Jersey: Prentice Hall.

Alcock, P. (1997). *Understanding poverty* (2nd ed.). London: MacMillan.

Chestang, L. (1982). *Work, personal change, and human development,* In S. Akabas & P. Kurzman (Eds.), *Work, workers, and work organizations: A view from social work*. New Jersey: Englewood Cliffs, Prentice Hall.

Elwan, A. (1999) *Poverty and disability: A survey of literature*. World Bank.

Frued, S. (1930). *Civilization and its discontents*. London: Hogarth Press.

Googins, B., & Godfrey, J. (1987). *Occupational social work*. Englewood Cliffs, New Jersey: Prentice Hall.

Kurzman, P. A. (1987). Industrial social work. *Encyclopedia of social work* (18th ed.). NASW Press.

Perlman, H. H. (1968). *Personasocial role and personality*. Chicago: University of Chicago Press.

Robert, L. B. (1991). *The social work dictionary* (2nd ed.). Washington, D.C.: NASW Press.

Shostak, A. (1982). Work meanings through western history: From athens to detroit and beyond. In S. Akabas & P. Kurzman (Eds.), *Work, workers, and work organizations: A view from social work*. Englewood Cliffs, New Jersey: Prentice Hall.

Straussner, S. (1990). *Occupational social work today*. New York: Haworth.

Zastrow, C. (2008). *Introduction to social work and social welfare: Empowering people* (9th ed.). Belmont, CA: Thomson Brooks/Cole.

4 PART

사회복지의 도전과 비전

13 사회복지의 새로운 도전 및 비전

한국사회는 지난 20~30년간 많은 변화를 겪었고 또 지금도 계속 급변하고 있다. 이로 인해 사회복지의 대상 및 영역이 확대되어 가고 있으며, 사회복지사들이 전문가로서 더욱 발전해 나가기 위해서는 계속적으로 확장되어 가는 사회복지의 대상과 새로운 영역에 더욱 관심을 기울일 필요가 있다. 한국의 경제성장과 더불어 나타난 (단순기능) 노동력의 부족, 남북대립의 특수 상황, 출산율의 저하와 출생 성비의 불균형 등으로 나타나는 인구구조의 변화, 주변 개발도상국에 대한 관심, 의무병제도에 의한 병역제도, 개방적인 사고방식 등의 요소로 인하여 사회복지의 관심이 앞에서 이미 논의된 사회복지의 영역 이외에도 외국인 노동자, 탈북자, 다문화가정, 국제사회복지, 군사회복지, 동성애 등의 범주로까지 확대되어 가고 있다. 이 분야들은 사회복지의 새로운 도전이 되는 분야이기에 이 장에서 구체적으로 살펴보기로 한다.

1. 외국인 노동자

한국의 경제성장이 개발도상국의 외국인들에게 가난에서 벗어날 수 있는 기회로 여겨지고 국내 노동자들이 3D 업종을 기피하게 됨으로 인해 1990년대 초부터 외국인 노동자의 국내 유입이 늘어났다. 1991년에 약 4만 5,000명이던 외국인 노동자는 1995년에는 약 12만 9,000명으로 늘어났고, 2000년에는 약 28만 5,000명, 2005년에는 약 34만 6,000명으로 증가했으며, 2009년 12월 말 기준 약 51만 1,160명으로 급증하고 있다(법무부, 2010). 또한 체류기간을 넘어 불법체류자로 국내에 거주하는 외국인 노동자도 늘고 있는 추세다. 외국인 노동자들은 주로 베트남, 필리핀, 태국, 몽골, 인도네시아, 스리랑카 등의 국가에서 국내로 오며, 한국계 중국인도 큰 비중을 차지한다. 그들은 주로 제조업, 건설업, 서비스업에 종사하고 있다.

정부에서는 산업연수생제도를 도입하여 불법체류 외국인 노동자들에 대한 대책을 마련하였다. 그러나 산업연수생제도의 경우 고용주에 의한 착취 등 비인간적인 요소가 많아 연수취업제로 수정된 후 2004년에 외국인 고용허가제가 시행되어 인권침해 등의 문제를 해소시키려 하였다. 그럼에도 외국인 노동자의 열악한 근로 조건과 3년으로 제한된 근로기간의 현실 등의 문제점이 여전히 남아 있다.

외국인 노동자들이 겪는 어려움으로는 노동권에 대한 문제, 근무 작업장에서의 폭력과 폭언 등으로 인한 인권에 대한 문제, 불법체류자의 경우 사기나 사고를 당해도 권리 주장을 못하는 문제, 언어소통의 문제, 내국인과 결혼하여 가족을 이루는 문제, 여성 외국인 노동자의 불합리한 대우의 문제 등이 있다. 외국인 노동자인권센터 등에서 그들을 위한 서비스를 제공하고 있으나 더욱 많은 관심이 요구되는 상황이다.

외국인 노동자의 경우, 합법취업자는 국민연금, 국민건강보험, 고용보험, 산업재해보상보험의 4대 사회보험 혜택을 받을 수 있다. 하지만 보험의 적용은 체류자격에 따라 각기 다르다. 공공부조의 경우 외국인 노동자는 원칙적으로 대상자가 아니다. 그러나 외국인 노동자의 가족은 경우에 따라 공공부조의 혜택을 받기도 한다(설동훈, 이란주, 2006).

이제까지는 외국인 노동자를 한국사회의 한 구성원으로 여기기보다는 노동의 대체인력으로만 보아왔다. 하지만 앞으로는 외국인 노동자에 대한 인식을 바꾸어 사회통합의 대상으로 여기고 우리 사회의 구성원으로 받아들어야 한다는 주장이 나오고 있다(설동훈, 이란주, 2006). 이러한 의식과 관심으로 재한외국인처우기본법(2007) 및 다문화가족지원법(2008) 등이 제정되었다(최명민 외, 2009). 앞으로도 계속해서 외국인 노동자들에 대해 관심을 가지고 그들의 처우를 개선할 수 있는 방안에 대한 연구와 그들을 위한 상담을 비롯한 복지서비스 마련에 특별한 관심을 기울일 필요가 있다.

2. 탈북자

남북분단의 특수 상황으로 인해 생겨나는 현상 중의 하나로 북한의 주민이 그곳을 떠나 남한으로 입국하는 규모가 점점 증가하고 있다. 1994년 북한의 김일성 주석 사망 이후 북한의 경제가 악화되었고, 1990년대 후반 북한에 닥친 가뭄과 홍수는 식량 부족현상을 초래하였고, 이로 인해 탈북 현상이 급격히 증가하였다. 식량을 찾아 중국으로 들어갔으나 경우에 따라서는 재입북하기도 하지만 중국에 장기 체류하며 불법체류자의 신분으로 남아 있는 경우가 점차 늘어나고 있다. 그들 중 일부는 브로커를 통해 남한으로 입국해서 한국에 거주한다. 이렇게 한국에 입국한 북한주민들을 일컫는 호칭은 다양하게 변화되어 왔다. '북한이탈주민' '새터민' 등의 호칭이 있지만, 여기에서는 보편적인 '탈북자' 라는 용어를 사용하기로 한다.

국내에 입국하는 탈북자의 규모는 계속해서 증가하고 있다. 통일부(2010)의 통계자료에 따르면, 2010년 1월 기준 남한에 입국한 탈북자는 총 1만 8,162명으로 2010년 말에는 2만 명이 넘을 것으로 예측되고 있다. 과거에는 성인 남성 위주의 입국이었으나 2000년대에 들어서는 청소년의 입국이 증가하였고, 가족 단위의 입국 또한 증가하였다. 그리고 여성 입국자의 비율이 지속적으로 증가하는 것도 주목할 만하다.

탈북자들이 국내에서 정착하며 겪는 어려움으로는 가치관 및 정체성의 혼란(이기영, 2002; 전우택, 민성길, 1996), 탈북자들에 대한 우리 사회의 편견과 선입견, 경제적 어려움, 심리적 적응 스트레스 등이 있다(최명민 외, 2009). 북한을 이탈하면서 겪은 폭력, 성폭행, 인신매매 등으로 인한 외상증후군도 탈북자들이 겪는 어려움이다. 탈북청소년의 경우, 남한사회에의 적응문제, 학교적응 문제, 진학문제, 연고가 없는 문제 등의 어려움이 있다(최명민 외, 2009). 또한 가족을 북한이나 제3국에 남겨 놓고 온 경우 그에 따른 심리적 스트레스도 만만치 않으며, 이로 인해 이산가족이 되기도 한다. 중국을 거쳐서 남한으로 오는 경우 그곳에서 생긴 가정의 자녀를 중국에 두고 오는 경우도 있어 심리적 고통이 따르기도 한다.

정부에서는 탈북자의 남한 정착을 돕기 위해 일정 기간 동안 사회적응 교육을 제공한다. 그 후에 지역사회에 편입시키고, 정착금과 교육 및 취업에 관련된 재정적 지원을 한다. 거주지 편입 후에는 거주지의 '북한이탈주민종합지원센터' 를 통해 사후지원서비스를 제공한다. 그러나 탈북자들의 정신건강에 대한 상담 등이 더욱 보강되어야 하며, 탈북자에 대한 한국사회의 선입견과 편견을 바로잡을 수 있는 교육 또한 필요하다. 이는 고용주들이 탈북자를 고용하는 데에 긍정적인 영향을 줄 것이며, 탈북자들이 겪고 있는 취업난을 풀어 나갈 수 있는 중요 요소가 될 것이다. 또한 탈북자들이 사회적 안전망에 잘 편입되고 필요한 서비스와 상담을 잘 받을 수 있도록 사회복지사들의 관심과 노력이 필요하다. 탈북자들을 위한 서비스와 프로그램의 개발은 미래의 남북통일의 시대를 위한 준비가 될 수도 있을 것이다. 현재 탈북자들이 남한에서 겪고 있는 어려움과 문제들이 통일 후 한반도가 겪어가게 될 사회적인 현상의 작은 단면일 수도 있으므로, 그들에 대한 연구 및 관심은 통일 후의 사회에 대한 준비로도 이어질 수 있을 것이라고 본다.

3. 다문화가정

한국사회에서 다문화 현상에 대한 관심의 증폭은 결혼이민자의 증가와 비례한다. 특히 결혼이주여성으로 인해 구성된 가족과 그 자녀들이 늘어나면서 다문화에 대한 우리 사회의 관심이 커졌다고 할 수 있다. 중국, 중국계 한국인과 베트남 여성이 주를 이루는 결혼이주여성의 경우 2009년 12월 말 기준 10만 9,211명으로 꾸준한 증가 추세를 보이고 있다(법무부, 2010). 결혼이주여성들은 대부분 결혼중개소를 통해 내국인과 만나 가정을 꾸미게 되는데, 우리 사회의 출산율 저하, 출생 성비의 불균형 등으로 인해 상대적으로 국내 여성들이 결혼을 주저하는 농촌 총각, 경제 수준이 낮은 도시 근로자 혹은 재혼 남성 등과 결합하게 된다(손병돈, 2007). 다문화가정은 국내에 거주하는 외국인 노동자가 한국인 여성을 만나서 이루어지기도 하며 탈북자와 내국인의 결합으로 이루어지기도 하는데, 다문화가족지원법(2008) 등에 의하면 다문화가족은 주로 결혼이민자가족으로 한정되고 있다.

다문화가정이 겪는 어려움은 크게 결혼이주여성이 겪는 어려움과 그들이 구성한 가정의 자녀들이 겪게 되는 어려움으로 나누어 생각해 볼 수 있다. 우선 결혼이주여성들이 처하게 되는 어려움으로는 가부장적인 가족 분위기로 인해 빚어지는 갈등, 언어의 장벽, 문화와 종교의 차이에서 오는 갈등, 자녀양육 문제, 가정폭력, 한국인의 편견과 선입견, 낮은 사회적 성취감 등이 있다(김오남, 2006; 김이선 외, 2006). 자녀들이 겪게 되는 어려움으로는 또래들로부터의 따돌림, 학교생활의 적응문제, 가정에서 한 가지 이상의 문화를 이해하고 겪게 됨으로 인해 올 수 있는 정체성의 문제, (어머니와의) 언어장벽 등을 생각해 볼 수 있다.

한국사회에 확산되어 가는 다문화가정을 지원하기 위해서 정부에서는 '다문화가족 생애주기별 맞춤형 서비스 지원 강화계획' 및 '다문화가족 지원법' 등을 통해서 결혼이민자가족의 자녀양육 지원에 많은 노력을 기울이고 있다. 그러나 결혼이주여성을 가부장적 가족질서에 편입시키는 것에 중점을 둔다는 점, 한국의 요리나 전통문화 등 한국문화의 일방적 습득을 위한 프로그램이 대부분이며 지역사회와의 연계가 부족한 점 등이 결혼이민자 정책 및 서비스의 부족한 점으로 거론되고 있다(이희숙, 2008). 이와 같은 결혼이주여성들과 다문화가정 자녀들이 경험하는 어려움을 줄여 주기 위해서 그들을 위한 상담 및 다문화를 배경으로 하는 적절한 프로그램의 개발이 더욱 필요하며 우리 사회의 선입견과 편견을 줄일 수 있는 교육 또한 필요한 실정이다.

4. 국제사회복지

국제사회복지(international social work)라는 개념은 예전에 가족이나 각 지방, 혹은 지역 내의 종교단체를 통해서 해결되던 복지 욕구가 '국가' 단위의 복지 개념으로 옮겨간 것에서 더 나아가 인간의 생존 및 기본적인 욕구 충족, 인간다운 삶의 질 향상과 자유, 평등, 인권, 사회정의 등을 확보하는 데 있어서 국가나 지역의 구분 없이 세계 모든 사람들이 대상이 된다는 것을 뜻한다. 세계화가 가속화되면서 이제 지구촌은 경제적인 면에서뿐만 아니라 사회적 · 정치적 · 문화적 · 인구학적 측면 등에서 세계화 현상을 보이고 있다(Midgley, 2000). 따라서 타국의 사회정책 혹은 인구학적 흐름이 국내의 사회현상 또는 사회복지에 영향을 줄 수도 있으므로(Midgley, 1997) 국제사회복지의 필요성이 대두되고 있다.

국제사회복지의 범위는 구체적으로 다음의 네 가지 차원으로 생각해 볼 수 있다(Healy, 2008; 노충래 역, 2010). 먼저 국제 관련 국내 사회복지 실천과 옹호활동을 들 수 있다. 예컨대 이 장에서 이미 언급된 국내에 있는 외국인 노동자 혹은 결혼이민자를 위한 서비스나 프로그램의 개발, 그들을 위한 옹호활동 등을 생각해 볼 수 있다. 여기서 중요한 점은 특정 전문 영역을 떠나 모든 사회복지사가 이런 국제 관련 국내 사회복지실천을 알게 모르게 하게 될 수 있다는 점이다. 예를 들어, 의료사회복지를 담당하는 사회복지사가 외국인 노동자를 클라이언트로 맞게 될 수도 있고, 아동복지를 담당하고 있는 사회복지사가 동남아시아 국가에서 결혼을 위해 한국으로 이주해 온 어머니를 둔 아동을 클라이언트로 맞을 수도 있다. 이렇듯 국제사회복지란 먼 나라의 새로운 개념이 아님을 알 수 있다.

두 번째 차원으로 전문적인 국제교류를 들 수 있다. 사회복지사 자신의 전문 분야의 외국 학술지나 서적을 읽거나, 국제회의를 통한 국제교류에 참여하거나, 타국의 전문가들과의 계속적인 교류를 통해서 사회복지 경험과 정보를 국제적으로 교환하는 것 등이 있다. 또한 타국의 창의적이고 새로운 사회복지를 파악해서 국내에 적용하는 것도 포함된다. 예를 들어, 2006년 노벨 평화상 수상자인 무하마드 유누스(Muhammad Yunus)가 방글라데시에 처음 도입한 그라민 은행(The Grameen Bank)의 소액자본대출은 전 세계적으로 소개되고 도입되었으며(Healy, 2008) 국내에도 비슷한 형태의 소액자본대출 프로그램이 도입되어 있다. 또한 2005년 우리나라에서 개최된 제18회 아시아태평양 사회복지교육 학술대회(Asian & Pacific Association for Social Work Education)도 아시아태평양 지역의 사회복지교육을 위한 국제교류의 한 형태라고 볼 수 있다.

세 번째로는 사회복지사들이 직접 국제개발 관련 일을 수행하는 것이다. 사회복지사들이 훈련과정에서 습득한 사회복지 기술과 인간 행동과 지역사회 환경의 중요성 등을 강조하며 국제원조 및 국제개발에 일조하는 것이다. 예를 들어, 한국사회복지사협회에서 진행하고 있는 아시아태평양 지역의 취약가족지원사업인 APPLE(Asia-Pacific Happy Children & Family Echo) 프로젝트, 월드비전과 굿네이버스 등에서 진행하는 다양한 국제관련 사업 등이 있다. 좀 더 범위를 넓혀 한국국제협력단(KOICA) 등의 국제 원조활동에서 사회복지사들의 역할 또한 생각해 볼 수 있다.

마지막으로 전문사회복지사들의 국제정책 개발에의 참여와 옹호활동에의 참여를 들 수 있다. 전 세계적으로 중요한 보건, 난민, 여성 등의 문제에 관한 사회복지사들의 입장을 표명하는 것이다. 예를 들어, 사회복지사들이 국제사회복지교육협회(International Association of Schools of Social Work)를 통해서 1995년 베이징에서 열린 제4차 세계여성대회(The UN Fourth World Conference on Women)에서 비정부기구 포럼의 일환으로 여성 대상의 폭력에 대한 심포지엄을 개최했다. 이 심포지엄에 참여한 27개국의 참가자들은 UN 대표자공식회의에 성명서를 제출하는 등 세계의 주요한 사회문제에 대해 함께 정책을 개발하는 일을 했다(Healy, 2008).

국제사회복지 영역에서 많은 관심을 갖는 세계적인 사회문제로는 빈곤, 여성, 취약환경의 아동, 자연재해로 인한 구호, 이주와 난민 문제, 질병(특히 HIV/AIDS) 등이 있다(Lyons et al., 2006; Mancoske, 2004; Mupedziswa, 2004). 빈곤문제와 교육, 보건, 환경 등의 문제는 UN의 새천년개발계획(Millenium Development Goals) 등을 통해서 계속 중요한 이슈로 다루어지고 있으며, 사회복지사들의 계속적인 관심과 참여가 필요하다. 어떤 사회문제를 다루게 되든 국제사회복지실천에서 중요한 것은 클라이언트의 문화에 대한 이해와 다문화의 존중, 그리고 인권과 사회정의를 염두에 둔 복지실천이어야 한다는 것이다.

5. 군사회복지

의무병제도를 채택하고 있는 우리나라에서는 20대 초반의 의무복무자가 군장병의 대부분을 차지한다. 그들은 우리가 흔히 일컫는 신세대로서 대체적으로 자기중심적이며 자유롭고 개성적인 삶을 추구하려는 경향이 있다. 또한 비교적 높은 수준의 교육을 받았으며, 풍요로운 경제환경에 익숙한 것이 일반적이다. 이러한 신세대 병사들은 집단활동의 불편 감수, 훈련에서 요구되는 인내심 결핍 등 많은 문제가 있으며(한인영, 1999), 권위적이고 강압적인 군부대의 조직문화 적응에도 어려움이 따른다(박경일, 김연이, 2008). 군부대 부적응문제는 이로 인한 군부대 이탈 장병 수의 증가, 군복무 중 자살사고의 증가와 최근 몇 년간 매스컴에 보도된 군 관련 사건사고들(예, 2005년 GP 총기 난동사건, 2008년 GP 수류탄 투척사건 등)로 인해 사회적인 관심을 끌게 되었다(구승신, 2005; 유홍위 2009).

이러한 군내 사고와 관련된 요인으로는 장병들이 군입대 후 느끼는 낯설고 새로운 환경에 대한 불안감과 두려움, 업무로 인한 스트레스, 상급자와 느끼는 가치관의 차이, 상급자의 구타 및 가혹 행위 등 권위적이고 강압적인 통제, 병사들 사이의 심리적인 갈등, 외부와 차단되고 고립된 주변 환경 등이 있다. 이러한 병사들의 군생활 적응문제를 위해서 전문사회복지사의 개입이 필요하며(박미은, 2005), 더 나아가 군인과 그 가족 그리고 제대군인의 복지를 위해서 군사회복지의 효과적인 도입이 필요하다.

일반적으로 군사회복지란 사회복지의 실천 분야 중 하나로, 군이 가지고 있는 고유한 목적을 최대한 달성할 수 있도록 원조하는 일차적인 목적, 군인과 그 가족의 복지 증진을 위한 전문적인 활동을 전개하는 이차적인 목적을 가지고 있다(Daley, 1999). 우리나라 국방부(2002)의 『군복지 발전계획서』에서는 군복지를 "현역 군인 및 군무원 등에 대한 사기앙양을 통해 전투력 향상을 도모하고, 우수인력의 확보 및 유지를 위해 군조직 구성원과 그 가족 및 일정한 자격을 갖춘 제대군인에게 정신적 · 물질적 욕구를 충족할 수 있도록 하는 제 급부, 시설의 총체"로 정의하고 있다. 따라서 군사회복지실천의 목적은 군의 구성원들이 ① 처한 환경에 잘 적응하고 보다 향상된 삶의 질을 누릴 수 있도록 하며, ② 개인적인 문제, 가족 및 대인관계상의 문제 또는 군생활 적응 등의 문제를 풀어 나가는 것을 돕기 위해서 다양한 서비스를 제공하며, ③ 최적의 환경에서 생활할 수 있도록 서비스를 옹호하고 개발하는 것에 있다고 볼 수 있다(박미은, 2005). 군사회복지의 대상은 군과 관련된 모든 개인, 집단, 조직 그리고 제도로 볼 수 있으며, 우리나라 전체 군인의 약 70%를 차지하는 병사(국방백서, 2007), 직업군인, 제대군인 그리고 그 가족들이 포함된다(박경일, 김연이, 2008).

우리나라에서 군사회복지와 관련된 개념이 처음 도입된 것은 1964년 국군군의학교에서 발간된 『육군사회사업』(기교 8-241)이다. 그러나 군사회복지의 제도화가 이루어지지 못하고 군의료사회사업에 중점을 두고 발전해 오던 중, 2007년 군인복지기본법이 제정되어 2008년부터 시행됨으로써 군인 가족을 위한 군 숙소지원, 의료지원, 간부 자녀에 대한 보육 및 교육 지원, 군인복지시설 설치 및 운영 등에 대한 법적인 제도화가 이루어졌다. 그러나 군사회복지 수혜 대상이 간부와 그 가족 중심으로 되어 있으며 병사와 제대군인 등의 복지를 다루지 못한다는 비판을 받고 있다. 또한 군과 관련된 기관에 군사회복지 전문가의 활동을 제도적으로 가능하게 하는 근거조항이 마련되지 못한 한계점도 가지고 있다(유홍위, 2009).

군사회복지를 실천하는 전문적인 군사회복지사의 역할은 일반적으로 직접적인 서비스와 간접적인 서비스 제공으로 나누어 생각할 수 있다(Daley, 2003). 직접적인 서비스로는 전쟁의 상처, 신체 및 정신 질환과 건강증진에 관한 서비스, 가정폭력 및 군인 가족을 위한 서비스 등이 제공될 수 있으며, 간접적인 서비스로는 정책 개발, 제대군인의 구직활동 원조, 군인과 가족을 위한 사회적 서비스의 필요성 옹호 등이 제공될 수 있다. 따라서 우리나라에서 전문군사회복지사는 장병과 군인가족의 심리정서적 문제를 예방하며, 심리치료를 제공하고, 군부대와 지역사회의 연계자로서 관계 증진을 위해 노력하며, 타 전문직과의 협력을 통해 병영생활 지도나 전역 후 장병의 진로를 결정하는 데 도움을 주고, 병영문화 개선을 위해 노력할 수 있을 것이다(유홍위, 2006). 또한 신세대 병사들이 조직구성원들에 대한 이해와 스트레스 해소 방법의 습득, 갈등 해결과 조정 기술의 습득 등을 통하여 병영생활 문제를 잘 해결하고 만족스러워할 수 있도록 도와 나갈 수 있을 것이다(박경일, 김연이, 2008). 더욱 향상된 장병들의 삶의 질과 그로 인해 더욱 강해지는 한국의 군력을 위해서 필수불가결한 군사회복지의 제도화에 대한 연구와 토론이 학 · 군 · 정 관계 요원들에 의해서 계속되고 있으며, 사회복지계의 끊임없는 관심과 참여가 필요한 때다.

6. 동성애

한국사회가 점차적으로 성에 대해 개방되어 감에 따라 우리가 쉽게 접할 수 있는 미디어에서도 최근 들어 동성애자를 터부시하기보다는 자연스럽게 다루고 있다. 다양성을 인정하고 존중하는 사회복지 분야의 동성애에 대한 편견 없는 이해는 더욱 필요하고, 더 나아가 양성애자(bisexual)와 성전환자(transgender)에 대한 폭넓은 이해도 요구되는 상황이다. 동성애자들은 한국사회에서 많은 어려움을 겪어왔고 또 현재도 마찬가지다. 동성애자들이 겪는 어려움으로는 사회적 편견으로 인한 성정체성 노출의 두려움, 고용차별, 결합이 결혼으로 이루어질 수 없음으로 인해 결혼한 부부가 누릴 수 있는 재산 상속 및 권리의 부재, 자녀입양의 어려움, 이혼 시 자녀에 대한 양육권과 친권 획득의 어려움 등이 있다.

어떤 분야에서 종사하는 사회복지사나 클라이언트가 동성애자일 가능성은 얼마든지 있다. 사회복지사가 동성애자 클라이언트를 대할 때는 '동성애자' 로 부정적 분류(label)를 하거나 비판하는 것을 피해야 한다. 이는 사회복지사 자신이 깨닫지 못하는 사이에 생길 수도 있는 부정적인 편견을 줄이고, 클라이언트가 자기 자신에 대한 긍정적인 자세를 갖는 것을 방해하지 않기 위해서다(Zastrow & Kirst-Ashman, 2007). 또한 동성애자의 생활방식에 대한 이해 증진 및 해당 지역사회에서 동원 가능한 자원과 서비스에 대한 파악도 필요하며, 동성애자들의 옹호자로서 동성애자들이 겪는 어려움을 대중에게 알리는 것도 필요하다(Zastrow, 2010). 동성애에 대한 편견을 없애고 동성애자들의 권익 증진을 위해 앞장서는 역할을 하는 사회복지의 영역 확대가 필요한 시기가 도래했다고 본다.

이상 이 장에서 살펴본 바와 같이 한국 사회복지의 도전은 새로이 떠오르는 외국인 노동자, 탈북자, 다문화가정, 국제사회복지, 군사회복지, 동성애 등의 영역에 있다고 볼 수 있다. 변화하는 한국사회가 제기한 다양한 사회문제와 현실에 맞는 서비스와 정책을 제공할 수 있는 전문성과 지식을 갖춘 사회복지사들이 탄생되어 한국 사회복지의 비전을 책임질 수 있기를 바란다.

연습문제

1. 다문화가정이 겪는 어려움에 대해 생각해 보고 이를 완화시킬 수 있는 서비스 및 프로그램을 미시적·중도적·거시적 관점에서 제시해 보자. 또한 서비스 및 프로그램 수행 시 동반될 수 있는 어려움에 대해 토의해 보자.

2. 국내 사회복지실천에서 국제 관련 문제가 생길 수 있는 상황에서 필요하게 될 수 있는 사회복지사의 능력에는 어떤 것이 있는지 토의해 보자.

3. 군사회복지사와 다른 직업군과의 협력관계에는 어떤 것이 있는지 생각해 보자.

4. 사회복지사의 활동 영역을 위에서 언급한 외국인 노동자, 탈북자, 다문화가정, 국제사회복지, 군사회복지, 동성애로 넓히는 데는 다양성과 다문화에 대한 존중과 이해가 요구되는데, 이를 위해서 사회복지사들이 어떤 노력을 해야 하는지 논의해 보자.

참고문헌

구승신(2005). 군 사병들의 정신건강과 군 사회복지 도입의 필요성. 파주: 한국학술정보.

국방부(2002). 군복지발전계획서.

김오남(2006). 여성 결혼이민자의 부부갈등 및 학대에 관한 연구: 사회문화적 요인을 중심으로. 한국가족복지학, 18, 33-44.

김이선, 김민정, 한건수(2006). 여성 결혼이민자의 문화적 갈등 경험과 소통증진을 위한 정책과제. 한국여성정책연구원.

노충래 역(2010). 국제사회복지(Lynne M. Healy 저). 서울: 학지사.

박경일, 김연이(2008). 군장병의 생활문제와 군사회복지의 도입방안에 관한 연구. 한국 군사회복지학, 1(1), 1-28.

박미은(2005). 우리나라 군사회복지의 필요성과 제도화 방향. 2005년 한국사회복지학회 추계 공동학술대회 발표자료집.

법무부(2010). 출입국 외국인정책본부통계연보. http://www.moj.go.kr/HP/TIMM/imm_06/imm_60502.jsp

설동훈, 이란주(2006). 외국인근로자지원사업 제도개선 및 중장기계획수립을 위한 연구. 근로복지공단연구용역보고서.

손병돈(2007). 다문화 가족복지 관련 외부 환경분석. 다문화가족복지 전문인력 양성을 위 한 장기발전 전략 연구보고서(pp. 8-35).

유홍위(2006). 한국과 미국의 군사회복지환경과 군사회복지사의 역할과 기능. 한국 군사회복지학회 창립행사 및 포럼 자료집.

유홍위(2009). 한국의 군사회복지제도화 방안에 관한 연구. 한국군사회복지학, 2(1), 31-64.

이기영(2002). 탈북청소년의 남한사회적응에 관한 질적분석. 한국청소년연구, 13(1), 175-224.

이희숙(2008). 지역사회의 다문화와 사회통합정책. 2008년 한국지역지리학회 동계 학술대회 자료집(미간행)(pp. 56-58).

전우택, 민성길(1996). 탈북자의 삶: 문제와 대책. 연세대학교 통일연구원 연구총서(pp. 16-60). 서울: 오름.

최명민, 이기영, 최현미, 김정진(2009). 문화적 다양성과 사회복지. 서울: 학지사.

한인영(1999). 군인의 정신건강문제와 군 사회사업실천의 필요성. 정신보건과 사회사업, 8, 199-219.

통일부(2010). 북한이탈주민현황. http://www.unikorea.go.kr/kr/CMSF/CMSFBsub.jsp?topmenu=6&menu=3&sub=3

Daley, J. G. (1999). *Social work practice in the military*. New York: The Haworth Press, Inc.

Daley, J. G. (2003). Military social work: A multi-country comparison. *International Social Work, 46*(4), 437-448.

Lyons, K., Manion, K., & Carlsen, M. (2006). *International perspectives on social work: Global conditions and local practice*. New York: Palgrave Macmillan.

Mancoske, R. (2004). The international AIDS crises. In M. C. Hokenstad & J. Midgley (Eds.), *Issues in international social work* (pp. 125-145). Washington, D.C.: NASW Press.

Midgley, J. (1997). *Social welfare in global context*. Thousand Oaks, CA: Sage Publications.

Midgley, J. (2000). Globalization, capitalism and social welfare: A social development perspective. In B. Rowe (Ed.), *Social work and globalization* (pp. 13-28). Ottawa: Canadian Association of Social Workers.

Mupedziswa, R. (2004). Social work with refugees. In M. C. Hokenstad & J. Midgley (Eds.), *Issues in international social work* (pp. 110-124). Washington, D.C.: NASW Press.

Zastrow, C. (2010). *Introduction to social work and social welfare: Empowering people* (10th ed.). Belmont, CA: Thomson/Brooks/Cole.

Zastrow, C., & Kirst-Ashman, K. K. (2007). *Understanding human behavior and the social environment* (7th ed.). Belmont, CA: Thomson.

찾아보기

《인 명》

《내 용》

저자 소개

한인영 이화여자대학교 사회복지전문대학원 교수
'제1장 사회복지에 대한 이해' '제2장 사회복지사의 역할 및 정체성' 집필

권금주 서울사이버대학교 복지시설경영학과 조교수
'제8장 노인복지' 집필

김경미 숭실대학교 사회복지학과 교수
'제9장 장애인복지' 집필

김수정 국제디지털대학교 사회복지학과 조교수
'제4장 지역사회복지' 집필

김지혜 이화여자대학교 박사후 연구원
'제1장 사회복지에 대한 이해' 공동 집필

김희성 명지전문대학 사회복지과 부교수
'제3장 임상사회복지실천' 집필

석재은 한림대학교 사회복지학부 교수
'제6장 사회복지정책' 집필

어윤경 이화여자대학교 사회복지전문대학원 전임강사
'제13장 사회복지의 새로운 도전 및 비전' 집필

이홍직 강남대학교 사회복지학부 교수
'제12장 산업복지' 집필

정익중 이화여자대학교 사회복지전문대학원 부교수
이화여자대학교 사회복지연구소 소장
'제7장 아동 및 청소년 복지' 집필

조상미 이화여자대학교 사회복지전문대학원 조교수
'제5장 사회복지행정' 집필

최명민 백석대학교 사회복지학부 부교수
'제10장 가족복지' 집필

현진희 대구대학교 사회복지학과 조교수
'제11장 의료 및 정신보건 사회복지' 집필

이화사회복지연구소 학술총서

사회복지개론

2011년 3월 2일 1판 1쇄 발행
2019년 2월 19일 1판 5쇄 발행

지은이 • 한인영 · 권금주 · 김경미 · 김수정 · 김지혜 · 김희성 · 석재은
어윤경 · 이홍직 · 정익중 · 조상미 · 최명민 · 현진희

펴낸이 • 김 진 환

펴낸곳 • (주) 학지사
04031 서울특별시 마포구 양화로 15길 20 마인드월드빌딩 5층

대표전화 • 02) 330-5114 팩스 • 02) 324-2345

등록번호 • 제313-2006-000265호

홈페이지 • http://www.hakjisa.co.kr
페이스북 • https://www.facebook.com/hakjisabook

ISBN 978-89-6330-630-8 93330

정가 17,000원